高等学校经济管理类核心课程教材

投资学

—第7版—

主编 郎荣燊 裘国根

INVESTMENTS

中国人民大学出版社
·北京·

前　言

自1978年改革开放以来，我国在建设中国特色社会主义市场经济的探索中成就非凡，综合国力和国际竞争力取得了举世瞩目的提升。2008年全球金融危机后，虽然世界经济最终走出低谷，但复苏之路值得反思。我国发展成为全球第二大经济体后，亟待经济转型和产业升级。党的二十大报告阐明，高质量发展是全面建设社会主义现代化国家的首要任务。

新时代新征程，教育是国之大计，党之大计。习近平总书记在党的二十大报告中指出，"教育、科技、人才是全面建设社会主义现代化国家的基础性、战略性支撑。必须坚持科技是第一生产力、人才是第一资源、创新是第一动力，深入实施科教兴国战略、人才强国战略、创新驱动发展战略，开辟发展新领域新赛道，不断塑造发展新动能新优势"。

党中央最新战略部署对高校金融和投资人才培养提出了新的要求。随着世界百年未有之大变局不断演进，新一轮科技和产业革命加速推进，我国发展面临新的战略机遇。国家需要可以适应新时代发展，具备习近平新时代中国特色社会主义世界观和方法论，具备持续学习和钻研能力，具备独立思考、严谨务实的专业精神，具备勤于思辨、诚实担当的职业素质的高水平金融和投资人才。我们希望学生从大学课堂里学到的不仅是知识和技能，更重要的是理解、适应和把握未来市场变化的能力。

作为为本科生和研究生（MBA）编写的教材，《投资学》自1996年首次面市以来，一直与我国的经济发展、投资体制改革的进程、国内外投资理论和资本市场的演进相联系。投资学是应用性较强的一门学科，本书在编写过程中始终遵循理论与实践相结合的原则，引导学生在掌握基础知识的同时加深对理论应用价值的理解。与多数财经类教材不同，本书未对所涉及的经济学和金融学基础理论作全面详细的讲解，读者可根据需要参考相关书籍。

在篇章规划上，本书由总论、融资和投资三大主题组成：总论涵盖了投资学基本理论、投资与经济增长、投资体制比较以及投资结构等要点；融资涵盖了融资概论、项目融资和证券融资三个主要章节，覆盖了融资领域的主要概念、方法和融资方式比较；投资涵盖了项目投资和证券投资两个主要分支，分别就各部分的知识要点、分析工具、决策方法和相关市场及中介机构进行了系统的梳理和阐释。

随着我国经济的发展和投资理论的进步，我们在修订工作中听取了多方建议，在保持本教材原有特色和风格的基础上，对部分内容进行了更新、补充和完善：(1) 通过介绍我国融资和投资领域最新的发展，让学生理解中国特色的投资学理论与实践，提升学生的制度自信；(2) 更新并增加有代表性的企业案例，比如理想汽车融资、京东仓储 REIT 项目、宁德时代美国工厂、中集集团可持续发展等，让理论与实践更好地融合，拓展学生的视野；(3) 每章末增加即测即评，包括选择题和判断题，学生扫描二维码即可在线做题；(4) 提供思政大纲，体现第 7 版的更新内容，以及与各章修订知识点对应的素养提升内容及建设目标。

本版由郎荣燊和裘国根共同完成，并由裘国根统纂定稿。在此谨向参与本书前期版本编写的各位老师和同学表示感谢！还要特别感谢加拿大麦吉尔大学琳达·蒙特雷尔（Linda Montrenil）教授，中国人民大学郎荣燊教育指导的王晓峰博士、洪玫博士、孙伟博士、李俊元博士、刘则福博士、何孝贵博士和邹雨露博士。他们的研究成果为本书的修订提供了宝贵的资料。

回望过去，伴随中国经济和社会发展的日新月异，对于投资学这样一门兼具学术理论性与实践价值的跨界学科，我们不断产生新的理解与认知。无论是从事投资的实践工作，还是从事金融投资相关的教学研究，不断地学习探索、挑战认知的边界是我们充实自身的唯一路径。展望未来，投资学将会有新的边界和内涵，这要求我们与时俱进。在编写和修订本书的过程中，我们尽量改正书中的不足和错误，但不妥之处在所难免，欢迎读者提出意见和建议。

题库说明

为帮助师生更好地教学和学习，第 7 版特别增加了**网页版题库**（tk. rdyc. cn），支持无限次**在线随堂测**、**期中期末组卷**并导出，教师用手机号加验证码登录即可使用。具体使用详情请扫以下二维码。

题库使用教程

题库使用过程中如有问题，请咨询（工作日 9：00—17：00）：
电话：010－62519146
QQ：275374474

目　录

第1篇　总　论

第2篇　融　资

第3篇 投 资

第 1 篇

总　论

第 1 章 导论

学习目标

- 掌握投资的基本概念
- 了解投资学的研究对象和方法
- 认识投资的基本要素
- 把握投资的分类方法和投资的运行模式

1.1 投资概论

1.1.1 投资的含义

投资是一种经济活动，由于其通常与资本联系在一起，因此人们对投资的概念有着不同的理解。

伊特韦尔等编著的《新帕尔格雷夫经济学大辞典》对“投资”一词作了较为详尽的描述：“投资就是资本形成——获得或创造用于生产的资源。资本主义经济中非常注重在有形资本——建筑、设备和存货方面的企业投资。但是政府、非营利公共团体、家庭也进行投资，它不但包括有形资本，而且包括人力资本和无形资本的获得。原则上，投资还应包括土地改良或自然资源的开发，而相应的，生产度量除包括生产出来用于出售的商品和劳务，还应包括非市场性产出。因此，政府或家庭购置一辆汽车同厂商购置一辆汽车一样都是投资。汽车在所有的场合都是用于运输服务的生产。同样，政府营造道路、桥梁和机场，同企业获得卡车和飞机一样，都是投资。花在研究与发展上的支出，不论是由企业、政府还是非营利的大学承担，都是投资。更为重要的是，无论在何处，教育和培训都是人力资本投资的主要形式。”① 该定义对投资的功能、主体、方式都做出了经典概括。

① 伊特韦尔，等．新帕尔格雷夫经济学大辞典：第二卷．北京：经济科学出版社，1992.

萨缪尔森和诺德豪斯的《经济学》一书认为："对经济学者来说，投资总是意味着实际资本形成——存货的增加量，或新生产的工厂、房屋或工具。对大多数人来说，投资往往意味着只是用货币去购买几张通用汽车公司的股票，购买街角的地皮或开立一个储蓄存款的户头。"① 这是从最终结果形态的意义上来定义投资，强调的是实物资本形成的过程。在这种意义上，投资就是资本品的购置，包括厂房的建造、机器设备的购买和安装以及生产经营活动所必需的存货的形成等。这类似于我们通常所说的固定资产投资或直接投资，类似于马克思关于"投资，即货币转化为生产资本"的概念表述。

我国理论界对投资定义的研究是一个逐步深化的过程，大致可以分为四个阶段。

第一阶段是20世纪80年代中期以前，人们对"投资"概念的认识局限于国家计划投资的范畴，其主要特征是：政府是唯一的投资主体，企业是政府的附属物，不具备自主投资的权利和能力，投资的资金来源只有单一的拨款方式，无偿供建设单位使用；建设项目的投资决策权集中在政府，投资管理采取以指令性的投资计划、行政审批制度为中介的政府直接管理方式。这一阶段把投资简单视为基本建设。

第二阶段是从20世纪80年代中期到90年代初，我国理论界对投资的研究开始从基本建设投资扩大到整个固定资产投资领域，尤其注重流动资产投资问题。同时人们逐步认识到，在技术进步的前提下，随着内生式扩大再生产的不断增加，现有企业的设备更新和技术改造越来越重要。

第三阶段从1992年开始，随着国家经济体制改革的不断深入，社会各界对投资概念、投资范围的认识也不断深化。投资既包括直接投资，即将资金直接投入建设项目，形成固定资产和流动资产，也包括间接投资（指购买有价证券，如股票、债券及其衍生品等），形成金融资产。一般来讲，投资活动包括两个主要环节：一是资金（资财的货币形态）的投放与使用，即投资的途径及其相应的规模、结构、成本和效益（指财务收益或社会效益）等；二是资金的筹措与安排，即融资的途径、规模、结构、效率等。随着社会主义市场经济的发展，企业与个人投资比重的上升，人们越来越注意到融资在整个投资活动中的重要作用，因此理论界对于投资的研究进一步扩展到投资与融资领域。

第四阶段从2018年开始，美国政府先是挑起对华"贸易战"，随后美国联合荷兰、日本等国家对我国半导体、量子计算、人工智能（AI）等关键科技领域进行限制，包括限制人才、技术、设备以及限制海外投资机构投资我国高科技企业。这些做法违背了市场经济运行规则，破坏了过去全球各国根据比较优势分工合作、互利共赢的国际贸易秩序，同时，也使得国内社会各界对投资的内涵和外延有了更全面、更清醒、更深刻的认识：面对美国的科技封锁，我国要加大、加快对涉及安全和供应链自主可控领域的投资，打好关键核心技术攻坚战，加快攻克重要领域"卡脖子"技术，打造自主可控、安全可靠的供应链。因此，在新的国际政治经济形势下，现阶段我国理论界对于投资的研究范围也进一步扩展到如何通过

① 萨缪尔森，诺德豪斯．经济学：第12版．北京：中国发展出版社，1992.

更加科学有效的投资来实现安全与自主可控。

1.1.2 投资的要素

在严格的投资定义中，投资必须具备投资主体、投资客体、投资目的和投资方式四个基本要素，在构成一项投资时这四个要素缺一不可。

1. 投资主体。投资主体即投资者。具有进行投资的资财来源，并享有投资决策权的主体，称为投资主体。投资主体可以是自然人、法人或政府。随着我国社会主义市场经济的发展，这些不同层次、不同所有制形式的投资主体逐渐打破所有制的界限，出现多样化、复合化的发展趋势。

2. 投资客体。投资客体即投资对象、目标或标的物。投资客体具有多样性的特征，既可以是将资金直接投入建设项目所形成的固定资产和流动资产，也可以是有价证券及其他对象。

3. 投资目的。投资目的指投资者的意图及所要取得的效果。投资的目的是保证投资完整回收并实现增值，以获取经济效益或社会效益。实现投资的增值性回收，是投资的预期目的。投资除了有社会效益的追求外，实现经济效益应当是投资行为的出发点。如果不能带来经济效益，投资便缺乏生命力。但有时候（例如国家对某项目进行直接投资时），投资项目的宏观社会效益和微观经济效益可能会出现一定的矛盾，在这种情况下，从国家投资目的看，应以宏观社会效益为主，微观经济效益应服从宏观社会效益。被牺牲了的微观经济效益，可以通过政策性措施（如补贴等）得到一定补偿。譬如，为了实现建设汽车强国、寻找经济增长新动能的目标，我国政府加大了对新能源汽车产业链的投资；为了实现绿色、低碳、可持续的能源发展的目标，国家加大了对光伏、风电等可再生能源产业的投资，并且通过给予阶段性补贴的方式，解决了这些产业因早期微观经济效益不足而难以发展的问题。

4. 投资方式。投资方式指投入资金运用的形式与方法。投资可以运用多种方式。直接投资方式是指把资金直接投入建设项目形成实物资产，或投入社会生产经营活动创造物质基础，以促进经济增长。间接投资方式是指通过购置有价证券所进行的投资，其中既包括购置非上市有价证券（私募）的投资，也包括购置公开上市有价证券的投资。

1.1.3 投资的实质

投资只有在有效周转（生产和经营）时才能实现创造价值的目标。通过人类有目的的生产经营活动，投资资金按一定途径不断循环与周转运用，才能取得预期的投资效果——为个人提供更多的收益，为人类创造更多的财富，推动经济和科技的发展，推动人类社会的进步。

资金循环周转实现增值的过程，依次经过三个阶段，相应采取三种不同的职能形式，使价值得到增值，最后又回到原来的出发点进行新一轮的周转，开始新的循环过程。资金只有在连续不断的周转中才能实现价值的增值。图 1－1 是资金的循环周转图。

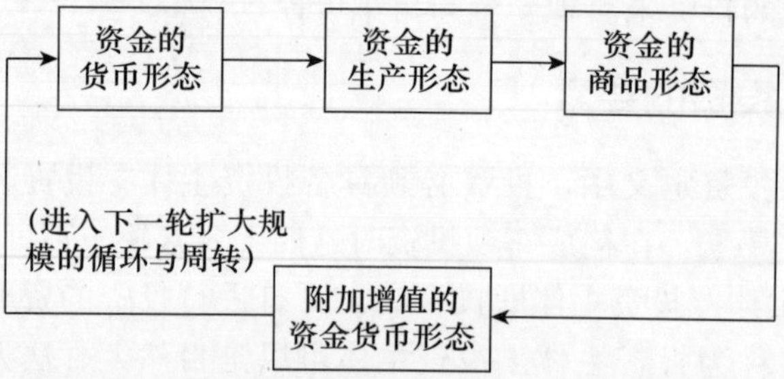

图1-1 资金的循环周转图

投资是资金的周转过程。在市场经济条件下，资金的投放不仅是为了增值，更是为了维持和提高整个社会的生活水平，并推动社会向更高阶段发展。资金不仅在企业生产、经营、流通过程中流动，还有一部分要通过财政渠道进行流通。财政资金来源于居民和企业的各种税费收入，其中主要是企业的税收，它通过财政集中以后，一部分用于非生产性投资和必要的社会消费支出，参加整个社会资金的运动过程，另一部分则由财政再投资用于扩大再生产，重新进入企业资金周转。所以，投资既包括生产性投资，也包括非生产性投资。

投资的循环周转过程是：(1) 投资资财（包括资金、技术、劳动、商标等）的筹集；(2) 将筹集的资财用于筹备与建设；(3) 投入资财、科技和人类劳动（包括脑力劳动和体力劳动）进行生产经营活动；(4) 如果是简单再生产，则通过为社会提供产品和劳务来维持原规模的生产经营活动；(5) 投资的预期目的是获得经济效益和社会效益，也就是在实现资金增值的同时，为提高人民文化生活水平和进行社会扩大再生产不断提供资金来源，即通过为社会提供产品和劳务增加资财；(6) 补偿生产经营中的物质消耗，提供生产过程参与者的生活消费和社会消费，为社会（包括个人）提供资金积累，最后利用积累来扩大投资规模，进入新一轮投资循环（见图1-2）。积累的资金进入下一个投资循环，促使社会经济进一步发展。

图1-2 投资的循环周转图

1.1.4 投资的分类

投资分类的目的是认识不同投资的性质和活动的特点，以便采取相应的措施，对投资活动进行科学管理。根据不同的划分标准，可以对投资进行不同的分类。

一、直接投资与间接投资

一般按投资的运用方式不同，将投资分为直接投资和间接投资。直接投资是将资金直接投入项目的建设以形成固定资产和流动资产的投资。从国民收入、国民生产总值分析，直接投资扩大了生产经营能力，使实物资产存量增加，是经济增长的重要条件。间接投资则是投资者通过购买有价证券及其衍生品等金融资产获取一定预期收益的投资。

直接投资按其性质不同，又可分为固定资产投资和流动资产投资。固定资产是指在社会再生产过程中，可供企业较长时间反复使用，并在其使用过程中基本上不改变原有实物形态的劳动资料和其他物质资料。用于建设和形成固定资产的投资称为固定资产投资。流动资产是指在企业的生产经营过程中，经常改变存在状态的资金运用项目。用于流动资产的投资称为流动资产投资。

间接投资按其形式不同，主要可分为股票投资、债券投资及其衍生品的投资，又统称证券投资或有价证券投资。它是投资者用积累起来的货币购买股票、公司债或国债等有价证券及其衍生品，借以获得收益的投资活动。股票是股份有限公司发给股东，用以证明其股权，并作为分配股利和剩余财产依据的一种所有权证书；债券是公司、金融机构或者政府向社会公众借债的凭证。金融衍生品是以股票或债券为基础资产，并具有较高杠杆的金融合约，它随着证券投资市场的发展与成熟逐渐兴起。股票、债券及其衍生品都是投资工具。

二、实物投资与金融投资

在现代投资学领域，依据投资者投入资金所增加的资产种类，把整个投资划分为实物投资与金融投资。两种投资的本质区别与它们所形成的资产种类有着密切关系。实物投资以社会再生产运动对资金投入的客观要求为前提，无论投资者将资金用于何种目的和领域（生产性领域或非生产性领域，经营性领域或非经营性领域），它们都会形成现实的固定资产或流动资产，即实物资产的增加；而金融投资则如西方经济学者所说，只是单纯地表现为一种财务关系。金融投资的方式可以是信贷投资、信托投资，也可以是购买债券、股票的证券投资和金融衍生品投资。无论哪一种方式的金融投资，都是货币资金转化为金融资产，没有直接实现实物资产的增加。

现实生活中实物投资与金融投资具有相互依存和相互促进的关系，金融投资以实物投资为基础，某些特殊的金融投资并不转化为实物投资。实物投资和金融投资在现代经济运行中都发挥着巨大的作用，都是现代经济不可缺少的。

党的十八大以来，习近平总书记高度重视金融工作，他指出，“金融是实体经济的血脉，为实体经济服务是金融的天职，是金融的宗旨，也是防范金融风险的根本举措”，强调要“增强金融服务实体经济能力，坚决打好防范化解包括金融风险在内的重大风险攻坚战，推动我国金融业健康发展”。①

因此，发展金融是为实体经济服务。一方面，不断增强金融服务实体经济的能力，更好地促进金融资源向现实生产力转化，特别是在科技金融、绿色金融、普惠金融等方面积极作为。通过有效利用金融资源，助力破解重大科技“卡脖子”问题，助力实体经济向绿色低碳转型，持续提升小微企业的金融服务质量。另一方面，防范脱离实体经济的过度金融化，避免社会资源错配和经济衰退风险。美国制造业空心化与过度金融化是导致2008年全球金融危机的重要原因之一。

三、私人投资与公共投资

西方国家一般根据投资主体的不同，将投资划分为私人投资和公共投资两大类。所谓私人投资，泛指各种以私有财产进行投资的行为，包括企业投资和个人投资。公共投资实际上就是政府部门投资。政府公共投资的资金来源于财政收入和政府债务。

在我国，按投资主体的不同进行分类经历了一个逐渐演化的过程。在计划经济时期，投资往往划分为国家投资和集体投资。随着社会主义市场经济的发展与完善，我国原有的以国家投资为主的投融资格局被打破，逐渐形成了一个以政府、企业、个人投资者为主体的多元化投资新格局。从中长期发展趋势来看，政府投资的主体地位将被企业投资取代。同时，在政府投资方面，中央政府的投资范围有所收缩，地方政府的投资功能则有较大的扩展。随着我国财政体制逐步向公共财政过渡，政府投资逐步退出竞争性领域，更多地向公共事业的发展方面倾斜。目前我国正处于实施创新驱动发展战略的关键阶段，政府投资与企业投资分工明确。政府集中力量主要投资于少数战略性、全局性、前瞻性的重大创新项目，而企业是科技创新的主体，在一般性产业中，发展哪些行业或者选择何种技术路线由企业来决定。企业是技术创新决策、研发投入、科研组织、成果转化的主体，是促进科技创新成果转化为推动经济社会发展的现实生产力的关键。

1.1.5 投资的特点

投资作为一种经济活动，与一般物质生产和流通领域的活动不同；作为一种特殊资金，它具有和一般资金不同的特点。考虑到证券投资的收益归根到底还是来源于直接投资中生产与经营的成果，所以下面讨论投资的特点时，将着重从投资的本源，即从直接投资的角度进行分析，这在理论研究和实务中都是必要的。

1. 投资的复杂性和系统性。如前所述，投资的复杂性表现为投资的类别繁杂。不同种类的投资构成一个复杂的系统，涉及整个社会。从投资系统内部看，它是一系列互相制约、互相影响的子系统结合起来的有机整体。投资系统的外部联系也十分广泛，投资作为国民经济的有机组成部分，与整个社会的政治、军事、经济、技术活动紧密相连。投资学是经济学的重要分支，投资与经济增长、经济结

① 防范化解金融风险增强服务实体经济能力．(2023-07-17). 光明网．

构、技术进步等经济要素互相联系、互为条件、互相制约。除研究投资系统内部关系的规律性，还应从更高层次、更大范围来考察投资。

2. 投资周期相对较长。投资周期是指从资金投入至全部收回的完整时间周期，一般由建设周期与经营周期两个主要部分组成。

从宏观角度考察，建设周期是指一定时期内，所有施工项目全部建成投产或交付使用平均所需要的时间。从微观投资活动看，建设周期以建设工期来表示。建设工期反映一个具体投资项目的建设速度，它从两个方面影响投资效益：一是缩短工期可以节省管理费和利息支出，降低工程造价，同时还可以加速资金周转，提高投资效益；二是建设工期缩短，投资项目尽早建成并投入使用，可以提早获得项目收益、提早回收投资。这些最终将反映在提高投资项目的整体效益上。

就直接投资而言，它不同于一般工业部门的产品生产。由于固定资产形成的技术经济特点，项目投资的规模一般都较大，技术也较复杂，这首先就决定了建设周期较长，通过投资取得收益的时间也就拉长了，从而投资回收周期也拉长了。

就间接投资而言，如果把它作为一种投资资金来看，它是依存于直接投资的，其收益来源于直接投资的成果，通过股息、债券的还本付息或资本利得来回收投资。证券的转让只涉及投资者的变化，并没有改变投资周期长的实质。

3. 投资项目实施的连续性和资金投入的波动性。从事直接投资，就微观投资项目而言，项目立项决策后，一旦批准动工建设，就必须保证连续不断地投入资金和其他资源，保证施工的连续性，否则会带来巨大损失。同时，在单个投资项目整个发展周期的不同时期和阶段，资金的需要量又是不均衡的。

我国70多年宏观经济运行的规律显示，年度投资规模的增长具有波动性。这种波动增长既有主观因素的影响，也有其客观必然性。年度投资规模与国民经济形势和国民收入多少密切相关。在国民收入增长率较高的时期，除了将增长的一部分成果用来改善人民生活、扩大消费，还可以将更多的资金用于积累和扩大再投资；反之，在国民收入增长率较低的时期，人民生活水平改善的步伐必然要减慢，用于社会再投资的资金的增长速度也会相应放缓。因此，年度国民收入的增长波动所导致的年度投资规模的增长波动也属必然。

4. 投资的风险性。投资风险是由投资的特点引起的。投资是一项复杂的系统工程，系统的复杂性和与外部的广泛联系是投资风险的主要来源。数额大的投资项目一旦上马，投资就处在风险中，在未来的建设过程中以及建成运行后都会有许多意想不到的情况出现，其中的不利因素会对建设过程和投资的收益构成威胁，甚至给投资回收造成困难。由于项目周期长，人们不可能完全预计到建设过程中可能发生的不确定事件，这也是导致潜在投资风险的重要因素。周期越长，影响项目收益的不确定因素越多，投资回收所面临的风险就越高。投资风险几乎涉及所有的经济风险，如建设风险、经营风险、通货膨胀风险、利率风险、汇率风险、政治风险等，任何一个风险因素的出现都会对投资项目产生不利影响。事实上，直接投资面临的全部风险同样也影响间接投资。美国1929年的股灾导致大约9 000家银行倒闭，国内生产总值（GDP）由1929年的1 046亿美元下滑到1933

年的570亿美元，4年间GDP累计下降幅度达45.5%。① 1987年“黑色星期一”、2000年互联网泡沫破灭、2008年美国次贷危机所导致的全球金融市场动荡同样令人难忘。因此，对投资风险的认知和防范是投资学的重要课题之一。

拓展阅读

一、索尼收购美国哥伦比亚影业公司

1989年初，时任索尼首席执行官Norio Ohga认为索尼的核心VCR制造业务将会与哥伦比亚影业公司的电影制作和分销业务产生巨大协同优势。因此，1989年9月25日，索尼宣布斥资34亿美元对哥伦比亚电影公司、哥伦比亚图文电视公司、三星电影公司和三星在全国180个地方的820家电影院进行收购。同时，索尼还将承担哥伦比亚影业公司16亿美元的附带债务。

事实上，1989年初哥伦比亚影业公司的股价只有12美元，在索尼发出并购要约时股价为21美元，可索尼的出价却高达每股27美元。经过20天的现金投标，索尼最终完成了收购，创造了当时日本企业兼并史上的最高金额纪录。在随后的几年中，索尼又花费了数亿美元投资哥伦比亚影业公司的制作工作室。

然而，由于不完善的前期尽职调查、对于协同优势过于乐观的估计和高昂的收购价格，索尼公司对哥伦比亚影业公司的投资成为胜利者的“诅咒”，后期业务整合严重低于预期。1994年11月17日索尼在季度财务报告中宣布，公司在哥伦比亚影业公司的投资资产账面金额减值27亿美元。这在当时创了日本公司的亏损之最。

资料来源：IT时代周刊．索尼官网信息．

二、债券投资的风险案例

2014年3月，“11超日债”出现违约，它是中国信用债市场的首个违约案例。根据Wind数据统计，截至2019年11月20日，中国债券市场共有超过140个主体发行的约400只债券发生了违约，涉及违约的债券本金规模超过2 700亿元。

债务违约的原因多种多样，具体来看：有的与经营风险相关，发债主体的资产盈利能力降低导致债务违约发生，例如服装行业的富贵鸟、光伏行业的超日太阳能、汽车经销商行业的庞大集团；有的与利率风险有关，2018年国家去杠杆的宏观调控政策使得利率水平提升、信用利差扩大、债务水平较高且信用评级较低的民营企业发生再融资困难，从而发生债务违约，例如东方园林；有的与建设风险有关，发债主体因为短债长投、对外投资过于激进以及投资项目所需资金量大等发生了债务违约，例如乐视网等。

这些违约案例充分说明了投资是一项复杂的系统工程，系统的复杂性和与外部的广泛联系是投资风险的主要来源。

资料来源：Wind资讯．

① 美国商务部经济分析局．

1.1.6 投资的作用

投资的作用表现为推动经济增长。投资对经济增长的影响，可以从要素投入和资源配置两个角度来分析。

从要素投入的角度看，投资对经济增长的影响表现在投资供给的推动作用和投资需求的拉动作用两个方面。投资供给是指交付使用的生产经营资产。投资供给不论数量多少，都是向社会再生产过程注入新的生产要素，增加生产资料供给，为扩大再生产提供物质条件，是促进经济发展的重要因素。马克思在扩大再生产理论中强调资本积累对财富增长的作用，认为积累是剩余价值的资本化，是扩大再生产的源泉。投资需求是指投资活动所引发的社会需求。凯恩斯在分析投资需求对经济增长的影响时提出了著名的投资乘数理论，其核心观点是增加一笔投资会带来大于这笔投资额数倍的国民收入的增加。投资乘数理论表明，投资需求对经济增长有重要的影响，其可控程度比较高。

从资源配置的角度看，投资对经济增长的影响同样显著。资源配置最终反映经济结构，合理的经济结构是经济发展的关键条件。经济结构通过两大部类的比例关系、生产流通过程、生产资料和劳动力利用、技术进步和优化经济效果影响经济发展，投资是影响经济结构的决定性因素。由此可以看出，归根到底是投资促进了经济的持续增长和均衡稳定发展。

1.2 投资学的研究对象和任务

1.2.1 投资学的研究对象

投资学是研究社会经济运行过程中投资的一般运行规律和不同投资的特殊运行规律的一门经济学科，是经济学的重要分支。

投资作为一种经济活动，它的经济关系与整个社会的经济关系在本质上是一致的，但投资学作为一门独立的学科，又有自己特定的研究领域和内容，这种研究内容的特殊性主要表现在以下两个方面。

1. 宏观方面，投资学侧重研究宏观经济中的投资问题，主要分析投资与消费、财政收支、信贷规模、产业结构、国民收入以及国民生产总值等宏观经济因素之间的关系。作为一门学科，投资学主要研究投资规模、投资结构、投资布局以及投资的资金市场等宏观经济中的投资规律。

2. 微观方面，投资学主要从项目角度，研究投资项目的实施和管理，以及微观投资项目的一般运行规律和不同投资项目的特殊运行规律。例如，由于投资主体不同，投资方式和运行机制也不一样，不同形式的投资运行各有其特点：风险投资不同于一般投资；直接投资不同于间接投资；固定资产、流动资产、股票、债券及其衍生品投资等有各自的特点和独特的运行规律。因此投资学在研究微观投资项目的一般运行规律的同时，还要研究不同投资项目的特殊运行规律。

1.2.2 投资学的任务

投资学的研究对象决定了投资学的任务，即阐明投资学的基本理论和投资的一般运行规律及不同投资的特殊运行规律，结合我国的投资实践，总结我国投资领域工作的基本经验，并在社会主义市场经济体制条件下对不同投资运行的特点进行探讨。

1.3 投资学的理论基础和研究方法

1.3.1 投资学的理论基础

经济学是投资学的理论基础。西方经济学理论可以阐明投资的实质，说明投资收益的来源和创造过程，解释各种投资的特点及其运行规律。

生产性投资在其运转过程中依次采取三种职能形态，经过三个阶段，实现价值增值。资金的增值只有在不断运转中才能实现。投资资金在运转中由流通过程中的货币经过筹资过程投入生产过程，然后由生产过程再度进入流通过程，依次采取三种职能形态。第一阶段是购买（投资）阶段。经营者通过筹资取得一定数量的货币作为垫付的资金（G），在市场上购买生产资料（P_m）和雇用劳动力（A），为生产准备条件。经过第一阶段，货币资金转化为生产资金。于是，投资资金进入循环周转的第二阶段，即生产阶段。经营者把购买的生产资料和雇用的劳动力结合起来，进行生产消费，生产出包含新创价值的一定数量的商品（W）。经过第二阶段，生产资金转化成商品形态。于是，投资资金进入循环周转的第三阶段，即销售阶段。这是收回原始的垫付资金和实现新创价值的阶段。第三阶段的职能是实现垫付资金价值和增值价值。经过三个阶段的循环，投资资金又回到了它的货币形态，再次进入新的循环周转。投资一般是通过循环周转来实现全部回收的。

生产性投资的循环是周而复始的周转运动，每一个循环的结束也就是下一个循环的开始。通过循环的三个阶段，回到原来的出发点。因此，生产投资有三种不同的形态：（1）货币资金的循环；（2）生产资金的循环；（3）商品资金的循环。如下所示：

(2)

$$G—W\cdots P\cdots W'—G'\cdot G—W\cdots P\cdots W'—G'\cdot G—W\cdots P\cdots$$

(1) (3)

在货币资金循环 $G—W\cdots P\cdots W'—G'$ 中，运转的起点和终点都是货币，不同的是，起点的 G 是投资者在流通过程中筹集到的货币资金，而终点的 G' 代表更多的货币，多出的部分就是生产性投资所带来的增值。但非生产性投资不具有这种循环周转过程，非生产性投资的货币资金通过投资的实施过程直接转入消费过程，从而结束投资资金的运转。

1.3.2 投资学的研究方法

1. 理论与实践相结合。以习近平新时代中国特色社会主义经济思想为指导，坚持社会主义基本经济金融制度，借鉴西方经济学理论的研究成果和方法，立足中国经济金融基本国情进行研究分析。同时，总结中国金融发展过程的实践，主要包括坚持党对金融工作的集中统一领导，坚持金融发展以人民为中心，坚持金融服务实体经济，强调防范系统性金融风险，坚持高水平金融开放这五方面，形成具有中国特色的金融发展理论，补充既有的经济金融理论框架。

2. 实证分析与规范分析相结合。实证分析是研究投资运行“实际上处于怎样的状态”，即对事实进行客观的阐述，而不对运行结果作价值判断；规范分析则是研究投资运行“好”和“坏”的标准，并运用这些标准去衡量和评价投资运行“应该是怎样的状态”。

3. 历史分析与比较分析相结合。根据研究的需要，本书在研究过程中大量采用了比较研究方法、历史分析方法等通行的研究方法。采用历史分析方法分析历史演进过程，可以从历史发展的角度更好地认识、分析现实。

4. 系统分析与定量分析相结合。完整的理论分析研究不仅需要从理论的整体性、系统性、一致性的角度提出问题，确定范围，明确系统目标，建立理论体系，而且需要从应用角度建立数量分析模型。前者主要应用系统分析方法，后者则借助于定量分析方法进行严密的逻辑推理和数学推导。系统分析和定量分析的结合应用，既提高了理论在总体上的系统性和整体性，又保证了理论在结构上的严密和紧凑，还有助于理论的应用和推广，提高了理论的实际应用价值。

5. 静态分析与动态分析相结合。投资活动是一个不断运动发展的过程，发展意味着变化和不确定性。不但要对某一具体时间和地点的具体投资情况进行静态分析，还要引入时间变量，从发展变化的角度进行动态分析，即根据某一段时间内投资发生的变化，对发展趋势进行序列分析，以研究投资客体的变化和发展规律，加强具有前瞻性、预见性的指导。

小 结

投资学是一门经济学科，本书主要研究市场经济体制下投资活动的理论与方法，研究内容包括宏观方面和微观方面。在我国，投资学作为一门新兴的经济类学科，许多内容尚处于发展和完善过程中，并且随着国际政治经济形势的变化，投资的内涵与外延相应发生变化。我们提出投资学的五种研究方法，它们是学习投资学应遵循的基本方法。

通过本章的学习，应认识投资的概念，了解投资学的研究对象，掌握投资的分类和不同种类投资的特点，同时要认清直接投资与间接投资的区别和联系。

第1章　即测即评

思考题

1. 我国和西方（经济学）对投资概念的界定有何异同？
2. 投资应具备哪些要素？这些要素在不同投资体制下所处的地位和内容有什么不同？
3. 投资的实质是什么？
4. 直接投资与间接投资的区别和联系是什么？
5. 试论私人投资与公共投资之间的互动关系。
6. 简述投资风险的产生与防范。
7. 投资对经济增长的作用通过什么传导机制实现？
8. 投资学的研究对象包括哪些？
9. 简述金融如何服务实体投资？
10. 简述如何通过投资来实现供应链的安全与自主可控？

第 2 章

投资与经济发展

学习目标

- ◆ 认识马克思主义再生产理论
- ◆ 了解西方经济学中投资与经济发展的关系
- ◆ 掌握投资与经济发展的理论基础
- ◆ 把握我国社会主义市场经济条件下投资与技术进步、技术进步与经济增长的关系
- ◆ 掌握我国实施创新驱动发展战略的重要意义

2.1 投资与经济增长

经济增长是指在一定时间内一个经济体所生产的商品和提供的劳务的市场价值的增加。①

投资与经济增长之间存在非常密切的关系。一方面，经济增长水平决定投资总量，投资的来源离不开经济增长，投资总量的大小主要是由上期国民收入的多少和积累率的高低决定的；另一方面，投资对经济增长具有很大的影响，在一国的技术水平和资源量既定的情况下，经济增长率的高低在很大程度上取决于投资总量的大小及增长率的高低。

2.1.1 经济增长因素分析

20 世纪 30 年代以来，经济增长开始成为经济学家考虑的首要问题，产生了许多有影响的经济增长理论，主要有哈罗德-多马的经济增长模型、新古典学派的动态经济学、里昂惕夫的静态部门间投入产出模型、现代剑桥学派的经济增长理论。此外，还有以科尔内为代表的和谐增长理论、鲍莫尔的非均衡增长理论以及萨缪尔森的乘数-加速数理论等。

① 维基百科.

这些经济增长理论都不同程度地涉及经济增长因素的分析。人们通常认为经济增长理论为西方经济学所特有，事实上，马克思主义经济学也有自己的经济增长理论。马克思没有在严格意义上使用过“经济增长”这一概念，其所有经济增长的含义都是用“扩大再生产”的概念来表述的。按照马克思的观点，扩大再生产是资本主义再生产的特征。资本家为了追逐更多的剩余价值并增强竞争力，不会把已经得到的剩余价值都用于个人消费，而是将其中的一部分转化为新的资本，用来购买新的（或追加更多的）生产资料和劳动力，使投入生产过程的资本数量不断增多，生产规模不断扩大。各个资本家都力图扩大自己的生产规模，这必然导致整个社会生产规模的扩大和资本主义经济的增长。因此，资本主义经济是一种持续增长的经济，尽管它在增长过程中会遇到周期性的经济危机。经济增长方式可归结为两种类型的扩大再生产，即外延扩大再生产和内涵扩大再生产。外延扩大再生产主要通过增加生产要素的投入来实现生产规模的扩大和经济的增长；而内涵扩大再生产主要通过技术进步和科学管理来提高生产要素的质量和使用效益，以实现生产规模的扩大和生产水平的提高。马克思的经济增长理论为进行经济增长因素分析奠定了理论基础。

20世纪初发展起来的增长经济学主要探索了西方发达国家经济增长的规律性，有许多值得借鉴的地方。

在经济增长因素的分析领域较为有名的经济学家主要有索洛和丹尼森。索洛运用柯布-道格拉斯生产函数，将资本和劳动作为主要的经济增长要素，同时又将经济增长的余值归结为技术进步的作用。丹尼森虽然也是用余值来测算技术进步的影响，但他的分析要比索洛更进一步，从两个方面发展了索洛的理论：（1）增加了投入要素的种类，把生产要素中各种质的因素包括进去；（2）增加了“剩余”部分的种类，不仅包括知识进步，还包括规模经济和资源配置的改善。根据丹尼森的分析，在规模收益不变的假设下，如果总投入增加1%，国民收入也应增加1%，但实际国民收入的增长速度要大于1%，这超出的部分，丹尼森称为“单位投入的产出”。这也就是说，影响实际国民收入增长的因素主要有两大类：一是总投入，主要包括劳动、资本和土地三个生产要素；二是单位投入的产出，主要包括资源配置的改善、规模经济、知识进步和自然因素。

这里将经济增长因素确定为：全部要素的投入，包括资本（存货、非住宅性建筑和设备、住宅、海外投资）、劳动（就业人数、工时、年龄-性别构成、教育、其他）和土地的投入；单位投入的产出，包括资源配置的改善、规模经济、知识进步、自然因素（见图2-1）。下面主要考察全部要素投入对经济增长的影响。

2.1.2 投资对经济增长的影响

投资可以通过不同的途径对经济增长产生影响，如投资—要素投入—经济增长、投资—经济结构（资源配置和规模经济）—经济增长、投资—知识进步（技术水平等）—经济增长等，这里主要讨论投资—要素投入—经济增长。

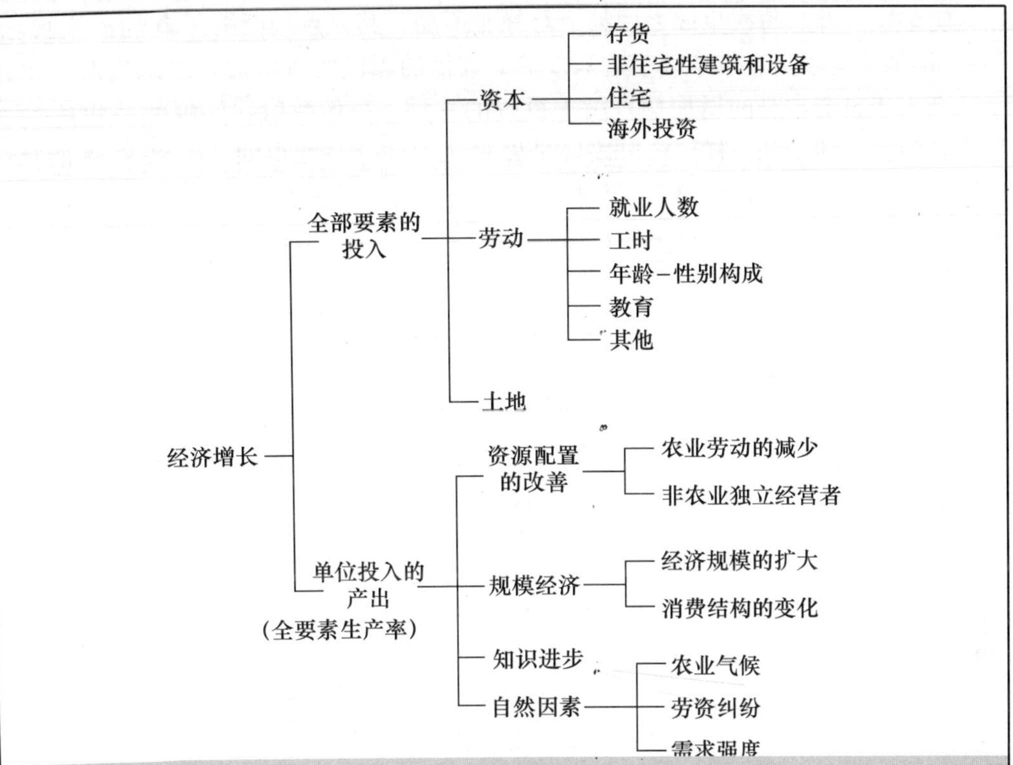

图 2－1　经济增长因素分析图

马克思多次使用投资的概念，而且对投资作过明确的定义：投资即货币转化为生产资本。

马克思把资本的数量和效率看作经济增长的决定因素。按照马克思对资本与投资二者之间关系的定义，我们可以推论：第一，他所说的“投入生产的资本不断增长”实际上是指投资的不断增长，而“资本使用的效率不断提高”实际上是指投资效率的不断提高；第二，他还论述了这两个原因之间的关系：在更加广阔的基础上进行的再生产即积累，即使它最初只表现为生产在量上的扩大（在同样的生产条件下投入更多的资本），也会在某一点上在质上表现为进行再生产的条件具有更高的效率；第三，在经济增长的过程中，技术也在进步，虽然技术进步通常以小的改良形式出现，但它和用于积累的资本结合在一起，共同体现在基本积累中，极大地促进了生产力发展和经济增长。从要素投入的角度看，投资对经济增长的影响表现为两个方面：一是投资需求对经济增长的拉动作用；二是投资供给对经济增长的推动作用。

投资需求是指投资活动引起的对社会产品和劳务的需求。率先对投资需求与经济增长做出系统性研究的是凯恩斯，他从宏观经济学的角度分析了投资需求对经济增长的拉动作用，提出了著名的投资乘数理论。

投资乘数理论是凯恩斯主义宏观经济理论的重要基石，在西方经济理论中占据重要的地位。投资乘数理论建立在两大假设之上：一是假定消费支出在一年之内无穷多次地传递，从而形成无穷多次的收入，构成几何级数；二是储蓄生成无穷多次，并且每次生成之后都绝对静止不动。其要点用萨缪尔森的话来概括就是："增加一笔投资会带来大于这笔投资额数倍的国民收入增加，即国民收入的增长额会大于投资本身的增加额！用于投资的款项 像政府、外国的或家庭的支出的任何独立的变动一样——可以说是极为有力和一举数得的。"① 投资增加额所带来的国民收入增加额的倍数就是投资乘数，其计算公式为：

$$\begin{aligned}投资乘数&=\frac{1}{边际储蓄倾向（MPS）}\\&=\frac{1}{1-边际消费倾向（MPC）}\\&=\frac{收入的变动}{投资的变动}\end{aligned}$$

对于投资的变动如何带来收入的变动，以及投资乘数等于边际储蓄倾向的倒数（即"1－边际消费倾向"的倒数），萨缪尔森在《经济学》一书中举例解释如下：

> 当投资人使用闲置的资源来建设价值1 000美元的汽车车间时，除了其投入的最初资金以外，国民收入和产值还会有次级的扩大。其原因是：建设汽车车间的木匠和木材生产者会得到1 000美元的增加的收入。但是，事情并不终止于此，如果他们的边际消费倾向均为2/3，他们会支出666.67美元来购买新的消费品，这些物品的生产者又会有666.67美元的增加的收入。如果他们的边际消费倾向也是2/3，他们又会支出444.44美元，即666.67美元的2/3。过程如此继续下去，每一次新的支出都是上一次的2/3。
>
> 因此，最初的1 000美元的投资支出导致了一系列次级的消费再支出。这一系列的再支出是永无止境的。但是，其数值逐渐减小，而其和为一个有限的数量。根据几何级数，可以得到：
>
> $$\begin{aligned}&1\times1\,000+\frac{2}{3}\times1\,000+\left(\frac{2}{3}\right)^2\times1\,000+\cdots+\left(\frac{2}{3}\right)^n\times1\,000\\&=\frac{1}{1-\frac{2}{3}}\times1\,000=3\,000\end{aligned}$$ ②

投资乘数理论具有很强的理论假设性，在现实中，投资需求的乘数作用由于受多种因素的影响，表现并不明显。但投资乘数理论十分清楚地说明，投资需求对经济的影响非常大。

投资需求对经济增长的拉动作用明显，投资供给对经济增长的推动作用同样显著。投资供给既包括生产性固定资产，也包括非生产性固定资产。生产性固定资产的交付使用，直接为社会再生产过程注入新的生产要素，增加生产资料供给，为扩大再生产提供物质条件，直接促进经济的增长。非生产性固定资产则主要通

① 萨缪尔森，诺德豪斯．经济学：上．北京：商务印书馆，1988.

② 同①.

过为劳动者提供各种服务和福利设施，间接促进经济增长。

投资供给对经济增长的推动作用，早在 18 世纪古典经济学家就给予了充分的肯定。亚当·斯密在《国富论》中明确指出，决定国民财富增长的主要因素，一是分工引起的劳动生产率的提高，二是依存于资本总额的生产劳动数量的增加。用于积累的资本额越大，生产劳动的数量就越多，国民财富增长就越快。马克思的扩大再生产理论也强调了资本积累对财富增长的作用，认为积累是剩余价值的资本化，是扩大再生产的源泉。20 世纪 40 年代，出现了著名的哈罗德-多马模型，该模型集中研究了扩大再生产过程中国民收入增长率、储蓄率和资本产量比率这三个变量的关系，指出在资本产量比率一定的前提下，国民收入增长率主要取决于储蓄率（积累率）。哈罗德-多马模型的基本公式为：

$$\frac{\Delta Y}{Y}=\frac{s}{v} \tag{2-1}$$

式中，$\frac{\Delta Y}{Y}$为国民收入增长率；s 为储蓄率；v 为资本产量比率。

该式说明，国民收入增长率等于社会的储蓄率除以资本产量比率。

该公式的推导十分简单。首先，该模型假设社会的资本存量（包括整个国家的厂矿、机械设备、流动资金等）和该社会的总产量或实际国民收入之间存在着一定的比例，称为资本产量比率，用 v 表示。K 和 Y 分别代表资本和产量，得到下式：

$$K=vY \tag{2-2}$$

随着社会资本的增长，社会的产量也会增长，假设二者的增长量依次为 ΔK 和 ΔY。二者之比称为边际资本产量比率。在技术水平等条件保持不变的情况下，就有边际资本产量比率等于资本产量比率，得到下式：

$$\Delta K=v\cdot\Delta Y \tag{2-3}$$

由于投资（以 I 表示）是 K 在一个时期内的增量，有

$$I=\Delta K=v\cdot\Delta Y \tag{2-4}$$

用 s 表示这个社会的储蓄率，即储蓄在国民收入中所占的份额，那么，储蓄 S 的数量为：

$$S=sY \tag{2-5}$$

按照凯恩斯的理论，投资必须等于储蓄，因此，式（2-3）必然等于式（2-5），即

$$v\cdot\Delta Y=sY \tag{2-6}$$

移项可得该模型的基本公式，即式（2-1）。

哈罗德-多马模型把投资供给视为推动经济增长的唯一因素，显然具有很大的假设性，但该模型从一个侧面反映了投资供给对经济增长的推动作用。后来的新古典经济学家和其他经济学家逐渐将劳动力要素、技术进步等纳入经济增长模型。

2.1.3　经济增长对投资的决定作用

投资是影响经济增长的因素之一，而经济增长则是决定投资支出规模的最主要因素。我们知道，储蓄是投资的来源，投资是储蓄的运用。投资支出的数量主

要是由储蓄额决定的，而储蓄额是由国民收入或国民生产总值的数量决定的。因此，归根到底，投资支出的数量主要是由经济增长情况决定的，经济增长是决定投资支出数量的最主要因素。当然，这并不是说国民收入水平是投资支出的唯一决定因素，除了国民收入水平，投资率（净投资率和折旧投资率）也对投资支出额有影响。

事实上，经济增长也会通过影响投资意愿来影响投资，经济增长是投资意愿产生的客观基础。没有资金和必要的物资保证，很难产生投资意愿；经济形势不好，投资回报率低，也会抑制投资意愿。因此，投资意愿受到经济增长的影响。

对经济增长水平与投资支出之间的数量关系，凯恩斯主义宏观经济学提出了加速数理论，其中心内容是投资支出水平的变动取决于产量水平的变动，认为社会所需要的资本品的总量，不论是存货还是设备，主要取决于收入或生产水平。资本品总量的增加，即通常所说的净投资，只有在收入增长时才会出现。

现以 K_t 表示 t 时期的资本存量，Y_t 表示 t 时期的产量，K_{t-1} 表示 $t-1$ 时期的资本存量，Y_{t-1} 表示 $t-1$ 时期的产量，由式（2-2）可得

$$K_{t-1} = vY_{t-1} \tag{2-7}$$

$$K_t = vY_t \tag{2-8}$$

以 I_t 表示 t 时期的净投资，有

$$I_t = K_t - K_{t-1} \tag{2-9}$$

由此可得

$$I_t = vY_t - vY_{t-1} = v(Y_t - Y_{t-1}) \tag{2-10}$$

如果以投资总额表示，在上式两边同时加上 t 时期的更新投资 D_t，则有

$$I_{gt} = I_t + D_t = v(Y_t - Y_{t-1}) + D_t \tag{2-11}$$

式中，I_{gt} 为 t 时期的总投资，包括净投资和更新投资两部分；v 为加速数。如果资本产出率为 2，本期产量比上期增加 200，则本期的净投资应为 400，加速数为 2 表示本期净投资支出额是产量变动的 2 倍。

加速数理论说明，如果某一时期产量增加，则投资净额必须以加速数为倍数，大于产量的增加幅度而增加。

加速数理论作为分析投资变动与产量变动关系的理论，对分析我国的经济增长有一定的借鉴作用。但是，加速数理论建立在社会生产能力得到充分利用的假设基础之上。对于任何社会而言，必然会有闲置社会生产能力。因此，经济增长不一定通过提高投资支出水平来实现，也可以通过挖掘潜力、改善资源配置等途径来实现。加速数理论只有在一定的理论假设条件下才能成立，在实际运用中难免会有局限性。

2.2 投资与技术进步

技术进步是促进经济增长的重要因素，投资则是推动技术进步的主导因素。

2.2.1　技术进步与经济增长的关系

技术进步与经济增长的关系，一方面表现为经济的发展不断对科学技术提出新的要求，从而促进科学技术的不断发展和变革；另一方面表现为技术成果的创造、应用和推广不断促进经济的增长。技术进步对经济增长必然具有促进作用。

这里所说的技术进步是广义的技术进步，包括以下几个方面：（1）提高装备技术水平；（2）改进生产工艺和流程；（3）提高劳动者的素质；（4）提高管理决策水平。技术进步同资本增加及劳动力增长一样，是推动经济增长的重要力量。本质上，技术进步是一种内涵式扩大再生产，通过直接或间接地使劳动过程发生变化来实现经济增长。

马克思在《资本论》中以很大的篇幅总结了资本主义发展过程中技术进步的作用，指出设备的先进程度、劳动力素质的提高、工艺及生产组织和管理形式的改进对经济增长的影响。这与邓小平同志“科学技术是第一生产力”、习近平总书记“加快实现高水平科技自立自强，是推动高质量发展的必由之路”① 的观点一样，都说明了技术进步对经济增长的巨大推动作用。

回顾我国改革开放以来的经济发展历程，我们依赖资源、资本、劳动力等要素投入支撑了经济快速增长和规模扩张，目前，这些要素条件已经发生较大变化，同时，继续以要素投入为主的发展模式是资源环境所难以承载的。因此，面对新形势新挑战，以习近平同志为核心的党中央提出实施创新驱动发展战略，强调科技创新是提高社会生产力和综合国力的战略支撑，坚持把创新作为引领发展的第一动力，把科技创新摆在国家发展全局的核心位置，加速经济发展模式的转型。

2023 年 9 月 7 日，习近平总书记在哈尔滨主持召开新时代推动东北全面振兴座谈会时说“积极培育新能源、新材料、先进制造、电子信息等战略性新兴产业，积极培育未来产业，加快形成新质生产力，增强发展新动能”。一句话中出现了五个“新”，落脚点就是新动能。新质生产力有别于传统生产力，涉及领域新、技术含量高，依靠创新驱动是其中关键。从经济学角度看，新质生产力代表一种生产力的跃迁。它是科技创新在其中发挥主导作用的生产力，高效能、高质量，区别于依靠大量资源投入、高度消耗资源能源的生产力发展方式，是摆脱了传统增长路径、符合高质量发展要求的生产力，是数字时代更具融合性、更体现新内涵的生产力。②

2.2.2　投资是促进技术进步的主导因素

投资对技术进步有直接影响。一方面，投资是技术进步的载体，任何技术成果的应用都必须通过某种投资活动来体现，它是联系技术进步与经济的纽带；另一方面，技术进步本身也是投资的结果，任何一项技术成果都是投入一定的人力

---

①　2023 年 3 月 5 日，习近平总书记参加十四届全国人大一次会议江苏代表团审议时的讲话。

②　习近平总书记首次提到“新质生产力”．(2023－09－11)．新华网．

资本和资源（如实验设备等）的产物。因此，技术进步的产生和应用都离不开投资，正如习近平总书记所提出的“科技创新，一靠投入，二靠人才”①。

21世纪初，国际化和信息化浪潮席卷全球，由此诞生的全球经济新格局加剧了东西方经济发展的不平衡，加之欧美长期宽松的货币政策，共同导致了美国次贷危机和欧债危机。历史经验表明，全球性经济危机往往会催生重大科技创新与突破，而当前一些重要科技领域已显现出革命性突破的先兆。美国在经历了制造业空心化和房地产泡沫破灭的冲击后，迫切希望通过产业政策等推动美国“再工业化”与掌握高科技行业的主动权，比如旨在推动高端制造业回流的《基础设施投资和就业法案》和《通胀削减法案》，以及旨在强化半导体行业控制权和议价权的《芯片与科学法案》。2023年，欧盟通过《欧盟芯片法案》，计划到2030年欧盟累计将投入430亿欧元（约3 350亿元人民币）用于支持欧盟成员国的芯片生产、试点项目和初创企业，其中，110亿欧元将投资于先进制程芯片技术的研发。《欧盟芯片法案》旨在加强对芯片产业的监管和控制，以确保欧洲在全球芯片市场的竞争力。一场新的技术革命正在全世界兴起，各国政府纷纷采取相应的对策，最核心的策略是增加在新技术方面的投资。1978年改革开放以来，我国通过多方面举措增加了对科学与技术的投资，走出了一条具有中国特色的发展道路，有效地推动了经济增长与社会发展。进入新的历史时期，为实现经济社会可持续发展，我国仍在不断积极探索、调整、优化具有新时代社会主义特色的科技发展道路。

从追赶先进到自主创新。改革开放之后，我国主要通过吸引外商投资，引进、消化、吸收国际先进制造技术并逐步推进本土企业的科技进步。与此同时，我国企业有效打开国际市场，形成产业链和成本优势，进而促进企业新一轮研发创新。2018年以来，“引进、消化、吸收”的模式不再完全适应我国发展的现状，一方面，重引进、轻消化的问题还存在，大多情况下，市场换不来核心技术；另一方面，面对美国的科技封锁，如果一味依靠技术引进，就难以摆脱跟着别人跑、受制于人的被动局面。因此，我国政府开始更加强调增强自主创新能力，这是投资发展理念的重大变化。

创新驱动发展成为顶层设计的核心。我国对技术发展的顶层设计可以大致分为两个阶段。第一阶段，从改革开放到党的十八大前，我国政府将科教兴国和可持续发展确立为经济社会发展的国家战略，加大了对科技的投资力度，先后组织实施了科技攻关计划、863计划、星火计划、火炬计划、973计划及国家中长期科学和技术发展规划纲要等重大专项课题，取得了一大批在国际上产生广泛影响、对经济社会发展具有重大意义的科研成果。第二阶段，党的十八大报告首次提出“创新驱动发展战略”，将创新放到更加核心的位置。习近平总书记在党的二十大报告中再次指出：“必须坚持科技是第一生产力、人才是第一资源、创新是第一动力，深入实施科教兴国战略、人才强国战略、创新驱动发展战略，开辟发展新领域新赛道，不断塑造发展新动能新优势。”总的来说，创新驱动发展战略，就是通

① 2022年6月28日，习近平总书记在湖北武汉考察时的讲话。

过加强基础研究、加快培育和发展战略性新兴产业、推动政府职能从研发管理向创新服务转变等举措，锚定 2035 年跻身创新型国家前列的战略目标。

借力资本市场，大力推动创新发展。科技创新需要各类制度与政策的保驾护航，我国政府在加强知识产权保护、完善促进企业创新的各类税收优惠、深化财政科技经费分配使用机制等一系列推动科技发展的制度建设和政策支持方面进行了大量的努力和探索，并取得了显著的成效。其中，大力发展资本市场，为科技创新提供长期资本成为近十年最有影响力的政策支持。通常，科创企业在发展初期需要大量资金投入，对科创企业的投资具有周期长、风险高、退出渠道少等特点，因此完善的资本市场体系对于我国科创企业的诞生和发展至关重要。经过 20 多年的摸索，我国针对科创企业逐步建立并完善了从天使投资、风险投资到证券公开市场这一较为完整的投融资市场体系，而 2019 年启动的科创板市场是对投融资体系更具针对性的有效补充。设立充分适配科创企业特点并专门为之服务的资本市场，能够使科创板更加有效地解决“硬科技”企业的融资问题，帮助这些企业做大做强，“补齐资本市场服务科技创新的短板”，同时，这也是落实创新驱动发展和科技强国战略的重要举措。截至 2023 年，也就是科创板开市 4 周年①，科创板上市公司数已达 551 家，首发募集资金总额超过 8 000 亿元，总市值近 6.6 万亿元。依照战略性新兴产业分类，551 家科创板上市公司主要分布在新一代信息技术、生物、高端装备制造和新材料行业。根据 iFinD 统计，2022 年，科创板公司研发投入规模达 1 334 亿元，同比增长 28.7%，71 家公司研发投入占营业收入比例超过 30%，53 家公司研发投入超过 5 亿元，有效地畅通“科技—产业—金融”良性循环，夯实高水平科技自立自强根基。

改革开放以来，我国经济总量增幅巨大，2022 年 GDP 约 121 万亿元，中国已经成为世界第二大经济体。但在全球经济格局面临再平衡的当前，我国经济暴露出增长过度依赖投资、行业亟待转型升级等问题。未来如何在投资与消费、产业转型升级与经济合理增长之间找到平衡从而使经济持续稳健发展，仍然是当前中国经济面临的挑战。

拓展阅读

一、中国的投资与经济增长

1992—2022 年，我国固定资产投资总额年平均增速为 16.5%，投资成为驱动中国经济增长当之无愧的主力之一。2000 年之后，固定资产投资总额在 GDP 中的占比持续升高，同时带动 GDP 高速增长（见表 2-1 和图 2-2）。2008 年之后，固定资产投资总额在 GDP 中的占比继续升高，与 GDP 增速却出现背离。这表明，我国经济增长过度依赖投资的弊端开始显现，投资对于拉动经济高速增长日渐乏力。同时，中国经济增长与宏观稳定课题组的研究也表明，1979—2008 年，中国资本累积平均增长率为

① 2019 年 7 月 22 日科创板开市。

10%，对经济增长的贡献率高达70.4%，但全要素生产率平均增长只有2.1%，对经济增长的贡献率仅为19.7%。[①] 可见，中国经济能否继续保持较高速度增长，摆脱对投资的过度依赖和提高技术进步的贡献率是关键。

表 2-1 2000 年后我国固定资产投资总额与 GDP 增速情况 金额单位：万亿元

年份	GDP（现价）	固定资产投资总额（不含农户）	固定资产投资总额在 GDP 中的占比	GDP 同比增速（不变价）
2000	10.03	2.42	24.18%	8.5%
2001	11.09	2.78	25.10%	8.3%
2002	12.17	3.29	27.06%	9.1%
2003	13.74	4.26	31.03%	10.0%
2004	16.18	5.86	36.22%	10.1%
2005	18.73	7.51	40.09%	11.4%
2006	21.94	9.35	42.60%	12.7%
2007	27.01	11.74	43.47%	14.2%
2008	31.92	14.82	46.41%	9.7%
2009	34.85	19.41	55.70%	9.4%
2010	41.21	24.14	58.58%	10.6%
2011	48.79	30.19	61.88%	9.6%
2012	53.86	36.48	67.74%	7.9%
2013	59.30	43.65	73.62%	7.8%
2014	64.13	50.20	78.28%	7.3%
2015	68.60	55.16	80.41%	6.9%
2016	74.01	59.65	80.60%	6.7%
2017	82.08	63.17	76.96%	6.8%
2018	91.93	63.56	69.14%	6.6%

资料来源：Wind 资讯.

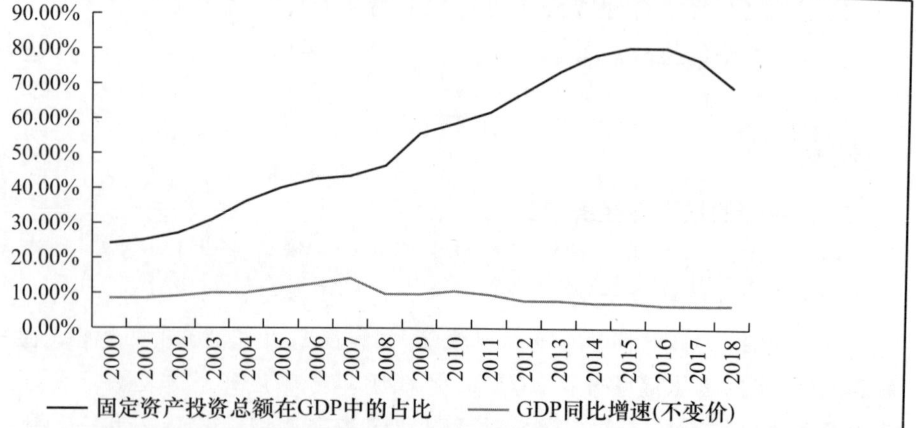

图 2-2 2000 年后我国固定资产投资与 GDP 增速情况

① 中国经济增长与宏观稳定课题组. 资本化扩张与赶超型经济的技术进步. 经济研究，2010（5）.

二、中国的研发支出与经济增长

2000—2015 年，类似固定资产投资总额在 GDP 中占比的走势，研发支出在我国 GDP 中的占比持续升高。但 2015 年后，前者开始下降，而研发支出在 GDP 中的占比仍然保持两位数增长（见表 2－2 和图 2－3）。2022 年，我国研发支出超过 3 万亿元，是仅次于美国的全球第二大研发支出国，研发支出在 GDP 的占比持续提升。2022 年我国研发支出在 GDP 中的占比达到 2.6%，从国际比较角度看，超过经合组织国家 2.47%的平均水平。

从直观感受来看，近年来，我们看到国产大飞机 C919 商业首飞、全钙钛矿叠层太阳能电池转换效率刷新世界纪录、全球首台 16 兆瓦海上风电机组并网发电、自主三代核电技术“华龙一号”全球首堆示范工程竣工验收，这一系列科技创新成果，成为产业升级、结构优化的重要驱动力量，逐步转化为推动我国经济社会持续发展的现实生产力。

表 2－2　2000 年后我国研发支出及其在 GDP 中的占比情况　金额单位：万亿元

年份	GDP（现价）	研发支出	研发支出在 GDP 中的占比	研发支出同比增速
2000	10.03	0.09	0.9%	32%
2001	11.09	0.10	0.9%	16%
2002	12.17	0.13	1.1%	24%
2003	13.74	0.15	1.1%	20%
2004	16.18	0.20	1.2%	28%
2005	18.73	0.25	1.3%	25%
2006	21.94	0.30	1.4%	23%
2007	27.01	0.37	1.4%	24%
2008	31.92	0.46	1.4%	24%
2009	34.85	0.58	1.7%	25%
2010	41.21	0.71	1.7%	22%
2011	48.79	0.87	1.8%	23%
2012	53.86	1.03	1.9%	19%
2013	59.30	1.18	2.0%	15%
2014	64.13	1.30	2.0%	10%
2015	68.60	1.42	2.1%	9%
2016	74.01	1.57	2.1%	11%
2017	82.08	1.76	2.1%	12%
2018	91.93	1.97	2.1%	12%
2019	99.09	2.21	2.2%	13%
2020	101.35	2.44	2.4%	10%
2021	114.92	2.80	2.4%	15%
2022	121.00	3.09	2.6%	10%

资料来源：Wind 资讯．

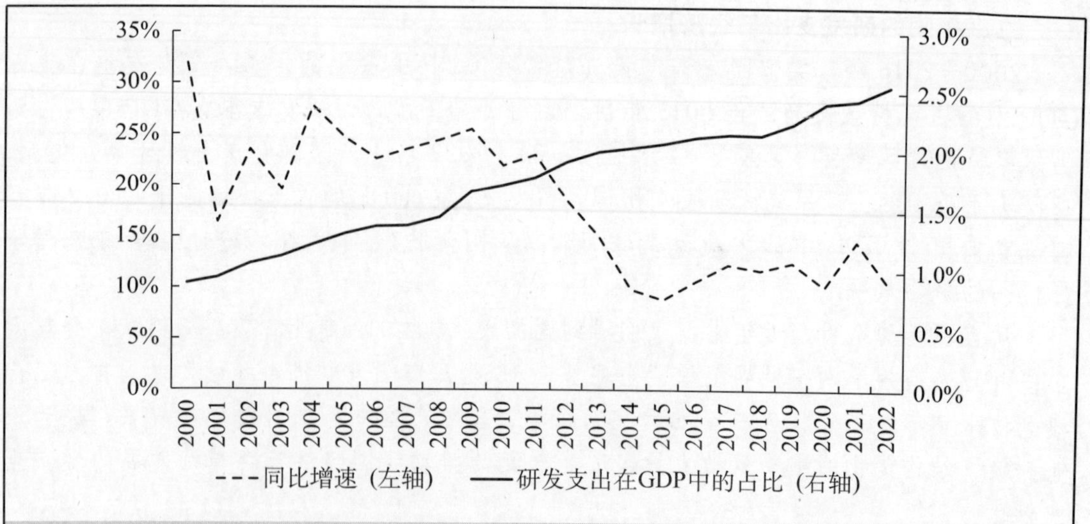

图 2－3　2000 年后我国研发支出增速与在 GDP 中的占比情况

小　结

影响经济增长的因素包括全部要素的投入和单位投入的产出。投资与经济增长之间、投资与技术进步之间存在着密切的关系。投资可以通过不同的途径对经济增长产生影响，如投资—要素投入—经济增长、投资—经济结构（资源配置和规模经济）—经济增长、投资—知识进步（技术水平等）—经济增长。投资是影响经济增长的因素之一，而经济增长是决定投资支出规模的最主要因素。投资对技术进步有直接影响。投资是技术进步的载体，任何技术成果的应用都必须通过某种投资活动来体现；技术进步本身也是投资的结果。技术进步的产生和应用都离不开投资。

第 2 章　即测即评

计算题

1. 假设投资人使用闲置的资源来建设价值 1 亿元人民币的新能源汽车工厂，假设全社会平均的边际消费倾向是 1/3（即全社会每个人的边际消费倾向都是 1/3，该假设相对严格），那么该投资最后带来国民收入的增加额是多少？

2. 假设技术水平保持不变，本期的资本存量 K_t 为 2 000，本期的产量 Y_t 为 1 000，本期产量比上期增加 100，那么加速数为多少？本期的净投资应为多少？

思考题

1. 简述投资与经济增长之间的关系。
2. 试从不同传导机制论述消费对投资的影响。
3. 西方学者关于影响经济增长的因素的分析中有哪些可供我们借鉴？
4. 马克思主义经济学与现代西方经济学中的投资理论有何异同？
5. 简述你对哈罗德-多马模型的核心公式 $\Delta Y/Y=s/v$ 的理解。
6. 简述投资乘数理论的推导过程。
7. 简述投资乘数和加速数在现实经济活动中的作用。
8. 简述投资与技术进步之间的关系。
9. 简述改革开放以来，我国对科技领域投资的各项举措及成效。
10. 总结第二次世界大战以后，各主要资本主义国家通过对科学与技术的投资来推动经济增长的成功经验。
11. 简述你对我国实施创新驱动发展战略的理解。

第 3 章

投资体制

学习目标

- 掌握投资体制概念和中外投资体制的差异
- 了解目前我国投资体制的运行机理
- 了解我国投资体制演进的历程
- 认识我国投资体制改革的指导思想和措施

3.1 投资体制概述

3.1.1 投资体制

投资体制，在我国一般是固定资产投资活动运行机制和管理制度的总称，主要包括投资主体的确立及行为方式、投资资金的筹措途径、投资的使用方式、投资利益的划分、投资管理权限的划分、项目决策程序、宏观调控方式和机构设置等内容。投资体制是我国社会主义市场经济体制的重要组成部分。

投资体制分为投资管理体制和投资运行机制。投资管理体制指国家组织、引导和调控投资经济活动所采取的基本制度和主要方式、方法；投资运行机制指投资主体筹集资金及资金投放使用的方式和方法。从投资运行角度看，投资和融资是投资活动的两个环节，因此投资体制的内涵也被拓展为投融资体制。

健全、完善的投资体制对于经济可持续发展至关重要。我国经济已转向高质量发展阶段，从投入产出看，高质量发展应该不断提高劳动效率、资本效率、土地效率和全要素生产率等，这对投资体制的健全完善、对投资的有效性提出了更高的要求。

特别是立足中华民族伟大复兴战略全局和世界百年未有之大变局，我国持续深化投融资体制改革，扩大有效投资，具有重要的现实意义，具体包括以下四个方面：一是稳增长，从经济发展规律来看，扩大有效投资是国内外普遍使用的扩大内需的政策工具，通过投资的乘数效应直接带动就业和消费，促进国民经济良性循环。二是调结构，通过有效投资不断积累物质资本和人力资本，进而形成新的比较优势，提高全要素生产率，促进供给结构长期优化。三是惠民生，坚持以人民为中心的发展思想，扩大医疗卫生、教育、养老等公共服务的有效投资，缩小“三大差距”，为扎实推进共同富裕提供有利条件。四是防风险，加大对自主可控相关领域的有效投资，牢牢掌握关键环节和核心技术，保障供应链安全。

习近平总书记高度重视发挥有效投资的关键性作用，在2023年初主持中共中央政治局第二次集体学习时强调，“完善扩大投资机制，拓展有效投资空间，适度超前部署新型基础设施建设，扩大高技术产业和战略性新兴产业投资，持续激发民间投资活力”。

3.1.2 投资体制的组成

从不同的角度来考察，投资体制有不同的组成部分。

1. 从系统论角度看，投资体制主要由投资决策系统、投资调控系统、投资动力系统、投资信息系统四大子系统组成，是四者的统一体。

2. 从管理组织角度看，投资体制主要由以下三要素组成：投资决策主体的层次与结构、投资运行机制、投资领域内各经济实体之间的关系。投资决策主体的确定是投资体制的首要问题，投资决策主体是指在投资活动中具有独立决策权的法人，它是筹集与运用投资资金的责、权、利紧密结合的统一体。投资决策主体是投资体制的核心要素，它表明投资体制的真正属性。投资决策主体的层次与结构决定投资运行机制。投资主体单一，必然导致投资方式和方法的单一；投资主体多元化，必然导致筹资渠道和投资运用方式的多样化。目前，我国基本形成了以企业为主、政府引导的投资决策主体的层次与结构。一方面，确立企业的投资主体地位，激发民间投资潜力和创新活力；另一方面，科学界定并严格控制政府投资范围，使其平等对待各类投资主体，并充分发挥政府投资的引导作用和放大效应，完善政府和社会资本的合作。

投资运行机制是投资体制的外在反映。多年以来，我国政府坚持持续改善各类外部条件与环境，确保投资活动得以顺利进行并形成有效投资，例如创新服务方式，优化服务改革，简化服务流程，更加注重事前政策引导、事中事后监管约束和过程服务。在监管优化方面，各级政府完善配套制度建设，构建适应高质量发展要求的社会信用体系和新型监管机制，优化各项规章制度，促进监管工作标准具体化、公开化。多管齐下，确保投资运行顺畅，以取得投资的最佳经济效益和社会效益。

投资活动涉及诸多经济实体，不仅有投资项目建设单位、投资公司、勘察设计单位和施工单位，还有咨询机构、银行、物资供应单位等，这些经济实体之间的关系，对于投资的正确运用和投资效益的提高具有直接影响，因此也构成投资体制的主要组成要素。

3. 从管理职能角度看，投资体制的组成主要包括投资计划管理体制、投资资金管理体制和投资经营管理体制。

4. 从管理对象角度看，投资体制的组成主要包括投资项目管理体制、设计体制、施工体制等。

3.1.3 投资体制与经济体制的关系

经济体制决定投资体制。因此，考察投资体制的种类，必须首先明确投资体制与经济体制之间的关系。

经济体制是在一定的社会经济制度下，生产关系的具体形式，国民经济的运行方式以及组织、管理和调节国民经济的制度、方式、方法的总称。一定社会经济体制的基本规定性及其主要框架和运行原则的组合，便构成经济体制模式。经济体制的主要内容包括：所有制结构、经济决策结构、经济调节结构、激励机制、经济管理组织结构等。

投资体制是经济体制的重要组成部分，经济体制决定投资体制。因此考察投资体制模式可以借鉴经济体制模式的划分方法，也可以从所有制结构、经济决策结构、经济调节结构和激励机制等方面来对投资体制进行不同的划分。

从所有制结构看，投资体制可以划分为以私有制为主体的投资体制模式和以公有制为主体的投资体制模式。

从经济决策结构和经济管理组织结构看，投资体制可以划分为集权投资体制模式和分权投资体制模式。

从经济调节结构看，投资体制可以划分为以市场调节为主的投资体制模式和以计划调节为主的投资体制模式。

从激励机制看，投资体制可以划分为利益驱动型投资体制模式和行政强制驱动型投资体制模式。

综上所述，投资体制模式与经济体制模式是对应的。需要强调的是，上述划分方法相互交叉。如以私有制为主体的投资体制，往往以市场调节为主要调节方式，同时呈现出分权型决策结构；而以计划调节为主的投资体制模式往往与集权型决策结构相联系。

一、西方国家的投资体制

西方主要发达资本主义国家的投资主体以私人为主，政府为辅。以美国为例，政府通过直接投资、贷款、补助、税收减免以及其他行政和法律手段，引导和调控私人投资，并弥补私人投资的不足。私人投资在美国国内总投资中的占比自20世纪60年代起始终保持在70%～85%，而政府投资（含联邦、州及地方政府）在国内总投资中的占比保持在15%～30%。在政府投资中，州及地方政府是投资的主角，投资占比约65%，联邦政府主要投资于国防、学术、科研等基础项目，投资占比约35%。[①] 另外，美国政府在投资决策中非常重视公众参与和专业咨询公司的评审作用，同时政府投资受到严格的法规约束。值得注意的是，州及地方政

① 美国商务部经济分析局.

府投资的融资需求主要通过各级政府发行市政债券的方式满足。美国的市政债券主要有三个特点：第一，市政债券的核心是运用地方财政或项目的现金流来支持债券发行，其实质是借助州及地方政府的信用落实还款资金和担保问题。第二，市政债券借助金融担保及保险公司的参与实现债信增级。第三，市政债券的利息收入免税。由于免税优惠政策，地方政府可以用比其他相同信用等级债券低的利率成本进行融资。截至2022年底，美国债券市场总规模约55万亿美元①，其中，市政债券余额约4万亿美元，较2008年增加约9%，市政债券余额占全部债券余额约7.2%。

从以英美为代表的西方国家的投资体制演变来看，政府在投资中的角色逐步淡化，退居次要、辅助的地位，政府投资起到的作用更多是对私人投资的补充、支持、引导和监督，以提升投资及经济的整体效率。

进入21世纪以来，西方国家投资体制的弊端逐步凸显。过去60年，美国制造业持续向外转移，在经济结构中的占比不断降低，美国制造业增加值占GDP的比重从20世纪60年代约25%下降至目前约12%的水平，美国制造业就业占总私人就业的比重从20世纪60年代约30%下降到目前约8%的水平，2008年全球金融危机与2011年“占领华尔街”运动更是深刻揭示了美国制造业空心化及其所衍生的金融与社会风险。近年来，西方国家特别是美国的投资体制，逐步演变为政府投资叠加强有力产业政策，刺激私人制造业投资，政府在投资中的角色出现逐步强化的趋势。因此，我们需要结合时代、环境的变迁及各国特点，客观、辩证地看待西方国家投资体制的利弊。

拓展阅读

一、美国的地方政府债券融资

地方政府市政债券在美国的基础设施建设方面起到了很大的作用。在美国，学校、街道、高速公路、医院、桥梁、污水处理系统、电力设施等公共项目的建设都可通过发行市政债券进行融资，如美国波特兰市机场扩建获得的10亿美元的投资中，50%是靠发行债券解决的。州和地方政府在2003—2012年通过免税的市政债券为基础设施建设筹资超过1.65万亿美元，其中约5 140亿美元用于建设学校，约2 880亿美元用于建设医院，约2 580亿美元用于建设排水系统，约1 780亿美元用于建设道路、高速公路，约1 470亿美元用于建设公共能源项目，约1 056亿美元用于建设公共运输设施。以上提到的类别几乎涵盖了2003—2012年美国市政债券用于基础设施建设支出的90%。仅2012年，市政债券就解决了超过1 790亿美元的基础设施项目资金问题。

资料来源：The National Association of Counties，the National League of Cities，and the United States Conference of Mayors，2013.

二、近几届美国政府的产业政策

面对制造业空心化的产业危机，近几届美国政府都大力增强政府在投资活动中发

① 美国证券业与金融市场协会（SIFMA）.

挥的作用，迫切希望通过产业政策、贸易政策等推动美国“再工业化”。

奥巴马政府从2009年起通过推出《美国复苏与再投资法案》《美国制造业促进法案》《振兴美国制造业与创新法案》等法案，刺激经济与高新技术产业发展。特朗普政府为解决贸易逆差与传统制造业衰退问题，使用关税壁垒、减税等方式扶持本土制造业发展，推出了《减税与就业法案》，促成了美国2018—2019年制造业情况的小幅改善。拜登政府的产业政策力度最大，聚焦于基础设施建设与半导体、新能源等高新技术产业，先后推出了《基础设施投资和就业法案》、《通胀削减法案》与《芯片与科学法案》“三项法案”的产业政策，三项法案涉及投资规模接近2万亿美元。

二、社会主义国家的投资体制

相对于西方国家，社会主义国家的投资体制较为复杂，并且随着各国改革的进行，投资体制的变化较大。具有代表性的社会主义国家的投资体制大致有三种。

1. 集权型投资体制模式。苏联以及我国经济体制改革以前均采用这一模式。主要特征是：企业投资全部纳入国家统一计划，以行政投资方式为主，国家是唯一的投资主体，投资领域各单位和经济实体之间的联系是非商品经济性质的。国家不仅制定关系国民经济产业结构的新建项目的规划，而且决定企业本身的扩建和改建，甚至包揽企业固定资产更新资金的使用，企业没有固定资产扩大再生产的自主投资决策权。预算拨款是投资资金的主要来源，计划亏损以及低利企业由国家财政予以补助。

这种投资体制模式在社会主义制度建立初期曾经起到积极的作用，但随着经济的发展，它逐渐成为阻碍经济发展的体制性因素，因而成为经济体制改革的重要内容。

2. 分散型投资体制模式。南斯拉夫的投资体制属于这一类型。基本特征是：国家彻底放弃一切投资决策权，投资决策完全交给企业自主掌握。投资品由市场提供，企业资金来源于自有资金和银行贷款。分散型投资体制模式有利于调动经济单位的个体积极性，但不利于宏观调控，容易产生盲目投资、规模膨胀以及项目小型化等弊病。

3. 高水平社会主义市场经济体制下的投资体制模式。进入新的历史发展时期，我国的投资体制也在不断改革完善。党的二十大报告就“加快构建新发展格局，着力推动高质量发展”所提出的五项举措中，第一条就强调“构建高水平社会主义市场经济体制”。经济体制决定了投资体制，因此，我国高水平社会主义市场经济体制下的投资体制模式有两个显著特征：一是，企业投资主体地位得以确立，政府投资体制、产权制度和要素市场化配置更加完善，高标准市场体系得以建立，实现“产权有效激励、要素自由流动、价格反应灵活、竞争公平有序、企业优胜劣汰”，也就是满足了明晰的企业产权和发达的市场机制的前提假设；二是，高水平的经济体制与投资体制离不开“社会主义”这个定语，因此，我们既要加强党的领导，也要坚持以人民为中心，通过扩大有效投资与经济高质量发展不断增强人民的获得感、幸福感、安全感。目前，我国正在加快推进新一轮经济体制改革及投融资体制改革，争取构建更加系统完备、更加成熟定型的高水平社会主义市场经济体制及投资体制。

3.2 中外投资体制比较研究

从国外市场经济国家的一般情况来看，投资体制建立在市场配置资源的经济体制之上，政府和市场的投资边界是清晰的，投资的利益机制能够引导形成比较合理的投资流向。市场经济国家的投资体制伴随已有两三百年历史的较为成熟的资本主义市场经济制度而日臻完善，但也随着全球政治、经济环境以及各国经济发展阶段的变化而动态调整，并不存在一劳永逸的投资体制。同样，我国也在不断探索与深化与国内外政治经济环境以及我国经济发展阶段相适应的市场化改革。党的十八届三中全会全面深化经济体制改革的决议出台以来，我国投资体制改革已经取得了显著的完善优化，正加速向更加成熟的高水平社会主义市场经济体制迈进。

3.2.1 市场经济国家的投资体制

市场经济国家的投资制度安排具有市场决定、制度的系统性和宏观管理的间接性等特点。

一、市场经济国家的投资体制运行机理分析

1. 投资制度安排以市场投资决定机制为主、政府调控为辅。在市场经济相对发达和完善的国家，投资制度基本以市场投资决定机制为主，这种投资制度安排能够通过市场机制引导经济总量实现动态均衡。在市场体制下，投资主体遵守市场规则参与投资决策过程，遵循一定的投资秩序，如何投资以及投资多少完全是投资者根据预期投资收益和投资成本的比较来决定的，与此同时，投资所带来的收益和风险均由投资者本人承担。以市场投资决定机制为主的投资制度并不排斥政府在投资体制中的重要作用，政府在投资制度安排中用宏观调控政策及其工具来引导、协调和规范投资活动的边界。比较而言，市场经济国家政府在投资调控体系中的重要程度不完全一致。过去，美国政府在投资调控中只是进行有限的间接调节，但近三届美国政府不断增强其在投资调控中的直接调节作用。日本特别强调政府对市场的干预，积极通过政府的行为来修正市场自身运行机制的不足和失误。韩国在实现现代化过程中选择了政府指导型的经济增长政策，企业的投融资行为和资源配置活动是在一个受政府相当程度控制的市场体系中进行的。虽然各国调控方式存在差异，但总体而言，这些国家政府的宏观调控都以市场调节投资活动为基础。

2. 在为投资体系服务的融资制度中，直接融资和间接融资体系高度发达。投资主体的融资来源有三种渠道：一是内部积累即内源融资；二是银行贷款即间接融资；三是证券融资即直接融资。一般情况下，企业发展依靠的是以留存利润和折旧等内部筹资为主、以借款和证券等外部融资为辅的融资结构。投资体系作为经济系统的一部分，离不开高度发达的直接融资和间接融资制度及高效的融资市场的支持。

3. 收益风险特征完全内化于投资者本人。市场经济国家实行以私有制为主的产权制度安排，各个投资主体的财产权都是独立的，财产权关系的边界是清晰的，投资主体用自有财产和资金从事投资，投资激励完全来自对自身利益而非社会利益的追求，因此投资收益的回报完全内化于投资者本人。同时，投资者也要用自有资产对投资所带来的损失和风险承担完全责任，这便形成了一种硬约束。

4. 投资主体结构具有以私人投资为主的特征。在市场经济体制中，由于政府作为投资主体的活动范围相当有限，大量的投资活动主要在民间开展，西方发达国家以政府作为投资主体的投资在全社会投资中一般只占20%～30%，而以企业和居民作为投资主体的私人投资占全社会投资的70%以上。

二、市场经济国家投资运行中的宏观经济管理

1. 调控方式的间接化。市场经济国家对投资的宏观管理基本上采取了以间接调控为主，直接调控与间接调控相结合的方式，这是由市场经济国家中政府与市场比较清晰的投资边界决定的。当然在两种调控手段的使用上，各国各有侧重和特色。美国政府历史上对企业投资活动一般不加干预，但近年来有逐步加强干预的趋势，日本和韩国政府对投资的干预程度比较深，都有明确的产业政策引导市场的投资活动，支持并扶植重点产业，但都是以政府对市场机制的破坏程度小为前提。

2. 政策措施的多元化。美国政府刺激需求、引导投资的主要政策手段是财政政策、货币政策和产业政策，前两者的干预目的以短期调节为主。财政政策主要包括变动税率、调整税收；货币政策包括美联储通过运用各类金融工具与措施来调整利率与货币供应，实现充分就业与物价稳定的两大目标；产业政策中最显著的包括拜登政府推出的旨在推动制造业回流的《基础设施投资和就业法案》和《通胀削减法案》，以及旨在强化半导体行业控制权和议价权的《芯片与科学法案》。法国政府对投融资的宏观调控除了采用财政政策和货币政策，指导计划也发挥了重要作用。日本和韩国在利用财政政策和货币政策的同时，注重利用产业政策、技术政策加大对投资的宏观调控。

3. 调控政策安排的系统化。发达国家政府对各项投资的调控政策相互补充、相互协调，共同组成一个比较完整的宏观调控政策体系，作用于各个市场投资主体，从而实现宏观调控目标。除了在经济周期的不同阶段，采取财政政策和货币政策的不同搭配，实现最优的政策效果以外，产业政策与金融政策之间、产业政策与财政政策之间尽量做到相互配合，使得各项政策工具共同运用的实施效果达到最优。比如，日本政府实施产业政策的核心是运用优惠的税率、财政融资的扶持以及贷款计划的优先安排等措施，对需要重点发展的产业给予直接支持，达到合理调整产业结构和投资结构的目的。各项政策工具相互协调并形成有效政策体

系的基础是，市场机制的各个组成部分都运作良好。市场机制的核心是，反映要素和商品稀缺程度的价格机制是健全有效的。

3.2.2　我国处于经济转型期的投资体制

一、转型期中国的投资体制运行机理分析

1. 投资制度从混合型特征向市场型特征转变。过去，我国的投资制度安排具有混合型特征：私人投资的制度安排属于市场型投资制度，公共产品投资具有非市场型投资制度的特征，部分国有企业投资带有行政色彩。党的十八大以来，我国政府持续深化社会主义市场经济体制与投资体制改革，坚持社会主义市场经济改革方向，更加尊重市场经济一般规律，最大限度减少政府对市场资源的直接配置和对微观经济活动的直接干预，充分发挥市场在资源配置中的决定性作用。随着政府和市场的关系更加明确，我国投资制度将从混合型特征向市场型特征转变。

2. 投资激励约束机制不完全对称。历史上看，我国投资体制改革在投资激励机制方面是比较成功的，主要源于放权让利的政策，即投资决策权和利润留存权从中央转移到地方政府和企业投资主体，而在各种激励机制中，享有利润留存权是最直接的激励。但是从投资的激励和约束对称性角度分析，我国投资体制改革存在的问题是各投资主体仅有投资的激励，改革没有完全解决投资的约束问题，即投资的权利和责任存在不对称问题。从收益与风险的角度看，即收益风险具有非完全市场化特征，投资主体在很大程度上可以获得较大部分的投资收益，但是投资风险的责任约束机制仍需进一步健全加强。正是缺乏健全的责任约束机制导致积累了规模较大的地方政府隐性债务，解决该问题并建立健全相关机制已经成为当前我国政府的重要工作之一。具体来看：一方面，通过进一步打破政府兜底预期，分类推进融资平台公司市场化转型。另一方面，通过完善标准科学、规范透明、约束有力的预算制度，全面实施预算绩效管理，提高财政资金使用效率。依法构建管理规范、责任清晰、公开透明、风险可控的政府举债融资机制，强化监督问责，最终形成政府和企业界限清晰、责任明确、投资风险可控的责任约束机制。

3. 为投资体制服务的融资制度安排仍具有政府主导的特征。改革开放以来相当长的一段时期，我国以间接融资为主的金融体系基本上由国有控股金融机构主导，资本多元化程度不高，金融体系在相当程度上依然以国有银行为核心，加之国有金融体系仍存在管理及激励约束机制不到位等制度缺陷，严重制约了我国金融体系运行效率的提高。党的十八大以来，我国加速建立完善更加规范、透明、开放、有活力、有韧性的资本市场，加强资本市场基础制度建设，推动以信息披露为核心的股票发行注册制市场化改革，完善强制退市和主动退市制度，并始终把服务实体经济放在首要位置，努力提升金融服务实体经济的质量与效率。

4. 投资主体结构和投资主体行为存在较大的差异。中国的投资主体结构不同于西方的民间投资主导格局，虽然我国民间投资在投资格局中约占一半，但政府和政府控制的国有企业仍是非常重要的投资主体。政府（尤其是地方政府）身兼社会经济管理者和国有资产出资人两种角色，追求经济利益成为政府投资的目标，与市场体制下政府仅提供公共服务和公共产品的职能定位存在差距。为缩小这种差距，近年来我国持续完善政府投资管理体制，积极发挥政府投资的引导和带动作用，已经明确政府投资资金只投向市场不能有效配置资源的社会公益服务、公共基础设施、农业农村、生态环境保护和修复、重大科技进步、社会管理、国家安全等公共领域的项目。政府投资以非经营性项目为主，原则上不支持经营性项目。同时，建立政府投资范围定期评估调整机制，不断优化投资方向和结构，提高投资效率。

综上所述，解决上述四个问题的核心是处理好以下四点：正确处理政府与市场的关系；健全投资风险的责任约束机制；健全资本市场功能，提高直接融资比重；进一步明确政府投资范围。

二、中国投资运行中的宏观经济管理

我国社会主义市场经济体制仍在不断建设和优化中，转型期政府对投资运行的宏观管理有待完善，具体表现为以下三个方面：创新政府管理和服务方式；增强宏观调控的全面性；提升宏观调控的协调性。

1. 创新政府管理和服务方式。我国投资体制改革中，改革由政府直接主导和推进，内容主要局限在行政性的分权与放权，各级政府之间以及政府部门之间的利益调整和政府职能的转变等，这与我国政府承担庞大国有经济的管理决策和效益风险的终极责任，以及我国中央和地方政府投资和监管的职能不清有关。因此我国政府很难像国外政府那样在投资运行中处于完全独立的地位，专职提供公共服务和公共产品，引导和鼓励各类投资者参与市场竞争。近年来，我国以一流营商环境建设为牵引持续优化政府服务。深入推进“放管服”改革，深化行政审批制度改革，进一步精简行政许可事项，对所有涉企经营许可事项实行“证照分离”改革，大力推进“照后减证”，落实《优化营商环境条例》，加快打造市场化、法治化、国际化营商环境。创新政府管理和服务方式，完善宏观经济治理体制，逐步让政府在投资运行中专职提供公共服务和公共产品。

2. 增强宏观调控的全面性。过去，政府对投资的宏观调控主要集中在国有投资领域，一些调控手段主要针对国有企业，没有完全将民间投资有效纳入调控和管理的范围。目前，我国经济转向高质量发展阶段，对政府的宏观调控的全面性提出更高的要求。比如为加快实施创新驱动发展战略，需要政府加强对科技领域的宏观调控。正如2020年《中共中央、国务院关于新时代加快完善社会主义市场经济体制的意见》所强调的，“加强国家创新体系建设，编制新一轮国家中长期科技发展规划，强化国家战略科技力量，构建社会主义市场经济条件下关键核心技术攻关新型举国体制，使国家科研资源进一步聚焦重点领域、重点项目、重点单位。健全鼓励支持基础研究、原始创新的体制机制，在重要领域适度超前布局建设国家重大科技基础设施，研究建立重大科技基础设施建设运营多元投入机制，支持民营企业参与关键领域核心技术创新攻关。建立健全应对重大公共事件科研储备和支持体系。改革完善中央财政科技计划形成机制和组织实施机制，更多支持企业承担科研任务，激励企业加大研发投入，提高科技创新绩效。建立以企业为主体、市场为导向、产学研深度融合的技术创新体系，支持大中小企业和各类主体融通创新，创新促进科技成果转化机制，完善技术成果转化公开交易与监管体系，推动科技成果转化和产业化”。

3. 提升宏观调控的协调性。我国投资调控管理措施缺乏系统性，决策部门出台的政策没有完全考虑到相关的辅助配套措施，甚至各项政策之间存在互相掣肘的现象，严重影响了政策安排的整体有效性。

近年来，随着我国国家治理体系的完善和治理能力的提升，政策的统筹协调能力也有较明显的提升。以金融领域的政策统筹协调为例，随着我国经济与金融的快速发展，金融领域积累了地方政府债务、影子银行等一系列风险，与此同时，金融行业的持续创新、扩大开放和混业经营的新形势，对金融监管提出了新的要求。“十三五”规划提出了“加强统筹协调，改革并完善适应现代金融市场发展的金融监管框架”的要求，十九大报告也指出，需要“健全金融监管体系，守住不发生系统性金融风险的底线”。

2017年7月中旬，全国金融工作会议宣布设立国务院金融稳定发展委员会。金融稳定发展委员会的成立，升级了2013年10月开始运行的金融监管协调部际联席会议制度，形成了“一委一行两会”的金融监管新格局。近年来，金融稳定发展委员会通过采取专业性、统一性和穿透性的协调举措，加强了货币政策、财政政策、宏观审慎监管和微观审慎监管的配合，在防范与化解金融风险，促进金融服务实体经济，处理稳增长、调结构和防风险的关系等方面，取得了较好的成效。2023年3月，中共中央、国务院印发《党和国家机构改革方案》，为进一步厘清顶层金融监管框架，提高中央和地方层级监管效率，对金融监管框架进行调整，在中国银行保险监督管理委员会基础上组建国家金融监督管理总局，统一负责除证券业之外的金融业监管工作，将过去“一委一行两会”的监管框架调整为中央金融委和中央金融工委领导下的“一行一局一会”。

3.3 我国投资体制改革的历史回顾与现状分析

从1979年到现在，我国的投资体制改革经历了五次高潮。

一、第一次改革高潮

投资体制改革的第一次高潮以1984年国务院发布《关于改革建筑业和基本建设管理体制若干问题的暂行规定》为标志。这一阶段的重点集中在对项目建设实施阶段的管理体制进行全面改革，明确提出了16项具体改革措施。

这次改革侧重于基层、局部和制度的变革，涉及增强市场机制功能的内容很少，基本上没有触及传统投资体制根本性、实质性的弊端。

二、第二次改革高潮

第二次投资体制改革高潮以1988年国务院发布《投资管理体制的近期改革方

案》为标志，重点对资金来源、政府投资范围以及经营方式进行初步改革。主要的改革措施包括以下方面。

1. 为了使国家重要基础工业项目和基础设施建设具有稳定的资金来源，能够按照合理的工期组织建设，从1988年起建立中央基本建设基金制度。同时规定，各省、自治区、直辖市和计划单列市根据财政情况，相应建立各自的基本建设基金。

2. 对重大的长期建设投资实行分层次管理，加大地方的重点建设责任。

3. 建立国家专业投资公司，用经济手段对投资进行管理。此外，在扩大企业投资决策权、改进投资计划管理办法和强化投资主体的自我约束机制方面，也提出了一些原则性的改革设想。1991年国家还推出开征固定资产投资方向调节税的改革。

三、第三次改革高潮

投资体制改革的第三次高潮以1992年年初邓小平南方谈话为标志。南方谈话后，我国经济体制市场化改革的步伐明显加快。党的十四大正式提出建立社会主义市场经济体制，中共十四届三中全会提出国有企业建立现代企业制度的目标。我国国有企业改革不再局限于经营权调整，而是深入产权制度层面，它的主流是以股份制改革为主要内容的现代公司制度建设。这一阶段改革的主要内容包括以下几个方面。

1. 改进投资计划管理体制，年度投资计划的编制重点从投资工作量计划转为投资资金计划。

2. 项目分类、主体分工。将项目归为三大类，分类界定投融资的主体。具体是将投资项目划分为竞争性项目、基础性项目和公益性项目三大类。明确竞争性项目以企业为基本投融资主体，企业可以通过市场进行筹资、建设和经营；基础性项目主要由中央及地方各级政府集中必要的财力、物力进行投资，并吸收企业和外商参与投资；公益性项目主要由各级政府运用财政资金安排建设，同时鼓励企业、个人投资兴办社会事业项目。

3. 组建国家开发银行，主要承担基础设施、基础产业和支柱产业的重点项目的资金配置职责，实现商业性贷款和政策性贷款相分离。

4. 实行项目法人责任制和固定资产投资项目资本金制度，开始建立和规范投融资主体的风险约束机制。

这一时期投资体制改革的特点是：进一步确立了市场化改革的方向，明确提出了“使市场在国家宏观调控下对资源配置起基础性作用”的改革目标，开始系统设计改革方案，配套出台改革措施。这一时期，在邓小平同志建设中国特色社会主义理论的指导下，我国按照市场经济的发展要求，积极探索投资体制改革。

四、第四次改革高潮

2004年7月，《国务院关于投资体制改革的决定》的正式颁布标志着我国投资体制改革进入第四次高潮。这个改革方案明确了投资体制改革的指导思想、总体目标和主要措施。

1. 指导思想：按照完善社会主义市场经济体制的要求，在国家宏观调控下充分发挥市场配置资源的基础性作用，确立企业在投资活动中的主体地位，规范政府投资行为，保护投资者的合法权益，营造有利于各类投资主体公平、有序竞争的市场环境，促进生产要素的合理流动和有效配置，优化投资结构，提高投资效益，推动经济协调发展和社会全面进步。

2. 总体目标：改革政府对企业投资的管理制度，按照“谁投资、谁决策、谁受益、谁承担风险”的原则，落实企业投资自主权；合理界定政府投资职能，提高投资决策的科学化、民主化水平，建立投资决策责任追究制度；进一步拓宽项目融资渠道，发展多种融资方式；培育规范的投资中介服务组织，加强行业自律，促进公平竞争；健全投资宏观调控体系，改进调控方式，完善调控手段；加快投资领域的立法进程；加强投资监管，维护规范的投资和建设市场秩序。通过深化改革和扩大开放，最终建立起市场引导投资、企业自主决策、银行独立审贷、融资方式多样、中介服务规范、宏观调控有效的新型投资体制。

3. 主要措施：聚焦于转变政府管理职能，确立企业的投资主体地位，其中主要的改革包括以下几个方面。

（1）改革项目审批制度，落实企业投资自主权。

（2）规范政府核准制。《政府核准的投资项目目录》（以下简称《目录》）明确指出，要严格限定实行政府核准制的范围，并适时调整。

（3）健全备案制。对于《目录》以外的企业投资项目，实行备案制，除国家另有规定外，由企业按照属地原则向地方政府投资主管部门备案。

（4）扩大大型企业集团的投资决策权。

（5）鼓励社会投资。放宽社会资本的投资领域，允许社会资本进入法律法规未禁入的基础设施、公用事业及其他行业和领域。

（6）进一步拓宽企业投资项目的融资渠道。允许各类企业以股权融资方式筹集投资资金，逐步建立起多种募集方式相互补充的多层次资本市场。

（7）规范企业投资行为。

同时，对政府投资建立了问责制、投资决策和约束机制，主要措施包括以下几个方面。

（1）合理界定政府投资范围。政府投资主要用于关系国家安全和市场不能有效配置资源的经济和社会领域，包括加强公益性和公共基础设施建设，保护和改善生态环境，促进欠发达地区的经济和社会发展，推进科技进步和高新技术产业化。

（2）健全政府投资项目决策机制。

（3）规范政府投资资金管理。

（4）简化和规范政府投资项目审批程序，合理划分审批权限。

（5）加强政府投资项目管理，改进建设实施方式。

（6）引入市场机制，提高政府投资的效益。

另外，加强和改善投资的宏观调控的改革措施包括以下几个方面。

（1）完善投资宏观调控体系。

（2）改进投资宏观调控方式。

（3）协调投资宏观调控手段。

（4）加强和改进投资信息、统计工作。

《国务院关于投资体制改革的决定》进一步明确了改革的主要目标是落实企业投资自主权，合理界定政府投资职能，建立投资决策责任追究制度，发展多种融资方式，健全投资宏观调控体系，最终建立起市场引导投资、企业自主决策、银行独立审贷、融资方式多样、中介服务规范、宏观调控有效的新型投资体制。这一时期的投资体制改革是在前三次改革基础上的又一次重大制度革新，明确了企业投资主体的地位、政府管理职能的转变以及市场配置资源的基础作用。

五、第五次改革高潮

2013年党的十八届三中全会通过的《中共中央关于全面深化改革若干重大问题的决定》（以下简称《决定》）进一步强化了"市场在资源配置中起决定性作用"这一重大理论基础。在投资体制方面，《决定》强调投资更多应该是企业的行为，政府只审批关系全国重大生产力布局、战略性资源开发和重大公共利益的项目，其他的项目交给市场。在具体执行上，《决定》提出在实行统一的市场准入制度和制定负面清单的基础上，各类市场主体可依法平等进入清单之外的领域。同时，《决定》还提出深化扩大能源、电信、金融、教育、医疗等服务业的开放，大力推进上海自贸区的建设，加快对外投资体制改革等一系列改革措施。

2015年党的十八届五中全会后，《中共中央关于制定国民经济和社会发展第十三个五年规划的建议》进一步明确，要发挥投资对增长的关键作用，深化投融资体制改革，优化投资结构，增加有效投资。

2016年7月，《中共中央 国务院关于深化投融资体制改革的意见》（以下简称《意见》）发布，这是第一次以党中央国务院名义出台的专门针对投融资体制改革的文件，它成为我国投融资领域推进供给侧结构性改革的纲领性文件，意义重大，影响深远。《意见》提出了我国投融资体制仍然存在的一些问题：（1）投资领域的简政放权不协同、不到位，企业投资主体地位有待进一步确立；（2）投资项目融资难、融资贵问题较为突出，融资渠道需要进一步畅通；（3）政府投资管理亟需创新，引导和带动作用有待进一步发挥；（4）权力下放与配套制度建立不同步，事中事后监管和服务仍需加强；（5）投资法制建设滞后，投资监管法治化水平亟待提高。同时，《意见》也明确了四方面重点工作任务：（1）改善企业投资管理，充分激发社会投资动力和活力；（2）完善政府投资体制，发挥好政府投资的引导和带动作用；（3）创新融资机制，畅通投资项目融资渠道；（4）切实转变政府职能，提升综合服务管理水平。

2020年5月，中共中央、国务院发布了《关于新时代加快完善社会主义市场经济体制的意见》，具体包括七个关键领域的改革举措：（1）坚持公有制为主体、多种所有制经济共同发展，增强微观主体活力。（2）夯实市场经济基础性制度，保障市场公平竞争。(3) 构建更加完善的要素市场化配置体制机制，进一步激发全社会创造力和市场活力。(4) 创新政府管理和服务方式，完善宏观经济治理体制。(5) 坚持和完善民生保障制度，促进社会公平正义。(6) 建设更高水平开放型经济新体制，以开放促改革促发展。(7) 完善社会主义市场经济法律制度，强化法治保障。

继十九届五中全会提出“全面深化改革，构建高水平社会主义市场经济体制”的重点任务之后，党的二十大报告再度强调将“构建高水平社会主义市场经济体制”作为加快构建新发展格局、着力推动高质量发展的重要战略任务。

第五次投资体制改革的特点是：以习近平新时代中国特色社会主义思想为指导，全面贯彻党的二十大精神，努力把握百年未有之大变局、社会主要矛盾转化、经济由高速增长阶段转向高质量发展阶段等时代特征，站在新的历史起点上，紧紧围绕当前我国经济社会发展在体制机制方面的突出问题，在前四次投资体制改革基础上，对加快完善社会主义市场经济体制的目标、方向、任务和举措进行系统的设计和部署。

其中，需要特别说明的是对国有企业的改革。以习近平同志为核心的党中央高度重视国有企业的改革。习近平总书记指出：“国有企业是中国特色社会主义的重要物质基础和政治基础，是党执政兴国的重要支柱和依靠力量。”① 党的二十大报告再次强调，“深化国资国企改革，加快国有经济布局优化和结构调整，推动国有资本和国有企业做强做优做大，提升企业核心竞争力”。因此，国有企业的改革是第五次投资体制改革的重中之重。

继党的十八届三中全会提出进一步深化国有企业改革的方向和任务后，2015年8月，党中央和国务院颁布了《关于深化国有企业改革的指导意见》，并相继出台了22个配套文件，形成了“1+N”的顶层设计框架。通过“推动完善现代企业制度，健全企业法人治理结构”，“促进国有企业转换经营机制，放大国有资本功能，实现国有资产保值增值”，“提高国有资本配置和运行效率，优化国有经济布局，增强国有经济活力、控制力、影响力和抗风险能力”等改革措施，以应对日益激烈的国际竞争，推动我国经济增长和产业升级，这是国企改革的出发点和落脚点。

2016年10月，习近平总书记出席全国国有企业党的建设工作会议并发表重要讲话，深刻回答了国有企业要不要加强党的建设、怎样加强党的建设等重大理论和实践问题，精辟阐述了为什么要做强做优做大国有企业、怎样做强做优做大国有企业这个重大时代命题。

2019年12月，习近平总书记在中央经济工作会议上明确提出制定实施国企改革三年行动方案。2020年6月主持召开中央深改委第十四次会议审定《国企改革三年行动方案（2020—2022年）》，该方案是国有企业改革“1+N”政策体系和顶层设计的具体施工图，是可衡量、可考核、可检验、要办事的。实施国企改革三年行动是以习近平同志为核心的党中央作出的一项重大决策，通过实施国有企业

---

① 中共中央政治局召开会议．(2019-11-30)．人民网．

改革三年行动，国企的治理效能、经营效率、自主创新能力和国际化经营水平得到全面提升，我国企业与发达国家跨国公司的差距不断缩小，实现了从传统国企向中国特色现代新国企的重大跨越。

2023年2月，习近平总书记在《求是》发表的文章《当前经济工作的几个重大问题》中对深化国资国企改革、提高国企核心竞争力作出重大部署。“国企改革三年行动已见成效，要根据形势变化，以提高核心竞争力和增强核心功能为重点，谋划新一轮深化国有企业改革行动方案。我国经营性国有资产规模大，一些企业资产收益率不高、创新能力不足，同国有资本和国有企业做强做优做大、发挥国有经济战略支撑作用的要求不相适应。要坚持分类改革方向，处理好国企经济责任和社会责任关系，健全以管资本为主的国资管理体制，发挥国有资本投资运营公司作用，以市场化方式推进国企整合重组，打造一批创新型国有企业。要完善中国特色国有企业现代公司治理，真正按市场化机制运营，加快建设世界一流企业。”

拓展阅读

中国联通的混合所有制改革案例

2016年9月，中国联通入选首批国企改革试点企业。2017年4月，公司停牌，筹划混改事项。

2017年8月，公司公布了详细的混改方案：一方面，引入四类战略投资者，既包括腾讯和阿里巴巴等互联网巨头，也包括用友和网宿科技等垂直行业公司，还包括以中国人寿为代表的金融企业集团和代表国资委的国有企业结构调整基金。A股中国联通增发90亿股新股，同时出售19亿股老股，最终战略投资者在增资扩股后持有A股中国联通约35%的股权。大力度引入四类战略投资者，有利于完善公司治理，整合外部资源，实现业务协同。另一方面，向核心员工授予不超过8.5亿股的限制性股票，约占当时公司总股本的2.8%，并通过设置合理的解锁条件，实现了市场化的激励机制，统一了股东利益、员工利益和公司发展。

与此同时，为了配合混合所有制改革，中国联通还积极推进各项内部改革措施，包括“瘦身健体”、精简机构。总部部门数量由过去的27个减少为18个，减少33.3%；人员编制由1 787人减少为865人，减少51.6%。本部管理人员减少342人，减少15.5%；地市公司机构减少2 013个，减少26.7%。实现管理考核的市场化机制，以业绩为导向，实现职务能上能下、人员能进能出、收入能增能减。推进划小承包改革，竞争性选拔“小CEO”进行承包，搞活激励分配，激发基层内生活力，使中国联通从大公司回归到创新型“小”公司。

自全面推行混合所有制改革以来，中国联通的各项经营及财务指标表现向好，现金流持续改善，混改取得了阶段性成果。2022年，中国联通实现了经营发展的四个新高：一是实现营业收入3 549亿元，同比增长达到8.3%，增速创近9年新高；二是实现利润总额204亿元，归属于母公司净利润73亿元，同比增长达到15.8%，在剔除非经营性损益后，净利润规模创公司上市以来新高；三是产业互联网收入占主营业务收入比首次突破 20%，创新业务收入占比达到历史新高；四是税息折旧及摊销前利润（EBITDA）达到 990 亿元，创公司上市以来新高。①

小　结

投资体制，在我国一般是固定资产投资活动运行机制和管理制度的总称，主要包括投资主体的确立及其行为方式、投资资金的筹措途径、投资的使用方式、投资利益的划分、投资管理权限的划分、项目决策程序、宏观调控方式和机构设置等。投资体制是经济体制的重要组成部分。

经济体制决定投资体制。西方主要发达资本主义国家的投资主体以私人为主，政府为辅。社会主义国家的投资体制相对复杂，一般来讲主要有集权型、分散型和高水平社会主义市场经济体制下的投资体制模式这三种模式。市场经济国家的投资制度安排具有市场决定、制度的系统性和宏观管理的间接性等特点。我国投资体制的核心是处理好以下四点：正确处理政府与市场的关系；健全投资风险的责任约束机制；健全资本市场功能，提高直接融资比重；进一步明确政府投资范围。另外，由于我国社会主义市场经济体制仍在不断建设和优化中，转型期政府对投资运行的宏观管理有待完善，具体表现为以下三个方面：创新政府管理和服务方式；增强宏观调控的全面性；提升宏观调控的协调性。从 1979 年至今，我国的投资体制改革经历了五次高潮，实现了不同程度的完善，推动了我国经济持续健康发展。第五次投资体制改革的特点是：以习近平新时代中国特色社会主义思想为指导，全面贯彻党的二十大精神，努力把握百年未有之大变局、社会主要矛盾转化、经济由高速增长阶段转向高质量发展阶段等时代特征，站在新的历史起点上，紧紧围绕当前我国经济社会发展在体制机制方面的突出问题，在前四次投资体制改革基础上，对加快完善社会主义市场经济体制的目标、方向、任务和举措进行系统的设计和部署。

第 3 章　即测即评

思考题

1. 什么是投资体制？什么是经济体制？如何理解经济体制决定投资体制？

---

① 中国联通 2022 年年报．

2. 西方国家的投资体制与社会主义国家的综合型投资体制有何异同？哪些特点可供我们借鉴？

3. 什么是有中国特色的投资体制？在实现投资体制改革的目标中，政府职能应如何转变？

4. 试从投资体制与经济体制的关系角度分析我国投资体制的变化。

5. 英国著名经济学家罗宾逊夫人说："马克思是在设法了解这个制度（资本主义制度）以加速它的倾覆。马歇尔设法把它说得可爱，使它能为人们接受。凯恩斯是在力求找出这一制度的毛病所在，以使它不致毁灭自己。"① 我们在比较中外投资体制（理论）时应该采取什么态度？

6. 从世界各国来看，政府均在公共物品投资中扮演重要角色，试论其理论原因。

7. 试从新制度经济学的角度分析我国投资体制中存在的问题。

8. 我国投资体制改革的指导思想是什么？

9. 请梳理改革开放后我国投资体制改革的历史脉络。

① 罗宾逊．马克思、马歇尔和凯恩斯．北京：商务印书馆，1963.

第 4 章

投资结构

学习目标

- 明确投资结构的含义
- 掌握新时代优化投资结构的重要意义
- 认识经济结构与经济增长的关系
- 了解投资对经济结构的影响
- 掌握投资结构合理化的标准
- 了解我国投资结构的演变及投资结构战略选择的原则和内容

4.1 投资结构概述

4.1.1 投资结构的含义及类型

投资结构作为经济结构的一个重要方面，是影响和决定国民经济发展状况与态势的基本因素。投资结构研究的任务是，揭示在一定的生产关系下，由生产力发展状况决定的投资结构的变化规律及调节机制，用以指导国家经济建设，建立和保持合理的投资结构。

投资结构是一个多层次的有机联系的系统，可以从不同角度和层次考察投资的内部构成要素，常见的有以下两种。

一、投资来源结构

投资来源结构反映不同来源渠道投资资金的相互关系及数量比例。从价值构成和再生产的角度看，投资资金主要来源于社会总产值中的 c（生产资料价值）和 m（剩余价值）中用于积累及补偿的部分，一部分消费基金也可以转化为积累基金用于投资，投资来源结构在这里通常表现为新增投资与折旧再投资的比例关系；从国民经济资金运行的角度看，投资来源结构主要表现为国家预算内资金、银行信贷资金、企事业及个人自筹资金、国外资金等的数量比例关系。

二、投资分配结构

投资分配结构主要反映投资资金在投资总体各构成要素之间的分配比例关系，这里的投资资金既可以是存量，也可以是增量。由于可以对投资总体各构成要素作不同的划分，投资分配结构有多种表现形式。

1. 投资产业结构，指投资资金在三次产业中的分配比例关系。三次产业是由英国著名经济学家和统计学家科林·克拉克于1940年提出的产业划分方法。划分依据是：第一次产业的属性是取之于自然，通常包括农业（指种植业）、畜牧业、林业、渔业和狩猎业等，即广义农业；第二次产业是加工取之于自然的生产物，包括采矿业、制造业、建筑业、煤气、电力、供水等工业部门，即广义工业；第三次产业被解释为繁衍于有形物质财富生产活动之上的无形财富的生产部门，一般包括商业、金融及保险业、运输业、服务业、公益事业和其他各项事业，即广义服务业。

2. 投资部门结构，指投资资金在各部门之间的分配比例关系。国民经济可以分为众多部门，主要有两大类，即物质生产部门和非物质生产部门。物质生产部门又可分为生产资料生产部门和消费资料生产部门。把投资资金分配于不同的部门，可形成不同层次的投资部门结构。

3. 投资地区结构，指投资资金在各地区之间的分配比例关系。投资地区结构通常可以分为两种情况：第一种是根据社会经济特征、生产要素禀赋以及人文地理条件等来划分的投资地区结构。例如，根据我国的实际情况，可划分为东部地区、中部地区和西部地区的投资地区结构。第二种是根据行政区划来划分的投资地区结构，我国主要指省、自治区、直辖市、地区、县、乡等之间投资资金的分配比例关系。

4. 投资主体结构，指在各种投资主体之间投资的数量比例关系。现阶段，我国存在国有资本、集体资本、民营资本、外国资本、混合资本等各种形态资本，并呈现出规模显著扩大、主体更加多元、运行速度加快、国际资本大量进入等明显特征。

5. 投资再生产结构，指投资资金在更新改造投资和新增建设投资之间的分配比例关系。社会再生产是一个持续不断的过程，不仅需要外延性投资（通过投资提供新的固定资产和流动资产），还需要内涵性投资（通过投资维护、改造原有的资产）。投资资金在二者之间的分配比例构成投资再生产结构。

4.1.2 投资结构的意义

控制投资规模、调整投资结构、提高投资效益是投资领域宏观调控的三大命题，其中提高投资效益是三大命题的核心，也是控制投资规模和调整投资结构的目的所在。我国过去长期受到高度集中的计划经济体制的影响，一直将控制投资规模作为调控的主要目标，而忽略了调整投资结构的重要性。

党的十八大以来，中国特色社会主义进入了新时代，我国经济发展也进入了新时代，基本特征就是我国经济已由高速增长阶段转向高质量发展阶段。在新时代，优化投资结构具有以下重要意义①。

1. 优化投资结构是兼顾当前和长远发展的重要举措。优化投资结构既能够以国家重大工程项目建设为依托，扩大当下有效需求，应对经济下行压力，又能够培育新兴战略产业和激发投资主体活力，优化未来供给结构，释放经济长期发展动能。

2. 优化投资结构是化解社会主要矛盾的必然要求。当前我国社会主要矛盾是人民日益增长的美好生活需要和不平衡不充分的发展之间的矛盾。结构性矛盾既体现在消费供需的不平衡，又体现在公共设施服务供给的不充分。产业投资结构升级能提供更高质量、高水平产品服务，同时带动居民增收和扩大有效内需，从而促进总供求实现量的动态平衡和结构的基本适配。

3. 优化投资结构是推动经济高质量发展的必由之路。我国国民经济产业体系全而不精、大而不强，区域发展不平衡、不协调问题依然突出，产业链、供应链不通畅，自主可控性不高。实现经济高质量发展，产业投资需按照构建现代产业体系的要求调整投资方向，技术创新投资需着眼于提升全要素生产效率增加研发应用投入，区域建设投资需围绕协调发展加强地区投资联动。

一、投资来源结构对投资规模和投资效益的影响

从投资规模来看，银行贷款和企业自筹资金较难控制，而国家投资规模的管控相对容易。因此，当投资资金来源中银行贷款和企业自筹资金的比例增大时，投资规模的合理确定和调控较难实现。

从投资效益来看，不同投资来源的资金成本不同，如国家拨款的成本较低，而银行贷款或企业自筹资金的成本较高。因此，不同的投资来源直接影响到投资效益。同时，不同投资来源所带来的资金以外的其他资源也不同，如国家投资往往容易获取配套信贷资金支持和政策倾斜，且项目规模一般较大，容易形成规模效益。

二、投资分配结构对投资规模和投资效益的影响

一定的投资分配结构形成一定的产业结构，投资产业（或部门）结构的变化会影响投资规模和投资效益的变化。一方面，如果投资分配结构不合理，可能导致将有限的资金过多地投在并非真正紧缺甚至发展过度的产业、部门和企业中，而真正的投资需求则得不到满足。另一方面，投资分配结构不同，必然带来不同产品和生产能力的变化，从而影响固定资产投资规模和投资效益的变化。投资分配结构不合理，不仅会造成投资规模不合理膨胀，还会造成投资效益下降。

4.2 投资结构与国民经济结构

国民经济结构简称经济结构，指国民经济组成要素之间相互关联和相互制约的数

① 中银研究：我国投资结构新特征与优化路径．新浪财经．

量比例关系。其内涵包括：（1）国民经济组成要素及其性质和特点；（2）国民经济组成要素的相互依赖关系和相互联系方式，包括比例关系；（3）国民经济组成要素的相互作用；（4）国民经济组成要素及其相互关系的发展变化。

经济结构是否合理，直接影响到经济增长的速度。第2章从要素投入的角度分析了投资与经济增长的关系，这一节主要从资源配置的角度来论述投资与经济结构的关系，从而间接地分析投资与经济增长的关系。

投资与经济结构之间存在非常密切的关系，经济结构制约着投资总量与投资结构，同时，投资总量与投资结构又是经济结构演变的原动力。

国民经济的总产出是国民经济组成要素产出的总和，国民经济组成要素相互关联、相互制约的数量比例关系则构成经济结构。因此，研究投资与经济结构的关系实际上是研究投资与国民经济组成要素产出之间的关系。本节主要从国民经济整体的角度来考察投资与经济结构的关系。

4.2.1 经济结构与经济增长

一、经济结构与经济增长的关系

发展经济学有一个重要的概念，即经济发展不仅指经济增长，同时还必须伴随着经济结构的转换。经济结构与经济增长既相互影响，又相互制约。

合理的经济结构是国民经济健康持续发展的条件。改革开放以来，我国对所有制结构做了调整，由单一的全民所有制改为多种经济成分并存，形成以公有制为主体、多种所有制经济共同发展的基本经济制度。与此同时，我国又大力调整产业结构，成效显著。我国改革开放以来经济高速增长，经济结构的调整是重要原因之一。

二、经济结构影响经济增长的途径

经济结构主要从以下几个方面影响经济增长。

1. 经济结构通过两大部类之间的比例关系影响经济增长。只有经济结构合理，才能保证满足扩大再生产对两大部类比例关系的要求。我国过去农轻重比例长期不协调，导致两大部类比例关系失调，消费资料的生产严重落后于生产资料的生产，阻碍了我国经济的持续增长。

2. 经济结构通过两大部类各自内部的比例关系影响经济发展速度。两大部类各自内部的比例关系是否合理，也会影响经济增长，如第二部类内部必需消费资料和奢侈品的关系，第一部类内部不同生产资料的关系等。

3. 经济结构通过生产过程和流通过程影响经济增长速度。只有合理的经济结构才能保证生产过程和流通过程的顺利进行，从而促进经济增长。

4. 经济结构通过生产资料和劳动力的利用情况影响经济增长。只有根据资金、劳动力、技术等情况正确配置要素资源，才能保证生产资料和劳动力的充分利用，促进经济持续增长。

5. 经济结构通过科学技术影响经济增长。合理的经济结构能保证科学技术较

快地发展，并使科学技术较快地转变为现实的生产力，从而促进经济增长。

6. 经济结构通过经济效果影响经济增长。经济结构从多方面影响经济效果，而经济效果对经济增长的影响是显而易见的。

当然，经济增长同样制约着经济结构的转换。各种经济结构的变化，如农轻重比例、积累和消费的比例等，都是经济增长的结果。经济增长是经济结构变动的基础。

由于经济结构与经济增长之间存在密切关系，因此研究投资与经济结构的关系，也是从一个侧面考察投资与经济增长的关系。

4.2.2　投资是经济结构的决定性因素

一、投资对经济结构的影响

投资对经济结构的作用可以从两个方面考察：（1）投资存量是经济结构形成的决定因素；（2）投资增量是经济结构演变的决定因素。

经济结构一般是从产出角度来考察的，指国民经济组成要素对国民经济总产值贡献的大小及比例关系；而投资一般是从投入角度来考察的，指一定时期投资总量中所含各类投资的构成及在不同部门、不同地区、不同产业之间的分配比例关系。因此，投入与产出之间的因果关系，也就决定了投资与经济结构之间的决定与被决定的关系。

投资对经济结构的作用主要是通过资源配置来实现的。从本质上讲，投资是资源配置的途径和方式，经济结构则是资源配置的结果。资源配置指经济中的各种资源在不同使用方向之间的分配，它可以分为两个层次：较高的层次是指资源如何分配于不同部门、不同地区、不同生产单位，其合理性反映在如何使每一种资源有效地配置到最佳使用方面；较低的层次是指在资源既定的条件下，一个生产单位、一个地区、一个部门如何组织并利用这些资源，其合理性反映在如何有效地利用资源，使之发挥最大作用。研究投资与经济结构的关系，主要是通过分析较高层次的资源配置来实现的。

二、投资与主要经济结构的关系

经济结构的范围很广，既包括生产力范畴，也包括生产关系范畴。所有制结构、地区经济结构和产业结构是最重要的经济结构，因此这里主要论述投资与所有制结构、投资与地区经济结构以及投资与产业结构的关系。

（一）投资与所有制结构

所有制结构是指国民经济中各种经济成分的比例关系，即各种经济成分在国民经济中的地位及相互关系。所有制结构是所有制关系的具体体现，往往与一国的经济性质紧密相关。改革开放以前，社会主义经济中只允许公有制经济存在，排斥其他经济成分，导致我国的所有制结构过于单一，挫伤了劳动者的积极性。改革开放以来，我国逐步改变了原来的单一所有制结构，实行以全民所有制为主导、集体所有制为重要组成部分、个体经济和其他经济成分为补充的多种经济形式并存的所有制结构。十八届三中全会召开后，《中共中央关于全面深化改革若干重大问题的决定》明确了我国以公有制为主体、多种所有制经济共同发展的基本经济制度，是中国特色社会主义制度的重要支柱，也是社会主义市场经济体制的根基。以公有制为主体、多种所有制经济共同发展，按劳分配为主体、多种分配方式并存，社会主义市场经济体制等社会主义基本经济制度，体现了社会主义制度的优越性，又同我国社会主义初级阶段社会生产力发展水平相适应，是党和人民的伟大创造，必须毫不动摇地予以坚持和完善。

新的所有制结构的形成有赖于投资结构的变化。相对投资存量而言，投资增量的比重较低，要真正建立合理的所有制结构，必须对投资存量进行调整。调整投资存量的唯一方法，就是允许资源在不同的经济成分之间自由流动，通过市场供需调节来达到最佳的所有制结构。

所有制结构对投资也有很大的制约作用。我们党在坚持基本经济制度上的观点是明确的、一贯的，从来没有动摇。党的十八大报告首次明确“两个毫不动摇”——毫不动摇巩固和发展公有制经济，毫不动摇鼓励、支持、引导非公有制经济发展。党的十九大报告把“两个毫不动摇”写入新时代坚持和发展中国特色社会主义的基本方略，作为党和国家一项大政方针进一步确定下来。党的二十大报告重申“两个毫不动摇”，把“两个毫不动摇”列为构建高水平社会主义市场经济体制的重要内容。同时，2016年3月，习近平总书记参加全国政协十二届四次会议时提出“三个没有变”，即“非公有制经济在我国经济社会发展中的地位和作用没有变，我们毫不动摇鼓励、支持、引导非公有制经济发展的方针政策没有变，我们致力于为非公有制经济发展营造良好环境和提供更多机会的方针政策没有变”。正确理解“两个毫不动摇”和“三个没有变”，有利于引导民营企业和民营企业家消除顾虑，放下包袱，大胆发展。

（二）投资与地区经济结构

地区经济结构是指生产力在各个地区之间的空间分布及相互制约关系。地区经济结构的形成和完善，主要是由投资在各地区的分配比例关系决定的。改革开放以后，中央和地方开始划分财政收支，实施财权下放，同时预算外投资的比重逐年上升，在这个时期，国家投资政策以及各地区的投资环境成为吸引投资行为的主要因素。首先是沿海地区，由于其享受了许多国家优惠投资政策，同时具有良好的基础设施和投资环境，不仅吸引了大批国内资金，而且吸引了大批外资，投资额迅速增加，沿海地区经济在国民经济中的比重迅速提高。随后，国家的沿江战略和沿边开放政策，又使沿江地区和沿边地区的投资额迅速增加，这一定程度上缩小了沿海地区和内地之间的巨大差距。因此可见，投资在地区之间的分配结构对地区经济结构起着决定性的作用，尤其随着社会主义市场经济体制的逐步建立，资金在地区之间的流动逐渐增加，这种作用越来越明显。

拓展阅读

中部地区崛起战略

中部地区崛起战略对促进中部地区发展起到了重要作用。2004 年政府工作报告首次明确提出中部地区崛起战略，中部地区共包括山西、安徽、江西、河南、湖北、湖南六省。中部地区是全国经济版图的重要组成部分，在国家发展全局中占有重要地位。习近平总书记高度重视中部地区发展，要求“不断增强中部地区综合实力和竞争力，奋力开创中部地区崛起新局面”。2016 年 12 月，国务院发布《促进中部地区崛起“十三五”规划》，支持中部地区建设成为“全国重要先进制造业中心、全国新型城镇化重点区、全国现代农业发展核心区、全国生态文明建设示范区、全方位开放重要支撑区”。党的二十大报告对在新征程上推动中部地区发展作出新的重大部署，提出“促进中部地区加快崛起”。2015—2022 年，东部、中部、西部地区的固定资产投资完成额的复合增速分别为 6.15%、9%和 6.6%①，可以发现，中部地区的投资增速明显高于东部与西部地区。得益于中部崛起战略的支持，近年来中部六省实现了较快的经济发展，2015—2022 年，全国 GDP 复合增速排名前八的省份中，中部地区有三个省份位列其中，分别是江西、安徽和湖南。同时，许多中部城市如武汉、长沙和合肥等都跻身新一线城市的行列，成为区域经济的引擎。

（三）投资与产业结构

产业结构有广义和狭义之分。狭义的产业结构是指产业之间的比例关系。广义的产业结构还包括产业内的企业之间的关系，也称为产业组织理论。这里，以狭义的产业结构为研究对象。

投资对产业结构的影响作用可以从需求和供给两个角度来考察。

从投资需求的角度看，投资需求强烈地影响着产业结构的变化方向。某一投资品的需求增加，就会促使生产该投资品产业的扩张。投资需求过大时，会造成钢铁、水泥等建筑材料供应紧张，导致这些物品的价格上涨，从而带动这些行业的投资增加。相反，如果投资需求不足，生产投资品的产业就会相应萎缩。

从投资供给的角度看，现有的产业结构是过去投资供给的结果，而现在的投资供给又决定着未来的产业结构。从某一特定的时期看，本期的投资供给对现有产业结构的影响可能不大，但是从长远来看，产业结构最终还是由投资供给决定。影响产业结构的投资供给由两部分构成，即净投资和重置投资，净投资来自当年的国民收入，而重置投资则来自固定资产的折旧。

产业结构演变的动力主要来自产业政策以及由此引起的资金在各产业之间的流动。出于发展本国经济的需要，国家往往会通过产业政策来扶持或限制某些产业的发展，促进或阻止资金流向某些产业。因此，产业结构最终还是取决于投资在产业之间的分配。

① Wind 资讯，国家统计局.

在我国，《产业结构调整指导目录》发挥宏观引导作用。首版《产业结构调整指导目录》于2005年颁布，随后于2011年和2013年分别进行了修订和调整。由于我国经济已由高速增长阶段转向高质量发展阶段，原《产业结构调整指导目录》已经无法适应经济发展的新形势和新要求，2019年10月国家发展改革委颁布了《产业结构调整指导目录（2019年本）》（以下简称2019版《目录》）。2019版《目录》由鼓励、限制和淘汰三类组成，不属于以上三类且符合国家有关法律、法规和政策规定的为允许类，不列入2019版《目录》。2019版《目录》共涉及行业48个，条目1 477条，其中鼓励类821条、限制类215条、淘汰类441条。对鼓励类项目，按照有关规定审批、核准或备案；对限制类项目，禁止新建，现有生产能力允许在一定期限内改造升级；对淘汰类项目，禁止投资并按规定期限淘汰。

2019版《目录》以“推动制造业高质量发展，促进形成强大国内市场，大力破除无效供给，提升科学性、规范化水平”为修订重点，加强和改善宏观调控，引导投资方向，从而促进产业结构调整和优化升级。

2023年12月，国家发展改革委发布《产业结构调整指导目录（2024年本）》（以下简称2024版《目录》）。总体上看，2024版《目录》共有条目1 005条，其中鼓励类352条、限制类231条、淘汰类422条。与2019年本相比，总条目减少472条，鼓励类减少469条、限制类增加16条、淘汰类减少19条。鼓励类条目数量减少，主要是对同一类型的条目进行了归类整合，以更好突出2024版《目录》体系化特点和实用性，合并后的2024版《目录》鼓励类条目数量虽然减少，但鼓励方向更加聚焦、鼓励事项总体保持稳定，符合“推进产业智能化、绿色化、融合化，建设具有完整性、先进性、安全性的现代化产业体系”的政策导向。

4.3 我国投资结构格局的演进

投资结构中，投资的产业结构、部门结构和地区结构具有相对重要性。这里以分析投资的产业结构和部门结构为主，必要时也将涉及投资的地区结构。

新中国成立后，为了改变经济落后和工业基础薄弱的状况，我国制定了优先发展重工业的非均衡的投资产业政策，主要表现为在固定资产投资领域，具有投资结构双重超前的非均衡特征：在农业和工业之间，农业投资相对滞后，工业投资则超常增长；在工业内部，轻工业投资相对滞后，重工业投资则超常增长。在这一背景下，重工业一枝独秀，获得了大量的投资，远超农业和轻工业（见表4-1）。到1976年，重工业投资一直占总投资额的36%以上，最高时达54%。到1978年，第二产业在GDP中的比重达到47.7%（见表4-2），重工业占工业总产值的比重为56.9%。

表4-1　1953—1975年国内基本建设投资结构变化（%）

	农业	轻工业	重工业	其他
“一五”（1953—1957年）	7.1	6.4	36.2	50.3
“二五”（1958—1962年）	11.3	6.4	54.0	28.3
1963—1965年	17.6	3.9	45.9	32.6
“三五”（1966—1970年）	10.7	4.4	51.1	33.8
“四五”（1971—1975年）	9.8	5.8	49.6	34.8

资料来源：国家统计局固定资产投资统计司．中国固定资产投资统计资料：1950—1985．北京：中国统计出版社，1987.

表4-2　国内生产总值产业结构（%，现价）

	1960年	1970年	1978年	1980年	1985年	1990年	1995年	2000年	2005年	2010年	2013年	2016年	2019年	2022年
第一产业	23.2	34.8	27.7	29.6	27.9	26.6	19.6	14.7	11.6	9.3	8.9	8.1	7.1	7.3
第二产业	44.4	40.3	47.7	48.1	42.7	41.0	46.8	45.5	47.0	46.5	44.2	39.6	38.6	39.9
第三产业	32.4	24.9	24.6	22.3	29.4	32.4	33.7	39.8	41.3	44.2	46.9	52.4	54.3	52.8

资料来源：中华人民共和国国家统计局，Wind资讯．

由于缺乏重工业与其他产业的协同发展机制，我国形成了重工业增长自我服务和自我循环的局面，造成了“重工业重、轻工业轻”的结构性缺陷，轻工业及其他产业严重落后，表现出“高积累、低消费、低效率”的特征。消费品严重短缺，消费需求受到抑制。国民经济因结构矛盾缺乏稳定、持续的增长能力。

1979年，经济体制改革拉开了帷幕，国家调整了投资的产业结构，逐步增加了对第一产业和第三产业的投资额。固定资产投资在三次产业中的投资比例呈现如下态势：第一产业投资比重总体呈下降趋势，第二产业投资比重除个别年份，基本保持在40%～50%，第三产业投资比重总体呈上升趋势，特别是20世纪90年代后上升较快。投资产业结构的变化在三次产业结构上体现出来，三次产业占GDP的比重也发生了变化。第一产业增加值占GDP的比重由1978年的27.7%下降到2022年的7.3%；第二产业增加值占GDP的比重由1978年的47.7%下降到2022年的39.9%；第三产业增加值占GDP的比重由1978年的24.6%提高到2022年的52.8%。具体来说，改革开放后，我国产业结构的变化经历了以下五个阶段。

1. 1978—1984年是我国农村改革全面展开的时期，农业投资增加，第一产业占国民生产总值的比重逐步上升。

2. 1985—1992年是我国消费品工业较快发展的时期。中国开始进行工业化战略的重大调整，放弃了单纯发展重工业的思路，转而采取消费导向型的工业化发展战略，注重市场需求导向，优先发展轻工业，以纠正扭曲的产业结构。轻重工业逐步协调增长，轻重工业的互动发展机制逐步形成，重工业开始加强轻工业所需的工业原料和机械设备的生产和供应，轻工业则通过产品的市场开拓，增加对重工业产品的需求。

3. 1993—1999年是我国重化工时代的前导时期。1992年开始的房地产投资热潮对工业增长的推动作用在1993年达到最高峰，当年工业增速达到21.1%，重工业增速高于轻工业2.3个百分点。1998年推行的“房改”扫除了住宅销售的政策性障碍，房地产市场的启动拉开了中国进入重化工时代的序幕。

4. 2000年起我国进入重化工时代，工业增长明显转向以重工业为主导的格局。这一轮的重工业快速增长是在房地产销售及随后发生的汽车消费等结构升级的推动下发生的。从增速上看，这一时期，自1999—2011年我国重工业增速始终高于轻工业增速，增速差在2006年达到4.1个百分点的高点。2012年我国轻工业增速自1999年起首次超过重工业，预示我国重化工时代步入后期（见表4-3）。

表4-3 工业增加值同比（%）

	1999年	2000年	2001年	2002年	2003年	2004年	2005年	2006年	2007年	2008年	2009年	2010年	2011年	2012年
轻工业	8.3	9.5	8.6	12.1	14.6	14.7	15.2	13.8	16.3	12.3	9.7	13.6	13.0	10.1
重工业	9.3	13.0	11.1	13.1	18.6	15.2	17.0	17.9	19.6	13.2	11.5	16.5	14.3	9.9

资料来源：中华人民共和国国家统计局．中国统计年鉴（2013）．北京：中国统计出版社，2013.

5. 党的十八大以来，第三产业占比呈现稳步上升趋势，占GDP的比重从2010年的44.2%提升到2022年的52.8%。习近平总书记强调，“要合理增加消费信贷，支持住房改善、新能源汽车、养老服务、教育医疗文化体育服务等消费”。当前，我国大力发展服务业，不仅符合经济发展的逻辑，也是扩大内需、提高经济发展水平和居民生活水平的要求。2024版《目录》也体现了构建优势高效的服务业新体系的政策导向：推动现代服务业同先进制造业，现代农业深度融合，培育新业态、新模式、新路径。推动生产性服务业向专业化和价值链高端延伸，加快发展研发设计、现代物流、法律服务等服务业，加快推进服务业数字化。推动生活性服务业向高品质和多样化升级，加快发展健康、养老、托育、文化、旅游、体育、家政等服务业，加强公益性、基础性服务业供给。推进服务业标准化、品牌化建设。

4.4 投资结构选择

如何在社会主义市场经济体制下进一步使我国投资结构合理化，是投资领域面临的重大问题。因此，有必要在投资结构分析的基础上，深入探讨一下投资结构的选择问题，主要包括投资结构合理化的标准、投资结构的演变机制以及投资结构合理化的战略选择和政策选择三个方面。

4.4.1 投资结构合理化的标准

投资结构代表着资源配置的格局，投资结构合理化也就意味着资源的最优分配。资源的最优分配，根据帕累托最优理论，是指资源配置达到最有效率的状态，资源在不同产业、部门之间的任何转移都不能再进一步提升实际国民收入。因此，在完全竞争的市场经济中，达到资源的最优分配应成为投资结构合理化的标准。衡量资源分配是否最优，主要看可供选择的活动中各种投入的边际生产率是否相等。

投资结构合理化的标准必须与特定时点的特定现实相适应，以实现社会综合效用最大化。总体而言，在社会主义市场经济体制下，投资结构合理化的标准应该从宏观和微观两个角度分析。

一、从宏观角度分析

从宏观的角度看，投资结构合理化的标准主要有以下几个方面。

1. 投资结构要和生产消费结构相适应，这有利于满足人民日益增长的物质文化需求。从社会主义生产目的出发，投资结构必须处理好生产资料生产和消费资料生产的关系。

2. 投资结构要和经济资源结构相适应，这有利于社会经济资源的合理利用。基本建设投资转化为固定资产的过程是耗费经济资源的过程。各产业、各部门投资比重的大小，归根到底要受到在特定历史时点提供投资资源和生产资源的能力的制约。由此，投资结构需要与经济资源结构相适应。

3. 投资结构内部各要素之间具有良好的相互协调和自我调节能力。随着生产力水平的发展变化，新的技术经济联系代替旧的技术经济联系，从而打破原有投资结构的内部平衡，建立起新的平衡关系。合理的投资结构要有良好的自我调节适应能力，从短期的不平衡平稳过渡到中长期的平衡。

4. 投资结构必须遵循良好效益原则。调整投资结构的最终目的是提高投资效益，合理的投资结构必须能够取得良好的投资效益。

5. 投资结构要和世界政治经济格局的演变相适应。当前，全球产业链重组、供应链重塑、价值链重构不断深化，逆全球化思潮、单边主义、保护主义抬头。对此，我国应把增强产业链韧性和竞争力放在更加重要的位置，通过优化投资结构，着力构建自主可控、安全高效的产业链和供应链。习近平总书记也做出重大指示，提出“科技自立自强是国家强盛之基、安全之要。我们必须完整、准确、全面贯彻新发展理念，深入实施创新驱动发展战略，把科技的命脉牢牢掌握在自己手中，在科技自立自强上取得更大进展”①，“突破‘卡脖子’关键核心技术刻不容缓”②。

---

① 习近平28日在湖北省武汉市考察．(2022-06-29)．人民网．

② 习近平在湖北武汉考察时强调把科技的命脉牢牢掌握在自己手中 不断提升我国发展独立性自主性安全性．(2022-06-30)．人民网．

二、从微观角度分析

从微观的角度看，投资结构合理化的标准是各投资主体的产出最大化，可以分为两大类：（1）当期产出和消费最大化的资本周转率标准；（2）将来产出和消费最大化的MRIS标准（可供投资的剩余产品率最大化标准）。

哈罗德-多马经济增长模型认为，当期产出增长速度的最大化取决于储蓄率（s）和资本产量比率（v），经济增长率为 g（s/v），v 的倒数就是资本周转率（$1/v=g/s$）。要提高经济增长率，就必须提高 s 或者降低 v，后者即提高资本周转率，而发展中国家往往缺少资本，因此，投资分配标准应偏重选择资本产量比率低或资本周转率高的产业和部门，这就是资本周转率标准。依据这一标准，投资应该向资本周转率高的产业和部门倾斜。

与上述标准不同，MRIS标准强调在一个未来时点上使实际产出和消费最大化。依据MRIS标准，投资应该偏重那些可能产生高的再投资率的部门和项目。该标准与马克思优先发展第Ⅰ部类的思想有相似之处。

4.4.2 投资结构的演变机制

投资结构合理化并不是一个静态的概念，而是一个动态的演变过程，它永远处于由不合理向合理的调整转变之中。无论社会经济制度如何，实现投资结构演变的动力，从根本上讲，在于社会经济结构和需求结构的变动。国际政治经济格局的变化、国民经济的发展、科学技术的进步以及社会制度的变迁，会使社会经济结构和需求结构，尤其会使其中的居民消费需求结构发生变动，而这种变动必然要求投资结构发生相应的变动，以适应社会经济结构和需求结构的变化。

在市场经济体制下，投资结构的演变主要是通过市场机制来实现的，主要表现在两个方面：一方面，国家的宏观投资结构调控政策通过市场来实现；另一方面，企业的投资行为根据市场需求的变动而变动。

4.4.3 投资结构合理化的战略选择和政策选择

在市场经济体制下，投资结构的选择更趋复杂。

一、投资结构战略选择的原则

1. 协调当前消费与未来消费的关系。改革开放以来，投资分配格局开始向轻工业和第三产业倾斜，开始注重与人民生活紧密相关行业的投资，极大地调动了人民群众的生产积极性。在投资地区结构中，为使国民经济进入持续、稳定的发展轨道，国家对中西部实行投资倾斜，特别在过去十几年中，国家加大了对中西部的投资力度。2007—2022年，我国东部地区的固定资产投资完成额复合增速为12.9%，中部地区的固定资产投资完成额复合增速为18.1%，西部地区的固定资产投资完成额复合增速为-16.0%，中西部地区明显快于东部地区。①

① Wind资讯，国家统计局.

2. 处理好投资分配均衡性与非均衡性的关系。作为发展中国家，我国各类资源总体并不充裕，在国民经济各部门、各行业发展不均衡的现实条件下，我国选择若干主导产业进行重点投资，以促进其优先发展，从而影响、带动其他产业的发展，这是投资分配的非均衡性。但是，由于我国市场分割现象依然存在，过分强调投资分配的非均衡性对经济的长期健康发展是不利的。因此，在投资分配上应采取均衡基础上适度倾斜的原则。

二、投资结构合理化的战略选择的内容

在上述两大原则的指导下，投资结构合理化的战略选择主要包括下述内容。

（一）重视基础产业的投资

基础产业发展滞后，是我国过去阶段投资结构失衡的关键症结。基础产业主要涵盖农业、能源、交通运输、教育等部门。这些部门的共同特点是投资大、建设周期长、见效慢，这些特点必然导致企业投资意愿不强，产业发展相对滞后。然而，其他行业的发展离不开基础产业的支撑，基础产业发展的滞后必然会成为整个国民经济增长的瓶颈。因此，重视基础产业的投资，成为我国“十二五”及“十三五”时期的首要战略选择。随着我国经济转向高质量发展阶段，新型基础设施正在成为新一轮科技革命和产业变革的关键支撑和重要物质保障，迫切需要构建新型基础设施来引领和支撑先进生产力的发展。党中央、国务院高度重视新型基础设施建设，中央经济工作会议和政府工作报告提出明确要求，“十四五”规划作出专门部署，“十四五”时期也成为新型基础设施全面布局建设的关键五年。

1. 农业。2022年2月，国务院印发《“十四五”推进农业农村现代化规划》（以下简称《规划》），对“十四五”时期推进农业农村现代化的战略导向、主要目标、重点任务和政策措施等作出全面安排，增强农业农村对经济社会发展的支撑保障能力和发挥其“压舱石”的稳定作用，持续提高农民生活水平。《规划》提出，以习近平新时代中国特色社会主义思想为指导，坚持农业农村优先发展，坚持农业现代化与农村现代化一体设计、一并推进，以推动高质量发展为主题，以保供固安全、振兴畅循环为工作定位，深化农业供给侧结构性改革，把乡村建设摆在社会主义现代化建设的重要位置，实现巩固拓展脱贫攻坚成果同乡村振兴有效衔接，全面推进乡村产业、人才、文化、生态、组织振兴，加快形成工农互促、城乡互补、协调发展、共同繁荣的新型工农城乡关系，促进农业高质高效、乡村宜居宜业、农民富裕富足。《规划》明确，到2025年，农业基础更加稳固，乡村振兴战略全面推进，农业农村现代化取得重要进展。梯次推进有条件的地区率先基本实现农业农村现代化，脱贫地区实现巩固拓展脱贫攻坚成果同乡村振兴有效衔接。展望2035年，乡村全面振兴取得决定性进展，农业农村现代化基本实现。

2. 能源。能源是国民经济各部门的动力基础，能源的生产和消费与工业生产以及整个国民经济发展关系密切。目前我国已经成为世界能源生产第一大国，2022年，我国一次能源生产总量46.6亿吨标准煤，是1949年的195倍，年均增长7.5%。

当今世界，在百年未有之大变局加速演进、我国经济转向高质量发展阶段的

背景下，加快构建现代能源体系是保障国家能源安全的内在要求，也是推动高质量发展的重要支撑。党的十八届五中全会提出“建设清洁低碳、安全高效的现代能源体系”，党的二十大报告中提出“积极稳妥推进碳达峰碳中和”，“十四五”规划提出“推进能源革命，建设清洁低碳、安全高效的能源体系”，这些都为加快构建现代能源体系明确了方向和路径。主要包括以下三个方面：（1）稳妥有序利用化石能源。习近平总书记指出：“能源结构、产业结构调整不可能一蹴而就，更不能脱离实际。”[①] 我们要立足我国能源资源禀赋，坚持先立后破，有计划分步骤实施碳达峰行动。完善能源消耗总量和强度调控，重点控制化石能源消费，逐步建立碳排放总量和强度“双控”制度。推动能源清洁、低碳、高效、利用，推进工业、建筑、交通等领域清洁、低碳转型。（2）大力发展清洁能源。“要把促进新能源和清洁能源发展放在更加突出的位置”。[②] 加快规划建设新型能源体系，统筹水电开发和生态保护，积极安全有序发展核电，加强能源产供储销体系建设，确保能源安全。完善碳排放统计核算制度，健全碳排放权市场交易制度，提升生态系统碳汇能力。（3）加快完善能源市场体系。构建有效竞争的市场结构和市场体系，形成主要由市场决定能源价格的机制，转变政府对能源的监管方式。同时，深化电力体制改革，加快构建和完善中长期市场、现货市场和辅助服务市场有机衔接的电力市场体系。

3. 交通运输。交通运输是国民经济的先行官。党的十八大以来，我国交通运输领域取得长足进步。2012—2022年，我国“四纵四横”高速铁路主骨架全面建成，“八纵八横”高速铁路主通道和普速干线铁路加快建设，川藏铁路全线开工，重点区域城际铁路快速推进，老少边及脱贫地区铁路建设加力提速，建成世界最大的高速铁路网，基本形成布局合理、覆盖广泛、层次分明、配置高效的铁路网络。全国铁路营业里程从2012年的9.8万公里增加到2022年的15.5万公里，其中高铁从0.9万公里增加到4.2万公里，稳居世界第一，“铁路迎来发展最快、最安全稳定的历史阶段”。目前，我国铁路客运周转量、货物发送量、货运周转量以及运输密度均居世界首位。

党中央高度重视建设交通强国。党的十九大报告提出建设交通强国，党的二十大再次提出加快建设交通强国，提出了一系列交通运输发展的新要求，充分体现了交通运输在国家发展中的重要作用，赋予了加快建设交通强国新的使命任务。2023年以来，交通运输部等多部委相继发布《加快建设交通强国五年行动计划（2023—2027年）》《加快建设交通强国报告（2022）》，贯彻落实党的二十大部署安排，谋划未来五年加快建设交通强国思路方向，特别是解决综合交通网络布局不够均衡、高质量发展任务依然繁重、运输结构调整任重道远、保障国际国内物流供应链稳定畅通面临挑战、关键核心技术“卡脖子”等问题。

4. 教育。过去，我国的教育事业投资严重不足，极大影响了劳动力素质的提高。因此，党中央高度重视教育工作，习近平总书记指出，教育兴则国家兴，教

---

① 正确认识和把握我国发展重大理论和实践问题．(2022-05-15)．人民网．

② 习近平主持中共中央政治局第三十六次集体学习．(2022-01-25)．人民网．

育强则国家强。建设教育强国，是以中国式现代化全面推进中华民族伟大复兴的基础工程，要以教育之力厚植人民幸福之本，以教育之强夯实国家富强之基，为全面推进中华民族伟大复兴提供有力支撑。党的二十大对教育作为全面建设社会主义现代化国家的基础性、战略性支撑进行系统谋划，极具战略意义和深远影响。2022 年，九年义务教育巩固率为 95.5%，高中阶段毛入学率为 91.6%，高等教育毛入学率为 59.6%。2022 年全国新增劳动力平均受教育年限达 14 年，劳动年龄人口平均受教育年限为 10.9 年。

（二）必须对高科技产业实行投资倾斜

现代社会中科学技术是生产力。技术进步对经济增长的作用越来越大，生产的过程已成为科学的过程，经济发展越来越取决于科学技术的进步及其在生产中的应用。改革开放以来，我国持续对高科技产业实行投资倾斜，研发总支出持续增加，见表 4-4。2011 年，我国提出“十二五”国家战略性新兴产业发展规划，选择新一代信息技术、节能环保、生物、高端装备制造、新能源、新材料和新能源汽车七大高新技术产业加大政策扶持力度，重点推进发展。“十二五”期间，上述七大战略性新兴产业快速发展，2015 年七大战略性新兴产业增加值占国内生产总值的比重约 8%，产业创新能力和盈利能力明显提升。

表 4-4　1980—2022 年全国研发总支出

年份	研发总支出（亿元）	GDP 占比（%）	年份	研发总支出（亿元）	GDP 占比（%）
1980	64.6	1.41	2002	1 287.6	1.06
1981	61.6	1.25	2003	1 539.6	1.12
1982	65.3	1.22	2004	1 966.3	1.21
1983	79.1	1.31	2005	2 450.0	1.31
1984	94.7	1.30	2006	3 003.1	1.37
1985	102.6	1.13	2007	3 710.2	1.37
1986	112.6	1.08	2008	4 616.0	1.45
1987	113.8	0.93	2009	5 791.9	1.66
1988	121.1	0.80	2010	7 062.6	1.71
1989	127.9	0.74	2011	8 687.0	1.78
1990	139.1	0.74	2012	10 298.4	1.91
1991	160.7	0.73	2013	11 846.6	2.00
1992	189.3	0.70	2014	13 015.6	2.03
1993	225.6	0.63	2015	14 169.9	2.07
1994	268.3	0.55	2016	15 676.7	2.12
1995	348.7	0.57	2017	17 606.1	2.15
1996	404.5	0.56	2018	19 677.9	2.14
1997	509.2	0.64	2019	22 143.6	2.23
1998	551.1	0.65	2020	24 393.1	2.41
1999	678.9	0.75	2021	27 956.3	2.43
2000	895.7	0.89	2022	30 870.0	2.55
2001	1 042.5	0.94			

资料来源：中华人民共和国国家统计局.

党的二十大报告总结道，过去十年，“我们加快推进科技自立自强，全社会研发经费支出从一万亿元增加到二万八千亿元，居世界第二位，研发人员总量居世界首位。基础研究和原始创新不断加强，一些关键核心技术实现突破，战略性新兴产业发展壮大，载人航天、探月探火、深海深地探测、超级计算机、卫星导航、量子信息、核电技术、新能源技术、大飞机制造、生物医药等取得重大成果，进入创新型国家行列”。

报告提出了“到二〇三五年……实现高水平科技自立自强，进入创新型国家前列”的目标。具体包括：

（1）完善科技创新体系。坚持创新在我国现代化建设全局中的核心地位。完善党中央对科技工作统一领导的体制，健全新型举国体制，强化国家战略科技力量，优化配置创新资源，优化国家科研机构、高水平研究型大学、科技领军企业定位和布局，形成国家实验室体系，统筹推进国际科技创新中心、区域科技创新中心建设，加强科技基础能力建设，强化科技战略咨询，提升国家创新体系整体效能。深化科技体制改革，深化科技评价改革，加大多元化科技投入，加强知识产权法治保障，形成支持全面创新的基础制度。培育创新文化，弘扬科学家精神，涵养优良学风，营造创新氛围。扩大国际科技交流合作，加强国际化科研环境建设，形成具有全球竞争力的开放创新生态。

（2）加快实施创新驱动发展战略。坚持面向世界科技前沿、面向经济主战场、面向国家重大需求、面向人民生命健康，加快实现高水平科技自立自强。以国家战略需求为导向，积聚力量进行原创性引领性科技攻关，坚决打赢关键核心技术攻坚战。加快实施一批具有战略性全局性前瞻性的国家重大科技项目，增强自主创新能力。加强基础研究，突出原创，鼓励自由探索。提升科技投入效能，深化财政科技经费分配使用机制改革，激发创新活力。加强企业主导的产学研深度融合，强化目标导向，提高科技成果转化和产业化水平。强化企业科技创新主体地位，发挥科技型骨干企业引领支撑作用，营造有利于科技型中小微企业成长的良好环境，推动创新链产业链资金链人才链深度融合。

三、投资结构合理化的政策选择

在市场经济体制下，应建立以产业政策为导向，以协调有力的宏观调控部门为组织依托，以综合配套的经济政策及其手段为保障的投资结构调控体系。

从国家全局和长远利益来考虑，产业政策应具有长远性和可持续性。随着政府财力物力的分散以及投资决策权的下放，产业政策应突出关键，找出影响整个经济发展的重点产业并加以扶持。从长远看，为了缩小我国与世界发达国家在技术和经济发展实力上的差距，应有目的地选择一些主导性产业和高新技术产业进行扶植。同时，产业政策的制定应综合考虑我国经济发展的区域性特点，协调区域发展重点，避免地区投资结构的趋同和失调。

国家对集成电路产业的扶持是我国产业政策引导投资的具体体现。集成电路产业是信息技术产业的核心，是支撑经济社会发展和保障国家安全的战略性、基础性和先导性产业。为加快推进我国集成电路产业发展，2014 年 6 月国务院发布《国家集成电路产业发展推进纲要》。同年 9 月，国家集成电路产业投资基金股份有限公司（以下简称“国家大基金”）成立，一期注册资本 987.2 亿元。不同于以往单纯通过补贴来支持产业发展的模式，国家大基金按照公司制的经营模式，秉承“市场化运作、专业化管理”的原则进行运营，通过投资集成电路产业上、中、下游各环节的龙头企业和重大战略性项目，发挥了国家对集成电路产业发展的引导和扶持作用。

2019 年 10 月，国家大基金二期成立，注册资本为 2 041.5 亿元，相比于一期，国家大基金二期有两个特点：一是上海、江苏、浙江、安徽、湖北和重庆等集成电路产业发展较为集中和成熟的地区积极参与，作为股东认缴资金合计约1 000 亿元，这意味着国家在制定产业政策时，充分考虑了经济发展的区域性特点，避免地区投资趋同和投资结构失调。二是考虑对集成电路产业内部的结构调整。经过 2014—2018 年的支持与积累，集成电路产业的中游企业得到较快发展。但是，技术要求和研发投入要求都较高的上游设备与材料领域，以及下游应用领域的发展相对缓慢。因此，国家大基金二期将重点支持集成电路产业上游和下游的发展。截至 2023 年 7 月，国家大基金二期已对外投资 40 多家公司，累计投资金额超过 500 亿元，投资覆盖了集成电路设计、芯片制造、封装测试、材料以及设备制造等产业链环节，与国家大基金一期相比，更加聚焦设备（包括刻蚀机、薄膜设备、测试设备和清洗设备等）、材料领域，更加深入产业链细分领域，并加码晶圆制造，有力地促进了我国集成电路产业的发展。

拓展阅读

我国的投资与消费

新中国成立初期，国民经济处于恢复期，不具备大规模投资的条件，因此消费在 GDP 中的占比处于高位。随着五年计划的次第开展，赶超战略和计划经济体制得以确立，高投资、高积累成为计划经济时期的主要特征之一，消费在 GDP 中的占比逐步下降，1978 年比 1952 年下降了 17.48 个百分点。改革开放后，投资成为经济增长的主要驱动力之一，资本形成总额在 GDP 中的占比居高不下，甚至比计划经济时期还要高，21 世纪进入重工业时代后快速跃升至接近 50%（见图 4－1）。长期的高投资一方面极大地提升了我国的经济增速，但也造成长期的消费抑制，投资过剩和消费对经济的拉动作用不足已经成为我国经济的关键问题之一。

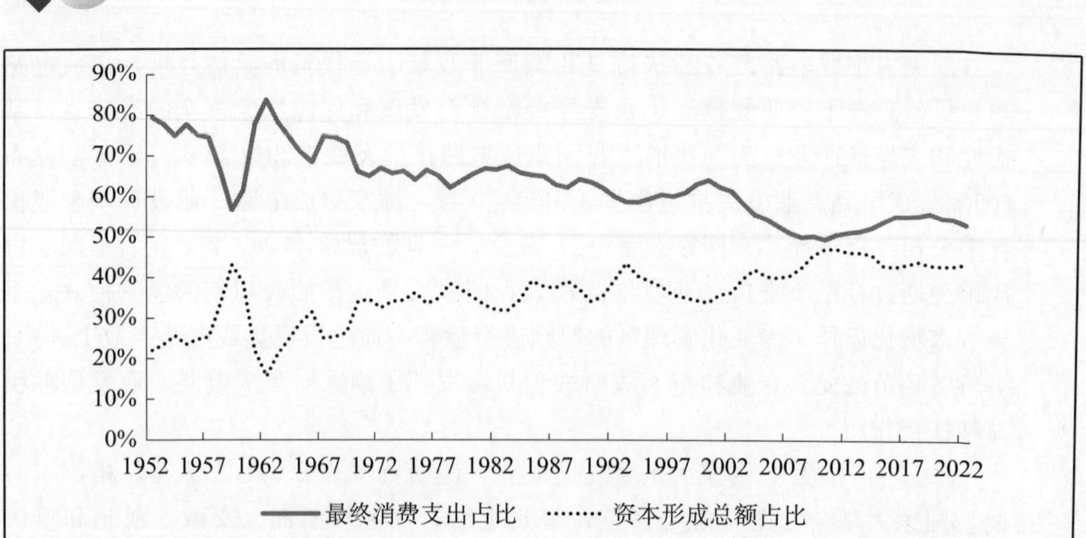

图4-1 新中国成立后历年最终消费支出和资本形成总额在GDP中的占比

资料来源：Wind资讯.

2010年以来，最终消费支出占比有所提升，近几年最高水平达到56%，较2010年提升7个百分点。党的二十大报告提出“着力扩大内需，增强消费对经济发展的基础性作用和投资对优化供给结构的关键作用”。

小 结

常见的投资结构有以下两种：投资来源结构、投资分配结构。投资来源结构和投资分配结构是否合理，对投资规模的控制和投资效益的提高具有重大意义。在新时代，优化投资结构是兼顾当前和长远发展的重要举措，是化解社会主要矛盾的必然要求，是推动经济高质量发展的必由之路。经济结构与经济增长既相互影响，又相互制约。投资存量是经济结构形成的决定因素；投资增量是经济结构演变的决定因素。从宏观的角度看，投资结构要和生产消费结构相适应，这有利于满足人民日益增长的物质文化需求。投资结构要和经济资源结构相适应，这有利于社会经济资源的合理利用。投资结构内部各要素之间具有良好的相互协调和自我调节能力。投资结构必须符合良好效益的原则。投资结构要和世界政治经济格局的演变相适应。从微观的角度看，合理的投资结构应该是各投资主体的产出最大化。

第4章 即测即评

思考题

1. 简述投资结构常见的类型及其与投资效益和经济增长的关系。

2. 什么是投资产业结构？科林·克拉克的三次产业论与霍夫曼产业分类法和联合国标准产业分类法有何异同？

3. 简述投资来源结构和投资分配结构对投资规模控制和投资效益提高的意义。

4. 分析投资结构对投资规模和投资效益的影响。

5. 从要素投入和资源配置角度分析投资与经济增长的关系。

6. 分析我国投资地区结构的历史演进和政策建议。

7. 为什么说投资是经济结构的决定性因素？

8. 概括我国投资结构演变的主要轨迹。

9. 投资结构合理化的理论标准是什么？理论和实践中有何异同？

10. 阐述投资结构合理化的资本周转率标准和MRIS标准的区别。

11. 分析投资结构的演变机制。

12. 基础产业涵盖哪些部门？分析基础产业投资和高科技产业投资对投资结构合理化的影响。

13. 以投资结构合理化的宏微观标准来评价投资结构战略选择的内容。

14. 阐述你对“两个毫不动摇”“三个没有变”的理解。

第 2 篇

融　资

第5章

融资概论

学习目标

- 了解融资的含义和特点
- 明确融资的基本方式
- 掌握资本结构的确定方法

5.1 融资概述

融资是以信用方式调剂资金的一种经济活动，包括资金的融入或融出，其基本特征是具有偿还性。本书所研究的融资是指资金的融入，即投资者通过各种途径筹措其投资所需的资金。按照融资时互相接触和联系的方式不同，可将融资分为直接融资和间接融资。直接融资是指资金（资本）最终需求者以有价证券（如股票、债券）为载体，通过市场直接向资金最初所有者筹资。间接融资是指资金最终需求者通过银行或其他金融中介机构向资金最初所有者筹资。按照融资追索权不同，可将融资分为项目融资和传统融资。项目融资是一种无追索权（non-recourse）或有限追索权（limited-recourse）融资方式。有限追索权项目融资即如果将来项目无力偿还债务，债权人只能获得项目本身的收入与资产，但对项目发起方的其他资产无权索偿。

5.2 直接融资与间接融资

直接融资是指没有金融中介机构介入的资金融通方式。在这种融资方式下，一定时期内，资金盈余单位通过直接与资金需求单位签订协议，或在金融市场上购买资金需求单位所发行的有价证券，将货币资金提供给资金需求单位使用。商业信用、企业发行股票和债券，以及企业之间、个人之间的直接借贷，均属于直接融资。

间接融资是指暂时拥有闲置资金的单位通过存款或者购买银行、信托、保险等金融机构发行的有价证券等方式，将其暂时闲置的资金先行提供给金融中介机构，再由这些金融中介机构以贷款、贴现等形式，或通过购买资金需求单位发行的有价证券，将资金提供给资金需求单位使用，从而实现资金融通。

直接融资和间接融资的概念起源于1955年一篇发表在《美国经济评论》上的题为“从金融角度看经济增长”的论文。“直接融资”定义为资金盈余者与短缺者直接协商，或者在金融市场上由前者购买后者发行的有价证券的资金融通活动。“间接融资”定义为资金盈余者通过存款等形式，将闲置的资金提供给银行，再由银行贷款给资金短缺者的资金融通活动。1996年，中国人民银行提出“扩大直接融资规模”，首次将此概念引入中国。党的十八大以来，中央就“提高直接融资比重、优化融资结构、增强金融服务实体经济能力”作出一系列重要指示。党的二十大报告再次强调“健全资本市场功能，提高直接融资比重”，为优化融资结构、增强金融服务实体经济能力进一步指明了方向。

企业采用向银行或其他金融中介机构贷款的方式融资和通过有价证券融资有着显著的区别：第一，企业通过贷款融入的资金是外部债务，体现债权债务关系；而企业通过有价证券进行股权融资，融入的资金是企业的股本金，体现财产所有权关系。第二，银行（或金融中介机构）给企业提供贷款，银行充当了企业债权人，有权要求企业按期偿还本息，但无权参与或干涉企业日常的生产经营活动；而企业股票购买者或持有人是企业股东，作为所有者，原则上可以参与企业的重大生产经营决策。第三，银行贷款是企业债务，企业有义务在贷款到期时或到期前偿清本息；而企业发行的股票有不可退还的特性，投资者只能在二级市场上转让或由企业回购股票。第四，银行贷款是银行提供给企业的信用，两者是一种契约关系，银行获得固定的利息收入；而股票的收益是不确定的，与企业经营业绩和股利分配政策有直接关系。企业破产时，银行贷款相对于企业股票具有优先偿还权。

直接融资与间接融资作为两种融资方式在各个国家的采用情况略有不同，在不同历史时期各有侧重。

英美等发达国家在20世纪70年代前主要依靠直接融资。当时，英美企业通过有价证券进行的直接融资占企业外部融资总额的55%～60%，通过银行或其他金融中介机构进行的间接融资占40%～45%。此后，英美企业逐渐增加了间接融资的比重。直接融资中，多数发达国家的股票融资所占的比重并不高，即使是比较倚重股票融资的美国，其直接融资中债务融资的比重依然高于权益融资。2022年，美国资本市场的债务融资额总计约1.66万亿美元，权益融资额总计约990亿美元，其中，IPO（首次公开募股）融资额约90亿美元（见表5-1），主要因为2022年美股市场环境低迷，以及美联储大幅加息推高利率造成企业搁置上市计划。

表 5-1　近年美国资本市场的融资额（包括美国本土和海外公司）

单位：十亿美元

年份	公司债	资产支持证券（ABS）	债务融资	优先股融资	普通股融资	权益融资	全部融资	IPO 融资	后续权益融资
2008	759	215	974	55	202	256	1 231	27	175
2009	976	178	1 154	7	258	265	1 419	27	231
2010	1 089	126	1 215	6	213	219	1 434	44	170
2011	1 047	151	1 198	6	179	185	1 383	40	139
2012	1 395	259	1 654	35	230	265	1 918	46	184
2013	1 425	304	1 729	30	255	285	2 014	60	195
2014	1 481	393	1 875	39	265	304	2 179	94	172
2015	1 514	333	1 848	32	217	249	2 097	32	185
2016	1 551	325	1 876	25	178	203	2 079	21	157
2017	1 678	550	2 228	26	194	220	2 448	39	155
2018	1 378	517	1 895	17	205	221	2 116	50	155
2019	1 418	435	1 853	34	194	228	2 081	49	145
2020	2 275	304	2 579	47	344	390	2 970	85	258
2021	1 961	582	2 543	58	377	435	2 977	154	223
2022	1 354	303	1 657	12	87	99	1 756	9	79

注：债务融资总额未包括非机构 MBS（被计入 MBS）。MBS（mortgage-backed securities），即住房抵押贷款支持证券，是资产支持证券（ABS）的一种，其偿付给投资者的现金流来自由住房抵押贷款组成的资产池产生的本金和利息。其中，非机构 MBS 主要由商业银行等发行。

资料来源：美国证券业及金融市场协会（SIFMA）.

直接融资和间接融资是两种不同的融资方式，究竟以直接融资为主还是以间接融资为主，主要取决于一个国家一定时期的经济形势、金融市场环境和经济发展的客观要求，以及政策导向和政策选择。

我国金融体系以间接融资为主，直接融资为辅。随着我国资本市场的发展，直接融资呈现增加趋势。非金融企业的债券融资发行额从 1994 年的 1 亿元发展到 2022 年的 2.1 万亿元。而股票市场的实际募集资金金额（含 IPO、增发及配股）从 1990 年的 2.1 亿元发展到 2022 年的 1.2 万亿元（不包括收购资产等非现金认购的股票增发），其中 2016 年和 2021 年都达到 1.24 万亿元。[①] 虽然我国资本市场的直接融资规模得到飞跃式的发展，但间接融资依然是我国融资的主要方式。2022 年我国新增人民币贷款规模 20.9 万亿元，约是当年企业债券和股票融资金额的 6.5 倍。虽然已经取得长足发展，但我国目前直接融资比例（2022 年直接融资占比约 10.1%）仍然偏低，资本市场建设需不断加强，因此，大力发展多层次资本市场对降低市场系统性金融风险，支持我国经济结构调整、产业转型升级，提升

① Wind 资讯.

我国资本市场资源配置效率意义重大。表5-2为我国近年社会融资规模及直接融资比重。

表5-2 我国近年社会融资规模及直接融资比重 金额单位：亿元

年份	人民币贷款	外币贷款	委托贷款	信托贷款	未贴现银行承兑汇票	企业债券融资	非金融企业境内股票融资	其他	总额	直接融资比重（%）
2002	18 475	731	175		−695		628	798	20 112	3.1
2003	27 652	2 285	601		2 010	499	559	507	34 113	3.1
2004	22 673	1 381	3 118		−290	467	673	607	28 629	4.0
2005	23 544	1 415	1 961		24	2 010	339	715	30 008	7.8
2006	31 523	1 459	2 695	825	1 500	2 310	1 536	848	42 696	9.0
2007	36 323	3 864	3 371	1 702	6 701	2 284	4 333	1 085	59 663	11.1
2008	49 041	1 947	4 262	3 144	1 064	5 523	3 324	1 497	69 802	12.7
2009	95 942	9 265	6 780	4 364	4 606	12 367	3 350	2 430	139 104	11.3
2010	79 451	4 855	8 748	3 865	23 346	11 063	5 786	3 077	140 191	12.0
2011	74 715	5 712	12 962	2 034	10 271	13 658	4 377	4 557	128 286	14.1
2012	82 038	9 163	12 838	12 845	10 499	22 551	2 508	5 189	157 631	15.9
2013	88 916	5 848	25 466	18 404	7 756	18 111	2 219	6 449	173 169	11.7
2014	97 816	3 554	25 070	5 174	−1 285	24 253	4 350	5 639	164 571	17.4
2015	112 693	−6 427	15 911	434	−10 569	29 399	7 604	5 041	154 086	24.0
2016	124 372	−5 640	21 854	8 593	−19 531	29 993	12 416	5 965	178 022	23.8
2017	138 432	18	7 994	22 232	5 364	6 244	8 759	72 493	261 536	7.7
2018	156 712	−4 201	−16 062	−6 975	−6 343	26 318	3 606	71 866	224 920	13.3
2019	168 800	−1 275	−9 396	−3 467	−4 757	32 400	3 479	70 016	255 800	14.0
2020	200 310	1 450	−3 954	−11 020	1 746	44 466	8 923	106 712	348 633	15.3
2021	199 403	1 715	−1 696	−20 074	−4 916	32 866	12 357	93 854	313 509	14.4
2022	209 149	−5 254	3 579	−6 003	−3 411	20 508	11 757	89 771	320 096	10.1

注：①2019年12月央行修改社融口径，追溯调整至2017年1月。

②$\text{直接融资比重}=\dfrac{\text{企业债券融资}+\text{非金融企业境内股票融资}}{\text{总额}}$。

资料来源：Wind资讯，中国人民银行.

拓展阅读

理想汽车的融资结构

理想汽车自2014年创立以来，获得了美团、字节跳动、中金公司等多方投资者的支持与认可，截至2020年纳斯达克上市前共获得10轮超过140亿人民币的股权融资。2020年7月，理想汽车在美股上市，首次公开发行和同时进行的私募融资共募资超过100亿人民币。2021年4月，理想汽车发行7.5亿美元可转换优先债券。2021年8月，在港交所上市，募资118亿港元，为未来公司业务扩张和长远发展提供了充足的资金保障。

汽车行业属于资本密集型行业，前期研发投入大，固定资产多且规模效应明显，因此，初创期的车企通常处于亏损状态，且持续时间较长，比如理想汽车2018—2022年累计亏损超70亿元，直到2023年上半年才扭亏为盈，2023年上半年公司营业收入474亿元，同比增长159%，一般会计准则（GAAP）净利润32亿元。目前，理想汽车成为市值最高的国内造车新势力。

回顾理想汽车的融资历程，基本以股权融资为主。合理的融资结构是它得以平稳度过初创期并保持持续发展的前提条件。若理想汽车的债权融资比例过高，则还本付息压力大，财务风险高，公司很可能难以持续经营，见不到盈利与现金流转正的曙光。

5.3 融资决策

5.3.1 融资决策的意义

融资决策是在融资前为融资活动确定目标和方向，合理选择一个能够实现融资预期目标的最优方案的活动过程。

正确的融资决策，有利于提高资金的使用效益。通过融资把社会暂时闲置的资金转化为产业资金，投入生产和流通过程，从而加速资金周转，提高资金的使用效益。在这一过程中，融资促进生产发展，资金得到顺利周转，就能取得较高的经济效益。因此，融资决策是否正确，直接决定了融资的经济效益，而融资的经济效益是检验决策是否正确的标志。

5.3.2 正确融资决策的标志

衡量融资决策是否正确，最根本的标志是融资所取得的经济效益。经济效益是决策执行的结果，是衡量融资决策是否正确的检验标准。通常，衡量融资决策是否正确包括下列内容。

一、融资规模的确定

融资规模指一定时期投资者（企业）筹集资金的总量，以货币形态表示。融资规模确定的方法，除了经验估算法，常用的还有实际核算法和财务报表分析法。

1. 实际核算法，指在融资者的投资需求基本确定的情况下，根据实际投资需求核算融入资金数额的方法，特点是简单、精确，但需有详尽、可靠的基础资料。

2. 财务报表分析法，指通过对财务报表的分析，判断企业的财务状况和经营管理状况，从而确定合理的融资规模。财务报表分析法包括单项评价、财务比率分析和趋势分析三种。

二、资本结构的确定

融资活动会面临采用权益性资本融资还是债务性资本融资的选择。公司资本由长期权益资本和长期债务资本构成。高负债经营必然使公司面临较大的财务风险。公司最佳资本结构取决于资本成本和财务风险。

1. 资本成本。企业筹集资金和使用资金付出的代价称为资本成本，也称资金成本。资本成本包括资金筹集费和资金占用费两部分。资金筹集费，是指企业在筹集资金过程中支付的各项费用，如向银行支付的借款手续费，因发行股票、债券而支付的发行费用等。资金筹集费通常是筹集资金时一次支付的，在计算资本成本时可作为筹资金额的一项扣除。资金占用费，是指在投资过程中和企业生产经营中使用资本而付出的费用，如向股东支付的股利、向债权人支付的利息等。资本成本通常不用绝对金额来表示，而是用相对数即资本成本率表示。资本成本率是企业资金占用费与实际筹集的资金的比率，用下式来表示：

$$K=\frac{D}{P-f}$$

或

$$K=\frac{D}{P(1-F)}$$

式中，K 为资本成本率；D 为资金占用费；P 为总筹集金额；f 为资金筹集费；F 为筹集费率，即资金筹集费占总筹集金额的比率。

资本成本是企业选择资金来源、进行融资决策的重要依据，也是评价投资项目、进行投资决策的重要因素。

2. 财务风险。财务风险是指公司以负债方式融资后，给普通股股东带来的额外风险。在公司的投资者中，只有股东，尤其是普通股股东承担全部经营风险，债权人由于可以取得承诺的固定收益，只承担部分经营风险，并且在公司倒闭时可以优先拍卖公司资产以抵债。

负债经营又称融资杠杆和财务杠杆，是企业在制定融资决策时对负债资本的利用。在资本结构和债务利息保持不变的条件下，随着息税前利润的增长，税后利润以更快的速度增加，从而获得融资杠杆利益。因此，一些看好经营前景的投资者，往往甘冒风险进行高额负债经营。

融资杠杆作用的大小通常用融资杠杆系数表示，融资杠杆系数越大，表明融资杠杆作用越大，财务风险也越大。融资杠杆系数可按下式计算：

$$DFL=\frac{\Delta EPS/EPS}{\Delta EBIT/EBIT}$$

式中，DFL 为融资杠杆系数；ΔEPS 为普通股每股利润变动额；EPS 为变动前的普通股每股盈余；$\Delta EBIT$ 为息税前利润变动额；$EBIT$ 为息税前利润额。

与经营杠杆相比，公司管理人员对融资杠杆有更大的主观调整余地和决策能动性，因为融资杠杆的高低很大程度上取决于公司管理人员的决策，经营杠杆却在某种程度上取决于公司所属的行业性质，比如重资产行业公司的经营杠杆通常高于轻资产行业公司的经营杠杆。

3. 最佳资本结构。最佳资本结构指在一定条件下使企业加权平均资本成本最低、企业价值最大的资本结构。从理论上看，最佳资本结构是存在的，但由于企业条件和所处的外部环境是不断变化的，因此，要精确确定相对稳定的最佳资本结构并不容易。确定最佳资本结构主要有三种方法，即每股利润分析法、比较资本成本法和比较公司价值法。

（1）每股利润分析法。通过分析每股利润变化来衡量资本结构是否合理。这种方法利用每股利润无差别点进行资本结构决策。每股利润无差别点也叫息税前利润平衡点，即每股利润不受融资方式影响的销售水平。根据每股利润无差别点，可以判断在什么情况下用负债融资有利，在什么情况下用权益融资有利（见图 5－1）。

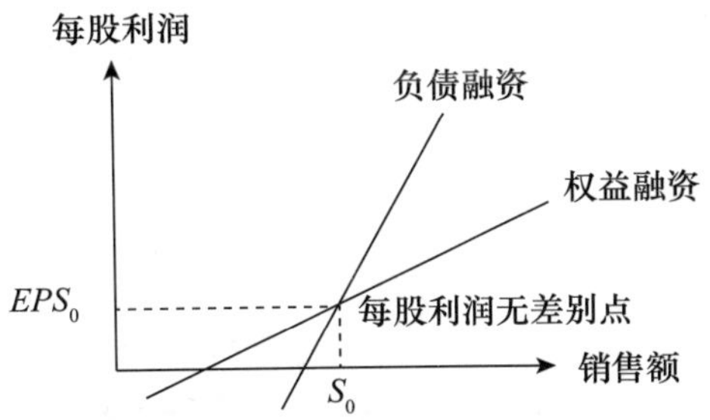

图 5－1 每股利润分析图

从图 5－1 可以看出，当销售额大于 S_0 时选择负债融资方式有利，而当销售额小于 S_0 时采用权益融资方式可获得较高的每股利润。

（2）比较资本成本法。通过计算不同资本结构的加权平均资本成本，并以此为标准互相比较来进行资本结构决策。

（3）比较公司价值法。在反映财务风险的条件下，以公司市场价值大小为标准，判断公司最佳资本结构，即公司总市场价值最高的资本结构为最佳资本结构。需要补充的是，公司的市场价值隐含了市场对公司财务结构风险程度的评价。从这个角度看，比较公司价值法在成熟的资本市场中更具参考意义。

融资决策是在融资前对融资的重大问题所作的考虑和抉择，是事前的活动过程。融资活动存在风险。除了决策失误会造成融资损失外，融资方式选择、企业经营风险等也会影响融资的经济效益，提高融资风险。因此，在融资活动中要重视融资风险和风险管理。

拓展阅读

三胞集团的案例

2018 年 6 月，三胞集团有限公司（简称“三胞集团”）对雨润集团的 5.5 亿元担保逾期，其流动性问题开始引起公众关注。随后，公司资管计划违约、控股子公司宏图高科的中期票据和超短融债券违约相继发生。为解决流动性问题，三胞集团提出了“100亿瘦身计划”，持续出售先前收购的资产和股权；同时，江苏省政府牵头组建三胞集团金融债委会，计划进行债务重组，避免三胞集团因短期断贷而破产。2023年，因三胞集团子公司宏图高科连续多年虚构交易、虚增收入和利润，并虚减负债，上交所对＊ST宏图予以摘牌，同时，三胞集团及其实控人也被给予警告和罚款。三胞集团的流动性危机是不少企业的缩影，而融资决策失误是其产生流动性危机的重要原因之一。

融资决策失误主要体现在三个方面。

第一，融资决策没有增加经济效益。三胞集团从2013年开始执行多元化战略，加大了融资力度，频繁对外并购与扩张。资产规模从2013年的318亿元扩大到2017年最高峰的880亿元，但是归属母公司口径的净利润反而从2013年的2.6亿元下降到2017年的0.05亿元。融资驱动规模扩大，但是经济效益没有提升，三胞集团的融资决策没能增加经济效益。

第二，融资规模过大，大幅增加公司的财务风险。公司的总负债从2013年的226亿元快速增长到2017年的611亿元。其中，有息负债从122亿元增长到331亿元。债务融资的快速增加，大幅提高了公司的财务风险，使公司面对宏观经济的变化时显得十分脆弱。

第三，资本结构不合理。三胞集团所投资的产业，比如零售业和大健康产业，都需要长期投资与经营才能获得回报，但是公司的资本结构安排并不合理，债务结构以短期负债为主。2018年其总负债563亿元中，流动负债449亿元，非流动负债114亿元。当面临去杠杆的宏观环境时，借新还旧无法延续，公司短贷长投的投融资结构就会产生较大风险。

三胞集团的案例充分说明，衡量融资决策是否正确，最根本的标志是融资所取得的经济效益。进行融资决策时，需要慎重考虑融资规模和资本结构，而最佳资本结构取决于资本成本和财务风险。

小 结

融资是以信用方式调剂资金余缺的一种经济活动。融资包括直接融资和间接融资，也可按追索权的不同进行划分，分为无追索权或有限追索权的项目融资和传统融资。

直接融资是指资金（资本）最终需求者以有价证券为载体，通过市场直接向资金最初所有者筹资。间接融资是指资金最终需求者通过银行或其他金融中介机构向资金最初所有者筹资。究竟以直接融资为主还是以间接融资为主，主要取决于一个国家一定时期的经济形势、金融市场环境和经济发展的客观要求。

融资和其他经济活动一样存在风险，因此在融资时应科学决策，注意防范风险。

第5章 即测即评

计算题

1. 假设2018年A上市公司的息税前利润（EBIT）为10亿元人民币，普通股每股盈余（EPS）为2元/股，已知融资杠杆系数（DFL）为2，若销售增长使息税前利润增加1亿元，则普通股每股盈余为多少？

2. 现在B公司需要融资10亿元开展新业务，预计新业务平均能带来销售收入10亿元/年，净利润2亿元/年。现有两种融资方案供选择：a方案为权益融资，发行普通股1亿股，每股价格10元；b方案是权益融资和负债融资结合的融资方案，发行普通股0.5亿股，每股价格10元，同时，向银行贷款5亿元，利率为6%。计算这两种方式的每股利润无差别点。

3. C公司打算发行1年期债券2亿元，发行债券的手续费为1%，票面利率为4.5%，该笔融资的资本成本率是多少？

思考题

1. 比较直接融资和间接融资，简述我国应如何正确安排直接融资和间接融资的比例。

2. 谈一谈你对融资决策的理解，并列举正确融资决策的几个主要标志。

3. 简述资本结构和最佳资本结构的含义、影响资本结构的因素及负债资本在资本结构中的作用。

4. 解释每股利润无差别点，并用它来判断资本结构。

5. 简述如何防范融资风险。

6. 简述你对“提高直接融资比重、优化融资结构、增强金融服务实体经济能力”的重要战略意义的理解。

第6章

项目融资

学习目标

- 理解项目融资的含义、特点
- 了解项目公司的组织形式
- 掌握项目融资的模式及项目风险的管理

6.1 项目融资概述

6.1.1 项目融资的概念

一、项目融资的含义

人们对项目融资的含义有不同的理解：广义的项目融资是指为项目融入资金的活动。为项目融入资金一般通过三种渠道，即国家主权融资、企业信用融资和项目融资。狭义的项目融资是指融资的一种特定方式。

项目融资早期出现在美国的一些银行中，它们利用产品贷款方式为石油、天然气项目安排融资活动。以20世纪60年代英国北海油田开发中使用的有限追索权新项目贷款为标志，项目融资开始受到广泛重视。

项目融资作为一个金融术语，还没有一个准确公认的定义。在北美洲，金融界习惯上只将无追索权或有限追索权的融资称为项目融资，而在欧洲则把一切针对项目安排的融资活动划归到项目融资的范畴内。我们认为彼得·内维特提出的观点比较贴近实际。彼得·内维特在《项目融资》一书中将项目融资定义为，“为一个特定经济实体所安排的融资，其贷款人在最初考虑安排贷款时，满足于使用经济实体的现金流量和收益作为偿还贷款的资金来源，并满足于使用该经济实体的资产作为贷款的安全保障”。

通常来说，项目融资在我国被认为是以项目自身预期收入和资产作为抵押，取得的一种无追索权或有限追索权的融资活动。

二、项目融资的特点

项目融资通常具有以下共同特点。

1. 项目导向。与传统的融资方式不同，项目融资不是依赖于项目投资者或发起人的资信，而是依赖于项目现金流量和资产来安排融资。

2. 有限追索权或无追索权。与传统的融资方式不同，项目融资是一种有限追索权或无追索权的融资方式，如果将来项目运行出现问题，导致无力偿还，债权人只能获得项目本身的现金流量和资产，而对借款人除相关项目以外的其他资产不能追索。追索的程度则根据项目的性质等具体情况由借贷双方通过谈判事前确定。

3. 风险分担。为了实现有限追索，对与项目有关的各种风险，需要由项目投资者与项目利益相关方和贷款人之间合理分担。

4. 非公司负债型融资。非公司负债型融资，是指项目的债务不体现在项目投资者（即实际借款人）的公司资产负债表中的一种融资方式。

三、项目融资的应用

我国从20世纪80年代开始使用这种新型融资方式，特别是通过BOT方式（见本章6.2.3节）满足国家对资金的特殊要求，吸引外国投资者并借鉴贷款人的成功经验，最早的是深圳沙角火力发电项目。深圳沙角B电厂于1984年签署协议，1986年完成融资安排并动工兴建，1988年建成投产使用（总投资5.4亿美元），是我国第一次使用BOT方式兴建的基础设施项目。后来采用BOT项目融资方式的还有广西来宾B电厂（来宾综合工程的二期工程）、河北丁渠火电厂、广州轻轨工程等。近年来，PPP模式在我国逐渐兴起，成为加强基础设施建设建设、补短板、调动社会投资的重要推手。PPP是public-private-partnership的缩写，它是对社会资本和政府合作，参与公共基础设施建设的统称，它的范围和内涵较BOT方式更加宽泛，包括特许经营权、股权合作和政府购买服务等多种形式。

为了更好地对全国PPP项目进行全生命周期监管，建立统一、规范、透明的市场，财政部组织搭建了全国PPP综合信息平台项目库。PPP项目按全生命周期分为识别、准备、采购、执行和移交五个阶段，其中，后四个阶段的项目纳入管理库。截至2022年底，PPP项目总入库数超过1.4万个，项目总投资金额约为20.9万亿元。其中，城市基础设施、农林水利、社会事业、交通运输、生态环保等领域的项目占项目总数和总投资比重均接近90%。

6.1.2 项目融资的参与者

项目融资的参与者主要包括：项目发起人、项目公司、贷款银行、项目管理公司、承包商、供应商、产品或服务的购买方或项目设施的使用方、东道国政府、担保人。

1. 项目发起人。项目发起人可以是一家公司，也可以是与项目有关的诸如承包商、供应商、项目产品购买方或使用方等多家公司组成的多边联合体或财团。

一般来说，发起人中至少包括一家境内企业，这样有利于项目的获准和实施，从而降低项目的政治风险。

2. 项目公司。由项目发起人以合资、合作或合伙等形式组成的项目公司，以直接参与项目投资和项目管理为其单一目的，是直接承担项目债务责任和项目风险的法律实体。项目公司代替项目发起人作为项目的直接主办人。这种做法的好处是将项目风险大部分限制在项目公司，避免把项目债务列入项目发起人的资产负债表中。

3. 贷款银行。贷款银行、非银行金融机构、国际金融组织和政府的出口信贷机构都可以作为项目融资的债务资金的提供者。

4. 项目管理公司。为了建立有效的决策机制，提高项目的运营效率，在生产管理方面，多数项目融资都是由一个具有项目管理所需生产技术能力的主要发起人或者一个独立的项目管理公司负责项目的日常生产和经营管理工作。其他发起人和贷款人则可以参与不同层次的管理委员会或董事会的工作，对项目的重大问题拥有决策权。

5. 承包商。承包商通常通过固定价格的一揽子承包合同负责项目的设计和建设，并对项目的建设工期和质量负责。

6. 供应商。包括项目设备、能源和原材料的供应商。项目设备的供应商通过延期付款、低息优惠出口信贷的安排，构成项目资金的一个重要来源，这种方法在许多国家被采用，目的是鼓励本国设备出口。

7. 产品或服务的购买方或项目设施的使用方。产品或服务的购买方可以在项目融资中发挥重要的作用，它们是构成融资信用保证的关键部分之一。产品或服务的购买方通过与项目公司签订长期购买合同，保证了项目未来的市场需求和现金流量，为贷款银行提供了重要的信用保证。

8. 东道国政府。在微观方面，东道国政府可以为项目提供土地、长期稳定的能源和原材料，以及某种形式的特许经营权，以减少项目在建设期和经营期的风险；东道国政府部门还可以为项目提供某种形式的贷款或贷款担保，以促成项目的完成。在宏观方面，东道国政府可以为项目建设提供良好的投资环境，例如批准特殊的外汇政策和税收政策等。

9. 担保人。为拥有和经营项目而建立的项目公司由于资本不足、历史太短，不能以自身信用举债。在很多情况下，贷款银行会要求它提供来自项目公司之外的担保作为附加的债权保证。

6.1.3 项目公司的组织形式

项目公司的组织形式包括合资型、合伙型、合作型和信托型结构。其中，合资型、合伙型、合作型在项目融资中运用最为普遍。

1. 合资型结构。合资型结构也称公司型结构。在合资型结构下，项目公司是与项目发起人完全分离的独立法律实体，依法拥有项目资产并对外承担债务责任，而项目发起人作为项目公司的股东，通过选举方式任命董事会成员，对项目公司的日常运营进行管理。

合资型结构有以下优点：(1) 项目发起人的责任以其在项目公司中认购的股本资金为限，可以有效地控制风险；(2) 合资型结构有利于贷款银行取得项目资产的抵押权和担保权，同时也便于对项目现金流量进行控制；(3) 合资型结构易于被资本市场接受，条件许可时采用此结构的项目公司可以直接进入资本市场通过发行债券和股票的方式筹集资金；(4) 股东之间的关系清晰，不存在任何的信托、担保和连带责任，同时股权转让也比较容易；(5) 如果没有任何一个发起人拥有超过50%的股份，项目公司的债务就不会反映在发起人的资产负债表上。

2. 合伙型结构。合伙是两个或两个以上的合伙人以获取利润为目的共同从事某项商业活动而建立起来的一种法律关系。采用此结构的项目公司不是一个独立的法律实体，合伙人可以是自然人也可以是法人。采用合伙型结构的项目公司是通过合伙人之间的合伙协议而建立起来的共同出资、合伙经营、共享收益、共担风险的营利性组织。

与合资型结构相比，合伙型结构有以下特点：(1) 合资型结构下资产由公司而不是其股东所拥有，而合伙型结构下资产由合伙人共同拥有；(2) 合资型结构下债务由公司承担，而合伙人对合伙型结构中的债务承担个人责任；(3) 合资型结构下股东很少能代表公司去行使公司权利，而合伙型结构下每一个合伙人都可以以所有合伙人的名义去行使权利；(4) 合资型结构下管理是公司董事会的责任，而在合伙型结构中（有限合伙除外），每一个合伙人都有权参与公司的经营管理；(5) 合资型结构中的股份转让外，除有专门的规定外，不需要得到其他股东的同意，而合伙型结构中法律权益的转让必须得到其他合伙人的同意。

合伙型结构的主要优点在于税务安排的灵活性。与合资型结构的项目公司不同，合伙型结构的项目公司本身不是纳税主体，合伙人以自己的名义拥有资产并参与交易；合伙型结构的项目公司在一个财政年度内的净收入和亏损全部按投资比例直接转移给合伙人，合伙人可以立即享受折旧减免、投资抵税和利息减免等方面的好处。

3. 合作型结构。合作型结构又称契约型结构，是一种相对松散的组织结构，参与各方为了从同一个项目中分别获得各自的利益临时走到一起，共同开发这个项目。合作型结构有以下特点：(1) 合作型结构是通过发起人之间的合作协议而建立起来的合作关系，合作协议中规定每一个合作人从合作项目中将获得相应份额的产品，而不是相应份额的利润；(2) 合作型结构中的每一个发起人都有权独立做出关于投资比例、原材料供应、产品处置等的重大商业决策，对其他发起人的债务或民事责任不负任何连带责任，没有一个发起人可以作为其他发起人的代理人；(3) 合作型结构的最高决策机构是由发起人代表组成的项目管理委员会，由项目管理委员会负责问题的重大决策，项目的日常经营由项目管理委员会指定的项目经理负责；(4) 项目经理可以由一个发起人担任，也可以由合资或独立的项目管理公司担任；(5) 有关项目管理委员会的组成、决策方式和程序，以及项目经理的任命、责任、权利和义务，需要通过合作协议或单独的管理协议来明确规定。

合作型结构有以下优点：(1) 除了特殊情况，发起人在合作型结构中所承担的责任将被限制在发起人相应的投资比例之内，发起人之间没有任何连带责任；(2) 税务安排灵活，发起人之间没有共同的税务责任；(3) 发起人具有融资安排的灵活性，可以根据自身的发展战略和财务状况来安排项目的融资。

6.2 项目融资模式

项目公司通常使用的融资模式包括：以担保合同为依据的融资、以产品偿还的融资、以 BOT 方式融资。

6.2.1 以担保合同为依据的融资

在以担保合同为依据的融资中，贷款人以信誉良好的一方在担保合同中做出的关于使用项目设施或购买项目产品的承诺作为项目贷款的依据。在大多数情况下，项目公司股本资金由项目发起人提供，债务资金由贷款银团在担保合同的基础上提供。在项目融资中，项目发起人的完工担保，加上为项目提供的合同信贷担保，构成项目信用保证结构的主要组成部分。

6.2.2 以产品偿还的融资

以产品偿还的融资是一种特殊的融资方式，它是针对项目贷款的偿还基础和方式而言的，即借款人在项目投产后不是以项目产品的销售收入来偿还债务，而是直接以项目产品来还本付息。借款人在清偿债务时把贷款人的贷款看作这些产品销售收入折现后的净值。

6.2.3 以 BOT 方式融资

一、BOT 方式

“BOT”是 build-own-transfer（建设-拥有-转让）和 build-operate-transfer（建设-经营-转让）的简称，指基础设施建设的一种特许经营方式。现在人们通常所说的 BOT 主要是指后一种形式，即建设-经营-转让。它的含义是：一个建设项目的发起人（通常为非国有部门）通过特许权合同从委托人（通常为政府）手中获得特许权；在成为特许权所有者之后，着手进行这个项目的投资、建设和经营，并在政府特许期内拥有该项目资产的使用权和经营权；特许权期满后，将项目资产全部移交给委托人。BOT 项目的特许期一般为 10～35 年。

通常所说的 BOT 方式还包括以下两种具体的建设方式：(1) BOOT (build-own-operate-transfer)，即建设-拥有-经营-转让。BOOT 和 BOT 的区别主要有两点：一是所有权的区别。BOT 方式在项目建成后，项目公司只拥有项目的经营权；而 BOOT 方式在项目建成后，项目公司在规定期限内既拥有项目的经营权，又拥有所有权。二是时间上的区别。采用 BOOT 方式时，从项目建成到移交给政府这一段时间比 BOT 方式长一些。（2）BOO（build-own-operate），即建设-拥有-经营。这种方式是指项目公司根据政府授予的特许权，建设并经营某个基础设施，但是并不将基础设施移交给政府公共部门。并不是所有项目都适合运用 BOT 方式。具体来讲，只有那些能通过对用户收费取得收益的设施和服务才适合 BOT 方式。这些基础设施项目尽管建设周期比较长、投资量大，但收益较稳定，受市场变化影响小，因此经营风险较低，对私人投资者具有一定的吸引力。

发起人组建的项目公司是 BOT 项目的核心，项目公司首先与政府签订特许权合同，获得项目的经营权，然后与项目用户签订产品或服务的购买合同，与银行等金融机构签订信贷合同，与工程公司签订项目承包建设合同，与项目管理公司签订经营合同。由于 BOT 项目的复杂性，上述合同的谈判往往同步进行，但与政府签订的特许权合同是其他合同的基础，其他合同的内容不能与特许权合同相违背。

二、BOT 项目的程序

总体来说，典型的 BOT 项目一般包括下列程序。

1. 选定项目。由于不是所有项目都适合以 BOT 方式进行，因而政府需要首先选择并确定哪些项目可采用 BOT 方式来进行建设，并对项目建设在技术、经济和法律方面的可行性进行研究。

2. 招标准备和资格预审。根据项目的具体情况，政府应准备项目的有关技术参数、项目标书和评标标准等必要文件。然后，政府正式对外宣布，邀请有兴趣的投资者进行招标准备。政府对拟正式投标的公司进行资格预审，决定入选者的名单（一般为三家公司）。

3. 投标和评标。通过资格预审的公司被邀请呈送项目详细方案、标书和标书说明书。政府应成立专门的机构负责评标工作，根据标书的内容和评标的标准，从中选出最优者。

4. 特许权合同的谈判和签署。政府或代表政府的授权机构与中标的私营部门签订特许权合同，由政府授权其在一定期限内建设和经营该项目，并获得收益，特许权期满后将项目资产无条件交回给政府。特许权合同是 BOT 项目中最重要的环节，政府和私营部门的权利和义务都要在合同中明确规定，包括项目建设、筹资方案、收费标准、风险分担、特许权期限等一系列内容。

5. 融资合同的谈判和签署。融资合同是获得特许权的项目公司和金融机构之间签订的贷款协议。

6. 项目建设。项目公司与承建公司签订承建合同进行项目建设，并得到设备供应商所在国的进出口银行的信贷支持。

7. 项目运营。项目公司可以自己运营和管理已建成的项目，也可与项目管理公司签订项目经营协议，将项目的运营承包或委托给专门的项目管理公司。

8. 项目移交。特许权期满后，项目公司要按原特许权协议中规定的项目质量标准，将项目资产及其使用权、经营权移交给政府。

三、BOT 方式的优缺点

BOT 方式具有以下优点：第一，减轻基础设施项目建设资金短缺压力。第二，由于 BOT 项目的融资责任全部转移给项目发起人，是减少政府债务特别是外债的一种良好方式。第三，能使政府及国有公共部门将项目建设风险和部分运营风险转移给项目承建商和运营者。但同时 BOT 方式也存在以下缺点：第一，项目的前期准备工作比较复杂，涉及项目融资多方参与者。第二，尽管政府拥有项目的宏观管理、调控等权力，但需在特许期内放弃项目的使用权和经营管理权。

6.3 项目融资的资金来源

项目融资中，资金的来源主要包括权益资本和债务资本两大类。

6.3.1 权益资本

项目最初的权益投资人是项目发起人或其他感兴趣的主动投资者，包括建筑商、设备供应商、产品购买商、政府、企业等。如果需要，权益投资人可以增加一些被动投资人，如机构投资者（养老基金、保险公司和互助基金等）和资金市场上的普通公众。投资机构和个人投资者作为被动投资者，不参加项目的开发、管理和运营，他们的投资只用来增加项目所需的权益资本。

过去 30 年，拉美各国养老金体制经过结构性改革，大部分由现收现付制向基金积累制转变，积累了规模庞大的养老金资产，并增加了对基础设施项目的投资，主要是因为：（1）基础设施投资具有长期性的特点，其未来现金流相对稳定并且有较强的可预测性；（2）基础设施投资具有良好的风险回报率；（3）基础设施与资本市场相关性较低，可以分散投资组合。同时，养老基金拥有具备专业知识的管理队伍，精通基础设施建设。因此，向养老基金这样的私人部门融资有助于提高 PPP 项目的透明度，进而有助于提高基础设施建设的质量，养老金也成为项目融资重要的权益资本来源。

权益资本有三个主要来源：一是股本资金；二是准股本资金；三是发行股票。此外，还包括接受的捐赠。

1. 股本资金。根据财务制度，投资者缴付的股本资金对于项目公司而言具有权益资本的全部特性：如期如数缴清，代表产权，营运期间不得退出。

2. 准股本资金。准股本资金是指项目投资者或者与项目利益有关的第三方所提供的一种从属性债务，它的特点是：第一，债务本金的偿还具有灵活性，不要求在某一特定时间内必须偿还；第二，在资金偿还（及回报）的优先序列中，低于其他债务资本，但高于股本资金；第三，如果公司破产清算，在偿还所有其他债务之前，从属性债务不能被清偿。项目融资中最常见的准股本资金有三种形式：无担保贷款（又称股东贷款）、可转换债券和零息债券（zero coupon bond）。

无担保贷款在形式上与商业贷款相似，利息等于或稍高于商业贷款，且不需要任何项目资产作抵押或担保。无担保贷款通常由项目出资人提供，又称股东贷款，可以增强项目主要贷款人的信心。

可转换债券在其有效期内只需支付利息，但是债券持有人有权选择将债券按发行时规定的价格转换成公司的普通股。如果债券持有人放弃这一选择，项目公司需要在债券到期日兑付本金。它对购买者的吸引力在于：公司未来的股票价格可能会高于目前的转换价格，从而使债券持有人获得资本增值。

零息债券计算利息，但不支付利息。发行债券时，根据债券面值、贴现率（即利率）和到期日计算其发行价，债券持有人按发行价格认购债券，零息债券持有人的收益来自债券购买价格和面值的差价，而不是利息收入。零息债券在项目融资中得到普遍应用，主要原因是其具有一定的债务资本的特点（如每年的名义利息可以获得税务扣除），同时又不需要实际支付利息，可以减轻项目现金流的压力。

3. 发行股票。在国外有过这样的先例，就是在安排项目融资的同时，直接安排项目公司上市，通过发行项目公司股票来筹集项目的权益资本（如英法海底隧道、欧洲迪士尼乐园等）。1996 年 8 月，国务院发布的《关于固定资产投资项目试行资本金制度的通知》指出，对某些投资回报率稳定、收益可靠的基础设施、基础产业投资项目，以及经济效益好的竞争性投资项目，经国务院批准，可以试行通过发行可转换债券或组建股份制公司发行股票方式筹措资本金。2019 年 11 月，国务院发布《关于加强固定资产投资项目资本金管理的通知》。一方面，鼓励依法依规筹措重大投资项目资本金。（1）对基础设施领域和国家鼓励发展的行业，鼓励项目法人和项目投资方通过发行权益型、股权类金融工具，多渠道规范筹措投资项目资本金。（2）通过发行金融工具等方式筹措的各类资金，按照国家统一的会计制度应当分类为权益工具的，可以认定为投资项目资本金，但不得超过资本金总额的 50%。（3）地方各级政府及其有关部门可统筹使用本级预算资金、上级补助资金等各类财政资金筹集项目资本金，可按有关规定将政府专项债券作为符合条件的重大项目资本金。另一方面，严格规范管理，加强风险防范。项目借贷资金和不符合国家规定的股东借款、“名股实债”等资金，不得作为投资项目资本金。筹措投资项目资本金，不得违规增加地方政府隐性债务，不得违反国家关于国有企业资产负债率相关要求。不得拖欠工程款。

6.3.2 债务资本

我国资本市场直接融资规模虽然明显扩大，但总体上依然属于通过银行体系获得债务资本的以间接融资为主的融资模式。

1. 商业银行贷款。商业银行是传统的债务资金来源，有时也是中间资金来源。商业银行的行为在于赚取存贷利差，而不是获得资本收益，因此商业银行一般不进行股本投资，只强调贷款的安全回收。BOT 基础设施项目一般需要长期借款，商业银行贷款是不合适的。因此，BOT 项目发起人寻求其他资金作为项目的长期资金来源，而使用商业银行贷款作为流动资金和建设资金的来源。

商业银行贷款的特点是比较灵活，在信贷结构安排上更容易满足借款者的需求。

有些投资项目所需资金额较大，常采用银团贷款方式融资。银团贷款又称辛迪加贷款，它是指由一家或几家银行牵头，多家商业银行参加，共同向某一项目提供长期、高额贷款。2022年，全球市场银团贷款规模为4.7万亿美元，同比下降16%，主要是受到美联储加息带来全球市场基准利率快速上升、俄乌冲突及一系列地缘政治风险上升的影响。其中，用于收购、过桥融资的银团贷款规模缩小幅度较大，与绿色和可持续发展挂钩的银团贷款降幅较小。[①] 在投向结构方面，我国银团贷款投向领域较为单一，大多与基础设施建设、房地产相关，如高速公路建设、水利工程建设、城市更新等，而国际银团贷款更多地投向金融、消费品、医疗健康、通信等行业。

2. 债券融资。债券是债务人对其借款还本付息义务所开具的凭证，分为政府债券（国库券）、地方债券、金融债券、公司（企业）债券等。对于项目的筹资有直接意义的是公司（企业）债券。

企业以自身的信用条件为基础，通过发行债券筹集资金用于项目投资，就是企业债券融资。企业债券融资和股票融资一样，都属于直接融资形式。

债券融资可以从资金市场直接获得资金，资金成本（利率）一般低于同等级信用级别的银行贷款。由于有较为严格的证券监管，只有实力很强的企业才有资格进行企业债券融资。

3. 信托公司贷款。截至2023年一季度末，我国共有信托公司67家（新华信托于2023年5月被裁定宣告破产），信托资产规模合计约21.1万亿元。[②] 信托投资公司的六项主要业务中，与融资有关的是信托贷款、信托投资、租赁这三项。

信托贷款可分为两类。一类是委托贷款（又称特定资金信托贷款），它是信托公司根据委托单位指定的借款人和资金用途，将委托单位的资金在额度内发放，并负责监督使用和到期收回本息的贷款。委托贷款须由出资单位、信托公司、借款单位三方签订合同。另一类是信托放款，它是信托公司以自有资金和筹集的资金选择用款单位，自担贷款风险的一种贷款方式。

4. 租赁融资。资本货物的出租人在一定期限内将财产租给承租人使用，由承租人分期支付一定的租赁费，这种融物与融资相结合的筹资方式就是租赁融资。租赁融资的种类较多，国内开展的主要有以下几种。

（1）融资租赁（金融租赁、财务租赁）。承租人选定设备，由出租人购置后租给承租人使用，承租人提取设备折旧并以税后利润交付租金，租赁期满，设备归承租人所有，这就是融资租赁。对于项目融资来说，融资租赁方式比通过长期贷款购买设备所需的初始资金要少得多。融资租赁是项目融资的主要租赁形式。

（2）经营租赁（使用租赁）。经营租赁的程序为：承租人向出租人租用设备，出租人提取设备折旧，承租人所付租金计入财务费用（计入成本），租赁期内和期

---

① 彭博咨询.

② 中国信托业协会.

满之后，设备都归出租人所有。这种方式适用于通用性较强、承租人不需长期使用的设备，如运输工具、电脑等。

（3）售后回租。售后回租有两种方式：一种方式是，承租人首先借入资金买来设备，然后将该设备转卖给租赁公司以归还贷款，最后再从租赁公司租入该设备以供使用。另一种方式是，承租人将原有的设备甚至生产线、厂房卖给租赁公司，同时向租赁公司租用同一资产，这样在不影响原资产使用的情况下，又有一笔现金可以进行新的项目投资。

5. 出口信贷。出口国为了推动本国大型设备的出口贸易，在政府的支持下，由商业银行或专业银行向本国出口商或外国进口商、进口国银行提供期限较长、金额较大的优惠性贷款，这就是国际贸易的中长期出口信贷。出口信贷有以下三种主要形式：

（1）卖方信贷。卖方信贷是由出口国银行提供给本国出口商的。

（2）买方信贷。买方信贷是由出口国银行提供给我国外贸公司或银行的，国内项目用这笔借款向国外出口商现汇支付货款。

（3）混合贷款。混合贷款是出口信贷、商业银行贷款以及出口国政府的援助和捐赠相结合的贷款。

6. 外国政府和国际金融组织贷款。

（1）外国政府贷款。政府贷款是政府间利用国库资金提供的长期低息优惠贷款，具有援助性质。政府贷款一般规定用于基础设施建设，且有一定的附加条件。截至 2022 年 12 月 31 日，我国利用国际金融组织（包括世界银行、亚洲开发银行、国际农业发展基金、欧洲投资银行、新开发银行、亚洲基础设施投资银行、欧佩克国际发展基金、北欧投资银行）和外国政府贷款累计承诺额约 1 803.33 亿美元，累计提款额约 1 478.07 亿美元，累计归还贷款本金约 942.31 亿美元，债务余额（已提取未归还贷款额）约 535.72 亿美元。贷款用于支持我国 3 865 个项目，涉及疫情防控、大气污染防治、节能环保、应对气候变化、绿色发展、乡村振兴、交通、城建、教育、医疗卫生、灾后重建、智慧农业等领域。①

（2）国际金融组织贷款。各国际金融组织均发放贷款，下面主要介绍两种。

1）世界银行贷款。世界银行集团共有五个经济单位，其中与资金筹措有关的是以下三个单位。

- 国际复兴开发银行（通称世界银行）。贷款对象是会员国政府、国有企业、私营企业，要有政府担保。

- 国际开发协会。贷款对象是人均收入水平低的发展中国家。其贷款俗称“软贷款”，条件十分优惠。

- 国际金融公司。向会员国特别是发展中国家的私营企业提供资金，形式是贷款或参股，不需要政府担保，每笔金额不超过 400 万美元，贷款期限 5～15 年，采用商业利率。

---

① 财政部官网.

2）亚洲开发银行贷款。亚洲开发银行的贷款方式有硬贷款、软贷款和联合贷款三种。

拓展阅读

一、丝路基金和亚投行投资风格的差异

亚洲基础设施投资银行（简称“亚投行”）和丝路基金是近期由我国主导建立的新型多边金融机构。

亚投行是政府间性质的亚洲区域多边开发机构，重点支持基础设施建设，初期的投资重点主要包括五大方向，即能源、交通、农村发展、城市发展和物流。丝路基金则是由中国外汇储备、中国投资有限责任公司、中国进出口银行、国家开发银行共同出资设立的中长期开发投资基金，重点立足于在“一带一路”倡议进程中寻找投资机会并提供相应的投融资支持。

丝路基金的定位和功能与亚投行类似，两者的主要区别是，丝路基金由中资机构主导，主要采用股权投资，而亚投行是一个多边机构，主要采用债权投资。

丝路基金的首个项目是巴基斯坦卡洛特水电站项目，丝路基金通过投资入股由三峡集团控股的三峡南亚公司为该项目提供融资支持，同时又与中国进出口银行、国家开发银行、国际金融公司组成银团，为该项目提供贷款融资。随后，丝路基金开始尝试跨国股权投资。2015年12月，丝路基金与俄罗斯诺瓦泰克公司完成了亚马尔液化天然气一体化项目9.9%的股权转让交易。

截至2019年末，亚投行董事会累计批准了64个项目总计122.4亿美元的贷款，涉及孟加拉国、印度尼西亚、巴基斯坦和塔吉克斯坦等多个国家的能源、交通和城市发展等领域。其中，巴基斯坦M4高速公路（绍尔果德至哈内瓦尔段）项目于2016年8月正式开工，这是亚投行的首个动工项目，该项目由亚投行、亚洲开发银行联合融资，金额超过2亿美元。

二、京东仓储REIT项目

公募REITs是一种标准化金融产品，它通过证券化方式将具有持续、稳定收益的不动产资产或权益转化为流动性较强的上市证券，由基金管理人等主动管理运营基础设施项目，并将产生的绝大部分收益分配给投资者。公募REITs在证券交易所上市交易，投资门槛低，作为一个兼具股性和债性、具备抗周期波动属性的产品，具有长期收益较好并且分红较为稳定的优势，能够有效分散投资组合的风险。

以京东仓储REIT（508098.SH）为例可以看出，公募REITs是一种能够较好满足投融资双方需求的重要金融工具，可以广泛适用于各类基础设施项目融资。

京东仓储REIT由北京京东世纪贸易有限公司作为原始权益人发起，2022年12月26日正式获得证监会批复，是我国首只由民营企业作为原始权益人的仓储物流公募REIT。京东仓储REIT的三项底层资产分别位于重庆、武汉和廊坊，均为我国重要的物流节点城市，具备良好的区位优势和稳固的经济底盘。各项目当前的租金水平均处于市场化租金合理区间之内，租约期限为5～6年，期限内租金增长率为2%～3%。各项目承租方均为京东物流板块的相关主体，合同期限较市场平均水平更长，且关联方京东物流在项目所在地区用仓需求旺盛，项目资产获得续租的可能性高，稳定性强。同时，关联方京东物流营业收入的持续快速增长也为项目长期稳定的用仓需求提供了坚实支撑。因为京东仓储REIT底层资产较好，外部运营方专业化运营经验充足，它受到了资本市场的认可，发行期间吸引近720亿元资金，超126倍认购，发行价格为3.514元/份，募集份额5亿份，募集规模17.57亿元，存续期限46年。

京东仓储REIT及类似REIT产品的发行，具有如下重要意义：

(1) 为投资者提供多样化选择。从亚太地区的成熟市场经验来看，工业物流仓储REIT被验证是能在长期实现较高回报率水平的优质资产，京东仓储REIT的上市为市场注入高质量的产权类物流资产，丰富了投资者的选择，共享了资产发展收益。

(2) 可以有效盘活原始权益人的大量存量基础设施资源。

(3) 落实"提高直接融资比重，促进多层次资本市场健康发展"的具体举措。2020年8月，中国证监会发布《公开募集基础设施证券投资基金指引（试行）》，标志着中国公募REITs正式拉开帷幕。"十四五"规划明确提出"推动基础设施领域不动产投资信托基金（REITs）健康发展，有效盘活存量资产，形成存量资产和新增投资的良性循环"，标志着基础设施公募REITs已成为国家层面提升投资效率、促进投资合理增长的重要手段。党的十九大和二十大报告多次强调"要深化金融体制改革，增强金融服务实体经济能力，提高直接融资比重，促进多层次资本市场健康发展"，"健全资本市场功能，提高直接融资比重"。

资料来源：嘉实京东仓储基础设施REIT（508098）. 东方财富网.

6.4 项目融资的风险管理

6.4.1 项目融资的风险

项目融资的风险大体上可分为两类：系统性风险和非系统性风险。

一、系统性风险

通常，我们把对市场上所有项目都产生影响、由某个共同因素引起、项目公司无法通过自身行为控制和规避的风险称为系统性风险。系统性风险包括政治风险、获准风险、法律风险、违约风险和金融风险等。

1. 政治风险。政治风险是指东道国政局的变化导致项目投资环境发生变化，进而给外国投资者的投资活动造成损失的可能性，主要包括：政府干预、制裁、征用、内乱和战争。

2. 获准风险。项目发起人在项目开发和建设之初，必须得到项目东道国政府的授权和许可。获得东道国政府的特许权协议一般要经过复杂的审批程序，花费相当长的时间，如果得不到政府的批准，就会造成代价很高的误工，使整个项目的获利能力大大降低。

3. 法律风险。法律风险是指东道国政府法律的变动给项目带来的风险。这方面的风险包括：合同与其他文件不能生效，保证贷款安全的法律条款不健全，有效解决争端的程序不被遵守或不存在等。

4. 违约风险。违约风险是指项目参与者因故无法履行或拒绝履行合同规定的责任所带来的风险。违约风险有多种表现形式，如在特定的日期前承建商无法完工，项目公司无力偿还债务或拒绝偿还债务，无法按权益分红协议支付红利，项目公司由于不可抗力或其他原因延缓投产计划等。

5. 金融风险。金融风险是指东道国宏观经济环境变化给项目带来的货币兑换和贬值的风险。金融风险主要表现为汇率风险、利率风险和通货膨胀风险。

二、非系统性风险

我们把对市场上个别项目产生影响、由某种特殊因素引起、项目公司可以通过自身行为控制和规避的风险称为非系统性风险。非系统性风险包括完工风险、经营风险和环保风险。

1. 完工风险。完工风险是指项目无法完工、延期完工或完工后无法达到预期运行标准的风险。造成完工风险的原因有很多，如设计错误、成本超支、技术缺陷、承包商能力差、自然灾害、发起人缺乏经验等。

2. 经营风险。经营风险是指在项目经营过程中，由于经营者的疏忽产生重大经营问题，使项目无法按照计划运营，最终影响项目获利能力的风险。由于项目建成后的盈利水平取决于产出水平、经营成本和市场价格这三个要素，因而经营风险主要包括产量风险、管理风险、市场风险和财务风险。

3. 环保风险。近年来，许多国家的政府都制定了严格的环保法律来限制工业污染对环境的破坏。对项目公司来说，满足环保法规的要求可能意味着成本支出的增加。

环保风险对项目自始至终都有影响。在项目的建设阶段，环保风险在于项目的建设是否对项目所在地的环境造成破坏，在项目的经营阶段也存在是否给环境带来危害的问题。

6.4.2 项目风险的管理

风险管理有一个基本原则，即将所有的风险都分配给最合适的风险承担者，这样，既可以达到风险管理的目的，又可以使风险管理的成本支出降到最低。

一、系统性风险的管理

虽然不能完全消除系统性风险对项目的影响，但通过对系统性风险的管理，可以减少它的影响。

1. 政治风险的管理。对政治风险，项目融资的发起人、贷款人和其他参与者可以通过以下两种方法加以规避，从而减少这种风险带来的损失。

(1) 引入多边机构的参与。采用多途径筹集资金，吸引世界银行等国际开发机构以及东道国的企业参与项目，可以增加项目的影响力，增强项目发起人的投资信心。除了引进多边机构，境外参与者的另一种保护机制来源于当地的项目参与者，因为它们与东道国政府的关系比境外投资者更密切。

（2）对政治风险进行投保。要用合同安排或贷款协议中的保护条款来对政治风险提供保障几乎是不可能的，为使贷款人不会因政治风险而不敢贷款，许多国家的政府都对政治风险提供担保。

2. 获准风险的管理。项目发起人为了规避获准风险，应当从以下几方面努力：一是项目申请必须符合东道国政府的规范，而不仅仅是国际规范；二是项目选址必须小心谨慎，在环保方面更要反复考虑，不能有任何疏忽；三是项目发起人应该在法律和职业道德允许的范围内和东道国政府建立良好关系；四是项目发起人还必须与项目所在地政府各级部门、企业和居民形成良好关系。

3. 法律风险和违约风险的管理。对项目发起人而言，在项目设计过程中，应该征求当地法律顾问的意见，使项目从一开始就尽量符合东道国的法律要求。

4. 金融风险的管理。对于汇兑风险，得到东道国的中央银行自由兑换硬通货的承诺是最有效的管理办法。

对于汇率变动所带来的风险，处理办法较复杂，除了借助一些金融衍生工具，如外币期货、外币期权、掉期、货币互换等手段，还可以采用一些直接的经营手段来减少损失。

为防范利率风险，可采取利率期货、利率期权和利率互换等保值措施。

二、非系统性风险的管理

1. 完工风险的管理。完工风险是项目建设期的主要风险，主要由承建合同来界定。大多数项目都建立在以固定价格一次结清合同费用的一揽子承包合同的基础之上，项目发起人会尽可能地将完工风险转嫁给承建商。一揽子承包合同中最关键的因素是完工期限。承建商为了拿到项目，会提出明确的完工计划，也会同意对于误工及质量不符合要求的各种赔偿条件。

2. 经营风险的管理。项目经营风险通常由原材料和燃料供应协议、经营和维护协议、产品购买协议及其担保合同来界定。

3. 环保风险的管理。环保风险的直接承担者是项目的经营者，但风险会使项目发起人和贷款人的利益受到影响。项目发起人和贷款人只有在项目进程中事先聘请环境顾问进行实地考察，就项目的环境污染进行及时彻底的评估，才能防患于未然。

拓展阅读

三峡集团对巴基斯坦卡洛特水电站项目的风险管理案例

巴基斯坦卡洛特水电站是“一带一路”和“中巴经济走廊”的首个大型水电项目，2015 年在中巴两国领导人的见证下动土。水电站位于巴基斯坦旁遮普省拉瓦尔品第市吉拉姆河上，装机容量 72 万千瓦，采用 BOOT 方式开发，特许权期限 30 年，总投资约 17.4 亿美元。水电站建成后，每年可提供约 32 亿千瓦时的清洁电能，约占巴基斯坦全国水电发电量的 10%。

从项目规划以来，三峡集团对卡洛特水电站项目进行了积极且有成效的风险管理，可以称作绿地项目风险管理的经典案例。

在政治风险管理方面，2015年三峡南亚公司引进国际金融公司（IFC）和丝路基金参股，通过吸引国际金融公司等国际开发机构，增加了项目的影响力，并且，国际开发机构能够提供丰富的经验和技术，还能提供一定程度的政治保护。通过引入多边机构参与，与各级政府建立良好的关系，三峡集团有效地规避了项目的政治风险。

在法律风险管理方面，修筑大坝涉及当地的森林用地，这与当时的法律条文有冲突，通过与多方的积极沟通，三峡集团促成了旁遮普省修改法律条文，最大限度避免了法律风险对项目的可能影响。

在获准风险管理方面，移民搬迁从2013年底开始，三峡集团除了按照国际规范给予货币补偿，还特别尊重当地传统习俗，协助移民搬迁，3年搬迁工作后，公司与当地居民形成了良好的关系。同时，在项目运营管理方式上，三峡集团坚持适应当地法律法规、风俗民情，并且热心社会公益，积极协助社区发展。通过上述措施，三峡集团有效地避免了项目的获准风险。

在环保风险管理方面，三峡集团投资约1.5亿元制定了环境保护专项规划，其中仅生产废（污）水处理一项，就采用了多项世界一流的环保设备和措施。三峡集团还提前开展生态环境保护的宣传教育，提高施工、管理人员的环保意识。

得益于三峡集团对项目各项风险的全面防范和有效管理，项目进展顺利，2018年9月水电站顺利实现了大江截留，2022年6月四台机组全部投产发电，2023年6月卡洛特水电站安全运行一周年，累计发电量36.4亿千瓦时，可满足当地500余万人的用电需求，相当于节约标准煤约159万吨，减排二氧化碳约398万吨。

资料来源：三峡集团官网.

小结

项目融资的参与者主要包括：项目发起人、项目公司、贷款银行、项目管理公司、承包商、供应商、产品或服务的购买方或项目设施的使用方、东道国政府、担保人。项目公司的组织形式包括合资型、合伙型、合作型和信托型结构，其中，合资型、合伙型、合作型在项目融资中运用最为普遍。项目公司通常使用的融资模式包括：以担保合同为依据的融资、以产品偿还的融资、以BOT方式融资。项目融资风险可分为系统性风险和非系统性风险。系统性风险包括政治风险、获准风险、法律风险、违约风险和金融风险。非系统性风险包括完工风险、经营风险和环保风险。

第6章　即测即评

思考题

1. 项目融资的含义和特点是什么？项目融资可应用于哪些领域？
2. 合资型、合伙型和合作型结构的项目公司的主要区别及优缺点是什么？
3. 项目融资有哪些模式？各有什么特点？
4. 结合BOT方式的优缺点，简述适用BOT方式的项目的特点。
5. 项目融资的资金来源有哪些？各有什么特点？
6. 分析比较准股本资金的三种形式。
7. 简述买方信贷与卖方信贷的异同点。
8. 项目融资有哪些风险？如何规避风险？
9. 通过互联网搜索一个BOT融资的案例，结合案例谈一谈你对BOT融资方式的理解，包括它的含义、参与方、程序、优缺点等。

第 7 章

证券融资

学习目标

- ◆ 了解证券融资的概念和分类
- ◆ 明确股票与债券的分类和特点
- ◆ 把握股票融资、债券融资的基本程序
- ◆ 掌握股票融资和债券融资的方法

7.1 证券融资概述

7.1.1 证券的概念和分类

一、证券的概念

证券是各类财产权或债权凭证的统称，是用来证明证券持有人对财产的所有权和对债务的索取权的凭证。股票、债券、基金、票据、提单、保险单、存款单等都是证券。凡根据一国政府有关法律法规发行的证券都具有法律效力。

证券首先是一种信用凭证或金融工具，它是市场经济和信用经济发展的产物。

二、证券的分类

按照不同的标准，可以对证券进行不同的分类，一般情况下证券分为三大类，即有价证券、货物证券和不动产证券。

有价证券是指具有一定票面金额，代表财产所有权或债权的凭证。有价证券由两部分组成，即货币证券和资本证券，前者包括支票、本票和汇票等，资本证券又可分为股权证券（股票）和债权证券（债券）。本书所讲的证券投融资主要是指股票和债券的融资和投资。

货物证券则是货物提取权的证明，如货运单、提单、栈单等。

不动产证券是证明不动产所有权的证书，如房契、地契等。

7.1.2 股票的概念和分类

一、股票的概念

股票是股份公司的股份资本所有权的证明，是股东据以取得股息收入的有价证券。

股份有两重含义：一是构成股本的成分，并且是股本的最小计量单位；二是股东拥有的权利、义务的来源。

二、股票的分类

股票按不同标准分类如下。

(一) 按股东承担的风险和享有的权益分类

1. 普通股。普通股股东享有以下权利。

(1) 盈余分配权。普通股股利的多少取决于公司盈余状况及分配政策，因而股利波动大，风险也大。

(2) 资产分配权。若公司解散进行清算，普通股股东有权按比例分得公司的剩余财产。

(3) 优先认股权。若公司增发新股，普通股原股东可以按其股份比例优先认购新股。股东也可以放弃该权利，或转让认股权证。认股权证是购买股票的权利凭证，凭认股权证可以低于该股票市场价格的价格购进一定数量的股票。

(4) 投票选举权（参与经营权）。对于公司的重大决策和经营管理，按规定普通股股东每持一股就有一份投票权。这种权利包括在股东大会上选举董事、发表意见、投票表决等，以及对董事提起诉讼。如果股东不能参加股东大会，可以委托代理人行使投票权。从以上普通股股东所享有的权利来看，普通股最大的特点在于它具有较大的风险，正因为如此，普通股的收益相对来说较高，流动性（变现性）较好。普通股持有者不仅可以分得公司红利，还可以利用股票价格的波动获得买卖差价的收益。

2. 优先股。优先股指在公司剩余资产分配、利润分配方面优先于普通股的股份。

(1) 优先股的优先权表现在以下两个方面。

1) 获取股息优先。公司分配盈利的顺序，首先是优先股，然后才是普通股。此外，优先股的股息率是预先确定的，不随公司盈利状况的变动而改变，即使普通股的股利减少甚至没有股利，优先股也不会受损。但倘若股东大会决议当年不分配股息，优先股也同样无所得。

2) 分配剩余资产优先。当公司破产清算时，优先股有先于普通股参加公司剩余财产分配的权利，但其顺序在债权人之后。

优先股的优点是：收益固定，风险低于普通股；与同是固定收益的债券相比，优先股股息率一般高于债券收益率，而且股份可以转让，比较受保守型投资者欢迎。优先股的缺点是：优先股股东一般不能参与公司的经营管理，其投票权受到严格限制，这一点不如普通股；股息固定，不与公司收益挂钩，在公司盈利增长时不能获利，而在公司盈利不足以支付股息时同样得不到收益，这一点又逊于债券。

（2）优先股有多种形式，各有不同的内涵。

1）累积优先股与非累积优先股。累积优先股是指，如果公司当年因为没有盈利而不能派发股息或盈利不足而不能满额分派股息，可以把未派发或未满额分派的股息累积到以后年度补付。非累积优先股则规定以当年公司所得盈余为限派发股息，在遇到上述情况时不能累积，不再补付。

2）参与优先股与非参与优先股。参与优先股又分为两种类型，在分配定额股息后又参与剩余盈余分配的，称为盈余参与优先股；当公司破产清算时，获偿各种定额股本后还可参与剩余财产分配的，称为资产参与优先股。非参与优先股是没有上述参与权的优先股。

3）可转换优先股与不可转换优先股。可转换优先股是指按公司章程规定，能够将一定比例的优先股转换成普通股的优先股。不可转换优先股是指没有这项权利的优先股。

4）向不特定对象发行优先股与向特定对象发行优先股。2023年修订的《优先股试点管理办法》将“公开发行优先股、非公开发行优先股”统一调整为“向不特定对象发行优先股、向特定对象发行优先股”。向不特定对象发行优先股的发行人限于证监会规定的上市公司，向特定对象发行优先股的发行人限于上市公司（含注册地在境内的境外上市公司）和非上市公众公司。优先股的投资对象只限于规定的合格投资者，若上市公司向不特定对象发行优先股，则可以向原股东配售。

5）其他。按照股息利率是否固定分为可调整优先股和不可调整优先股，根据条款设置是否赎回可分为可赎回优先股和不可赎回优先股。

（二）按是否记名分类

1. 记名股票。记名股票指在股票票面和股东名册上登记持有人姓名和住址的股票，在分配股息时，由公司通知股东。记名股票的优点主要表现在：（1）便于股东行使权利；（2）便于公司与股东联系。缺点是股票转让过户手续比较复杂。

2. 无记名股票。无记名股票指认购时不需要在股票票面及股东名册上记载持有人姓名和住址的股票。无记名股票可以自由转让，无须办理过户手续，公司派发股息时，持有人凭股票获取。无记名股票的优点是：（1）公司有事通知股东时，只需发一通知即可；（2）股票转让不需更名过户，手续简单。缺点是不利于召开股东大会做出特别决议，难以防止投机股份操纵等。

《中华人民共和国公司法》第五十六条规定：有限责任公司应当置备股东名册，记载下列事项：（1）股东的姓名或者名称及住所；（2）股东认缴和实缴的出资额、出资方式和出资日期；（3）出资证明书编号；（4）取得和丧失股东资格的日期。记载于股东名册的股东，可以依股东名册主张行使股东权利。

（三）按有无票面金额分类

1. 有票面金额股票。有票面金额股票指在股票票面上载明一定金额股权的股票。有票面金额股票的特点是，明确每一股份对公司所有权的大小，股票面额为公司资本的基本单位，是股东基础出资额。

2. 无票面金额股票。无票面金额股票指股票票面上不载明金额，只注明它是股本总额若干分之一的股票。无票面金额股票虽然无面额，但每股发行价格仍需固定。这种股票与有票面金额股票在权利方面并无差别，只是其价值随公司财产的增减而增减。无票面金额股票的优点是：即使股票价格低，也可以增资；容易分股，故资金能力低的个人投资者易于购买；有助于改变按面值平均发行的观念，树立时价发行的观念。

（四）按有无表决权分类

按有无表决权，分为有表决权股和无表决权股。一般而言，普通股是有表决权股，优先股是无表决权股。但是，《优先股试点管理办法》第十条规定，出现以下情况之一的，公司召开股东大会会议应通知优先股股东，并遵循《公司法》及公司章程通知普通股股东的规定程序。优先股股东有权出席股东大会会议，就以下事项与普通股股东分类表决，其所持每一优先股有一表决权，但公司持有的本公司优先股没有表决权：（1）修改公司章程中与优先股相关的内容；（2）一次或累计减少公司注册资本超过10%；（3）公司合并、分立、解散或变更公司形式；（4）发行优先股；（5）公司章程规定的其他情形。上述事项的决议，除须经出席会议的普通股股东（含表决权恢复的优先股股东）所持表决权的三分之二以上通过之外，还须经出席会议的优先股股东（不含表决权恢复的优先股股东）所持表决权的三分之二以上通过。

此外还有特殊表决权股和特殊无表决权股。特殊表决权股是指股份公司对特定股东的股份给予多数表决权，但无任何优先利益的股票。其发行目的在于使少数股东能控制公司，并控制大多数持有无表决权股票的小股东，同时还可以限制外国持有人对本国产业的支配权。

（五）按股票的收益与风险特征分类

按股票的收益与风险特征，可以大致分为蓝筹股、成长股、高息股、周期股。需要注意的是，这种归类具有一定的阶段性和局限性。随着核心业务进入不同发展阶段以及多元化扩张，许多公司股票的收益与风险特征会逐渐变化。

1. 蓝筹股。蓝筹股通常指在某一行业中处于领先的竞争地位、经营业绩优良且持续稳定、市场交投活跃、股息较优厚的公司的股票。蓝筹股习惯上又称为绩优股，但蓝筹股并不等于具有很高投资价值的股票。

2. 成长股。成长股通常指销售收入和经营利润的增速超过所在行业平均水平的公司的股票。成长型公司一般股息分红较低，主要将经营盈余再投到公司运营中以实现持续成长，多数新兴产业企业和高科技公司属于这个类别。

3. 高息股。高息股通常是指股息分红稳定并逐步增长的公司的股票。一般来讲，这类公司由于业务成长性下降，将经营盈余的主要部分用于股息分红。

4. 周期股。周期股通常是指销售收入和营业利润的变化与经济周期的演进具有较强相关性的公司的股票。比较典型的强周期性行业有大宗原材料生产、工程机械制造、船舶制造、航运、地产、建材等。

拓展阅读

一、上交所和联交所对“同股不同权”的实践

2018年4月，中国香港联交所发布了主板上市规则第119次修订，“容许拥有不同投票权架构的公司上市”，并且为加强信息披露，在股份名称的结尾加上股份标记“W”。2018年7月，小米集团成为上市规则修订后首家“同股不同权”的上市公司。小米集团实行A/B股不同投票权架构（A股投票权为10票，而B股投票权为1票），雷军持有43亿A类股和27亿B类股（包括受委托），持股比例约31%，但投票权比例约为55%；林斌持有24亿A类股和4亿B类股，持股比例约13%，但投票权比例接近30%。通过A/B股的架构，创始人雷军和林斌的合计投票权比例约为85%，可以决定公司的重大事项。

相比于全球其他证券交易所，港交所对“同股不同权”的公司在包括市值门槛、日落条款、企业管治及披露等方面，设置了更加严格的监管要求，比如市值门槛方面，上市时市值至少400亿港元，或上市时至少100亿港元且最近一个会计年度经审计收入至少10亿港元。上述高要求体现了港交所尽量平衡“投资者保障和发行人利益”的思路，既为不同风险偏好的投资者提供了更多灵活的投资机会，也能让创新型公司的创始人在确保控制权的基础上进行直接融资。“同股不同权”上市制度的改革，强化了香港资本市场的科技属性和资产供给能力。截至2023年5月，已经有超过20家采用“同股不同权”架构的创新型公司在港交所主板挂牌交易，市值约5万亿港元。

2019年1月30日，上交所发布了《上海证券交易所科创板股票上市规则（征求意见稿）》（以下简称《上市规则》），2019年4月30日正式发布。它允许具有表决权差异安排的企业在科创板上市，这是A股对“特殊表决权股票”的首次实践。其中，《上市规则》的第四章“内部治理”第五节“表决权差异安排”对此进行了具体规范，主要包括：一是设置更为严格的前提条件；二是限制拥有特别表决权的主体资格和后续变动；三是保障普通投票权股东的合法权利；四是强化内外部监督机制。

资料来源：上交所官网，联交所官网，小米集团招股说明书.

二、国内优先股市场的现状

十八大以来，国内优先股市场发展加快，立法、规章制度、配套措施逐步落实推进，反映了我国多层次资本市场体系的日益完善。2013—2015年，国务院、证监会等颁布了优先股相关的法律依据和配套措施，境内优先股的政策框架搭建完毕，2021年6月，《优先股试点管理办法》完成修订，2023年2月，证监会根据《证券法》并结合全面实行注册制要求，对《优先股试点管理办法》的相关表述再次进行了修订调整，进一步完善了优先股的法律依据。

优先股作为具有股债结合特性的直接融资工具，为发行人拓宽融资渠道的同时亦满足了优化财务结构、推动兼并重组的需求，商业银行发行优先股可补充其他一级资本以满足日趋严格的资本监管要求，优先股灵活条款的设置也为投资者提供了多元化的融资渠道。

截至2023年4月，挂牌的优先股存量规模（即募集资金净额，不含已退市）为

8 519 亿元，其中沪深证券交易所市场为 8 511.6 亿元，新三板市场为 7.5 亿元。从存量优先股的行业分布来看，沪深证券交易所市场优先股发行人分布于 6 个 Wind 二级行业，行业分布较为集中，以银行为主，银行发行的优先股占比达 98%。

资料来源：光大证券.

7.1.3 债券的概念和分类

一、债券的概念

债券是政府、企业为向社会融资而发行的一种固定收益的有价证券。债券发行日起到约定的偿还日止这段时间叫作期限；债券到期时发行人应向持有人偿还的金额叫作本金；每张债券所含的本金数额叫作这张债券的面值；债券发行人为向债券持有人借入资金而付给后者的报酬叫作债券的利息；每年债券利息的数额通常用本金的一定百分比来表示，这个百分比叫作债券的利率。

二、债券的分类

债券的分类是一项复杂的工作，根据不同的标准，可以建立不同的债券类别体系。

（一）按发行主体分类

债券根据筹资人不同可分为政府公债、地方债券、金融债券、公司债券、国际债券等。

1. 政府公债。政府公债是由国家中央政府发行的债券。政府公债发行的目的在于弥补国家预算赤字、建设大型工程、归还国债本息等。

2. 地方债券。地方债券是由省、市、县、镇等地方政府机构发行的债券。

3. 金融债券。金融债券是由银行等金融机构发行的债券。

4. 公司债券。公司债券是由非金融企业发行的债券，与政府公债相比，违约风险更大，因此债券的收益率较高。

5. 国际债券。国际债券是可以在国际金融市场上发行和交易的债券。各主权国家政府、信誉良好的大公司以及世界银行等国际机构，都可以成为国际债券的发行人。国际债券包括外国债券和欧洲债券。

（1）外国债券。外国债券是指由国外筹资人发行的，以发行所在国货币标值并还本付息的债券。发行外国债券的优点是可筹措到期限较长并且能够自由运用的外汇资金；缺点是要受到政府的严密监督和控制，发行时既受本国外汇管理法的约束，又受发行所在国有关法律的制约。

（2）欧洲债券。欧洲债券是指在国际市场上发行的，不以发行所在国货币而以另一种可自由兑换的货币标值并还本付息的债券。欧洲债券一般不记名，不必在任何国内资本市场上注册或销售，因而不像外国债券那样受发行所在国法规的限制。

（二）按期限分类

债券根据其偿还期限的长短，分为短期债券（到期期限在 1 年以下）、中期债券（到期期限在1年以上10年以下）和长期债券（到期期限在10年以上）。

（三）按利息的支付方式分类

1. 附息票债券，即分期付息的中长期债券。在债券上附有各期息票，息票到期时，从债券上剪下来凭以领取本期的利息。债券发行人往往于息票到期前将息款存入银行，委托银行代为兑付。在息票到期前，持票人不能要求兑付。息票本身也可以作为有价证券进行买卖。长期政府公债及公司债券大多为附息票债券。

2. 贴现债券，又称为零息债券，本质上等同于预付利息的债券。发行人按低于债券面额的价格发行，到期时按债券面额兑付而不另付利息。债券发行价格与其面额之差即为利息。短期国库券的发行通常采用贴现方式，零息债券是一种长期贴现债券。

（四）按本金的偿还方式分类

1. 偿债基金债券。这种债券的发行人根据债券契约的要求，从每年的盈余中按发行总额提存一定数额的偿债基金，以满足债券还本付息的需要。

2. 分期偿还债券。这种债券发行后，每隔半年（或一年）偿还一批，以减轻集中一次偿还的负担。这种债券还本的期限越长，利率越高，以示公平。

3. 通知偿还债券（或可提前偿还债券）。这是指发行人于债券到期前可随时通知债权人予以提前还本的债券。这种债券大多附有提前兑回条款，使发行人可以在市场利率下降前提前兑回债券，避免高额利息损失。发行人往往发行新的低利率债券以换回以前的高利率债券，而很少用现金偿还投资人。由于提前偿还对投资人不利，因而债券发行人的兑回价格通常高于票面价值。

4. 延期偿还债券。这种债券可以是发行人有权延长原规定支付日期的债券，也可以是投资人有权要求发行人给予延期兑付的债券。为助力企业改善资本结构，推动实体经济高质量发展，我国推出了可续期公司债券这一债券创新品种。可续期公司债券就是一种延期偿还债券，是指发行人依照法定程序发行，附可续期选择权的公司债券，发行人发行可续期公司债券并在交易所上市或挂牌转让还应当符合以下条件：（1）发行人主体评级和债项评级均达到AA＋及以上；（2）中国证监会和上海证券交易所规定的其他条件。

5. 永久债券，亦称利息债券。这是由政府发行的、不规定还本日期、仅按期支付利息的公债。

6. 可转换债券。可转换债券是指可以兑换成股票或其他债券的债券。这种债券具有两重性，既是固定利率债券，又可以转换成股票。因此，可转换债券的票面固定收益率一般较低，这是为它具有可以转换成股票的隐含权利所付出的代价。

（五）按有无担保分类

1. 信用债券，亦称无担保债券，是指仅凭债券筹资人的信用而发行的没有抵押品作担保的债券。政府公债、地方债券、金融债券等都属此类债券。一些信用良好的公司也可发行信用债券。

2. 担保债券，是指以抵押财产作为担保而发行的债券，例如抵押债券、抵押信托、保证债券等。

(六) 按是否记名分类

根据是否记名分为记名债券、无记名债券（也叫流通债券）、记名息票债券等。

此外，还有按投资人利益、按募集方式等分类的各种债券，在此不一一列举了。

7.1.4 证券融资

第 5 章指出，融资分为直接融资和间接融资。直接融资是指融资者以有价证券为载体，通过证券市场直接向资本的最初所有者筹集资金的经济活动，直接融资也称为证券融资。直接融资的主要形式有股票、债券、商业票据、预付和赊购等，其中股票融资和债券融资是最主要的形式。

证券市场的主体主要有证券融资主体、证券投资主体和证券经营主体。证券融资主体又叫证券发行主体，是指那些依法公开发行证券，并通过市场供给证券而筹措所需资金的市场参与者。证券投资主体是指那些通过购置证券实现投资目标的个人或机构。证券经营主体是指为证券流通（撮合证券供给与需求双方的运动）提供媒介服务的法人机构和特许业务人员。

7.2 股票融资

7.2.1 股票融资概述

股票融资是指证券（股票）融资主体以证券市场为媒介，通过发行股票融通资金并形成资本的过程。这种过程可以分为下列阶段。

1. 融资阶段。股票融资主体向证券发行市场供给股票，股票投资主体从证券市场上购买股票并支付货币。这一阶段是资金需求方融通资金的过程，同时也是资金供给方从事金融性投资的过程，是同一过程的两个方面。

2. 购买阶段。购买阶段又分为几个小阶段：首先是股票融资主体将通过股票融通的资金投向生产要素市场，购买生产要素和劳动力，为实物性投资作准备的阶段；然后进入生产阶段，这是创造利润、货币增值的阶段；最后是售卖阶段，项目产品进入产品市场，融资主体收回投资并获得利润。

3. 分配阶段。项目产品经过销售转化为货币（增值），扣除成本费用和有关税收，按有关分配政策如股利支付政策形成税后利润。一般而言，股票投资人的投资回报率大小，取决于税后利润总额和股利分配政策。

根据上述股票融通资金的过程，通常把与股票相对应的真实资本的运动称为股票资金的第一重运动，其运行机制可概括为“货币投入（购买阶段）⟶实物投资如项目开发（生产阶段）⟶货币增值（售卖阶段）⟶利润分配（分配阶段）”的反复周转。而股票作为所有权证书的运动是股票资金的第二重运动，其运行机制可概括为“发行股票（融资阶段）⟶股票流通（转让阶段）”的反复周转。实际上，股票资金的第二重运动就是股票所代表的财产所有权的相对独立的运动过程。

7.2.2 股票的发行

一、股票发行概述

股票发行是指股份有限公司向社会公开发售股票，以筹集资金的活动。

（一）股票发行的种类

1. 首次发行新股票。根据《公司法》第九十一条的规定，设立股份有限公司，可以采取发起设立或者募集设立的方式。发起设立，是指由发起人认购设立公司时应发行的全部股份而设立公司。募集设立，是指由发起人认购设立公司时应发行股份的一部分，其余股份向特定对象募集或者向社会公开募集而设立公司。

2. 增资发行。随着股份公司业务的扩展，为增加资本而再度发行股票称为增资发行。增资发行一般有以下两种情况。

（1）有偿增资发行。投资人必须支付相应的资金才能取得股票，包括原股东配售、向第三者配售或向社会扩股。

（2）无偿增资发行。发行对象是原股东，用来代替股票分红，即股票股利。拆股也属于增资发行，只是股票总值未变，而股份数额增加，每股价值减少。资本公积转增股本，将资本公积转入股本，是所有者权益会计科目的内部调整。

（二）股票发行的方式

1. 股票发行的一般方式有以下几种。

（1）按发行程序划分，有直接发行和间接发行。直接发行由股份公司自行承办；间接发行是委托承销机构发行。

（2）按发行中承担销售风险的主体不同，分为直接募集与间接募集。凡发行者自己承担风险的，称为直接募集；凡由承销商承担风险的，称为间接募集，又称委托募集。

采用何种方式发行股票，与股份公司的设立和募股形式有关。例如，新公司发起设立，不必公开发行股票，也就无须间接发行。但公司经营一段时间后，必须向社会扩散公司股份，就需要间接发行和募股。即通常来说，股票发行方式有如下两类：不公开直接发行、公开间接发行。

2. 承销发行。一般情况下，股票大多通过承销商发行。我国《证券法》第二十六条规定，发行人向不特定对象发行的证券，法律、行政法规规定应当由证券公司承销的，发行人应当同证券公司签订承销协议。证券承销业务采取代销或者包销方式。

（1）代销。股份有限公司或发起人自行承担股票发行的风险，只是将股票公开销售委托给承销商办理。承销商按照发行者委托的价格销售，销售数量视市场需求而定，承销商不承担任何市场风险，只收取手续费和其他有关费用。

（2）包销。承销商先以自己的名义买下发行者的全部股票，再于适当时机将股票全部或部分卖给社会公众。承销商的购价与售价之间有一个差额，从差额中扣除销售费用以后的剩余部分就是利润。在这种方式下，股票销售风险完全由承销商承担，因而发行者往往以较低的价格将股票出售给承销商。

（三）股票发行价格

股票发行价格有平价、溢价、折价和中间价四种。

1. 平价发行，又称等价发行、面额发行，指发行价格与股票面值相等。平价发行不受市价影响，简便易行，但不能根据市场状况调整价格，所以一般在公司首次发行新股时采用。

2. 溢价发行，也称时价发行，指发行价格以当时股票市场上的价格水平为基准加以确定。我国《证券法》第三十二条规定，股票发行采取溢价发行的，其发行价格由发行人与承销的证券公司协商确定。

3. 折价发行，一般是指公司将股票以低于面值的价格承包给承销商，以利于其获得包销利润。我国《公司法》第一百四十八条规定：面额股股票的发行价格可以按票面金额，也可以超过票面金额，但不得低于票面金额。

4. 中间价发行，指股票的发行价格在股票的面额与市场价格之间确定。通常在以现有股东分摊形式发行股票（又称配股）时采用这种方式，且必须经股东大会的特别决议认可。

（四）股票发行程序

股票一般公开发行，由承销机构代理发行，它的基本操作程序如下。

1. 发行前的咨询。公司在发行股票之前，必须就发行股票类型、发行条件、发行价格、发行时间、股票发行市场供需状况等，向委托发行的中介机构征求意见，以便形成一个较实际的初步的股票发行方案。

2. 申请股票发行。股票发行中最关键的环节就是发行的申请，这项工作包括以下几个方面。

（1）对发行公司股票发行资格的确认。证券管理机构首先要确认发行公司的资格。各国有关规定各有不同。按照我国现行股票发行制度规定，证券交易所等可以审核公开发行证券申请，判断发行人是否符合发行条件、信息披露要求，督促发行人完善信息披露内容。具备的发行条件应包括：一是发行人是依法设立且持续经营三年以上的股份有限公司，具备健全且运行良好的组织机构，相关机构和人员能够依法履行职责。二是发行人会计基础工作规范，财务报表的编制和披露符合企业会计准则和相关信息披露规则的规定，在所有重大方面公允地反映了发行人的财务状况、经营成果和现金流量，最近三年财务会计报告由注册会计师出具无保留意见的审计报告。三是发行人业务完整，具有直接面向市场独立持续经营的能力。四是发行人生产经营符合法律、行政法规的规定，符合国家产业政策。

（2）向证券管理机关提交所要求的申请文件和资料。这些文件和资料主要有：发行公司的营业执照（副本）；发行公司的公司章程；招股章程；发行公司最近若干年的经审计合格的资产负债表和利润表，以及其他表册；发行公司已发行但未清偿的其他证券情况；等等。

(3) 填写招股说明书。发行公司申请发行股票时，必须填写招股说明书，详细介绍发行公司的有关情况。招股说明书是股票发行过程中最重要的文件。

3. 注册申请及决定。交易所应当自受理注册申请文件之日起在规定的时限内形成审核意见。交易所按照规定的条件和程序，形成发行人是否符合发行条件和信息披露要求的审核意见，认为发行人符合发行条件和信息披露要求的，将审核意见、发行人注册申请文件及相关审核资料报中国证监会注册。中国证监会收到交易所审核意见及相关资料后，基于交易所审核意见，依法履行发行注册程序。

4. 委托承销商发行股票。发行公司得到批准之后，应慎重选择中介机构代理发行，并与该机构签订股票委托发行协议书。我国《证券法》第二十八条规定，证券公司承销证券，应当同发行人签订代销或者包销协议，载明下列事项：(1) 当事人的名称、住所及法定代表人姓名；(2) 代销、包销证券的种类、数量、金额及发行价格；(3) 代销、包销的期限及起止日期；(4) 代销、包销的付款方式及日期；(5) 代销、包销的费用和结算办法；(6) 违约责任；(7) 国务院证券监督管理机构规定的其他事项。

5. 股票发行注册的程序。根据《证券法》《首次公开发行股票并上市管理办法》《首次公开发行股票注册管理办法》的有关规定，我国股票首次公开发行并上市通常经过如下步骤。

(1) 发行人董事会应当依法就本次发行股票的具体方案、本次募集资金使用的可行性及其他必须明确的事项作出决议，并提请股东大会批准。发行人股东大会应当就本次发行股票作出决议，决议至少应当包括下列事项：本次公开发行股票的种类和数量；发行对象；定价方式；募集资金用途；发行前滚存利润的分配方案；决议的有效期；对董事会办理本次发行具体事宜的授权；其他必须明确的事项。

(2) 发行人应当按照中国证监会的有关规定制作注册申请文件，由保荐人保荐并向交易所申报。公司公开发行新股，应当报送募股申请和下列文件：公司营业执照；公司章程；股东大会决议；招股说明书或者其他公开发行募集文件；财务会计报告；代收股款银行的名称及地址。发行人报送的股票发行申请文件应当充分披露投资者做出价值判断和投资决策所必需的信息，内容应当真实、准确、完整。交易所收到注册申请文件后，在5个工作日内作出是否受理的决定。

(3) 发行人申请首次公开发行股票的，应当按照中国证监会有关规定制作注册申请文件，依法由保荐人保荐并向交易所申报。

(4) 交易所应当自受理注册申请文件之日起在规定的时限内形成审核意见。交易所按照规定的条件和程序，形成发行人是否符合发行条件和信息披露要求的审核意见，认为发行人符合发行条件和信息披露要求的，将审核意见、发行人注册申请文件及相关审核资料报中国证监会注册。

(5) 中国证监会收到交易所审核意见及相关资料后，基于交易所审核意见，依法履行发行注册程序。在20个工作日内对发行人的注册申请作出予以注册或者不予注册的决定。规定的注册期限内，中国证监会发现存在影响发行条件的新增事项的，可以要求交易所进一步问询并就新增事项形成审核意见。

（6）中国证监会的予以注册决定，自作出之日起一年内有效，发行人应当在注册决定有效期内发行股票，发行时点由发行人自主选择。

（7）股票发行申请经注册后，发行人应在股票公开发行前公告公开发行募集文件，并将该文件置备于指定场所供公众查阅。

（8）股票首次公开发行并上市。

以习近平同志为核心的党中央高度重视股票发行注册制改革。党的十八届三中全会审议通过了《中共中央关于全面深化改革若干重大问题的决定》，《决定》提出了“健全多层次资本市场体系，推进股票发行注册制改革，多渠道推动股权融资，发展并规范债券市场，提高直接融资比重”的指导意见，开启了我国股票发行从以往的政府核准制向以信息披露为核心的注册制过渡的新篇章。2019年修订的《证券法》对证券发行制度、大幅度提高证券违法成本、强化投资者保护、强化信息披露、健全多层次资本市场体系等方面进行了修改与完善。其中，对证券发行制度的修改与完善是重点，包括不再规定核准制、取消发行审核委员会制度等，同时授权国务院对证券发行注册制的具体范围、实施步骤进行规定，为有关板块和证券品种分步实施注册制留出了必要的法律空间。党的十九届五中全会提出，全面实行股票发行注册制。党的二十大强调，健全资本市场功能，提高直接融资比重。2023年1月，党中央、国务院批准《全面实行股票发行注册制总体实施方案》。2023年2月，证监会发布全面实行股票发行注册制相关制度规则，自公布之日起施行，此次发布的制度规则共165部，其中证监会发布的制度规则有57部，证券交易所、全国股转公司、中国结算等发布的配套制度规则有108部，内容涵盖发行条件、注册程序、保荐承销、重大资产重组、监管执法、投资者保护等各个方面。

全面实行注册制是涉及资本市场全局的重大改革。在各方共同努力下，科创板、创业板和北交所试点注册制总体上是成功的，主要制度规则经受住了市场检验，改革成效得到了市场认可。2023年2月全面实行注册制制度规则的发布实施，标志着注册制的制度安排基本定型，标志着注册制推广到全市场和各类公开发行股票行为，在中国资本市场改革发展进程中具有里程碑意义。

二、股票发行决策

股票发行要做出一系列的决策，涉及发行价格、发售方式、发行机构、发售时机等。

（一）发行价格决策

招股说明书需要载明每股的票面金额和发行价格，我国几乎全部股票的面值都是每股一元（紫金矿业、洛阳钼业等例外）。股票发行价格的确定主要有以下几种方式。

1. 议价购买方式，简称议价法。议价法，是指股票发行公司直接与股票承销商议定承销价格和公开发行价格，二者之差即为承销商的收入。

2. 招标购买方式，简称竞价法。竞价法，是指股票承销商或银行财团以投标方式与其他购买者竞争购买发行的股票，中标价格就是股票承销价格。根据证监会2023年2月修订的《证券发行与承销管理办法》的有关规定，目前我国A股公司首次公开发行股票，可以通过询价的方式确定股票发行价格，也可以通过发行人与主承销商自主协商直接定价等其他合法可行的方式确定发行价格，发行人和主承销商应在招股意向书（或招股说明书）和发行公告中说明本次发行股票的定价方式。首次公开发行股票通过询价方式确定发行价格的，可以初步询价后确定发行价格，也可以在初步询价确定发行价格区间后，通过累计投标询价确定发行价格，并对主板新股发行定价不设行政性限制。首次公开发行股票发行数量二千万股（份）以下且无老股转让计划的，发行人和主承销商可以通过直接定价的方式确定发行价格，并同步设置定价参考上限。

同时，《证券发行与承销管理办法》放宽了对超额配售选择权需要发行股票四亿股以上的相关限制。发行人和主承销商可以在发行方案中采用超额配售选择权，即通常所说的"绿鞋机制"。它是发行人授予主承销商的一项选择权，获此授权的主承销商按同一发行价格超额发售不超过包销数额15%的股份，即主承销商按不超过包销数额115%的股份向投资者发售。股票发行中引入超额配售选择权，可以调节股票供求，稳定股票价格，有助于促进二级市场平稳运行。因此，在我国具体实践中，首次公开发行股票通常按照溢价发行，具体发行价格依据市场利率，公司所处行业的发展前景、竞争格局，公司的核心竞争力，公司的财务分析及预测，自由现金流贴现（DCF）或者相对估值法，潜在风险等因素来确定。具体到网下询价发行定价时，剔除最高报价部分（不超过3%），并重点参考剔除最高报价部分后全部网下投资者和公募基金等六类中长线资金的中位数、加权平均数确定发行价格或价格区间，以此来约束潜在的非理性定价。总体来看，新股发行定价以及二级市场估值整体呈现出优质优价的趋势。

（二）发售方式决策

股票发行公司可以采取不同的发售方式，就发行途径而言，可以采用直接发行或委托发行；就发行范围而言，可以采用公开发行或内部发行。

1. 直接发行与委托发行。这是按有无中介机构参加发行进行划分的。如果发行公司自己发行，只要求股票发行中介机构进行协助，就是直接发行；如果委托一家或几家中介机构代理发行，就是委托发行。

直接发行使发行公司能够直接控制发行过程，实现发行意图，发行费用较低。但是，直接发行往往筹资时间长，还必须配备专职人员，同时要有较高的知名度与信誉以吸引投资者。委托发行可以在较短的时间内筹集到所需资本投入生产，对发行公司来说比较方便、风险较低，但要支付一定的手续费，并提供股票发行所需的有关资料。

2. 公开发行与内部发行。公开发行，是指股份公司依照公司法及证券交易法规的有关规定，办理有关发行的审核程序，并将财务状况予以公开的股票发行。股票公开发行后，发行人可以申请上市。内部发行，也称为非公开发行，是指发行公司未办理公开发行的审核程序，股票不公开销售，或其发行对象仅为少数特定人群。例如，股份公司采用发起设立方式筹集股份即属内部发行；股份公司不公开地增资发行新股也属内部发行。公开发行有严格的审查，发行面广，发行质量、信誉较高，容易吸引投资者，因而大多数公司采用公开发行方式；但有时股份公司不愿公开其财务状况，或只想对特定对象发放股票，就采用内部发行方式。

内部发行只能是直接发行，委托发行只能是公开发行。因此，在股票发行实践中，最重要的发行方式是公开委托发行和内部直接发行。

（三）发行机构决策

对于采用公开委托发行的股份公司，寻找一个理想的合作伙伴是至关重要的。股票发行公司可以用公开招标的方式选择承销商，也可以根据日常业务往来选择熟悉的中介机构进行协商合作。

（四）发售时机决策

证券发售时机是否适当，不仅要考虑股份公司的筹资需要，还要考虑投资者的购买情况。

7.2.3 股票融资与信贷融资的比较分析

我国企业在证券市场上募股融资的方式主要有在沪深、香港及海外证券交易所发行A股、B股、H股、红筹股、N股、美国存托凭证（ADR）等。2013年开始全面运行的全国中小企业股份转让系统（新三板）是继上海证券交易所、深圳证券交易所之后第三家全国性证券交易场所，是我国多层次资本市场新的组成部分。2019年10月，证监会从优化发行融资制度、完善市场分层等五方面对新三板进行全面改革。设立精选层，在精选层挂牌一定期限，且符合交易所上市条件和相关规定的企业，可以直接转板上市。2021年9月，习近平总书记强调继续支持中小企业创新发展，深化新三板改革，设立北京证券交易所（简称“北交所”），打造服务创新型中小企业主阵地。2023年9月，证监会发布《关于高质量建设北京证券交易所的意见》，从加快高质量上市公司供给、扩大投资者队伍、改进和完善交易机制、加强多层次市场互联互通等方面共提出19条改革措施，成为北交所市场建设发展的重要指导性文件。随后，北交所、全国股转公司发布首批8项改革创新举措，从融资端、投资端和交易端三端发力。投资端降低投资者门槛，重点解决市场流动性不足问题；融资端优化发行上市制度，降低北交所上市门槛；交易端以优化做市机制为重点，做市商扩容改善流动性，共同提升北交所市场活跃度、强化市场功能、营造良性生态，夯实打造服务创新型中小企业主阵地基础。A股是人民币普通股票的简称，我国境内上市公司均可发行。N股是指我国企业在美国纽约证券交易所发行的股票。B股、N股和H股转ADR分别指我国企业以B股转ADR、N股转ADR及H股转ADR形式在美国发行的一级有保荐ADR。我国企业在海外募股融资的主要方式是B股、H股和红筹股。

B股是人民币特种股票的简称，B股的投资对象主要是境外投资者（多数为机构投资者，2001年B股向境内个人投资者开放）。拟发行B股的股份制企业，须符合国家产业政策和固定资产投资立项规定，连续三年盈利，持股不少于股本总额的25%，总股本4亿元以上的，公众持股不得低于15%。

H股是指公司在中国内地注册，在中国香港上市的股票，因此，其上市运作受到香港有关法律和监管机构的监督和管理。按照香港联交所的规定，必须符合以下条件之一才可发行H股：(1) 盈利测试。以往三年盈利，最近一年税后利润不少于3 500万港元，此前两年利润总和不少于4 500万港元。(2) 市值/收益/现金流量测试。有连续三年营业记录，上市时市值不低于20亿港元，最近一个经审计财政年度收入至少5亿港元，并且前三个财政年度来自营运业务的现金流入合计至少1亿港元。(3) 市值/收益测试。公司上市时市值不低于40亿港元，且最近一个经审计财政年度收入至少5亿港元。除此之外，联交所《主板上市规则》第八章规定，主板上市还需要满足若干基本条件，包括新上市申请人上市时的预期最低市值为5亿港元，最低公众持股市值为1.25亿港元等。按照中国证监会的规定，内地企业申请发行H股，须符合以下条件：企业净资产达4亿元人民币或以上，集资额至少5 000万美元，最近一个年度税后利润达6 000万元人民币或以上。2012年底，中国证监会为进一步放宽境内企业境外发行股票和上市的条件，简化审核程序，提高监管效率，制定了《关于股份有限公司境外发行股票和上市申报文件及审核程序的监管指引》，自2013年1月1日起施行。2023年2月，《境内企业境外发行证券和上市管理试行办法》（以下简称《管理试行办法》）正式发布，另有5项配套指引，同时，中国证监会停止受理股份有限公司境外公开募集股份及上市（包括增发）的行政许可申请，开始接收备案沟通申请。《管理试行办法》共六章三十五条，主要包括完善监管制度、明确备案要求、加强监管协同、明确法律责任和增强制度包容性五个方面。《管理试行办法》的发布，说明国家支持资本市场对外开放的方向不会改变，境外上市备案管理制度规则的发布实施，将更好支持企业依法合规到境外上市，利用两个市场、两种资源实现规范健康发展。

红筹股的概念产生于20世纪90年代初的香港股票市场。香港和国际投资者把在境外注册、在香港上市的那些具有中国内地概念的股票称为红筹股。除了注册地不同，红筹股与H股的主要区别在于：前者上市后全部股份可以流通，而后者仅上市部分可以流通。红筹股没有特殊的上市规则，只要符合联交所主板或创业板相关的上市规定即可申请上市。

2017年底，证监会宣布对H股“全流通”进行试点，2018年，联想控股、威高股份、中航科工3家公司顺利完成“全流通”试点工作。2019年11月15日，中国证监会发布了《H股公司境内未上市股份申请“全流通”业务指引》，标志着全面推进H股“全流通”改革的开始。《管理试行办法》增强了制度包容性，进一步便利“全流通”。境内企业直接境外发行上市的，允许持有其境内未上市股份的股东在备案后，依法将上述股份转换为境外上市股份并到境外交易场所上市流通。根据中信证券测算，截至2023年2月，H股非流通市值占比合计不到20%。H股“全流通”进一步推进，有利于均衡内外资股东利益，提高港股市场成交量和流动性，降低交易的冲击成本，从而使港股的配置价值提升。

企业可以利用股票融资，也可以利用信贷融资，但两者有很大的差别。首先，企业利用信贷融资，贷款人只是企业的债权人，企业与贷款人之间是一种债权债务关系；而企业利用股票融资，企业与股票投资主体之间是财产所有权关系，投资者是企业的股东。其次，在信贷融资中，借款人必须在债务到期前偿还债务本息；在股票融资中，股票投资主体只能在证券二级市场上转让股票回收所投资金，不能退股。再次，信贷融资中，贷款人只是借款人的债权人，因而无权参加或干预借款企业的内部生产经营事务；股票融资中，股票投资人是融资企业的股东，因而有权参与融资企业重大事项的决策或对日常生产经营活动进行监督管理。最后，在信贷融资中，贷款人向借款人提供贷款，无论有无担保，在借款企业破产清算时，债权人都享有在股东之前的优先清偿权。

股票融资和信贷融资有差别，但各有优点，如何选择还需考虑融资成本因素。信贷融资中的长期贷款属于企业的债务资金，由于债务资金利息可以在税前扣除，所以在公司股息前利润为正时，利息费用具有税收抵扣作用。长期来看，债务融资对于股东而言具有“税盾价值”。相比之下，向股票投资主体发放的股利则由税后利润支付。

拓展阅读

针对科创企业的股票融资

科创企业由于通常具有业务模式新、盈利不确定性高、投资周期长、投资风险大等特点，并不适合信贷融资，同时，一般的股票融资也难以完全匹配其特点。因此，为了更好地促进资本与科技的融合，增强对科创企业的包容性和匹配性，也为了更好地完成科创板作为资本市场制度改革与创新“试验田”的重要任务，监管层对科创板做出了如下有针对性与差异化的制度安排。

1. 上市条件和退市标准，体现为制定更具包容性的上市条件，同时严格实施退市制度，畅通市场的“进口”和“出口”，主要包括：（1）上市条件重点体现包容性。在市场和财务条件方面，引入“市值”指标，与收入、现金流、净利润和研发投入等财务指标进行组合，设置了五套差异化的上市指标。（2）退市标准重点落实从严性。体现为标准更严、程序更严和执行更严。2020年12月，上海证券交易所对《上海证券交易所科创板股票上市规则》中的退市相关内容进行了修订，进一步完善退市标准，优化退市程序，保护投资者权益，落实《证券法》关于退市的规定。

2. 发行承销规则。主要包括：（1）建立以机构投资者为参与主体的市场化询价、定价和配售机制。面向专业机构投资者询价定价；强化网下报价的信息披露和风险揭示，促进价格充分发现；提高网下发行配售数量占比。（2）鼓励战略投资者和发行人高管、核心员工参与新股发售。（3）进一步发挥券商在发行承销中的作用，允许科创板发行人和主承销商采用超额配售选择权，促进科创板新股上市后股价稳定。

3. 持续监管规则。主要包括：（1）更有针对性的信息披露制度。（2）更加合理的股份减持制度。包括保持控制权和技术团队稳定、对尚未盈利公司股东减持做出限制、优化股份减持方式、为创投基金等其他股东提供更为灵活的减持方式、强化减持信息披露。(3) 更加规范的差异化表决权制度。(4) 更加严格的保荐机构持续督导职责。(5) 更加灵活的股权激励制度。扩展股权激励的比例上限与对象范围，提高限制性股票授予价格的灵活性，提升股权激励实施方式的便利性。2023 年 8 月，上海证券交易所对《上海证券交易所科创板股票上市规则》独立董事相关内容进行修订，主要包括厘清独立董事职责定位、精准规范独立董事履职范围、优化独立董事履职方式三方面，以落实《关于上市公司独立董事制度改革的意见》和《上市公司独立董事管理办法》精神，推动形成更加科学的独立董事制度体系，构建中国特色现代企业制度。

4. 二级市场交易规则。科创板企业具有业务模式新、不确定性大等特点，需要平衡好防止过度投机炒作与保障市场流动性的关系，主要包括：(1) 引入投资者适当性制度。(2) 适当放宽涨跌幅限制。(3) 引入盘后固定价格交易。(4) 优化融券交易机制。(5) 调整和优化微观机制安排。(6) 加强交易行为监督。

资料来源：《上海证券交易所科创板股票发行上市审核规则》《上海证券交易所科创板股票发行与承销实施办法》《上海证券交易所科创板股票上市规则》《上海证券交易所科创板股票交易特别规定》等 6 项配套业务规则，上海证券交易所设立科创板并试点注册制配套业务规则公开征求意见答记者问.

7.3 债券融资

7.3.1 债券的发行

一、债券发行概述

债券的发行市场由债券发行者、债券认购者以及债券承销者构成。

(一) 债券的发行方式

按照债券的发行对象，债券的发行方式可分为私募发行与公募发行两种。私募发行是指面向少数特定的投资者发行，而公募发行是指面向不特定的广泛的投资者发行。

按照债券的发行渠道，又可以分为直接销售与间接销售两种发行方式。前者是发行者直接面向投资者销售，后者是通过中间人向投资者销售。

一般来讲，私募发行多采用直接销售方式，公募发行多采用间接销售方式，即通过承销者办理债券的发行业务。

1. 私募发行。私募发行一般有以下特点。

(1) 私募发行采用直接销售方式，可以节省承销费用。

(2) 不必办理发行申报注册手续，可以节省发行时间及注册费用。

(3) 因有确定的投资人，不必担心发行失败。

(4) 私募债券一般不允许转让，有些国家规定私募债券经过一定时间后，可以有限制地转让。

2. 公募发行。公募发行与私募发行相比，有以下特点。

（1）发行者发售工作量大，难度也大，所以一般采用间接销售，依靠承销者的帮助完成发行任务。

（2）发行者必须办理发行申报注册手续，必须在发行说明书中如实披露有关的详细情况，以供投资者做出决策。

（3）公募债券发行后可以上市转让。

（4）公募发行的筹资潜力大，有众多的投资者作为发行对象，发行者不需要提供特殊优厚条件。

3. 承销方式。承销者承销债券一般有三种方式。

（1）代销方式。发行者委托承销者代向社会销售债券，承销者按照规定的发行条件，在约定的期限内尽力推销。到了销售截止日期，未售出的债券仍退还给发行者，承销者不承担任何风险。

（2）余额包销方式。这种方式规定承销者按照已定的发行额和发行条件，在约定的期限内向社会推销债券。销售期满，未售出的债券由承销者负责认购，并按约定时间向发行者支付全部债券款项。采用这种方式，承销者承担部分发行风险，可以保证发行人筹资计划的顺利实现，但相应的承销手续费要比代销方式高。

（3）全额包销方式。承销者先将债券全部认购下来，立即将全部债券款项支付给发行人，然后再按市场条件转售给投资者，赚取买价与卖价的差额利润。采用全额包销，承销者承担了全部发行风险，因而其收益要求很高；发行者虽然避免了发行风险，但要让渡一部分收益给承销者。全额包销又可以分为协议包销、俱乐部包销和银团包销三种形式。

1）协议包销。由一个承销公司包销发行人待发的全部债券，独立承担发行风险。

2）俱乐部包销。由若干个承销公司合作包销，每个承销公司包销的份额、所承担的风险和获得的利益平均分摊。

3）银团包销。由一个承销公司牵头，若干个承销公司参与包销活动，以竞争形式确定各自的包销额，并按其包销额承担发行风险，收取包销费用。这是目前国际市场上最常见的包销方式。

（二）债券发行的申报注册制度和审核

世界各国对发行债券的审核主要有两种做法：一种是采取注册制，即所谓“公开原则”；另一种是采用核准制，即所谓“实质管理原则”。前者以美国联邦证券法为代表，后者以欧洲各国的公司法为代表，两者可以互为补充。

1. 公开原则。按照公开原则，法律责成债券发行人把一切有关的资料信息如实向广大投资者披露，使投资者在投资前能够据此做出决策，如果发行者披露的资料有虚假内容或遗漏，其法律责任自负。但在真相公开之后，即使该债券可能毫无投资价值，证券管理机关也不干涉投资人的认购自由。

2. 实质管理原则。该原则要求发行人不仅公开真实情况，而且必须符合若干实质条件。这些条件包括发行者所经营事业的性质、管理人员的资格、资本结构是否健全、发行者是否具备偿债能力等，债券主管机关审查合格以后，发行人获得批准才可发行债券。

2020年3月，修订后的《证券法》正式实施，推动了公开发行公司债券注册制改革。2021年2月，证监会对《公司债券发行与交易管理办法》进行修订，其中规定：公开发行公司债券，由证券交易所负责受理、审核，并报中国证监会注册。

新《证券法》对公开发行公司债券的部分条款进行了修改。一方面，简化了公司债券的发行条件，把净资产、累计债券余额、募集资金投向和债券利率四项要求删除，同时，“前一次公开发行的公司债券尚未募足”不再作为不得再次公开发行公司债券的情形。另一方面，对募投资金用途的要求更加严格，“改变资金用途，必须经债券持有人会议作出决议”。《公司债券发行与交易管理办法》的修订，主要包括落实公开发行公司债券注册制改革；结合《证券法》修订内容进行适应性修订；加强事中事后监管，压实发行人和中介机构责任；结合债券市场监管实践调整相关条款等。其中最重要的是明确了公开发行公司债券的发行条件和注册程序。

二、债券的发行条件

债券的发行条件直接影响到发行者筹资成本的高低，同时也决定着投资者的投资收益。债券的发行条件主要由以下因素组成。

1. 发行额。债券的发行额是根据发行者所需资金的数量、发行者的信誉、债券的种类以及市场的承受力等因素决定的。

2. 期限。从债券的发行日起到偿清本息日止的时间阶段称为债券的期限。债券的期限要根据发行人使用资金的周期、市场利率走势、二级市场的流动性以及投资人的投资偏好确定。

3. 偿还方式。债券的偿还方式决定债券的实际偿还期限。债券可以在期满时偿还，也可以提前偿还，或应投资者的要求延期偿还。发行人可以采用不同的偿还方式，实质是改变债券的实际期限。

4. 票面利率。债券票面所载明的利率就是债券的票面利率。一般来讲，债券的票面利率水平是由债券的期限、债券的信用级别、利息的支付方式以及投资者的接受程度等因素决定的。通常期限越长的债券，票面利率越高。信用级别高的债券可以相应地降低票面利率。另外，债券的计息方式不同，债券的票面利率也不同，例如，在实际收益率水平保持一定的条件下，按单利计息的债券的票面利率应该高于按复利计息的债券的票面利率。在确定票面利率时，发行人往往会争取在多数投资者愿意接受的限度内，以最低的票面利率来发行债券。

5. 发行价格。债券的发行价格不一定与票面金额相等。如果按票面金额发行，称为平价发行；高于票面金额发行，称为溢价发行；低于票面金额发行，则称为折价发行。在债券票面利率既定的情况下，发行人可以通过发行价格来调整债券的到期收益率，使之与市场利率保持一致。当债券的票面利率与市场利率一致时，债券可以平价发行。

三、债券的信用评级

债券评级的目的是将发行者的信誉和偿债的可靠程度等告知投资者，以保护投资者的利益，使之免遭由于信息不足或判断不准而带来的损失。目前，在国际债券市场上比较有影响力的三大信用评级机构包括穆迪、标准普尔和惠誉国际。我国信用评级机构的发展历史较短，目前市场上较具权威性的评级机构包括大公国际资信评估有限公司、中诚信国际信用评级有限责任公司和联合资信评估股份有限公司等。

（一）债券评级的内容

债券评级主要考虑以下三项内容。

1. 发行者的偿债能力。通过考察发行人的预期盈利、负债比例、现金流状况等来判断发行者能否按期还本付息。

2. 发行者的资信。通过考察发行人在金融市场上的声誉、历史偿债记录等因素来判断发行者的偿债意愿。

3. 投资者承担的风险。主要分析发行人破产的可能性大小；预计发行人一旦发生破产或其他意外，债权人根据有关法律能受到的保护程度和得到的投资补偿程度。

（二）债券级别的划分

根据债券风险的大小，债券可分为10个等级，即AAA，AA，A，BBB，BB，B，CCC，CC，C，D，最高是AAA级，最低是D级。一般前4个等级定为投资级，包括商业银行在内的很多金融机构被限定只能持有投资级的债券。BB级以下均为投机级，意味着该等级以下评级都存在较高不履行债务责任的风险，只是风险程度不同。

7.3.2 债券融资与股票融资的比较分析

债券融资和股票融资一样，同属直接融资，因而借款人直接到资金市场上融资，借贷双方存在直接的对应关系。但债券融资和股票融资又存在不同之处，具体表现在以下几个方面。

1. 融资主体不同。在我国，过去债券融资中政府债券占很大比重，近几年公司债券比重逐渐上升。股票融资的主体则为企业。凡符合条件的企业都可申请发行债券，而只有股份制企业或股份有限公司（包括上市公司）才可依法申请发行股票，进行股票融资。

2. 贷款人对资金使用的限制不同。企业通过债券融资的资金的使用一般不受债权人约束，而企业通过股票融资的资金的投资方向和用途，无论是确定或变更，都须经股东大会或董事会批准。

3. 借贷关系不同。债券融资中，二者是债权债务关系；股票融资中，二者是财产所有者与财产使用者之间的契约关系。

4. 使用期限不同，企业破产时的清偿顺序不同。在企业破产清算时，债券融资中的债权相比于股票融资中股东的股权具有优先清偿权。

5. 债券融资与股票融资的成本不同。债券融资有减税收益，成本一般较低；而公司发行优先股和普通股，需向股东分红派息（股利），但股利是用所得税后净利支付的，不能抵减所得税，因此，优先股和普通股的资金成本高于债券的资金成本。

债券融资和股票融资的资金成本不同，也可从二者的计算公式中看出。

债券资金成本的计算公式为：

$$K_b=\frac{I_b(1-T)}{B-F} \tag{7-1}$$

式中，K_b为债券的资金成本；I_b为债券的年利息总额；T为所得税税率；B为债券融资总额；F为资金筹集费（融资费用）。

普通股资金成本的简化计算公式为：

$$K_c=\frac{D_c}{P_c\times(1-F_c)+G} \tag{7-2}$$

式中，K_c为普通股的资金成本；D_c为预期普通股第一年的股利；P_c为发行普通股的总额；F_c为普通股融资费用率；G为普通股股利年增长率。

7.4 证券融资的风险

7.4.1 证券投融资风险

证券市场的运行较为复杂，影响证券价格的因素很多，包括但不限于利率、企业盈利、市场风险偏好和制度政策变化。短期来看，证券价格的波动与市场经济体系中其他商品的价格波动一样普遍，受到市场供求关系的影响；中长期来看，证券价格与该证券所对应的公司的内在价值或自由现金流的贴现值相匹配。一般来说，理论界将证券市场的风险归为两类，即系统性风险和非系统性风险。系统性风险是指对整个证券市场都产生影响的风险因素，包括利率风险、市场风险和政治风险等。非系统性风险是指仅存在于个别公司或个别行业的风险，包括经营风险、财务风险和法律风险等。

7.4.2 证券融资的风险与防范

一、证券融资的风险

证券融资的风险主要源自两方面，即证券融资的主体风险和证券市场的特殊风险。

（一）证券融资的主体风险

证券融资的主体风险主要表现在以下四个方面。

1. 并购风险，指上市公司因某种原因股价下跌，从而为其他公司低价收购其上市股票并达到控股目的提供机会，导致企业最后被兼并的风险。

2. 无力偿还债务风险，指证券融资主体因经营不善不能按期偿还债务本息，导致公司信誉程度降低，甚至因不能支付到期债务而面临破产清算的风险。

3. 利率变动风险，指公司负债利率上升，导致公司资金成本增加，从而降低公司经营收益的风险。

4. 再融资风险，指公司因资产负债率过高，对债权人的保障系数降低，从而削弱甚至丧失从其他渠道进行债务融资能力的风险。

（二）证券市场的特殊风险

我国证券市场的特殊风险主要表现在以下几个方面。

1. 法律风险。与西方发达国家相比，我国的证券市场起步晚、历史相对较短，市场各方面参与者的经验不足。随着我国证券法律法规的逐步制定、修改和完善，法律风险会显著下降。

2. 政策风险。随着我国证券市场逐步市场化、法治化、国际化，政府对证券市场的直接干预显著减少，政府对证券市场的政策变化导致市场波动的风险也大为降低。

3. 市场风险。过去，机构投资者在我国资本市场中的比例较低，个人投资者是我国证券市场的主要参与者，由此导致的投资行为欠理性和不成熟致使市场波动较大，市场效率不高。随着我国多层次资本市场的建设，机构投资者的不断壮大，个人投资者的交易占比从过去常年超过80%的水平逐步下降到2022年约60%，市场制度的不断发展完善，长期投资、理性投资的理念文化不断被投资者接受，我国证券市场将逐步迈向理性、成熟和高效。

拓展阅读

2018年股票质押风险爆发案例

股票质押业务是指上市公司股东将其持有的股权质押给质权方（券商、银行、信托等），从而融入资金，到期后归还借款并解冻质押证券，它是上市公司股东的一种融资方式。股票质押一般分为场内市场与场外市场，我国股票质押业务起始于1995年颁布的《担保法》，之后以场外质押为主，直至2013年5月，上海交易所和中国证券登记结算有限责任公司发布《股票质押式回购交易及登记结算业务办法（试行）》，场内股票质押式回购业务开始兴起。

股票质押通常包含三类风险：一是信用风险，融入方未能履约导致资金融出方遭受资金损失；二是市场风险，所质押的股票价格剧烈波动，或者证券市场剧烈波动；三是流动性风险，所质押股票的变现能力不足，导致资金融出方处置后无法覆盖融资本息。这三类风险常常相互影响，形成恶性循环，从而增加风险。

2018年，A股市场跌幅较大，由于股票质押业务具有较强的顺周期性，A股股票质押频繁出现流动性危机，股票质押风险迅速增加。据估算，2018年10月，平仓线以下股票质押市值约有0.9万亿元（以2019年1月初的股价计算，下同），较2018年初增加264%；平仓线和预警线之间的股票质押市值有0.37万亿元，较2018年初增加

68%。为了化解A股市场的股票质押风险，监管层与各市场主体成立了各类纾困基金共约7 000亿元，用于受让上市公司股权、直接提供借款或者债转股等。最终，这些措施叠加2019年A股市场的上涨，股权质押风险得到了较好的化解。

资料来源：天风证券专题研究报告.

二、证券融资风险的防范

研究证券融资的风险是防范、化解风险的基础，有助于提高证券融资主体的风险意识，并在此基础上采取有针对性的措施。

1. 建立和完善证券监管体系。证券监管是金融监管的重要组成部分；证券投融资风险与金融风险密不可分，加强证券监管是防范和化解金融风险的一个重要举措。建立和完善证券监管体系的内容概括起来分为五个方面：（建立有中国特色的）证券监管模式、证券监管机构、证券监管目标、证券监管手段和证券监管内容。当前，我国证监会围绕打造一个规范、透明、开放、有活力、有韧性的资本资场这一总体目标，提出了“建制度，不干预，零容忍”九字方针。在“零容忍”方面，证监会在持续加强、改进日常监管的基础上，会同立法、司法机关，进一步落实关于依法从严打击证券违法活动的指导性文件，加快健全有中国特色的证券执法司法体制机制，新《证券法》和《刑法修正案（十一）》先后施行，相关部门严肃查处了一批市场关注的大案要案。持续完善资本市场法治基础，从严从重从快打击欺诈发行、财务造假，以及以市值管理之名行市场操纵之实等恶性违法违规行为，让做坏事之人付出沉重代价。同时，证监会将推动常态化开展投保机构代表人诉讼工作，首例特别代表人诉讼落地，投资者救济赔偿取得新的突破，该工作有利于更好地保护投资人，特别是中小投资者的合法权益，进一步营造良好的市场发展生态。

2. 加快证券市场法律和制度建设，做到有法必依、执法必严和违法必究。

3. 大力发展机构投资者。

4. 规范证券市场参与主体的行为，增强风险防范意识。

5. 加强行业自律管理。

我国证券业自律组织主要包括沪深证券交易所及其证券登记结算公司、中国证券业协会和地方性证券业协会。按照我国《证券法》规定，证券业协会是证券业的自律性组织，是社会团体法人。证券交易所履行自律管理职能，应当遵守社会公共利益优先原则，维护市场的公平、有序、透明。自律管理是对政府监管机构集中统一监管的重要补充，因而加强证券交易所一线监管和证券业协会的行业自律管理，与证券经营机构内部管理相结合，并与证券监管机构的集中统一监管相互协调、相互配合、相互补充，是防范证券投融资风险的切实保证。

另外需要补充的是，新《证券法》有利于证券市场的市场化、法治化和国际化建设，从而有助于降低证券投融资风险。具体包括以下方面。

1. 大幅加大了对证券违法、违规行为的惩处力度，有利于解决金融领域特别是资本市场违法违规成本过低的问题。具体来看，行政处罚标准由原来的1～5

倍，提高到 1～10 倍，罚款标准由原来多数规定的 30 万元至 60 万元，分别提高到 50 万元至 500 万元（包括内幕交易，信息披露义务人未按照规定履行信息披露义务等行为），100 万元至 1 000 万元（比如操纵证券市场，信息披露出现虚假记载、误导性陈述或者重大遗漏等行为），以及 200 万元至 2 000 万元（比如发行中隐瞒重要事实或者编造重大虚假内容等行为）。

2. 设立信息披露专章。信息披露在原有的真实、准确、完整、及时、公平要求的基础上，新增简明清晰，通俗易懂的要求，完善了同步披露和自愿性披露原则，强化了董监高的信息披露责任，增加了信息披露义务人未按照规定披露信息的赔偿责任。

3. 加大对投资者的保护力度。增加了投资者适当性管理，完善了公开征集股东权利、现金分红、纠纷调解、先行赔付等一系列制度，增加了代表人诉讼制度，投资者保护机构受 50 名以上投资者委托，可以作为代表人参加诉讼。

4. 推进健全多层次资本市场体系。明确了多层次资本市场包括证券交易所市场、国务院批准的全国性证券交易场所（比如新三板），以及按照国务院规定设立的区域性股权市场这三类，并按第七条规定，国务院证券监督管理机构依法对全国证券市场实行集中统一监督管理。

5. 强化和新增了证券监督管理机构的部分权限，包括有权对部分相关文件进行扣押、延长资金账户的冻结查封期限等，同时，丰富了证券监管手段，探索对涉嫌证券违法、违规行为举报的奖励。

6. 对证券交易进行了修改和完善。明确了内幕信息的界定，扩大了内幕信息知情人的范围，对短线交易的有关规定更加严格，新增对程序化交易的规定，对违法违规转让证券或在限定的期限内转让证券的行为及法律责任做出了更加严格的规定。

7.《证券法》的域外适用，符合证券市场的国际化趋势。《证券法》第二条第四款规定，在中华人民共和国境外的证券发行和交易活动，扰乱中华人民共和国境内市场秩序，损害境内投资者合法权益的，依照本法有关规定处理并追究法律责任。这意味着《证券法》的适用范围扩展到了境外，境内资产管理机构在境外进行证券交易活动，也应注意遵守《证券法》的相关规定，避免扰乱境内市场秩序，损害境内投资者合法权益。

小 结

直接融资也叫证券融资，是融资者以有价证券为载体，通过证券市场直接向资本的最初所有者筹资的经济活动。证券融资的最主要形式有股票融资和债券融资。

本章详细阐述了股票、债券的基本概念、特点和种类。股票是股份公司的股份资本所有权的证明，是股东据以取得股息收入的有价证券。债券是政府、企业为向社会融资而发行的一种固定收益的有价证券，是一种债权债务的凭证。

证券融资的风险来源于两个方面，即证券融资的主体风险和证券市场的特殊风险。证券融资的风险防范是针对风险来源进行的。

第7章　即测即评

计算题

假设A公司打算投资15亿元建设一个新项目，其中，通过债券融资10亿元，普通股股票融资5亿元。预计债券融资费率为0.5%，票面利率为5%，普通股股票发行承销费为2%，预期普通股第一年的股利为0.3亿元，普通股股利年增长率为4%，企业所得税税率为25%。计算该公司债券融资和股票融资的资金成本各是多少。

思考题

1. 简述股票、债券的概念、特点和种类。
2. 简述优先股的优缺点，以及我国优先股市场的现状。
3. 阐述欧洲债券和外国债券之间的异同。
4. 证券市场各主体分别是什么？简要论述各主体之间的联系。
5. 论述证券（股票、债券）发售方式的优缺点，发售时机和条件的影响因素。
6. 比较证券发行的注册制和核准制。
7. 股票融资、债券融资与信贷融资各有哪些特点？
8. 证券融资有哪些风险？应如何防范？
9. 简述你对“全面实行注册制在中国资本市场改革发展进程中具有里程碑意义”的理解。

第 3 篇

投　资

第8章

项目投资

学习目标

- 了解项目投资的概念和特征
- 明确项目、投资项目、项目投资的区别和联系
- 了解投资项目发展周期
- 掌握项目投资市场调查与预测、项目投资成本分析、项目投资条件评价等的具体内容和方法

8.1 项目投资概述

8.1.1 项目及其特征

关于项目的定义与特征，目前还没有完全统一的认识。下面介绍几种具有代表性的观点。

1. 美国项目管理协会（Project Management Institute，PMI）的观点。《项目管理知识体系指南》第六版中称："项目是为创造独特的产品、服务或成果而进行的临时性工作。"这个概念对项目的特征做出两点界定：（1）开展项目是为了通过可交付成果达成目标；（2）临时性工作，项目的"临时性"是指项目有明确的起点和终点。

2. 世界银行的观点。《世界银行项目管理》把项目解释为："所谓项目，一般系指同一性质的投资（如设有发电厂和输电线路的水坝）或同一部门内一系列有关或相同的投资，或不同部门内的一系列投资（如城市项目中市区内的住房、交通和供水等）。项目既包括有形的，如土木工程的建设和设备提供；也包括无形的，如社会制度改进、政策的调整和管理人员的培训等。"①

① 《世界银行项目管理》编写组．世界银行项目管理．北京：中国财政经济出版社，1983.

3. 美国学者约翰·本的观点。他指出，项目是在一定时间里，在预算规定范围内需达到预定质量水平的一次性任务。①

4. 西方一般经济管理辞书和著作的观点。美国《管理手册》的作者认为项目的特征包括以下几个方面：（1）是为了达到一定的目标，有明确的时间和预算约束的复杂活动，这种活动需要多方面相互协作才能完成。（2）是一项独特的、不完全重复以前的活动。（3）有确定的寿命，通常包括六个阶段：构想、评价、设计、开发或建设、应用、后评价。

综上所述，项目的定义虽然具体表达形式不同，但本质内容基本相同，区别只在于对具体特征的认识。项目除了有明确的目标，还要受一定条件的约束。首先要有一定的质量要求，其次要有明确的起点和终点时间规划，最后要有资源（投资）限定。

通常来说，重大项目是指符合我国产业发展导向，对我国经济社会发展具有重大影响和带动作用，投资规模较大，并按规定程序列入年度重大项目计划的固定资产投资项目。党中央特别重视重大项目的带动作用，习近平总书记强调，"把实体经济特别是制造业做强做优，发挥重大投资项目带动作用"②。党的二十大报告也提出，"健全现代文化产业体系和市场体系，实施重大文化产业项目带动战略"，"加快实施一批具有战略性全局性前瞻性的国家重大科技项目，增强自主创新能力"。制造业、文化和科技等领域的重大项目的高质量建设，可促进我国经济的高质量发展。

8.1.2 投资项目与项目投资

在我国，一般而言，建设项目是固定资产投资项目的简称，既包括基本建设项目，也包括技术改造项目（或称更新改造项目）。

建设项目具备项目的特征，即有质量、工期和投资条件的约束，又具备与其他项目不同的特点，归纳为以下几点。

1. 一次性。基本建设项目是一次性项目，就其成果来看具有单件性特征，投资额特别大，所以在建设中需尽量争取成功。

2. 建设周期长。在很长时间内，基本建设项目只消耗人力、物力、财力，而无法提供任何产品，因此项目的财务风险较高。

3. 整体性强。每个基本建设项目都有独立的设计文件，在总体设计范围内，各单项工程具有不可分割的联系，一些大的项目还有许多配套工程，缺一不可。这就要求基本建设工作具有连续性，一旦开工，就不能中断，个别工程的拖延将影响整体工程进度。

4. 产品具有固定性。基本建设产品的固定性及独特性，使得其设计相对单一，

---

① 中国工业科技管理大连培训中心．项目管理．北京：企业管理出版社，1986.

② 习近平在山西考察时强调 全面建成小康社会 乘势而上书写新时代中国特色社会主义新篇章．(2020-05-12)．人民网．

不能成批生产（建设），实施也较为复杂，且受环境影响大，管理复杂。

5. 协作要求高。基本建设项目在规模上比一般工业产品大得多，协作要求高，涉及相关行业多，协调控制难度大。

明确建设项目的含义后，投资项目的概念就不难理解了。建设项目是以实物形态来观察项目的运动规律。一方面，实物具有差异性，因此千差万别的建设项目带来管理的单一性和复杂多变性；另一方面，实物又具有同一性，不同的建设项目都离不开投资——价值的同一性。投资项目就是从建设项目的差异性中抽象出价值的同一性，以便从资金的角度观察项目，形成围绕资金管理实施的投资项目管理。

项目投资是投资主体（投资者）将投资项目作为目标或标的物以获取投资收益或社会效益的投资活动。

8.1.3 投资项目发展周期

投资项目发展周期，是人们在长期投资建设的实践、认识、再实践、再认识的过程中，对理论和实践的高度概括和总结。一般来说，投资建设一个项目，按照其自身推进发展规律，都要经过投资前、投资和生产或使用时期，这三个时期又可分为若干个阶段。项目投资侧重研究投资前期所涉及的内容，投资前期即从项目设想到项目研究和决策这一段时间，这一阶段在项目投资中具有决定性作用。这一段时间的核心内容是从宏观和微观角度，对项目进行全方位科学论证和评估决策。项目的投资规模、项目建设对区域乃至国民经济的影响、产业类型、资金筹措融通方式、技术和设备选型等问题都在这一阶段解决。从总体上看，这一阶段的最终目标是使投资项目决策科学化，避免错误决策带来的投资损失，为项目的实施奠定基础。2023 年 4 月国家发展改革委发布《投资项目可行性研究报告编写大纲》，该编写大纲坚持以人民为中心的发展思想，更加注重发挥宏观战略、发展规划和产业政策的引领作用，同时，立足投资项目全生命周期管理，研究借鉴可持续发展要求，具体围绕投资项目建设必要性（包括需求可靠性维度）、方案可行性（包括要素保障性、工程可行性、运营有效性、财务合理性和影响可持续性五个维度）及风险可控性（包括各类风险管控方案）三大目标，将绿色发展、自主创新、共同富裕、国家安全、风险管理等理念以及投资建设数字化等要求融入可行性研究，推动建立适应高质量发展的投资项目可行性研究制度规范，提升我国投资项目前期论证的质量和水平，从而实现投资高质量发展。

本章和第 9 章将对从项目的投资设想到投资项目决策过程所涉及的内容进行研究。

8.2 项目投资的市场调查与预测

8.2.1 市场调查

一、市场调查的内容

市场调查，就是运用科学的方法，有目的、有计划、系统地收集、整理和分析有关投资决策方面的信息，帮助决策人员了解客观环境，把握投资机遇，制定和评价可供选择的投资方案，为市场预测和投资决策提供重要的依据。

投资活动中的市场调查和市场预测是在项目可行性研究中进行的，包括拟建项目产出物国内外供求情况调查和发展趋势预测、价格分析和销售分析等，因此，市场调查、市场分析和预测是项目可行性研究的重要组成部分。由于项目可行性研究可以分为投资机会研究、初步可行性研究、详细可行性研究三个阶段，与其相对应的市场调查和预测也逐步深入，最后集中对一个或几个重点考察的投资方案进行市场研究。

从投资项目的决策方面考虑，市场调查的主要内容可归纳为三大类，即投资环境因素调查、投资产品需求调查和投资决策因素调查。

1. 投资环境因素调查。构成投资环境的因素是多方面的，大致可分为政治及法律环境、社会文化环境、科学技术环境和经济竞争环境等。

(1) 政治及法律环境。主要是了解国家所制定的政策和法规对项目投资的影响，与此同时，还要注意法律体系是否健全、执法是否公平公正、商业合同是否有法律保障等。

(2) 社会文化环境。主要是调查居民受教育程度、职业、民族、宗教信仰、道德风俗、生活习惯、审美观念、家庭组织规模等。社会是否安定、治安是否良好、人们的综合素质高低，是影响投资环境的重要方面。

(3) 科学技术环境。主要是了解与投资项目有关的新技术、新工艺、新材料的发展现状和趋势，以及它们的应用推广情况。

(4) 经济竞争环境。经济环境方面主要是调查当地的工农业生产水平，自然资源与能源，国民生产总值和国民收入，基本建设投资规模，人口数量及其构成与分布，劳动力技能，居民收入，消费结构以及商业、服务业、对外贸易的发展状况等。竞争环境主要调查投资行业内部现有企业规模、生产能力、各自市场份额、技术水平、产品方向、定价策略、销售网点、售后服务等方面的信息等。

2. 投资产品需求调查。不同类型的产品满足不同的消费需求，需要用不同的方法进行市场调查，了解的侧重点也有所不同。

(1) 产品用途调查。产品按其直接用途可分为最终产品、中间产品和资本货物。最终产品将退出生产领域，进入消费领域；中间产品将成为生产的劳动对象；资本货物将作为生产的劳动资料。在对产品用途初步界定的基础上，应进一步分析项目产出物的使用特性，对于既有产品、革新产品和换代产品，主要考察市场上的同类产品；对于完全创新的产品，主要考察其原型产品、产品功能或试销情况。产品用途调查的目的在于判断产品可能的去向，了解产品的当前用户和潜在用户，计算产品社会保有率。

(2) 相关产品调查。某种产品的相关产品有两类：一类是互补产品，如汽油是汽车的互补产品，它们的使用价值具有层次性，供求具有同向变动的趋势；另一类是替代产品，如摩托车是汽车的替代产品，它们的使用价值具有相似性，供求具有反向变动的趋势。鉴于相关产品的上述特点，市场调查需要了解项目产出物的相关产品的种类、销量和价格的历史数据以及当前市场供求状况。相关产品调查的目的在于分析相关产品与项目产出物的相关程度及前者对后者的影响状况。

(3) 生产能力调查。产品生产能力可分为设计生产能力和实际生产能力，二者都有一定的时点界限。以当前时点为限，设计生产能力指现有生产者理论上的产量；实际生产能力指现有生产者的最大生产量。二者之间的关系如下：

实际生产能力＝设计生产能力＋挖潜改造增加的生产能力
－报废的生产能力－未达产的生产能力

当前实际产量与当前实际生产能力之比是生产能力利用率，这一指标在一定程度上反映了当前市场供求状况。生产能力调查一般包括对在建生产能力和拟建生产能力的调查，用于推算以未来某一时点为限的实际生产能力，这实际上是预测产品未来的供给潜力。

(4) 产量和销量调查。产量代表产品供给，销量代表产品需求，市场机制主要通过价格的变化实现产量与销量的均衡。考虑到库存变动及进出口状况，国内市场销量与产品国内产量的关系如下：

产量＝终端销量＋净出口量＋库存净增加量

对产品产量和销量的调查一般包括对其历史数据和结构数据的调查，计量形式分为价值形式和实物形式。

(5) 价格调查。拟建项目可以采用不同的销售渠道，具体销售方式可分为直销、经销、代销和包销等，对于不同的销售渠道，产品相应地有不同的销售价格。对产品的价格调查包括对价格历史数据和结构数据的调查。

(6) 国外市场调查。国外市场调查的内容是国内市场调查内容在空间范围上的延展，其特殊性在于，还应考察外汇市场和汇率变动、我国及相关国家的外贸体制、国际贸易体系和国际惯例、典型的国际市场和商品交易等。

3. 投资决策因素调查。投资项目要想实现预期的经济效益，必须在全面客观地了解投资环境的基础上，了解投资决策因素方面有哪些可供选择的方案及每种方案的利弊得失，以实现适应投资环境发展变化、趋利避害的目的。投资决策因素调查主要包括以下方面。

(1) 投资形式。企业可以单独承担一个投资项目，也可以采取合资合作的形式开发一个投资项目。与投资形式密切相关的是资金的来源问题。

(2) 投资时机。国家经济政策和宏观调控手段对投资项目的影响是显而易见的。不同时期，国家经济建设总方针和产业政策直接影响到投资项目能否实施，以及未来能否实现预期的经济效益。投资决策因素还包括投资规模和投资地点。

二、市场调查的方法

国内外进行市场调查的方法很多，基本分类大致有以下两种。

1. 按调查方法的性质分为定量调查和定性调查。定量调查一般要调查经济现象的数量特征，给出调查的数量结果；定性调查则一般侧重于反映经济现象的属性特征和现象之间的关系，或那些难以用数量表示的现象。

2. 按调查方法的形式分为征询调查法、专家调查法和统计调查法。征询调查法主要是指征求产品使用者（或消费者）的意见，一般采用邮寄调查表、现场采访等方式，多用于商品交易的市场调查。投资项目的市场调查虽然具有一般市场调查的共同点，但又具有为项目可行性研究服务的特殊性，因而尤其注重专家调查法和统计调查法。

拓展阅读

宇通客车“一国一策、一城一策”的海外市场策略

2023年是共建“一带一路”倡议提出10周年，宇通客车作为中国制造业的代表企业，乘着“一带一路”的东风，捷报频传。截至2022年底，宇通客车已累计出口海外各类客车超86 000辆，其中“一带一路”共建国家占比80%。宇通客车在海外市场拥有8大海外配件中心库，并认证和授权了230余家服务站和350余个服务网点。

宇通客车的成功离不开“一国一策、一城一策”的海外市场策略，即宇通客车在开发每一个市场之前，都会进行充分调研、规划，针对不同的市场环境和客户特点，制定适应市场、客户的销售及产品策略、服务配件保障模式和管理方法，提升品牌美誉度，实现良性循环。

具体来看：（1）中南美、中东等发展中国家。这些地区的客户主要看重性价比，既要满足日常使用需求，又要有良好的客户关系。（2）美国和印度市场。这两个市场的共同点是贸易壁垒高，比如美国市场要求公交车和校车等实现60%的本地化才能获得补贴销售。宇通客车在这两个市场投入较少。（3）欧洲市场。欧洲客户主要看重两方面，一是产品的可靠性和安全性，二是综合解决方案，包括融资方案、发运方案、售后服务方案（配件服务的及时性）等。考虑到欧洲客户不看重价格，且宇通客车的背景不及奔驰等老品牌，宇通客车有针对性地利用售后服务和配件供应及时性的优势来获取海外客户的信任。具体来看，在欧洲市场，宇通客车先从城际车市场切入，然后是校车市场，最后是旅游大巴市场。因为城际车或者校车的线路是固定的，宇通客车通过对固定路线布点，可以实现高质量的售后服务和建立高效的配件网络，而旅游大巴的线路不固定，需要初始投入大量资金、增设服务和配件网络，因此，旅游大巴市场并不适合最先布局。

8.2.2 市场预测

一、市场预测的含义

市场预测，就是在市场调查所取得的各种信息和资料的基础上，经过分析研究，运用科学的方法进行推算，根据过去和现在预测未来，对未来一定时期内市场发展的趋势和状况做出正确的估计和判断。

一切投资项目在建设期间及建成投产后的生产、分配、交换、消费各个环节都要通过市场来连接，一切建设活动的最终经济效果都要在市场上反映出来。所以，做好市场预测，对合理确定投资规模、调整投资结构、提高投资效益和决策水平都是十分重要的。

二、市场预测的程序

第一步，确定预测目标。明确预测什么、预测多长时间、预测多大范围、达到什么目标。

第二步，收集整理资料。

第三步，选择预测方法。

第四步，进行分析预测。

第五步，修正预测数值。为保证预测数值的准确性和完整性，应对已取得的预测数值进行适当的修正，全面分析相关的各种因素。对预测过程中尚未考虑或忽略的相关因素，应具体分析其影响，在修正预测结果时予以考虑，以提高预测的精度。

三、市场预测的方法

市场预测的方法构成参见图 8-1（具体预测方法参考相关图书资料）。

- 市场预测方法
  - 直观法
    - 调查综合法
    - 指标判断法
    - 国际比较法
  - 时间序列法
    - 移动平均法
    - 指数平滑法
    - 时间回归法
    - 季节周期法
  - 回归分析法
    - 一元线性回归法
    - 多元线性回归法
    - 一元非线性回归法
    - 多项式回归法
  - 国际市场预测法

图 8-1 市场预测方法

8.3 项目投资成本分析

8.3.1 机会成本与沉没成本

一、机会成本

1. 机会成本的概念。机会成本是决策分析中经常使用的一个特定成本概念。在决策分析过程中，从多个备选方案中选取最优方案而放弃次优方案，放弃次优方案所能取得的利益称为损失。这种由于放弃次优方案而损失的潜在利益就是选取最优方案的机会成本。例如，投资者手中有10 000元现金，他可以购买股票，也可以购买机器设备进行生产，当他用10 000元购买机器设备时，他就丧失了购买股票所能带来的收益，那么购买10 000元股票所能带来的收益就是投资者用此10 000元购买机器设备的机会成本。因此投资者在决策过程中应在最优方案的收益中对机会成本给予补偿，这样才能对最优方案的经济效益作全面合理的评价。机会成本虽然不构成一般意义上的成本，不构成企业的实际支出，也不产生实际财务损失，但它是决策者进行正确决策必须考虑的现实因素。忽视机会成本可能使决策分析出现失误。

2. 机会成本的计算。在决策中，如有A，B两方案可供选择，若采取A方案而放弃B方案，则应以B方案的预期收益作为A方案的机会成本，然后再比较方案A，B的差别收入与差别成本。A，B，C三个方案的比选决策也是如此。

【例8-1】

某企业有一笔闲置资金，如果用来购买设备，当年可盈利70 000元，也可存入银行，每年得到利息50 000元。如果购买先进设备，就会损失存入银行的利息50 000元，50 000元即为购买设备的机会成本。同理，若将这笔资金存入银行，就会损失因购买设备可获得的利润70 000元，70 000元即为存入银行的机会成本。很显然，决策者会选择机会成本小的方案，即用这笔钱购买设备，获利70 000元。

【例8-2】

某企业决定购买一台机床，价格为50 000元。原有一台旧机床，账面价值为4 000元。旧机床可以作价4 000元与新机床交换；也可直接出售，得现金2 000元。如果企业采取前一种做法，则新机床的成本为46 000元（50 000—4 000），机会成本为出售机床所得的2 000元。

【例8-3】

某公司如果将制作某组合件的厂房改为另一种新的产品生产线，可获得50 000元的收益，其他具体数据如表8-1所示。

表8-1 某公司成本数据

单位：元

	自制	外购
外购成本		168 000
自制成本	128 000	
机会成本（因未设新产品生产线而丧失的收益）	50 000	
成本合计	178 000	168 000

考虑到自制某组合件的机会成本相对较高，公司自制该组合件不如外购经济。

二、沉没成本

沉没成本，是指由于过去的决策发生的，不能由现在或将来的任何决策改变的成本。它存在于会计账簿中，也称账面价格。例如，某企业过去为增加新品种而支付的材料、工资等费用就是新产品的沉没成本。又如，企业以前购置一台机器设备，原价 10 000 元，这项开支已经发生，因此这 10 000 元也称为沉没成本。由于沉没成本不会因现在或将来的决策而改变，因此在投资项目决策中分析未来经济活动时不需要考虑。

8.3.2 资金的时间价值

一、概述

通常情况下，随着时间的推移，资金会增值。即使在不考虑风险和通货膨胀的前提下，今天的 1 元钱与明天的 1 元钱在价值上也是不相等的，后者要大于前者。资金所有者因进行某项投资活动（例如，开办企业、购买股票和债券、去银行存款、借出款项等）而推迟当前消费，就要得到相应的补偿。这种因推迟货币使用而得到的相应补偿就是资金的时间价值。

资金的时间价值用绝对表示法可以表示为资金在生产经营过程中的增值额。

资金的时间价值是客观存在的经济范畴，越来越多的企业在生产经营决策中将其作为一个重要因素来考虑。

二、资金时间价值的计算

1. 复利计算。资金的时间价值一般用复利方法来计算。在复利方法下，本金能生利，利息在下期转列为本金与原来的本金一起计息，即所谓的“利滚利”。

(1) 终值。终值就是若干期（一期一般指 1 年）后包括本金（或投资额）和利息在内的未来价值，也称本利和。终值的计算公式为：

$$FV_n=PV(1+i)^n \tag{8-1}$$

式中，FV_n为复利终值；PV 为复利现值；i 为利息率；n 为计息期数。

$(1+i)^n$为复利终值系数，可用 $FVIF_{i,n}$表示，因此复利终值公式为：

$$FV_n=PV\times FVIF_{i,n} \tag{8-2}$$

$FVIF_{i,n}$的数值可以通过查阅复利终值系数表得到。复利终值系数表以本金 1 元按各种利率计算出各期复利终值，以该终值作为复利终值系数。表中 i 和 n 的范围以及 i 的详细程度可按实际需要而定。

【例 8-4】

将 100 元存入银行，利息率为 11%，求 5 年后的本利和。

$$\begin{aligned}FV_5&=100\times(1+11\%)^5\\&=100\times FVIF_{11\%,5}\\&=100\times 1.685\\&=168.50(\text{元})\end{aligned}$$

（2）现值。复利现值就是按复利方式计算的以后若干时期一定数量资金现在的价值。现值的计算公式为：

$$PV=\frac{FV_n}{(1+i)^n}$$
$$=FV_n\frac{1}{(1+i)^n} \quad (8-3)$$

式中，$\frac{1}{(1+i)^n}$为复利现值系数，可用$PVIF_{i,n}$表示，因此复利现值公式为：

$$PV=FV_n\times PVIF_{i,n} \quad (8-4)$$

$PVIF_{i,n}$的数值可以通过查阅复利现值系数表得到。

【例8-5】

若要在两年后得到800元，年利率为11%，现在应存入多少现金？

$$PV=FV_n\times\frac{1}{(1+11\%)^2}$$
$$=FV_2\times PVIF_{11\%,2}$$
$$=800\times 0.812$$
$$=649.60（元）$$

2. 不等额系列付款的计算。在实际管理中，通常每次收入或付出的款项不等。不同时间的各次付款换算的终值之和称为不等额系列付款的终值。

假设A_0为第0年末的付款，A_1为第1年末的付款，依此类推，则其终值公式可用图8-2表示。

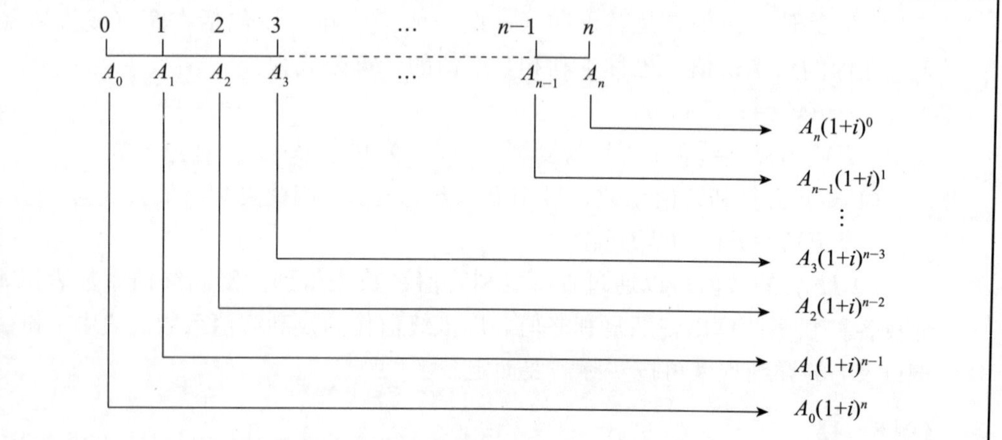

图8-2　不等额系列付款终值计算图

由图8-2得到计算不等额系列付款终值的公式为：

$$FVA_n=A_0(1+i)^n+A_1(1+i)^{n-1}+\cdots+A_{n-1}(1+i)^1+A_n(1+i)^0$$
$$=\sum_{t=0}^{n}A_t(1+i)^{n-t} \quad (8-5)$$

【例 8-6】

某笔不等额系列付款如表 8-2 所示，利率为 8%，求这笔不等额系列付款的终值。

表 8-2 不等额系列付款数据

年 (t)	0	1	2	3	4
付款额（元）	100	200	300	200	400

其终值可由式（8-5）求得。

$$FVA_n = A_0(1+i)^n + A_1(1+i)^{n-1} + \cdots + A_{n-1}(1+i)^1 + A_n(1+i)^0$$
$$=100\times FVIF_{8\%,4}+200\times FVIF_{8\%,3}+300\times FVIF_{8\%,2}$$
$$+200\times FVIF_{8\%,1}+400\times FVIF_{8\%,0}$$
$$=100\times 1.36+200\times 1.26+300\times 1.166+200\times 1.08+400$$
$$=1\ 353.80(\text{元})$$

不同时间的不等额各次付款换算成现值之和，称为不等额系列付款现值，其现值公式可用图 8-3 表示。

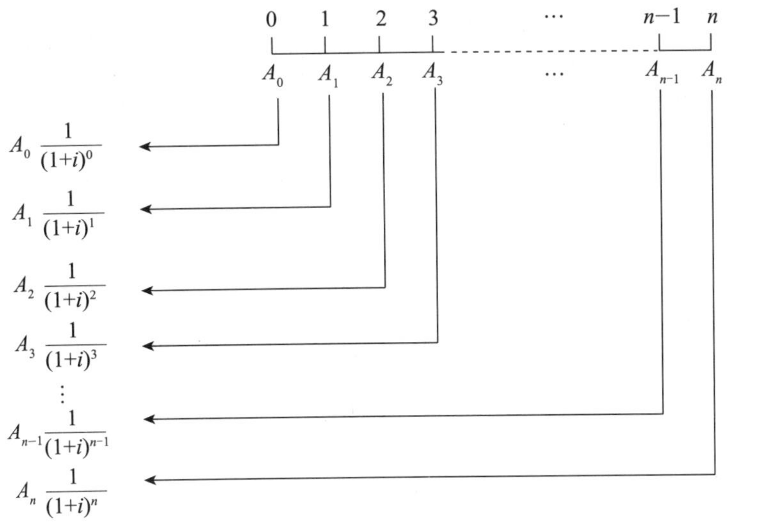

图 8-3 不等额系列付款现值计算图

由图 8-3 得到计算不等额系列付款现值的公式为：

$$PVA_0 = A_0\frac{1}{(1+i)^0} + A_1\frac{1}{(1+i)^1} + \cdots + A_n\frac{1}{(1+i)^n}$$
$$= \sum_{t=0}^{n} A_t\frac{1}{(1+i)^t} \qquad (8-6)$$

【例 8-7】

某笔不等额系列付款如表 8-3 所示，利率为 8%，求这笔不等额系列付款的现值。

这笔不等额系列付款的现值可由式（8－6）求得。

$$
\begin{aligned}
PVA_0 &= A_0\frac{1}{(1+i)^0}+A_1\frac{1}{(1+i)^1}+A_2\frac{1}{(1+i)^2}+A_3\frac{1}{(1+i)^3}+A_4\frac{1}{(1+i)^4}\\
&= 100\times PVIF_{8\%,0}+200\times PVIF_{8\%,1}+300\times PVIF_{8\%,2}\\
&\quad +200\times PVIF_{8\%,3}+400\times PVIF_{8\%,4}\\
&= 100\times 1+200\times 0.926+300\times 0.857+200\times 0.794+400\times 0.735\\
&= 100+185.20+257.10+158.80+294\\
&= 995.10(\text{元})
\end{aligned}
$$

3. 年金终值的计算。一定时期内，每期等额的系列付款称为年金。在经济生活中，折旧、利息、分期等额存款、保险金等都是年金的具体形式。年金按付款的情况不同，可分为后付年金、先付年金、延期年金和永续年金四种。

（1）后付年金的终值计算。后付年金是指每期期末等额系列付款的年金。后付年金没有第1期的付款，而有第 n 期的付款。后付年金终值的计算方法与不等额系列付款终值的计算方法在原理上相同，唯一不同的是前者是等额付款，后者是不等额付款。

后付年金终值的计算公式可用图 8－4 表示。A 为年金；FVA_n 为后付年金终值。

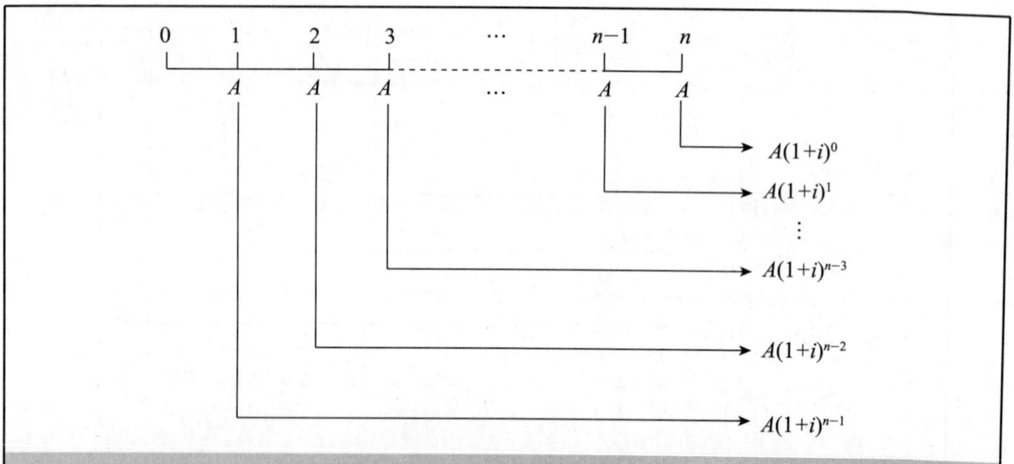

图 8－4 后付年金终值计算图

$$FVA_n=A(1+i)^0+A(1+i)^1+\cdots+A(1+i)^{n-2}+A(1+i)^{n-1} \tag{8-7}$$

式（8－7）两边各乘$(1+i)$，得

$$
\begin{aligned}
FVA_n(1+i) &= A(1+i)^1+A(1+i)^2+\cdots\\
&\quad +A(1+i)^{n-1}+A(1+i)^n
\end{aligned} \tag{8-8}
$$

由式（8－8）减式（8－7）得

$$FVA_n(1+i)-FVA_n=A(1+i)^n-A$$

移项后得

$$FVA_n = A\frac{(1+i)^n - 1}{i} \tag{8-9}$$

可用 $ACF_{i,n} = [(1+i)^n - 1]/i$ 表示年金复利系数或年金复利终值系数，也可通过查年金终值系数表得到。

【例 8-8】

5 年内每年年末存入银行 100 元，存款利率 10%，求第 5 年年末的年金终值。

$$\begin{aligned} FVA_5 &= A \times ACF_{10\%,5} \\ &= A\frac{(1+10\%)^5 - 1}{10\%} \\ &= 100 \times 6.105 \\ &= 610.50(元) \end{aligned}$$

（2）先付年金的终值计算。先付年金是指在每期期初等额系列付款的年金。从图 8-5 可以看出先付年金终值计算和后付年金终值计算的区别，即 n 期先付年金终值要比 n 期后付年金终值多计算一期利息。

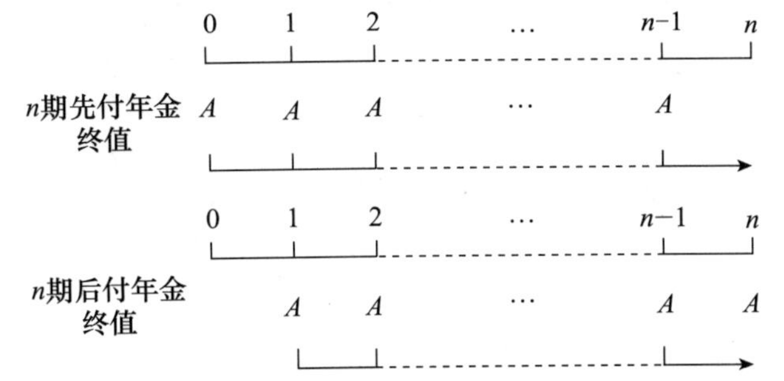

图 8-5　先付年金终值计算和后付年金终值计算的区别

由此可推导出先付年金终值的计算公式为：

$$XFVA_n = A \times ACF_{i,n}(1+i) \tag{8-10}$$

【例 8-9】

每年年初存入银行 100 元，存款利率为 10%，求第 5 年年末的年金终值。

$$\begin{aligned} XFVA_5 &= A \times ACF_{10\%,5} \times (1+10\%) \\ &= 100 \times 6.105 \times (1+10\%) \\ &= 671.55(元) \end{aligned}$$

4. 年金现值的计算。

（1）后付年金的现值计算。后付年金现值就是每期期末等额系列付款的现值之和。仍以 A 代表年金，以 PVA_n 表示年金现值，后付年金现值的计算公式可用图 8-6 表示。

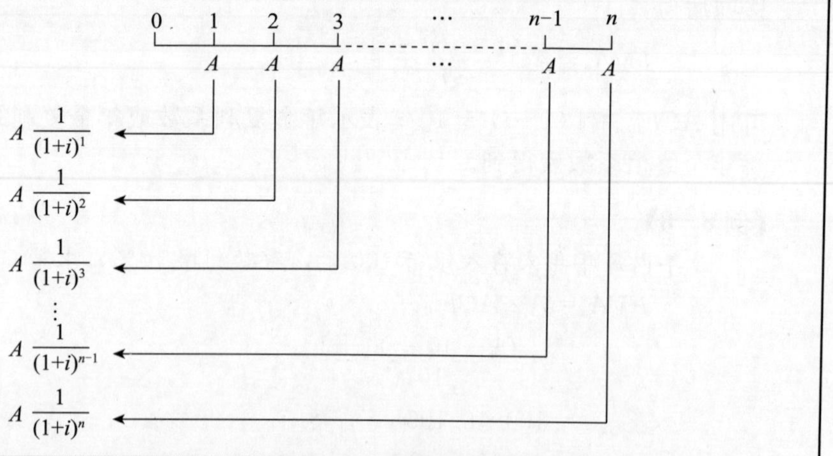

图 8-6　后付年金现值计算图

由图 8-6 可得出后付年金现值的计算公式为：

$$PVA_n = A\frac{1}{(1+i)^1} + A\frac{1}{(1+i)^2} + \cdots + A\frac{1}{(1+i)^n}$$
$$= A\left[\frac{1}{(1+i)^1} + \frac{1}{(1+i)^2} + \cdots + \frac{1}{(1+i)^n}\right]$$
$$= A\sum_{t=1}^{n}\frac{1}{(1+i)^t} \qquad (8-11)$$

式中，$\sum_{t=1}^{n}\frac{1}{(1+i)^t}$ 为年金现值系数，表示为 $ADF_{i,n}$。

$PVA_n = A\sum_{t=1}^{n}\frac{1}{(1+i)^t}$ 仍是一个以 $\frac{1}{1+i}$ 为比值的等比数列，可得

$$PVA_n = A\sum_{t=1}^{n}\frac{1}{(1+i)^t}$$
$$= A\frac{1-\frac{1}{(1+i)^n}}{i}$$
$$= A\frac{(1+i)^n-1}{i(1+i)^n}$$

所以 $ADF_{i,n}$ 可简化为：

$$ADF_{i,n} = \frac{(1+i)^n-1}{i(1+i)^n} \qquad (8-12)$$

【例 8-10】

计划在 5 年内每年年末得到 300 元，存款利率为 11%，现在应存入多少钱？

$$PVA_n = A\frac{(1+i)^n-1}{i(1+i)^n}$$
$$= A\frac{(1+11\%)^5-1}{11\% \times (1+11\%)^5}$$
$$= A \times ADF_{11\%,5}$$

$=300\times3.696$

$=1\ 108.80$(元)

(2) 先付年金的现值计算。从图 8-7 可以看出先付年金现值计算和后付年金现值计算的区别。图 8-7 表明，n 期先付年金现值的计算只比 n 期后付年金现值的计算少贴现一次。因此，可以在计算 n 期后付年金现值的基础上再乘以 $(1+i)$，即得 n 期先付年金的现值计算公式。

$$XPVA_n=A\times ADF_{i,n}\times(1+i) \quad (8-13)$$

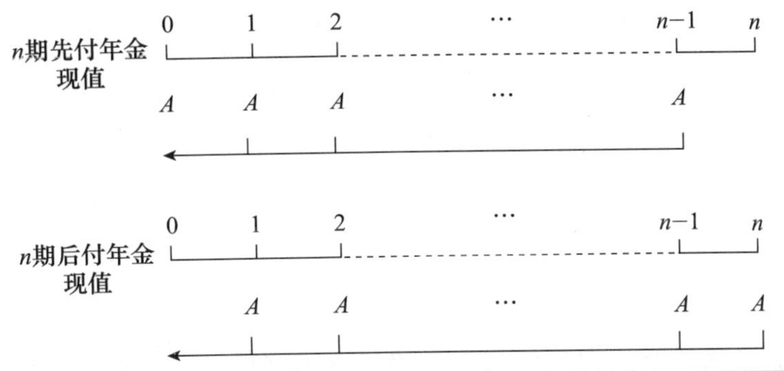

图 8-7 先付年金现值计算和后付年金现值计算的区别

【例 8-11】

某公司决定租用一房屋 5 年，每年年初付租金 8 000 元，存款利率为 10%，该公司现在应筹集多少资金？

$XPVA_n=A\times ADF_{10\%,5}\times(1+10\%)$

$=8\ 000\times3.791\times1.1$

$=33\ 360.80$(元)

(3) 延期年金的现值计算。延期年金现值，即在前 m 期没有付款的情况下，将后 n 期每期期末等额付款贴现至第 1 期期初的现值，具体可用图 8-8 表示。

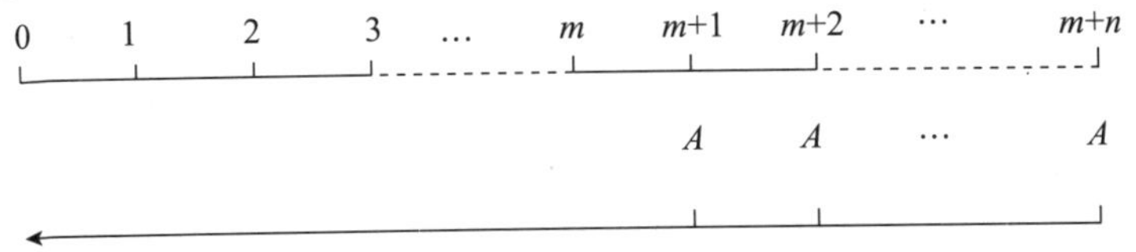

图 8-8 延期年金现值计算图

由图 8-8 可知延期年金现值的计算分为两个过程：先求出延期年金贴现至第 m 期期末的现值，再将其作为终值贴现到第 1 期期初。延期年金现值的计算公式为：

$$V_0=A\times ADF_{i,n}\times PVIF_{i,m} \quad (8-14)$$

【例 8-12】

某企业购买某债券，第3年至第6年年末等额还本付息200元，投资的时间价值为11%，企业应付多少钱购买债券？

该题可表示为图 8-9：

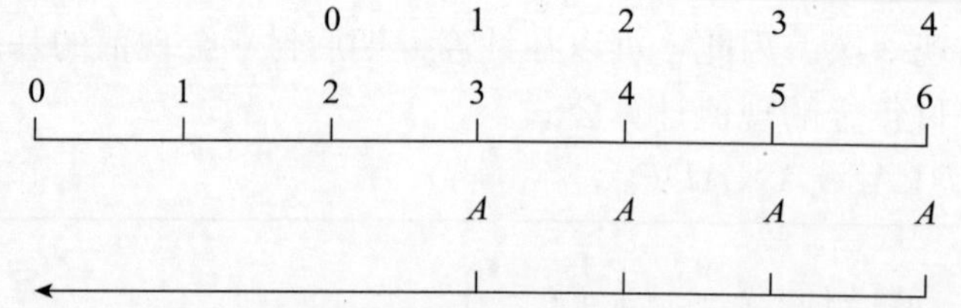

图 8-9 延期年金现值示意图

$$V_0 = A \times ADF_{11\%,4} \times PVIF_{11\%,2}$$
$$= 200 \times 3.102 \times 0.812$$
$$\approx 503.76(\text{元})$$

（4）永续年金的现值计算。永续年金不多见，一般在战争年代或国家急需用钱的时候使用。因为永续年金是无限期的，所以 $n \to \infty$，则

$$ADF_{i,n} = \frac{(1+i)^n - 1}{i(1+i)^n} \to \frac{1}{i}$$

由此，永续年金的现值计算公式为：

$$V_0 = \frac{A}{i} \tag{8-15}$$

【例 8-13】

政府发行一种无到期期限的债券，每年支付利息100元，债券的利息率为10%，求债券的现价。

$$V_0 = \frac{A}{i} = \frac{100}{10\%} = 1\,000(\text{元})$$

5. 资金等额回收。前面讨论了年金终值和现值的计算问题，下面讨论如何在已知利息率和现值的情况下求年金，即资金等额回收问题。其计算公式可以由后付年金现值的计算公式倒推得出。

$$PVA_n = A \times ADF_{i,n}$$

$$A = \frac{PVA_n}{ADF_{i,n}} \tag{8-16}$$

式中，$\frac{1}{ADF_{i,n}}$ 为资本回收系数，用 CRF 表示。

由 $ADF_{i,n} = \frac{(1+i)^n - 1}{i(1+i)^n}$ 可推断出 $CRF_{i,n} = \frac{i(1+i)^n}{(1+i)^n - 1}$。具体数值可以查资本回收系数表（CRF 表）。

【例 8-14】

某企业用分期付款方式购买一房屋，价格为 50 万元。第 1 年年末开始付款，每年还款一次，等额偿还，限期 5 年，借款利率为 10%，每年应还款多少元？

$$A = PVA_n \times CRF_{10\%, 5}$$
$$= 500\ 000 \times 0.263\ 8$$
$$= 131\ 900（元）$$

6. 贴现率的测定。在具体工作中，人们经常碰到已知计息期、年金、终值和现值，求贴现率的问题。可先求出换算系数，然后根据换算系数从相应的系数表中倒推出利息率。

【例 8-15】

企业存入银行 10 000 元，5 年后取出 13 000 元，求银行利率。

$$FV_n = PV_0 \times FVIF_{i, 5}$$

$$FVIF_{i, 5} = \frac{FV_5}{PV_0} = \frac{13\ 000}{10\ 000} = 1.3$$

查复利终值系数表，并无 $FVIF_{i, 5}$，但可查出 $FVIF_{5\%, 5} = 1.276$，$FVIF_{6\%, 5} = 1.338$，用插值法求 $FVIF_{i, 5} = 1.3$。

设 $i = x$，得方程：

$$\frac{x - 5\%}{6\% - 5\%} = \frac{1.3 - 1.276}{1.338 - 1.276}$$

$$x = 0.053\ 87 \approx 5.39\%$$

8.4　项目投资条件评价

投资条件评价，是指在调查研究的基础上，对项目的内外部条件能否满足项目建设和生产的需要及其利弊得失做出评价，以判断项目成功实施的可能性和可靠程度。投资条件评价包括：资源条件评价、投资配套条件评价、投资项目技术评价和环境影响评价。

8.4.1　资源条件评价

项目资源条件评价是根据投资项目的技术经济特点对项目所需资源的各种方案进行分析遴选，在保证项目需要的前提下，促进项目合理有效地利用资源。

资源条件评价通常用多方案比较遴选的比较分析法，即依据经济评价的目的和要求，选取一些具有代表性的指标进行相互比较，判断不同开发利用方案的优劣及其可行性、合理性，从中选出最佳方案。这是一种定性分析和定量分析相结合的方法。定性分析主要看与项目有关的资源开发利用是否符合国家和地区一定时期内的经济发展战略，是否符合国情，是否有利于地区资源优势的发挥和宏观利益与微观利益、长远利益与短期利益的协调，是否有利于促进国家产业结构的调整和生产力布局合理化的实现，等等。定量分析则通过数据形式的指标体系（具体包括经济效益指标体系、社会效益指标体系和环境效益指标体系），从量的规定性上分析评价资源利用的可行性与合理性。

比较分析法又可分为专项比较分析法和综合比较分析法。对于中小型项目或专业性较强的项目一般采用专项比较分析法，就相关资源的某一类效益指标加以评价；对于大型项目多采用综合比较分析法，即系统分析方法，将自然资源和社会环境结合在一起进行分析研究，从系统论的角度出发，分析自然资源的特点、资源开发利用与社会环境的关系和相互影响，寻求资源利用最佳方案。

拓展阅读

从资源条件评价乌兰察布风电基地

乌兰察布风电基地一期于2018年3月获得国家能源局的规划审批，2018年底获得乌兰察布市发改委核准。这是目前全球规模最大的单一陆上风电基地，总投资约425亿元，规划面积超2 000平方千米，建设规模为600万千瓦。从资源条件角度评价，该项目具有明显的优势和较高可行性。

从定性角度看：

1. 该项目符合国家可再生能源发展战略。乌兰察布风电基地建成后，每年将有约200亿度绿色电能输送到京津冀地区，可替代标煤600万吨，减少二氧化碳排放约1 600万吨。

2. 该地区风力资源好，有利于充分发挥地区的资源优势。所在区域的平均风速为7.28～9.6米/秒，风功率密度为370～898瓦/平方米，风电年平均利用小时数达3 500小时，是国内最优质的风电开发场址之一，被誉为“空中三峡”“风电之都”。

3. 离负荷中心近，有利于国家产业结构调整。该项目距离华北地区负荷中心300～600千米，并且已建成内蒙古最密集的输变电网络，是蒙西电网与华北电网的连接地，有利于支持京津冀能源结构调整。

4. 带动上下游，符合地区的长远和宏观利益。风电基地建成后年可实现税收9亿元，可提供约1 000个就业岗位，吸引科研机构、上下游企业在当地建厂或设立研发中心，带动当地风机制造等相关产业投资约50亿元。

从定量角度看：

1. 不需要国家补贴，实现平价上网。由于当地风资源好，风电利用小时数高，风电场盈利能力强。该项目能实现平价上网，不需要国家补贴，每年可减少国家和地方补贴24亿元。

2. 技术水平高，成本低。该项目将采用高分辨率全球气候模型、5G通信、智能巡检机器人等先进技术，结合不同地形优化风机排布，中标机型单机平均容量4.16兆瓦，带动国内陆上风电机组从2.0兆瓦时代迈向4.0兆瓦时代，且故障率控制在0.5%

以内，总运维人数较常规风电场减少50%以上。

该项目原计划于2020年底全容量并网，所发电量通过新建乌兰察布至张北3回500千伏线路，外送至京津冀地区消纳。但截至2023年7月，乌兰察布风电基地仅实现首批120万千瓦就地消纳，工程时间过半、任务过半，进度慢于预期的主要原因是征地难度较大等。因此，该案例说明对项目投资条件进行评价要综合考虑资源条件、投资配套条件、投资项目技术和环境影响这四方面因素，任何条件都缺一不可。

8.4.2 投资配套条件评价

投资配套条件包括公用基础设施以及投资项目外部协作条件两方面。

一、公用基础设施评价

公用基础设施，指除原材料、燃料等主要资源以外的工业生产规划所必需的基础设施，如供电、供水、供热、供气、交通运输、通信等。

公用基础设施评价，首先要分析现有设施利用的可能性。如果项目建设所在地已具备较为完善的基础设施，可满足项目需要，评价时只需在经营成本中计入使用这些设施的成本费用。如果基础设施短缺或紧张，则需增加项目投资，扩大配套工程的建设。对于这些基础设施的评价，重点在于投资分析和产品成本分析，即计算并比较几个方案中投资不同部分的费用和直接影响成本的费用，在公用基础设施可以保证项目长期需求的前提下，选择投资额最少、成本最低的方案。

二、投资项目外部协作条件评价

投资项目外部协作条件评价包括三个方面的内容。

1. 主要生产环节上的外部协作。这种外部协作即生产的专业化分工协作，指企业之间在产品生产过程中，为共同完成产品的各个组成部分或统一生产过程的不同阶段而建立的一种紧密的生产联系。专业化是协作的基础，协作是专业化的条件。专业化把社会生产分为各个独立的组成部分，协作又把这些部分结合成为一个完整的社会生产体系。由于企业各生产环节和设备之间能力的不平衡，通过专业化协作，可以充分利用企业的生产能力，有利于合理组织生产，提高生产技术水平和劳动生产率。对专业化协作条件的评价，主要是分析协作的可能性及其对项目产品和成本的影响。

2. 辅助生产系统及设施上的外部协作。辅助生产系统和设施主要包括供水、供电、变电、供热、供气、机修等系统和设施，它们均可以同时为相邻的多个企业提供服务，充分发挥它们的作用。

3. 服务环节上的外部协作。主要指各项生活服务设施，包括住宅、文化教育设施、卫生设施、金融机构及社会福利设施等的协作。项目所必需的这类设施和服务应尽可能通过在市场购买解决，一能减轻生产经营的沉重负担；二能使生产经营紧凑合理，有利于效率和效益的提高。

拓展阅读

从投资配套条件评价苏州工业园区

2019年12月，中新集团成功在A股上市，它是苏州工业园区的开发主体。苏州工业园区于1994年2月由国务院批准设立，行政区划面积278平方千米，其中，中新合作区80平方千米。中新合作区是中国和新加坡两国政府间的重要合作项目，被誉为“中国改革开放的重要窗口”和“国际合作的成功范例”。我们以苏州工业园区为案例，分析其投资配套条件。

一方面，从公用基础设施来看。园区按照“先规划、后建设”“先地下、后地上”的原则，实现“一张蓝图绘到底”，保持了城市规划建设的高水平和高标准。以绿为脉、以水为魂的园区，绿化覆盖率达45%以上。精心设计的雨水收集和排水系统，令其成为一个没有内涝的园区。同时，园区以“九通一平”为标准，建成发达的城市地下管网和高密度的城市路网，通过立体化多层次的交通枢纽与周边发达的高速公路、高速铁路、城际轨道交通实现无缝对接，打造便捷高效的综合公共交通体系。

另一方面，从园区投资项目的外部协作条件来看：

1. 主要生产环节上，专业化分工明确，产业集群效应明显。2014年，园区形成了以电子信息制造、精密机械制造和现代服务业为“三驾马车”的产业集群。从2014年开始向新兴产业转型，目前，园区构建了具有特色的“2+3+1”产业体系：“2”是指新一代信息技术、高端装备制造两大主导产业，“3”是指生物医药、纳米技术应用、人工智能三大新兴产业，“1”是指现代服务业。同时，园区拥有省级以上研发机构近700家、国家级高新技术企业超过2 500家。未来，园区将立足现有产业基础，整合政府、企业、高校、研究院所、社会资本、金融机构等各方面资源，充分发挥产业集群效应。

2. 辅助生产系统及设施上的外部协作。中新集团的控股子公司中新公用是园区内公用事业服务的主要提供者。目前，中新公用的配套项目包括2座自来水厂、2座污水处理厂、1座燃气厂，供水管网接近1 100千米，污水管网超过800千米，供热管网94千米，固废处理能力3万吨/年，有效满足了各类投资项目的生产和生活需要。

3. 服务环节上的外部协作。引入沃尔玛、家乐福等知名商业品牌10多个，汇集银行、会计、律师等各类专业服务机构100多家。截至2022年底，全区有幼儿园86所、小学17所、初中5所、九年一贯制学校17所、普通高中4所、完全中学1所、十二年一贯制学校2所、特殊教育学校2所、外籍人员子女学校2所、中等职业技术学校1所，全区基础教育段现有在职教职工1.7万余名，全日制在校学生近18万人。截至2022年底，全区有疾病防治中心1家、三级综合医院2家、三级专科医院1家、二级综合医院4家、二级专科医院3家、护理院3家、社区卫生服务中心7个、社区卫生服务站53个、急救站7个、医学检验所12个，卫生技术人员8 800余名，园区通过优化全方位全生命期健康服务，持续构建完善区、街道、社区三级卫生服务网络和15分钟健康服务圈，打造了“一体四翼多支点”的公立医疗服务体系。

得益于完善的配套体系，苏州工业园区获得了快速发展。成立近 30 年以来，园区吸引外资项目超过 5 100 个，实际利用外资超过 380 亿美元，超过 100 家世界 500 强企业在园区内投资项目。2022 年，园区实现地区生产总值 3 516 亿元，同比增长 2.3%；固定资产投资 521.6 亿元，增长 8.7%；社会消费品零售总额 1 097.9 亿元；进出口总额 1 077.9 亿美元。园区成为全国开放程度最高、发展质效最好、创新活力最强、营商环境最优的区域之一，在国家级经开区综合考评中实现七连冠（2016—2022 年），跻身科技部建设世界一流高科技园区行列。

资料来源：苏州工业园区管委会官方网站．中新集团招股说明书．

8.4.3　投资项目技术评价

一、生产规模评价

生产规模通常以预期项目建成后一年内能生产的产品总量来表示，生产规模与生产费用有着内在的联系。选择生产规模直接关系到投资项目的经济效益。首先要从经济规模研究入手，在此基础上确定合理的生产规模。

（一）经济规模的确定

1. 经济规模。规模的经济性是有条件的、相对的。随着生产能力的增强，通过专业化、标准化的大批量生产，单位产品的投资及成本不断降低，但降低的速度在递减。与此同时，由于规模扩大导致的不利因素（如管理复杂度高、效率降低、生产调整转向困难等）则不断递增，导致单位成本下降到某一点后转而上升。因此，理论上在长期平均成本的最低点上进行生产，可以获得最大经济效益，此点的生产规模称为最优经济规模。只盈利而不亏损的规模称为合理经济规模，它通常不是一个点，而是一个区间。经济规模因产业、产品而异，必须根据项目的具体条件和环境，综合多方面因素合理确定。

2. 经济规模的确定方法——盈亏平衡法。对于一般的工业生产项目，可以绘制出如下规模与费用关系图（见图 8－10）。

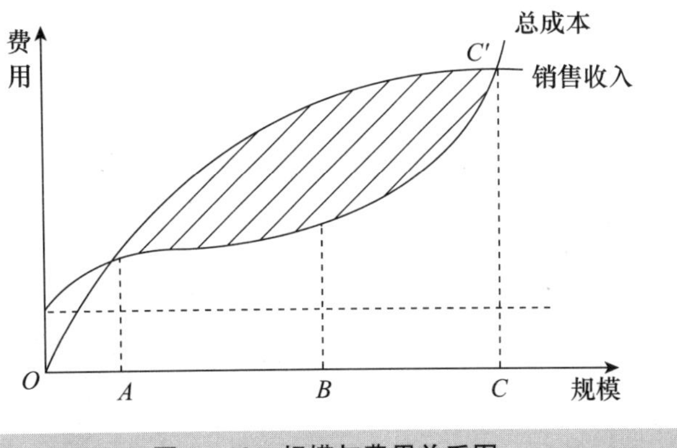

图 8－10　规模与费用关系图

销售收入以递减的速度增加，总成本在规模较小时上升缓慢，到一定规模后，单位产品所含固定成本又会增加，使总成本变化率增大。其结果是：AC为经济规模区（盈利区），B为最佳经济规模点，AC以外为亏损区。可以计算出A，C（盈亏平衡点）两点的产量，称为盈亏临界规模，从而确定经济规模区间。

（二）合理生产规模的确定

正确合理地确定项目生产规模，直接关系到项目的经济效益，对地区或整个国家的经济结构和产业政策也会产生较大的影响。因此，必须对生产规模进行多方案优选。

1. 成本分析法。运用同类企业成本的统计数据，排除其他干扰因素，绘制能大致反映本企业状况的长期平均成本曲线，选取最低点，以此作为确定项目规模的参考。这种方法要求具备大量的同类企业的成本数据。选用同类企业成本的统计数据作为参考，需要特别注意数据的可比性。比如对煤电运营行业而言，不同省份的电厂建造成本差异小，具备较强可比性，但燃料成本的地区差异较大，需要选取同一地区的同类企业成本作为参考。同时，同类企业的成本数据可能因为时间或某些条件的变化而发生根本性变化，从而缺乏可比性，比如水电站建设的移民成本、房地产企业的土地获取成本等。

2. 比较分析法。

（1）盈亏平衡点比较。分别求得各方案的盈亏平衡点，平衡点最低的方案为最优方案。假定A，B两方案产品售价相同，但成本不同，收入与成本曲线如图8-11所示。平衡点产量分别为Q_A和Q_B。显然，只要产量大于Q_A，A方案的经济利润总是大于B方案，故选择A方案。

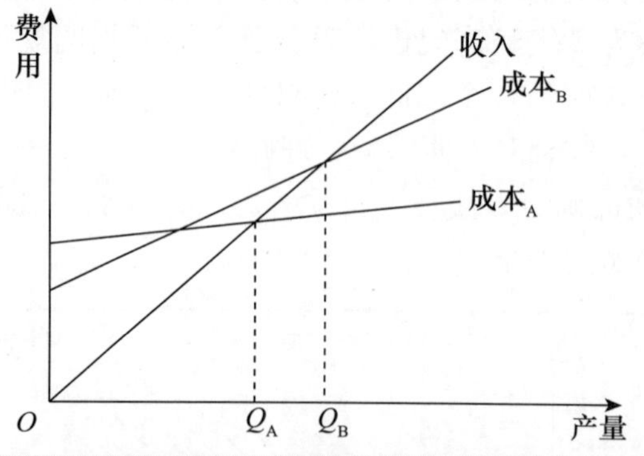

图8-11 收入和成本曲线图

（2）设备和生产线的负荷状况比较。在不同规模方案的比较过程中，高负荷者较低负荷者更符合经济规模。负荷状况主要考虑设备和生产线的生产能力与市场需求的符合状况。如果市场需求以比较固定的速度递增，企业一般采用逐步扩建的方法分期建设生产线，使规模始终与市场需求量大致相适应，保证设备和生产线接近满负荷状态。

二、技术方案评价

技术是从事产品生产的手段，是劳动者根据生产实践的经验积累和自然科学原理发展而成的各种工艺的操作技能和操作方法。项目在技术上的可行性是其在财务和经济上可行性的必要前提。项目技术方案评价，就是依据项目投产后的实际生产需要和可行性研究提供的资料，分析比较拟建项目采用不同技术方案的利弊得失，促使建设项目选择既满足国家产业发展要求，又符合本国资源特点和现有技术水平与经济条件的技术方案。项目技术方案评价主要包括对生产工艺技术和工艺流程、设备选型、厂址等方案的分析评价工作。

（一）生产工艺技术和工艺流程方案评价

工艺，指人们利用生产工具对各种原材料、半成品进行加工或处理，使其成为特定数量合格产品的作业程序和步骤，是技术方案的核心。不同工业部门有不同的工艺要求，这就要求必须针对项目的特点、生产性质和功能，结合产品的质量、成本等因素，经过多方案比较，选出最佳工艺技术和工艺流程方案，也就是在耗用人力和其他各种资源最少的情况下实现预期质量的产品加工、装配流程与制作方法。

工艺技术和工艺流程方案评价方法有以下几种。

1. 工程能力比较法。人、机器、设备、工具、工件是生产过程中的基本组成要素，它们结合构成一个制造系统，即工程。工程能力是使用某工艺稳定地生产某种质量标准的产品的能力，以工程能力指数衡量。指数过小，则方案不能满足要求；指数过大，则可能导致设备浪费，因此指数必须适度。

2. 工艺成本比较法。设总工艺成本 C 由总固定成本 C_f 和总变动成本（$C_v \times Q$）组成（假设年总变动成本与产量呈线性关系，C_v 为单位产品变动成本），则

$$C=C_f+C_v\times Q \tag{8-17}$$

假设待比较的 A，B 两个方案的成本-产量关系如图 8-12、图 8-13 所示。

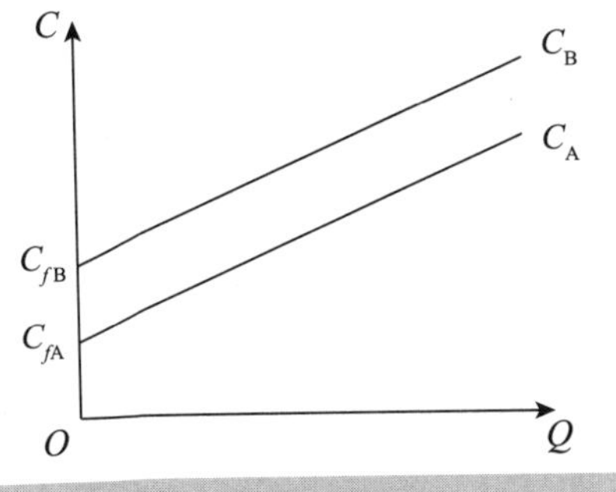

图 8-12　成本-产量关系图（一）

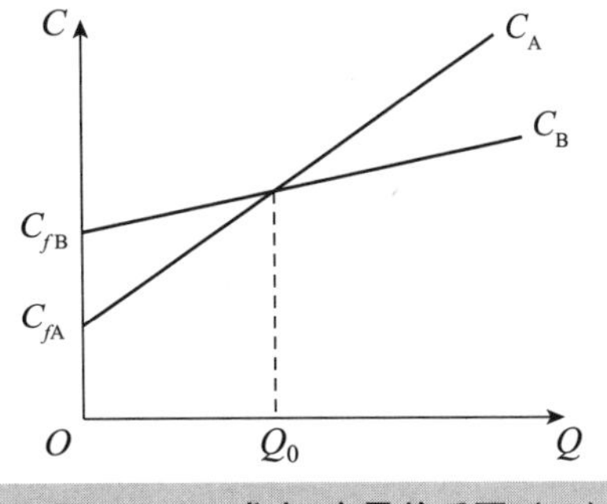

图 8-13　成本-产量关系图（二）

图 8-12、图 8-13 中显示了两个工艺方案比较的两种情形。

（1）图 8-12 表明，任何情况下，A 方案的成本都低于 B 方案，成本线互相平行，A 方案更优。

（2）图 8-13 表明，成本线相交，方案优劣随产量变化而改变：

当 $Q<Q_0$ 时，$C_A<C_B$，A 方案优；

当 $Q>Q_0$ 时，$C_A>C_B$，B 方案优；

当 $Q=Q_0$ 时，$C_A=C_B$，两方案等价。

关键在于临界产量 Q_0 的确定。产量为 Q_0 时 $C_A = C_B$，即

$$C_{fA} + C_{vA} \times Q_0 = C_{fB} + C_{vB} \times Q_0$$

可得

$$Q_0 = \frac{C_{fB} - C_{fA}}{C_{vA} - C_{vB}} \tag{8-18}$$

然后预测出产品产量的变动范围，与 Q_0 比较后选择最佳工艺方案。

3. 劳动环境条件比较法。工艺方案对劳动环境条件，如工人的劳动条件、劳动强度、劳动安全都有直接影响。劳动环境是评价工艺方案优劣的一个重要指标。如果劳动环境不好，通常工人的体力消耗大，劳动生产率也低。

（二）设备选型方案评价

设备是企业为实现其生产目标所要购置、装配的各种机器、机械、运输工具及其他的生产性或非生产性装备，按性能可分为生产设备、辅助设备、服务设备和备用品、用具四大类。设备的选择取决于生产工艺，在生产工艺确定之后，就要根据企业生产规模和工艺过程要求，按照技术上先进、经济上合理的基本原则选择设备的型号和数量，进而进行设备的经济评价。设备的经济评价方法有以下几种。

1. 费用效率分析法，又称生命周期费用法。其计算公式为：

$$\text{费用效率} = \frac{\text{综合效率}}{\text{生命周期费用}} \tag{8-19}$$

综合效率是设备运行全过程的输出，不仅包括生产率，还包括设备的可靠度、维修度、时间可利用率等，通常用生产效率来简化计算。生命周期费用是设备全过程的输入，由设备的设置费和使用费两部分组成。评价时，以费用效率高者为佳。

2. 投资回收期法。投资回收期是企业使用设备获得收益以回收其投资所需的时间。其计算公式为：

$$N = \frac{P}{A} \tag{8-20}$$

式中，N 为设备投资回收期；P 为设备投资总额；A 为年平均收益额。

如果收益额中考虑折旧，则可用投资偿还期作为评价指标。其计算公式为：

$$\text{投资偿还期} = \frac{\text{投资总支出}}{\text{年收益} + \text{年折旧}} \tag{8-21}$$

如果考虑资金的时间价值，则可计算出动态投资回收期。设利息率为 i，当设备使用到第 N 年时，其年平均收益的现值总和正好等于设备的原始投资，N 即为动态投资回收期。其计算公式为：

$$P = \sum_{t=1}^{N} \frac{A}{(1+i)^t} \tag{8-22}$$

在其他条件相同的情况下，回收期越短的方案，投资效果越好。

3. 费用比较法。把设备的最初购置费用与以后每年的使用费用之和进行比较，以费用少者为佳。费用比较法又可分为现值法和年值法。

（1）现值法。将设备的每年平均使用费用换算汇总为设备购置时的币值（即现值），再加上设备初始投资额，求得生命周期内全部费用的现值，然后进行比较。其计算公式为：

$$总现值=设备初始投资额+年平均使用费\times年金现值系数 \tag{8-23}$$

式中，年金现值系数 $ADF_{i,n}=\dfrac{(1+i)^n-1}{i(1+i)^n}$（$i$ 为利息率，n 为设备预期使用年限）。

（2）年值法。将设备购置时的初始投资换算成相当于使用期间每年支出的费用，再加上每年的平均使用费用，得出设备每年应分摊的总费用，据此进行比较。其计算公式为：

$$年费用=设备初始投资额\times资本回收系数+年平均使用费 \tag{8-24}$$

式中，资本回收系数 $CRF_{i,n}=\dfrac{i(1+i)^n}{(1+i)^n-1}$（$i$ 为利息率，n 为设备预期使用年限）。

4. 成本比较法。设备成本也有固定和变动之分，如果把成本与产量近似看成线性关系，则每个方案都可以画出成本-产量曲线图（见图8-14）。如比较A，B两个方案，当预计产量确定时，从图中很容易判断出哪个方案为佳（选择成本小的方案）。

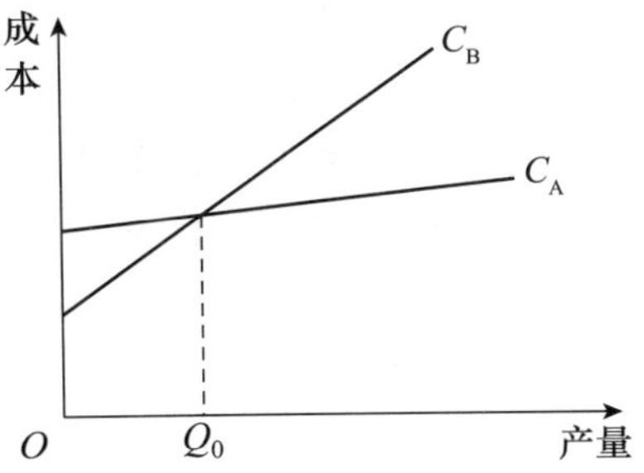

图8-14 成本-产量曲线图

（三）厂址的选择和评价

1. 选择原则。厂址选择，即确定项目的最佳地理位置，这是一项技术性很强的综合性工作。厂址选择是否合理，不仅影响到建设投资和建设速度，而且关系到厂区布置和投产后的生产经营成本、管理费用、产品质量等。

厂址选择必须遵循如下原则：正确处理城市与乡村、生产与生态、工业与农业、生产与生活等各方面的关系，贯彻执行“以城市群、都市圈为依托构建大中小城市协调发展格局，推进以县城为重要载体的城镇化建设”的方针，节约用地，尽量不占耕地、良田，注意环境保护和生态平衡，保护自然风景区和名胜古迹，做到既有利于生产、方便生活，又便于施工。

2. 选择要求。选择厂址最基本的要求大致有以下几个方面。

（1）厂区的地形、地质、地基及占地面积要符合建设要求，满足生产工艺流程的需要。

（2）距离要求。原材料来源和市场销售是选址的关键，厂址应尽量靠近原料产地和消费市场，以缩短运输距离，节省投资，降低成本，提高经济效益。

（3）良好的外部条件。

1）动力条件。

2）运输条件。应靠近运输线，保证交通运输方便。

3）厂际协作条件。协作厂的布置应由地区统一考虑，尽量联合建厂、统一规划，充分发挥各企业的生产能力和潜力，充分利用现有的生活福利、文化教育和商业网点等设施，减少配套工程建设和相关投资。

（4）环境要求。

1）环境对项目的要求。要求拟建项目对其所在地区不造成新的污染，将污染控制在最低限度。

2）项目对环境的要求。各类建设项目都要求具有与各自性质相适应的环境条件。例如，精密仪表企业应建设在气候比较干燥、气温稳定和绿化好的地区。

3）符合国防安全的要求。重要项目不宜选在明显的目标附近，应远离军事和民用机场，避开国际航线。

3. 厂址方案的比较和评价方法。应着重研究拟建项目的生产工艺特点和生产经营对厂址的要求，以及外部条件和四周环境对项目生产经营的影响，在对各种因素进行利弊分析的基础上，对比各个厂址方案，寻找最佳地址。评价方法主要有以下两种。

（1）方案比较法。分别计算方案Ⅰ与方案Ⅱ的追加投资回收期或追加投资比较效益系数，与规定的标准投资回收期和标准投资比较效益系数相比较，选择最优方案。

追加投资回收期（T）的计算公式为：

$$T=\frac{K_2-K_1}{C_1-C_2} \tag{8-25}$$

式中，K_1，K_2为方案Ⅰ和方案Ⅱ的建设投资，且$K_2>K_1$；C_1，C_2为方案Ⅰ和方案Ⅱ的年产品成本或年经营费用，且$C_1>C_2$。

追加投资比较效益系数（E）的计算公式为：

$$E=\frac{C_1-C_2}{K_2-K_1} \tag{8-26}$$

追加投资回收期表示，方案Ⅱ与方案Ⅰ比较，其多花的投资用生产成本节约额来补偿所需的时间。如果追加投资回收期比规定的标准回收期短，或追加投资比较效益系数高于规定的标准系数，则投资多的方案Ⅱ是合理的。尽管要追加一些投资，但由于每年有更多的成本节约额，因此可使投资较快地收回，反之则应选择方案Ⅰ。

（2）分等加权法。又称评分优选法，其主要步骤是：列出所有认为应该予以考虑的影响因素，作为进行比较的主要指标；按照各个指标的重要程度确定其权数，同时，将各方案的评价指标根据实际条件分别列出评价值；将权数与相对应的评价值相乘，得到指标评价分并进行汇总。总分最高者为最优方案。

$$方案总分值=\sum_{i=1}^{n}P_iW_i \tag{8-27}$$

式中，i 为评价指标；P_i 为指标评价值；W_i 为指标的权数。

8.4.4　环境影响评价

一、建设项目对环境的污染

环境是人类生存空间的自然条件，随着社会的发展，人类对环境产生的积极和消极作用也在不断增强。改革开放以来，我国经济高速发展，但也给自然环境带来不同程度的损害甚至破坏。十八大以来，党中央把生态文明建设作为关系中华民族永续发展的根本大计，开展了一系列开创性工作，决心之大、力度之大、成效之大前所未有，生态文明建设从理论到实践都发生了历史性、转折性、全局性变化，美丽中国建设迈出重大步伐，但我国生态环境保护结构性、根源性、趋势性压力尚未根本缓解。对此，习近平总书记强调："今后 5 年是美丽中国建设的重要时期，要深入贯彻新时代中国特色社会主义生态文明思想，坚持以人民为中心，牢固树立和践行绿水青山就是金山银山的理念，把建设美丽中国摆在强国建设、民族复兴的突出位置，推动城乡人居环境明显改善、美丽中国建设取得显著成效，以高品质生态环境支撑高质量发展，加快推进人与自然和谐共生的现代化。"①

建设一个项目，必然会对周围环境产生各方面的影响。污染源可能来自工业生产的三个方面：一是有害环境的生产投入物，如有毒或易爆的投入物；二是有害环境的废水、废渣、废气、噪声等生产排放物；三是有害环境的产出物，如某些肥料、农药等。

污染物对环境的影响成为项目可行性研究中的一项重要内容，在很大程度上影响了项目的可行性和可靠程度。

二、环境影响评价的概念及意义

环境影响评价是项目投资条件评价中不可缺少的一部分，亦称环境质量预断评价，指在一项工程动工兴建之前对它的选址、设计以及在建设施工过程中和建成投产后可能对环境造成的影响进行预测和评价，为工程决策提供科学依据，并提出预防环境污染的措施，评价环境保护措施的可行性与合理性。

环境影响评价对于项目的可行性研究具有重要的意义。

1. 在建厂之前就考虑可能出现的环境污染问题。
2. 为确定厂址提供科学依据。
3. 为确定合理的环境保护措施、加强项目的科学管理提供依据。

三、环境影响评价的主要内容

环境影响评价大致分三个阶段进行。

---

① 习近平在全国生态环境保护大会上强调 全面推进美丽中国建设 加快推进人与自然和谐共生的现代化．(2023－07－18)．人民网．

1. 开发区及周围的环境现状分析。掌握项目所在地的自然环境总体状况，掌握开发区的社会、经济状况，在现状分析的基础上，从景观价值、生活或生产场所的适宜性以及防灾缓冲能力等方面，确定建设项目在环境保护方面应当设立的目标。

2. 建设活动对环境影响的预测和评价。分析建设活动可能给周围的环境带来哪些影响，性质如何，范围多大，程度怎样，根据预计产生的污染量预测在各种安全率下环境变化的情况，评价建设项目投产前后该地区环境质量、环境功能的变化和发展趋势。

3. 建设活动对环境影响的对策分析（对环境保护措施的评价）。为了避免或减少开发建设活动所产生的不良后果，减轻项目对环境的污染程度，必须有针对性地提出污染治理对策，并对所采取的环境保护措施进行技术经济评价。

环境保护措施的评价内容包括以下几个方面。

（1）分析防止污染和其他公害的设施与治理工程项目，是否做到与主体工程同时设计、同时施工和同时投产使用（“三同时”要求）。

（2）通过环境保护措施的实施，项目各种有害物质的排放是否达到了国家规定的排放标准。

（3）环境污染治理工程所需投资资金是否落实，在资金方面能否达到“三同时”的要求。

（4）污染治理措施的技术性。根据项目污染源的类型和污染物的性质，分析治理措施在技术上是否可行。

（5）污染治理措施的经济性。分析治理污染所需的投资与不治理所造成的损失之间的经济关系。污染的治理标准要适宜，既要符合排放污染物不危害环境的要求，又要考虑治理投资的效益问题。

四、环境影响报告书

1. 编制目的。环境影响报告书是环境影响评价的书面表现形式，其编制目的是：在项目的可行性研究阶段，对项目可能给环境造成的近期、远期影响和拟采取的防治措施进行评价和论证，选择技术上可行、费用上经济、布局上合理和对环境危害较小的最佳方案，为决策提供科学依据。

2. 基本内容。

（1）建设项目概述。包括项目的名称、地点、性质、建设规模、产品方案、主要工艺方法、原料和燃料动力的用量及来源、排放有害物质的方式和数量、废弃物的综合利用和污染物处理方案等。

（2）建设项目周围地区的环境状况。包括地形、地质、土壤、地貌、水文、气象、矿藏、森林、草原、野生动植物和自然保护区、风景游览区以及现有工矿企业和生活居住区的分布情况等。

（3）建设项目对周围环境的影响。包括对地质、水文、气象、自然资源等可能产生的影响，各种污染物最终排放量对环境质量的影响范围和程度，噪声、震动等对周围生活居住区的影响，以及避免和减少这些影响的措施。

（4）建设项目环境保护可行性技术论证意见。

拓展阅读

中广核江苏如东 H8＃海上风电项目的环境影响评价

海上风电产业具有技术先导性强、经济体量大和产业关联度高的特点。2016 年以来，我国海上风电建设进入加速阶段，截至 2022 年底，我国海上风电累计装机已超 3 000 万千瓦，连续两年位居全球首位，占比一半左右。在补贴政策作用下，海上风电项目通常具备较好的经济效益，环境影响评价是项目评价中的重要组成部分。本文以中广核江苏如东 H8＃海上风电项目为例进行分析。

1. 建设项目概述。中广核江苏如东 H8＃海上风电项目，是新建的海洋工程，工程装机容量 300 兆瓦，工程总投资 57.3 亿元；项目位于如东规划区域东侧，场区中心离岸距离约 65 千米，海底高程在－21～－12 米，海底地形有一定起伏。风电场呈矩形，东西方向长约 11.5 千米，南北方向平均宽约 4.5 千米，规划海域面积 52 平方千米。

2. 建设项目周围地区的环境状况。（1）气候气象。属北亚热带海洋性季风气候区，2003—2011 年平均风速为 3.03 米/秒，风向分布较分散。（2）海洋水文动力。工程区潮流属规则半日潮流，前后两个半潮的涨落潮历时和涨落潮流速基本一致。（3）地形地貌。如东海域属南黄海滨海相沉积地貌单元，未发现浅层气、海底滑坡、海底塌陷等不良地质作用，汛期较易受台风（热带风暴、强热带风暴和台风）影响。

3. 建设项目对周围环境的影响。（1）海洋水文动力环境影响。统计工程前后特征点的流速流向变化，风电桩基的建设对保护区的水动力影响较小。（2）海洋地形地貌与冲淤环境影响。风电场区周边 2.5 千米范围内无冲淤保护目标，工程建设对冲淤环境影响不大。（3）海洋水质环境影响。工程施工期各项污废水均收集处理不外排，对周边海域水质无影响。（4）海洋沉积物环境影响。施工期生活污水和施工机械油污水均收集运至岸上处理，不会对附近海域沉积物造成影响。（5）海洋生态环境影响。施工期造成大型底栖生物经济损失约 5 万元，游泳动物和鱼卵仔鱼经济损失约 1 024 万元，营运期造成大型底栖生物经济损失约 4 万元，合计经济损失约 1 033 万元。（6）水下噪声影响。工程海域渔场的产卵场、索饵场和洄游通道的作用有一定的季节性，风机打桩应尽可能避开渔业敏感季节，以减少施工对产卵场、索饵场和洄游通道的影响。

4. 建设项目环境保护可行性技术论证意见。综上所述，该项目建设符合我国可持续发展能源战略，可以增加电力供应并改善地区电源结构，社会效益、经济效益和环境效益明显。工程建设和运行带来的海洋生物和渔业资源损失可通过适当的生态补偿等进行修复，其他不利环境影响大多可以通过采取相应的环保措施予以避免。只要在工程的建设和运行过程中加强管理，确保实施报告书中提出的环保措施，从环境保护角度看，工程建设是可行的。

资料来源：中广核江苏如东 H8＃（300MW）海上风电项目环境影响报告书．

小 结

项目投资以项目（即投资项目）为投资客体，将资金直接投入项目，是直接投资的重要组成部分。投资建设一个项目，按照其自身运动发展规律，都要经过投资前、投资和生产或使用时期。项目投资侧重研究投资前期所涉及的内容。本章对项目投资的市场调查与预测、成本分析和项目投资条件评价进行了详细介绍。

第8章 即测即评

计算题

1. 国内某上市公司有一笔闲置资金5 000万元，如果用来购买设备，当年可新增盈利500万元，也可存入银行，获得4%的无风险收益。请解释此公司购买设备的机会成本以及存入银行的机会成本，并从这个角度为公司做出决策。

2. 小王刚拿到年终奖5万元，立刻存入余额宝进行理财。假设余额宝的预期收益率6%最终可以实现，通过计算判断小王能否在3年后通过这笔理财购买一辆价值6万元的小汽车。

3. 小张刚大学毕业，打算5年后买房。他预期5年后首付需要80万元。假设通过努力工作，小张每年可以积攒10万元，并且通过精心理财，每年能获得8%的收益。为了达到5年后买房的目标，小张现在需要存入多少钱？

4. 某公司决定租用一房屋5年，每年初支付租金5万元，银行存款利率为5%，该公司现在应筹集多少资金？

5. 某国政府发行了一种无到期期限的债券，每年支付利息100元，债券的利息率为6%，计算债券的现值。

6. 某工厂现在需要新置生产设备，有两个选择：一是租赁，每年末租金为15万元；二是购买，需要一次性支付100万元。假设生产设备的使用年限为10年，利息率为4%。工厂应该选择哪一个方案？

7. 某公司发行一种债券，期限为10年，从第5年末开始，每年末支付100元。假设投资的时间价值为4%，计算债券的现值。

8. 某工厂现在需要采用新生产工艺，现有两种方案A和B可供选择，两种方案除了成本结构不同，其余方面都相同。A方案的固定成本为5万元，单位变动成本为1

万元/吨，B 方案固定成本为 2 万元，单位变动成本为 2 万元/吨，该项目规划产量是 5 吨，工厂应该选择哪一个方案？

思考题

1. 项目、项目投资和投资项目的含义、联系和区别是什么？

2. 投资项目发展周期是由哪些因素决定的？项目投资时为什么必须遵循项目发展的规律？

3. 项目投资的市场调查包含哪些内容？哪些因素会带来长期影响？哪些因素在短期内会持续变动而需要持续跟踪和更新分析？

4. 市场预测是否一定准确无误？如果不是，那么预测的意义是什么？

5. 简述市场预测的程序和方法。

6. 计算机会成本时有哪些假设？现实中可能会造成机会成本无法精确计算的因素有哪些？试举例说明。

7. 分析项目投资的经济效益时为什么要考虑资金的时间价值？资金的时间价值用哪些参数来表示？如何计算？

8. 在计算资金的时间价值时通常采用哪些假设？现实中哪些假设可能放宽？这些假设放宽后对于理论上计算出来的资金的时间价值会有什么影响？

9. 什么是年金？后付年金、先付年金、延期年金和永续年金有什么区别？现实中有哪些具体表现形式？

10. 项目投资条件评价包括哪些内容？如何进行评价？

11. 决定投资项目的投资规模时应考虑哪些因素和条件？为什么在确定投资项目的初始规模后还要确定投资项目的经济规模？投资项目的经济规模是怎样确定的？

第 9 章

可行性研究与投资决策

学习目标

◆ 认识投资项目决策前对项目投资的工程、技术、经济等方面进行可行性研究的重要意义

◆ 明确可行性研究的内容及其对于提高投资项目决策科学性的作用

◆ 掌握投资项目的财务评价、经济评价和社会评价的具体内容和方法

9.1 可行性研究的内容和作用

9.1.1 概述

可行性研究是项目前期工作中最重要的内容，它从项目建设和生产经营全过程的角度来考察分析项目的可行性，其目的是回答项目是否必须建设，是否可能建设和如何建设的问题，其结论为投资者的最终决策提供直接依据。

9.1.2 可行性研究的编制依据和工作步骤

一、可行性研究的编制依据

为推动高质量发展，巩固和深化投融资体制改革成果，根据《政府投资条例》《企业投资项目核准和备案管理条例》等规定，在 2002 年《投资项目可行性研究指南（试用版）》的基础上，国家发展改革委研究制定了《政府投资项目可行性研究报告编写通用大纲（2023 年版）》、《企业投资项目可行性研究报告编写参考大纲（2023 年版）》和《关于投资项目可行性研究报告编写大纲的说明（2023 年版）》，通过加强项目可行性研究，提升投资决策科学化水平；区分项目性质，兼顾行业特点和要求，推动实施好可行性研究报告编写大纲，提升我国投资项目前期工作质量和水平。

二、可行性研究的工作步骤

可行性研究是一个由粗到细、由浅入深的研究论证过程，一般要经过投资机

会研究、初步可行性研究和详细可行性研究三个基本阶段。

（一）投资机会研究

投资机会研究的任务是鉴定投资机会。在市场经济条件下，投资机会研究通常是对几个投资机会或工程设想进行鉴定。

1. 通常，投资机会研究的内容包括但不限于：（1）政策方面，包括工业政策等。（2）产能方面，既包括该环节的各类生产要素（人工、土地、自然资源）的成本和可获得性，也包括上下游产业链配套的可及性。（3）需求方面，特别是对某些由于人口或购买力增长而具有增长潜力的消费品以及新研制产品的未来需求，以及出口的可能性。（4）竞争方面，包括同类产品情况。

2. 投资机会研究又分为一般投资机会研究和具体投资机会研究两种。

（1）一般投资机会研究。这种研究在一些发展中国家是通过国家职能部门或公共研究机构进行的，目的是提出具体的投资建议。有以下三种情况：一是地区研究，查明某一特定地区或某一港口的内地贸易区内的各种机会；二是分部门研究，了解在某一划定的分部门内的各种投资机会；三是以资源为基础的研究，以综合利用某一自然资源或工农业产品为出发点，识别各种潜在投资机会。

（2）具体投资机会研究。对一般投资机会做出最初鉴别之后，应进行更加深入具体的研究，落实这项研究工作的往往是未来的投资者。

具体投资机会研究是将项目设想变为概略的投资建议。它以一般投资机会为起点，选择鉴别的产品，并收集与每种产品有关的数据，以便投资者考虑。具体投资机会研究的主要意图是突出项目的主要投资方面。如果投资者做出肯定的反应，就可考虑进行初步可行性研究。

（二）初步可行性研究

许多投资项目在投资机会研究以后，往往需要进行初步可行性研究，其目的主要是分析以下几个方面。

（1）投资机会是否有前途？是否值得作详细可行性研究？

（2）确定的项目逻辑是否正确？是否有必要通过可行性研究作进一步详细分析？

（3）项目中哪些是最为关键的问题？是否需要通过市场调查、实验室试验、工业性试验等功能研究作深入的分析？

初步可行性研究的结构与详细可行性研究的结构基本相同，主要包括：市场和工厂生产能力；原材料；厂址；工艺技术和设备选择；土建工程；企业管理费；人力；项目实施及财务分析。

（三）详细可行性研究

详细可行性研究即一般所说的可行性研究，是进行全面深入的技术经济论证的关键环节。详细可行性研究必须为项目提供政治、经济、环保、社会等方面的详尽情况，分析和说明涉及的关键要素及达到目标的不同方案，以及各种不同方案的比较和优选结果，论述可能实现的程度和令人满意的程度等。

详细可行性研究对以下问题应给予明确详细的回答。

（1）资源及市场情况如何？

（2）投资项目的规模如何？

（3）厂址选在哪里最佳？

（4）采用什么工艺技术？有什么特点？

（5）需要的外部协作条件如何？

（6）建设时间多长？需要多少投资？能否筹集到所需资金？

（7）建成后的经济效益和社会效益如何？

（8）建设过程中的潜在风险，以及相应的风险应急预案。

（四）可行性研究各阶段的精确度要求

可行性研究各阶段的精确度如与有关的理想平均值比较，大致的变化范围如表9-1所示。

表9-1 可行性研究的精确度

阶段	精确度（%）
投资机会研究	±30
初步可行性研究	±20
详细可行性研究	±10

拓展阅读

玲珑轮胎塞尔维亚项目的可行性分析

2018年8月，国内轮胎行业的龙头企业玲珑轮胎发布了对外投资的公告以及相应的可行性研究报告，对如下问题给予了明确、详细的回答。

1. 项目建设的必要性。（1）有效规避欧洲反倾销贸易风险。（2）加快与知名整车品牌的合作，促进海外配套业务的展开。（3）进一步开拓欧洲市场。本项目将被纳入当地重点鼓励发展的行业。

2. 项目的规模。项目规模为年生产各类高性能轮胎1 362万套。

3. 厂址选择。塞尔维亚是中东欧地区第一个同中国建立战略伙伴关系的国家。同时，考虑到当地经济增速较快、地理位置优越、劳动力素质较高、税率在中东欧较低、政府大力吸引外资与创造就业等有利因素，该项目选择在塞尔维亚东南部建设。

4. 生产工艺与特点。本项目采用公司以实际生产经验改进的、更为合理的高性能子午线轮胎制造工艺，同时，为打造数字化车间、智能制造工厂奠定基础。

5. 外部协作条件。该项目所处区位交通便利、基础设施配套齐全，项目共需要1 500人，其中在当地招聘约1 200人，人员培训可以在公司内部进行。原材料采用全球采购的方式，并满足自贸区的本地化要求。

6. 建设时间与资金筹集。项目拟从2019年4月开始施工，分期建设、分批投产，到2025年3月全部竣工。项目总投资约10亿美元，折合人民币约66亿元，其中，企业自有资金占30%，银行贷款占70%。

7. 项目的经济效益和社会效益。(1) 经济效益：预计完全达产后年销售收入约40亿元人民币，项目正常利润总额约10.9亿元人民币，税后的静态回收期约7.6年（含建设期），税后的财务内部收益率（FIRR）为19.6%。(2) 社会效益：塞尔维亚是"一带一路"共建国家。该项目有利于促进当地轮胎行业的发展，每年为当地增加税收约1.2亿元人民币。同时，该项目能提高我国在国际上的社会地位，促进中塞两国宏观经济发展、友好交往和互利合作。

截至2023年8月，塞尔维亚工厂的全钢产品已实现量产发货，预计2024年卡车轮胎能达到设计产能，2025年乘用车轮胎能达到设计产能，公司重申了塞尔维亚工厂的重要现实意义和深远的战略意义：(1) 智能制造高端化，能够很好地实现产品质量的均一性及稳定性；(2) 贴近用户，能够大幅提高欧洲汽车工厂的供货时效性和采购时效性，降低原材料成本、仓储成本等，实现研发、制造、营销、运营、服务的全球化、区域化、本土化；(3) 规避关税壁垒，与对中国轮胎征收高关税的国家均签署了自贸区协议，不仅避免了被征收高关税的风险，还可以拓展周边高关税国家的市场，提升公司的竞争力。

目前看，塞尔维亚项目的进度慢于最初预期。对照《企业项目可行性报告》的十方面，玲珑轮胎在项目风险管控方案这一方面存在不足是重要原因。2022年，公司原承建单位天津电建在资金与施工方面出现问题，公司不得不重新寻找承建方，最终于2022年底与中交一公局集团签订总包合同，导致项目延期。

资料来源：玲珑轮胎关于公司境外（塞尔维亚）项目可行性研究报告.

9.1.3 可行性研究报告的内容

可行性研究工作完成后，要撰写反映全部工作成果的可行性研究报告。按照《企业投资项目可行性研究报告编写参考大纲（2023年）》的要求，企业项目可行性报告应包括以下十方面：

(1) 概述。包括企业概况、项目概况、编制依据，以及主要结论和建议这四点。

(2) 项目建设背景、需求分析及产出方案。包括规划政策符合性，企业发展战略需求分析，项目市场需求分析，项目建设内容、规模和产出方案，项目商业模式这五点。

(3) 项目选址与要素保障。包括项目选址或选线、项目建设条件、要素保障条件这三点。

(4) 项目建设方案。包括技术方案、设备方案、工程方案、资源开发方案、用地用海征收补偿（安置）方案、数字化方案、建设管理方案这七点。

(5) 项目运营方案。包括生产经营方案、安全保障方案、运营管理方案这三点。

(6) 项目投融资与财务方案。包括投资估算、盈利能力分析、融资方案、债务清偿能力分析、财务可持续性分析这五点。

（7）项目影响效果分析。包括经济影响分析、社会影响分析、生态环境影响分析、资源和能源利用效果分析、碳达峰碳中和分析这五点。

（8）项目风险管控方案。包括风险识别与评价、风险管控方案、风险应急预案这三点。

（9）研究结论及建议。包括主要研究结论、问题与建议这两点。

（10）附表、附图和附件。

9.2 投资项目评价

9.2.1 概述

一、项目评价的含义

项目评价是在项目可行性研究的基础上，从国家和企业的角度，采用科学的方法对项目建设方案进行全面的技术经济论证和评价，比选推荐最佳方案，为项目决策提供重要依据。

二、项目评价的分类

国内外项目评价一般分为财务评价、国民经济评价和社会评价三个层次。

（1）财务评价。财务评价是根据国家现行的财税制度和价格体系，分析计算项目直接产生的财务效益和费用，编制财务报表，计算评价指标，评估项目的盈利能力、偿债能力以及外汇平衡等财务状况，据以判断项目的财务可行性。

（2）国民经济评价。国民经济评价是按照资源合理配置的原则，从国家整体战略角度考察项目的经济效益和费用，用货物影子价格、影子工资、影子汇率和社会折现率等经济参数分析计算项目对国民经济的净贡献，评价项目的经济合理性。

（3）社会评价。西方国家的社会评价方法主要有两种类型。

一种是属于经济学范畴的社会评价，西方福利经济学家认为，国家发展的目标有两个，一个是经济增长，另一个是公平分配。前者称为效率目标，后者称为公平目标，两者结合起来叫作国民福利目标。20世纪70年代以来，相继出现了一些评价方法，把收入、就业等社会发展目标引入费用效益分析，称为社会费用效益分析。社会费用效益分析包括经济效率目标（对其评价称为经济评价）和社会公平分配目标，两者结合起来称为社会评价。具有代表性的属于经济学范畴的社会评价方法有：包括在国民经济评价中的社会效益分析、经济评价、收入分配分析和项目国家宏观经济分析。这些评价称为狭义社会评价。

另一种类型是由社会学家参与评价的专业社会分析，如世界银行和英国的社会分析、美国的社会影响评价等，它们以社会学为基础，称为广义社会评价。

三、项目评价的原则

项目评价必须遵循以下原则。

(1) 必须符合国家经济社会发展的总体方针、产业政策、投资政策，以及有关法律规定、制度规定。

(2) 必须在国民经济与社会发展的中长期计划、行业规划、地区规划的指导下进行。

(3) 必须注意宏观经济分析和微观经济分析相结合，经过多方案比选，选择最佳设计方案。

(4) 必须建立在技术、工程、资源、资金、原材料、能源、交通运输等条件具备的基础上，确保基础资料来源的可靠性。

(5) 应具有可比性。

(6) 必须保证客观性、科学性、公正性。

四、项目评价的内容

项目评价的内容是由评价的要求决定的，不同部门、不同行业的评价应有所侧重，但其基本内容包括以下几个方面。

1. 投资条件评价。包括：(1) 建设必要性评价；(2) 建设条件评价；(3) 项目技术评价；(4) 环境影响评价。

2. 财务评价。根据财务数据的预测来计算评价企业经济效益的各项指标，包括：(1) 盈利能力分析，计算和分析财务内部收益率、投资回收期等指标；(2) 根据项目的特点和需要，计算和分析财务净现值、投资利润率、投资利税率、资本金利润率等指标；(3) 偿债能力分析，计算和分析资产负债率、借款偿还期、流动比率、速动比率等指标；(4) 其他指标，计算和分析实物指标（如单位生产能力投资）、价值指标等。

3. 经济评价。包括：(1) 根据国民经济盈利能力和外汇效果分析，计算和分析经济内部收益率；(2) 根据项目的特点和实际需要，计算和分析经济净现值、经济外汇净现值、经济换汇成本和经济节汇成本等指标；(3) 社会效益分析；(4) 定性分析（如综合评价等）。

4. 不确定性分析。包括：(1) 盈亏平衡点分析；(2) 敏感性分析；(3) 风险分析。

5. 总体评价。

拓展阅读

中巴铁路的可行性分析

中巴铁路是中巴经济走廊建设中的重要部分，陈继东（2012）从四个方面评估了中巴铁路建设项目的可行性。

1. 技术上：有难度，总体可行。

中巴铁路在巴基斯坦境内的长度为 662 千米左右，中国境内的长度为 430 千米左右，全程 1 100 千米左右，整个路段经历多个高海拔地段。从吉尔吉特至红其拉甫的路段平均海拔达到 4 054.93 米，该段铁路海拔高，地处高原寒区，周围有 18 座海拔

7 000 米以上的高山。修建中巴铁路的工程难度很大，海拔高，要翻越帕米尔高原，穿行于印度河谷之中，地质情况复杂，地震、泥石流等自然灾害频发。但就中国目前的铁路修建技术而论，根据中国相关铁路单位已经完成的初步可行性研究报告，这些困难是可以克服的。

2. 经济上：宏观效益巨大，微观效益短期内不乐观。

中巴铁路不仅可以给中国西部乃至整个东亚地区提供一个便捷的进入印度洋的陆路通道，也使中国进口资源的渠道更加多元化，使中国喀什的经济辐射能力进一步扩大，有利于加速喀什桥头堡的建设进程，促进中国喀什对巴基斯坦全方位开放并把握开放的主动权。最重要的是，中巴铁路既可加大运力，又不受气候影响，安全性更高，从技术层面破解了中巴公路面临的难题。但就铁路线本身而言，其运营效益在一段时间内并不乐观，目前有限的物流、客流决定了一段时间的亏本很难避免。长远看，随着物流、客流的增长，情况有望逐步转变，但这需要一定时间。

3. 安全上：不确定性很大。

鉴于巴基斯坦国内安全形势严峻、局势起伏，工程施工和铁路运营的安全成本很高。铁路建成运营后，铁路沿线的安全维护也是劳神费力的事。中巴铁路在巴境内的一些路段接近部落地区和斯瓦特河谷，容易受到恐怖势力的袭击，要确保线路安全，需要投入大量资源。但是，问题并非不可改变。随着阿富汗局势的变化和巴基斯坦安全形势的好转，情况有望朝好的方向转变。

4. 外交上：战略意义重大。

中巴铁路有利于缓解两国陆路交通受气候变化影响的不利状况，为两国间及时相互支援、帮助（如地震、洪水、雪崩等灾害救援）提供较好条件，这将进一步加深两国的战略合作伙伴关系。

资料来源：陈继东．关于建设中国一巴基斯坦铁路连接线的几点思考．南亚研究季刊，2012 (3).

9.2.2 项目财务评价

一、项目财务评价的方法与步骤

财务评价是对项目财务获利能力的评估，参照市场价格分析项目所有的投入和产出，进而对项目的获利能力进行评判。

财务评价是其他评价（如经济评价、社会评价）的基础。

项目财务评价的程序可概括为以下四个步骤。

（1）确定项目的财务成本和收益、资金筹集计划，编制项目的预期财务报表，进行比率分析。

（2）编制项目成本收益表，计算项目净现值和内部收益率。

（3）进行不确定性分析。

（4）编制项目财务评价报告。

财务评价的方法分为静态分析法和动态分析法。按我国相关规定，在财务评价中主要采用动态分析法，而将静态分析的指标作为辅助指标。

二、财务分析的基础数据

财务分析的基础数据主要表现为两方面：一是生产经营的产品销售（营业）收入，如项目销售产品（或提供劳务）取得的收入；二是财务支出（费用），主要表现为项目总投资、经营成本和税金等支出。

1. 销售收入。这是企业（项目）出售产品和提供劳务获得的货币收入。销售收入要补偿产品的生产成本、归还借款和缴纳税金，以保证企业独立和扩大再生产或简单再生产的顺利进行。因此，要评价项目的财务效益，必须分析预测项目的销售收入。

产品销售收入取决于两个因素：一是产品的销售量；二是产品的销售价格。其计算公式如下：

$$S=\sum_{i=1}^{n} Q_i \times P_i \qquad (9-1)$$

式中，S 为销售收入；Q_i 为第 i 种产品的年销售量；P_i 为第 i 种产品的单价。

2. 项目总投资。项目总投资指从前期准备工作开始，到项目全部建成投产为止，所发生的全部投资费用，包括固定资产投资和流动资金。固定资产投资包括固定资产本身的投资、建设期借款利息等。固定资产投资是指项目按拟定建设规模、产品方案、建设内容进行建设所需的费用，包括建筑工程费、设备购置费、安装工程费、工程建设其他费用和预备费。流动资金是指为维持生产所占用的全部营运资金，是流动资产和流动负债的差额。

3. 经营成本。经营成本是指项目总成本费用扣除固定资产折旧、维检费、无形及递延资产摊销费和利息支出以后的全部费用。项目总成本的构成如图 9－1 所示。

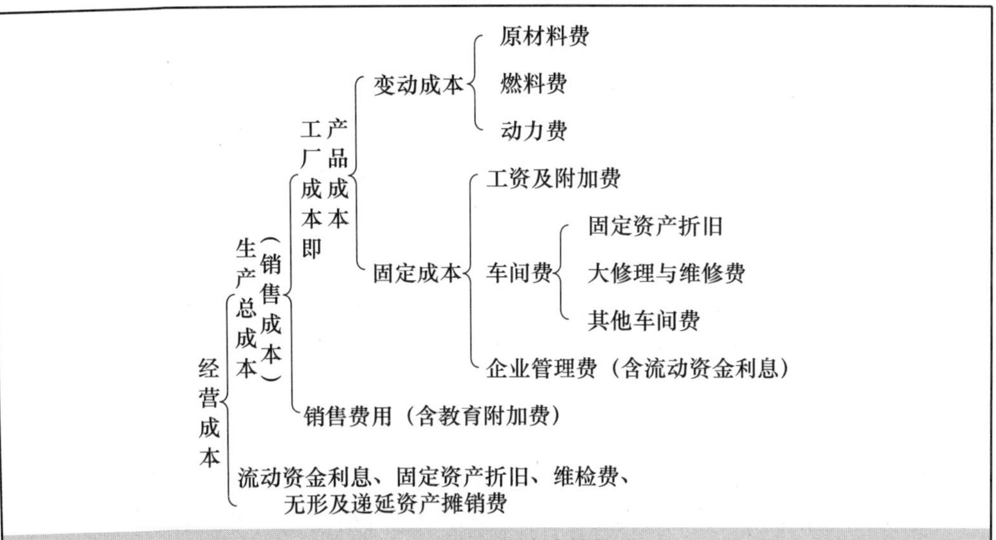

图 9－1　项目总成本的构成

4. 税金。税金是指产品销售税金及附加、所得税等。产品销售税金及附加包括：消费税、资源税、城市维护建设税及教育费附加等。

三、项目财务评价的方法

（一）静态分析法

静态分析法又称简单分析法，是在项目评价时为达到分析计算盈利能力和偿债能力目标而采取的一种简化分析方法。静态分析法简单易行，在做项目初期决策时，可以给决策者及时提供简单经济评述意见。

1. 静态分析法的特点。

（1）不考虑资金的时间价值因素对盈利能力和偿债能力的影响。

（2）不考虑项目生命周期内各年项目的获利能力，只考虑代表年份（正常生产年份）的净现金流量或平均值。

2. 静态分析法一般以简单投资收益率、投资回收期和借款偿还期作为评价的主要指标。

（1）简单投资收益率。简单投资收益率是项目标准年度的净收益与投资费用的比率。其计算公式如下：

$$R=\frac{F}{I} \tag{9-2}$$

式中，R 为简单投资收益率；I 为投资费用（固定资本和净周转资金之和）；F 为项目标准年度的净收益。

（2）投资回收期。投资回收期是一个项目从开始投资到完全收回投资所需的时间长度。其计算公式为：

$$I=\sum_{t=0}^{P} F_t \tag{9-3}$$

式中，I 为投资费用；P 为投资回收期；F_t 为第 t 年的年度净收益（$t=0$，1，2，…，P）。

（3）借款偿还期。借款偿还期是指在国家财政规定及项目具体财务条件下，以项目投产后可用于还款的资金偿还固定资产投资国内借款本金和建设期利息（不包括已用自有资金支付的建设期利息）所需的时间。其计算公式为：

$$I_d=\sum_{t=1}^{P_d} R_t \tag{9-4}$$

式中，I_d 为固定资产投资国内借款本金和建设期利息之和；P_d 为固定资产投资国内借款偿还期；R_t 为第 t 年可用于还款的资金。

（二）动态分析法

动态分析法又称现值法，主要特点是考虑了整个项目生命周期内现金流量的变化情况及经济效益，考虑了资金时间价值因素对盈利能力和偿债能力的影响。动态分析法更加准确，但计算起来比较复杂。动态分析法包括净现值法和内部收益率法。

1. 净现值法。净现值法是通过测算项目的净现值以显示项目的获利能力并将其作为评价决策标准的一种项目评价方法。

净现值法可分为三个步骤：（1）正确估算项目的成本及收益。（2）选择适当的贴现率。（3）正确计算净现值。

一个项目的净现值是它未来的现金流入和流出的现值之差额。所有的现金流量都可以用事先确定的贴现率予以折现，并把得到的每年数字加总，成为单一数字的指标。

净现值有财务净现值和经济净现值之分。在项目财务评估中，根据项目财务规划数据中的财务净收益测算所得的净现值叫作财务净现值。在项目经济评价中，根据项目的经济成本、收益数据测算所得的净现值叫作经济净现值。两者测算的方法相同，区别在于净收益数据的经济内容不同。

项目财务净现值的计算公式如下：

$$FNPV=\sum_{t=1}^{n}(CI-CO)_t(1+i_C)^{-t} \tag{9-5}$$

式中，$FNPV$ 为财务净现值；CI 为现金流入量；CO 为现金流出量；$(CI-CO)_t$ 为第 t 年的净现金流量；i_C 为设定的贴现率；n 为计算期。

按照以上公式计算，如果 $FNPV>0$，说明该项目可以接受。

在比较两个项目时，如果 $FNPV_1>FNPV_2$，可以认为第一个项目比第二个项目理想。

财务净现值的计算可以通过表 9-2 进行。

表 9-2　财务净现值计算表

项目年度	固定资本	净周转资金	经营成本	总成本	总收益	净收益	贴现率Ⅰ		贴现率Ⅱ		贴现率Ⅲ		贴现率Ⅳ	
							贴现因数	净现值	贴现因数	净现值	贴现因数	净现值	贴现因数	净现值
	①	②	③	④=①+②+③	⑤	⑥=⑤−④	⑦	⑧	⑨	⑩	⑪	⑫	⑬	⑭
t_1 ↓ t_n														
总计														

财务净现值的变形是财务净现值率，其计算公式如下：

$$FNPVR=\frac{FNPV}{I_0} \tag{9-6}$$

式中，$FNPVR$ 为财务净现值率；I_0 为总投资费用的现值。

一般情况下，$FNPVR$ 越大越好。在有两个可选方案的情况下，如果 $FNPVR_1>FNPVR_2$，则第一个项目优于第二个项目。

2. 内部收益率法。内部收益率法是通过测算项目的内部收益率以显示项目的最高获利水平并将其作为评价决策标准的一种项目评价方法。

内部收益率法可分为三个步骤：（1）正确估算项目的成本和收益，编制项目成本收益表。（2）选择适当的贴现率，试算出接近零的正、负两个净现值。（3）用试差法求得内部收益率。

内部收益率是项目所有成本的现值等于所有收益的现值时的贴现率。换句话说，是使项目的净现值为零的贴现率。该贴现率是这样一个利率，即用其计算的项目投资复利终值与项目净收益复利终值相等。因此，它实际上是项目的投资利润率，表明项目的最高获利能力。

内部收益率有财务内部收益率（*FIRR*）和经济内部收益率（*EIRR*）之分。在财务评价中，根据项目的财务规划数据测算的内部收益率叫作财务内部收益率。在经济评价中，从国民经济对资源的有效利用出发，按影子价格调整财务规划后测算的内部收益率叫作经济内部收益率。两者的测算方法相同，区别在于数据的经济内容不同。

将内部收益率作为项目抉择标准的基本方法是：（1）选定某一贴现率作为确定内部收益率的标准，它可以略高于资本机会成本；（2）把项目的内部收益率与选定的贴现率相比较，内部收益率等于或大于选定的贴现率的项目应予肯定，内部收益率小于选定的贴现率的项目应予否定；（3）同一项目不同方案均符合抉择标准时，以内部收益率大者为优。

利用内部收益率法分析项目的期限长度与净现值法的要求相同，一般不超过25年。在项目评价中，考虑到折现效果，超过25年的项目的净收益对于评定备选项目的优劣来说不会产生多大的影响。

由于基本数据的估算不可能很精确，对内部收益率要求过高的精确度是不现实的。一般内部收益率精确到1%即可。这样可以使内部收益率很接近的项目呈现出同一数值，不会因尾数误差而草率评定它们的优劣，也便于决策者从其他方面评定比较。

内部收益率的计算公式为：

$$0=\sum_{t=0}^{n}(CI-CO)_t(1+FIRR)^{-t} \qquad (9-7)$$

式中，*FIRR* 为财务内部收益率。

上式的意义为：内部收益率是使净现值为零时的贴现率。

内部收益率用试差法计算（见图9-2），分别试算两个贴现率 i_1，i_2，使其对应的净现值 NPV_1，NPV_2 为一正一负，直线 *DE* 近似净现值函数曲线 *DE*，形成两个相似三角形。

$$\frac{X}{A-X}=\left|\frac{NPV_1}{NPV_2}\right|$$

$$X\,|NPV_2|=(A-X)\,|NPV_1|$$

由于 $A=i_2-i_1$，$i'_x\approx i_x$

所以 $$X=\frac{|NPV_1|}{|NPV_2|+|NPV_1|}(i_2-i_1)$$

$$i_x=i'_x=i_1+X=i_1+\frac{|NPV_1|}{|NPV_1|+|NPV_2|}(i_2-i_1) \qquad (9-8)$$

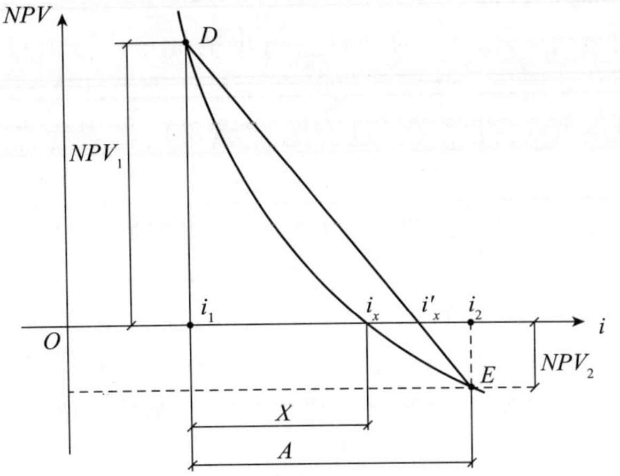

图9-2　内部收益率计算示意图

必须指出，用试差法计算内部收益率时，i_1和i_2的值相差不应超过5%。内部收益率与净现值之间不是线性关系，如果相差太大，计算结果会有较大的误差。

在某些情况下，一个项目的内部收益率可能不止一个。但这种情况比较少见，只有当项目收益发生较大的正负反向波动时才会出现。

四、项目财务评价报告的编制

综上所述，项目财务评价报告可按以下内容编制。

(1) 项目概述。包括项目提出的背景及项目情况。

(2) 市场调查和预测。即对产品市场供需情况及产品竞争力进行的比较分析。

(3) 拟建项目产品生产规模的分析研究。

(4) 拟建项目的自然条件、投入物、交通运输条件和环境保护的评估。

(5) 技术先进性、可靠性和实用性的评价。

(6) 项目成本和收益的确定。

(7) 净现值和内部收益率及其他财务指标的计算。

(8) 不确定性分析。

9.2.3　项目经济评价

一、项目经济评价的内容和步骤

项目经济评价也称项目国民经济评价，通过费用效益分析评价项目的经济合理性。

经济评价中的效益是指项目对国民经济所作的贡献，分为直接效益和间接效益。直接效益是指由项目产出物产生并在项目范围内计算的经济效益。一般表现为增加该产出物数量以满足国内需求的效益；替代其他相同或类似企业的产出物，使被替代企业减产以减少国家有用资源耗费（或损失）的效益；增加出口（或减少进口）所增收（或节支）的外汇等。间接效益是指由项目引起但在直接效益中未得到反映的那部分效益。

项目的费用是指国民经济为项目所付出的成本，分为直接费用和间接费用。直接费用是指项目使用投入物所产生并在项目范围内计算的经济费用。一般表现为其他部门为供应本项目投入物而扩大生产规模所耗用的资源费用，减少对其他项目（或最终消费）投入物的供应而放弃的效益；增加进口（或减少出口）所耗用（或减收）的外汇等。间接费用是指由项目引起但在直接费用中未得到反映的那部分费用。

为衡量项目效益、费用的真实代价，经济评价中的效益和费用的分析要剔除没有物质消耗的费用和没有物质产出的效益，如国家对项目的补贴、项目向国家缴纳的税金，由于不发生实际资源增加和耗用，而是国民经济内部转移支付，因此不能视为项目的效益和费用。

项目经济评价分为以下几个步骤。

（1）审查财务评价中使用的项目成本收益表，确定各项成本收益的影子价格和调整系数，据以编制项目费用效益表。

（2）计算项目的经济净现值、经济内部收益率、经济净年值和其他相关指标，引进项目还可以计算外汇汇率。

（3）编写经济评价报告。

二、影子价格

在项目经济评价中，用影子价格计算项目的投入产出物的费用、效益是项目费用、效益调整的主线。在这个基础上，剔除没有物质耗费的成本和没有物质产出的效益。

从理论上说，影子价格是资源增加一个单位时国民经济的效益所增加的量，也就是国民生产总值对某种资源最大约束量的一阶偏导、资源最大数量的边际价值。

项目评价中的影子价格是指资源市场价格背后的一种真正需求价格。在所有情况下，一种来自资源的替代用途，另一种来自增加生产资源的经济成本。所以，正确的影子价格是两种影子价格的加权平均数。

使用影子价格时，项目投入物和产出物分外贸货物、非外贸货物和特殊投入物三种类型分别计算，然后考虑各项费用所需的外汇量，计算外汇影子价格。

（一）外贸货物影子价格的确定

1. 产出物的影子价格。

（1）直接出口产品（外销产品）。

$$SP = FOB \times SER - (T_1 + T_{r1}) \tag{9-9}$$

式中，SP 为影子价格；FOB 为离岸价格；SER 为影子汇率；T_1 为国内运输费用；T_{r1} 为贸易费用。

（2）间接出口产品。

$$SP = FOB \times SER - (T_2 + T_{r2}) + (T_3 + T_{r3}) - (T_4 + T_{r4}) \tag{9-10}$$

式中，T_2 为供应厂到口岸的运费；T_{r2}，T_{r3}，T_{r4} 为贸易费用；T_3 为供应厂到用户的费用；T_4为拟建项目到用户的费用。

（3）替代进口产品。

$$SP=CIF\times SER+(T_5+T_{r5})-(T_4+T_{r4}) \qquad (9-11)$$

式中，CIF为原进口货物到岸价格；T_5为口岸到用户的运输费用；T_{r5}为贸易费用。

2. 投入物的影子价格。

（1）直接进口产品。

$$SP=CIF\times SER+(T_1+T_{r1}) \qquad (9-12)$$

（2）间接进口产品。

$$SP=CIF\times SER+(T_5+T_{r5})-(T_3+T_{r3})+(T_6+T_{r6}) \qquad (9-13)$$

式中，T_6为供应厂到拟建厂的运输费用；T_{r6}为贸易费用。

（3）替代出口产品。

$$SP=FOB\times SER-(T_2+T_{r2})+(T_6+T_{r6}) \qquad (9-14)$$

（二）非外贸货物影子价格的确定

非外贸货物影子价格的确定方法有三种。

1. 影子成本法。把非外贸货物的实际生产成本分解为外贸物资、劳动力、土地和资本四个部分，然后按前面所讲的方法对其成本进行估价，加总后即为影子价格。

2. 替代影子价格推算法。一项非外贸投入物的影子价格有时可以按替代品的影子价格来推算。例如，天然气的影子价格按热当量调整后，可以以石油的影子价格为基础计算确定。

3. 一般转换因素法。转换因素可根据政府机构通过抽样调整计算出的影子成本同国际价格的比率来确定。

（三）劳动力的影子工资及土地的影子费用

1. 劳动力的影子工资。劳动力的影子工资等于财务评价时所用的工资与福利费之和乘以影子工资换算系数。

2. 土地的影子费用。土地的影子费用等于该土地用于拟建项目而使社会为此放弃的效益以及社会为此增加的资源消耗（如居民搬迁费）。

（四）影子汇率

影子汇率等于国家外汇牌价乘以影子汇率折算系数。

（五）社会折现率

社会折现率反映国家在某个阶段对时间价值的估量，是计算经济净现值等指标时的折现率，同时也是计算经济内部收益率的依据。

三、经济评价

经济评价包括经济盈利能力分析和外汇效果分析，以经济内部收益率为主要评价指标。根据项目的特点和实际需要，还要计算经济净现值指标。产品出口和替代出口节汇项目，要计算经济外汇净现值、经济换汇成本和经济节汇成本。

1. 经济内部收益率（EIRR）。其计算公式为：

$$\sum_{t=1}^{n}(B-C)_t(1+EIRR)^{-t}=0 \tag{9-15}$$

式中，B 为效益流入量；C 为费用流出量；$(B-C)_t$ 为第 t 年的净效益流量；n 为计算期。

经济内部收益率等于或大于社会折现率，表明项目对国民经济的净贡献达到或超过要求的水平，这时应认为项目是可以接受的。

2. 经济净现值（ENPV）。其计算公式为：

$$ENPV=\sum_{t=1}^{n}(B-C)_t(1+i_s)^{-t} \tag{9-16}$$

式中，i_s 为社会折现率。

$ENPV\geqslant 0$，表示国家为拟建项目付出代价后，可以得到符合社会折现率的社会盈余，说明项目可以接受。

3. 经济外汇净现值（$ENPV_F$）。经济外汇净现值是反映项目实施对国家外汇收支直接或间接影响的重要指标，用以衡量项目对国家外汇的净贡献（创汇）或净消耗（用汇）。经济外汇净现值可通过经济外汇流量表计算求得。其计算公式为：

$$ENPV_F=\sum_{t=1}^{n}(FI-FO)_t(1+i_s)^{-t} \tag{9-17}$$

式中，FI 为外汇流入量；FO 为外汇流出量；$(FI-FO)_t$ 为第 t 年的净外汇流量。

当有产品替代进口时，可按净外汇效果计算经济外汇净现值。

4. 经济换汇成本。其计算公式为：

$$\text{经济换汇成本}=\frac{\sum_{t=1}^{n}DR_t\,(1+i_s)^{-t}}{\sum_{t=1}^{n}(FI'-FO')_t\,(1+i_s)^{-t}} \tag{9-18}$$

式中，DR_t 为项目在第 t 年为出口投入的国内资源；FI' 为生产出口产品的外汇流入；FO' 为生产出口产品的外汇流出。

5. 经济节汇成本。其计算公式为：

$$\text{经济节汇成本}=\frac{\sum_{t=1}^{n}DR''_t(1+i_s)^{-t}}{\sum_{t=1}^{n}(FI''-FO'')_t\,(1+i_s)^{-t}} \tag{9-19}$$

式中，DR''_t 为项目在第 t 年替代进口产品投入的国内资源；FI'' 为生产替代进口产品的外汇流入；FO'' 为生产替代进口产品的外汇流出。

经济换汇成本或经济节汇成本（元/美元）小于或等于影子汇率，表明该项目产品出口或替代进口是有利的。

9.2.4 项目社会评价

2002年1月，国家发展计划委员会办公厅发布由中国国际工程咨询公司组织编写的《投资项目可行性研究指南（试用版）》（以下简称《指南》），《指南》第一次将社会评价作为我国投资项目可行性研究的重要组成部分。2023 年，国家发展改革委发布《企业投资项目可行性研究报告编写参考大纲（2023 年）》（以下简称《大纲》），这是继《指南》发布后，时隔 20 年国家投资主管部门发布的关于规范投资项目可行性研究报告编写工作的新的纲领性文件，对于我国新时代投资项目科学决策、推动实现高质量投资具有里程碑意义。

与 2002 年的《指南》相比，《大纲》在发展理念、项目管理、内容安排、编写思路、影响范围等方面均有显著变化。《大纲》立足新发展阶段，强调贯彻新发展理念，坚持以人民为中心的发展思想，关注绿色发展、自主创新、共同富裕、国家安全、风险管理等理念以及投资建设数字化转型等要求，特别强调了要素保障、数字化方案、绩效管理方案、可融资性评价、REITs 盘活存量资产分析、碳达峰碳中和分析等体现新发展理念要求的可行性研究内容，对提升可行性研究能力、完善投资项目报告内容提出了新要求，以促进实现高质量发展。

就社会评价方面而言，尽管《大纲》没有专门的章节对项目的社会评价进行阐述，但其充分汲取联合国可持续发展目标（SDGs）、世界银行有关环境社会影响评价（ESIA）分析框架，以及环境、社会和治理（ESG）等理念，强调投资项目的可行性研究工作应超越部门利益，从战略、经济、环境、社会、财务、商业和管理等层面进行多目标系统化的综合分析，通过多方案比选和优化，论证项目建设必要性、方案可行性及风险可控性。

一、社会评价的作用与范围

社会评价旨在系统性调查和预测拟建项目在建设和运营过程中产生的社会影响和社会效益，分析项目所在地区的社会环境对项目的适应性和可接受程度。通过分析项目涉及的各种社会因素，评价项目的社会可行性，提出协调项目与当地社会关系、规避社会风险、促进项目顺利实施、保持社会稳定的方案。

社会评价是实现国民经济与社会发展目标的需要。进行社会评价有利于国民经济发展目标与社会发展目标协调一致，避免单纯追求项目财务效益的短期经济行为；有利于项目与所在地区利益协调一致，减少社会矛盾和纠纷，防止可能产生的不利的社会影响和后果，促进社会的稳定；有利于避免或减少项目建设和运营的社会风险，提高投资效益。

社会评价适用于那些社会因素较为复杂、社会影响较为久远、社会效益较为显著、社会矛盾较为突出、社会风险较大的投资项目，主要是指那些要求大量移民搬迁或者占用农田较多的水利枢纽项目、交通运输项目、矿产和油气田开发项目，具有较明确的社会发展目标的扶贫项目、农村区域开发项目以及文化教育、卫生等公益性项目。

二、社会评价的主要内容

社会评价坚持以人民为中心的发展思想，研究内容包括项目的社会影响分析、项目与所在地互适性分析和社会风险分析。

（一）项目的社会影响分析

项目的社会影响分析旨在分析预测项目可能产生的正面影响（通常称为社会效益）和负面影响。主要有以下几个方面。

1. 项目对所在地区居民收入的影响。分析预测由于项目实施可能造成当地居民收入增加或者减少的范围、程度及其原因，收入分配是否公平，会不会拉大贫富差距，并提出实现收入公平分配的措施建议。

2. 项目对所在地区居民生活水平和生活质量的影响。分析预测项目实施后居民居住水平、消费水平、消费结构、人均寿命的变化及其原因。

3. 项目对所在地区居民就业的影响。分析预测项目的建设和运营对当地居民就业结构和就业机会的正面影响和负面影响。

4. 项目对所在地区不同利益相关者的影响。分析预测项目的建设和运营使哪些人受益、哪些人受损，以及对受损群体的补偿措施和途径。

5. 项目对所在地区弱势群体利益的影响。

6. 项目对所在地区文化、教育、卫生的影响。

7. 项目对所在地区基础设施、社会服务容量和城市化进程等的影响。

8. 项目对所在地区风俗习惯和宗教的影响。

通过以上分析，对项目的社会影响做出评价，编制项目社会影响分析表（见表9-3）。

表9-3 项目社会影响分析表

序号	社会因素	影响的范围、程度	可能出现的后果	措施建议
1	对居民收入的影响			
2	对居民生活水平和生活质量的影响			
3	对居民就业的影响			
4	对不同利益相关者的影响			
5	对弱势群体利益的影响			
6	对文化、教育、卫生的影响			
7	对基础设施、社会服务容量和城市化进程等的影响			
8	对风俗习惯和宗教的影响			

（二）项目与所在地互适性分析

项目与所在地互适性分析旨在分析预测项目所在地的社会环境、人文条件能否接纳、支持项目的存在与发展，考察项目与当地社会环境的相互适应关系。

1. 分析预测与项目直接相关的不同利益相关者对项目建设和生产运营的态度及参与程度，选择可以促使项目成功的参与方式，对可能阻碍项目存在与发展的因素提出防范措施。

2. 分析预测项目所在地的各级组织机构对项目建设和运营的态度，其可能在哪些方面、在多大程度上对项目予以支持和配合。

3. 分析预测项目所在地现有技术、文化状况能否适应项目的建设和发展。

通过项目与所在地的互适性分析，就社会对项目的适应性和可接受程度做出评价，编制社会对项目的适应性和可接受程度分析表（见表9-4）。

表9-4 社会对项目的适应性和可接受程度分析表

序号	社会因素	适应程度	可能出现的问题	措施建议
1	不同利益相关者			
2	当地组织机构			
3	当地技术、文化状况			

（三）社会风险分析

项目的社会风险分析是在对可能影响项目的各种社会因素进行识别排序的基础上，选择影响面较大、影响持续时间较长、容易导致较大矛盾的社会因素进行预测，分析可能出现这种风险的社会环境和条件，编制项目社会风险分析表（见表9-5）。

表9-5 项目社会风险分析表

序号	风险因素	持续时间	可能导致的后果	措施建议
1				
2				
3				
4				

9.3 投资项目决策

9.3.1 概述

投资项目决策包括微观和宏观两方面，即投资项目的微观决策和投资项目的宏观决策。

1. 投资项目的微观决策。投资项目的微观决策的主要方法是用企业的经济效益来评价项目的优劣，确定最后的可行项目。因此，投资项目的微观决策也称为财务决策。

2. 投资项目的宏观决策。投资项目的宏观决策从国民经济的全局出发来分析评价一个项目。投资项目的宏观决策不仅考虑项目直接能以货币计量的效益，还考虑间接的社会效益。投资项目的宏观决策的目的是对项目的社会经济价值进行分析，以确定项目的实施是否对社会有利。因此，投资项目的宏观决策也称为社会决策。

投资项目的微观决策和宏观决策的不同主要表现在以下几个方面。

1. 两种决策分析的角度不同。投资项目的微观决策从企业的角度出发，运用财务分析方法对投资项目的优劣做出评价并加以选择。投资项目的宏观决策从整个社会角度出发，既要考虑直接经济效益，也要考虑间接经济效益，从多方面进行评价，包括政治、国防、生态环境以及资源利用等。

2. 两种决策分析考虑的费用和效益内容不同。微观决策是按项目的实际收支确定项目的费用和效益，因此，项目建设时的银行贷款利息和税收均作为费用。而宏观决策则着眼于国家或社会，依据项目耗用全社会的有用资源来考察项目的费用和效益，要剔除没有物质损耗的费用和没有物质产出的效益，因此税金、贷款利息和补贴等均不计入成本和效益。

3. 两种决策分析使用的价格不同。微观决策分析采用的是市场价格。宏观决策分析采用的是影子价格，也就是使资源得到最优利用的理论价格。

4. 两种决策分析使用的汇率不同。微观决策使用的是官方汇率，并以行业基准收益率作为主要依据。官方汇率由于种种原因有时会脱离真实值。在宏观决策中常采用影子汇率。

5. 两种决策分析采用的收益率不同。微观决策采用从企业角度拟定的基准收益率作为折现率，宏观决策则采用社会收益率以及国际市场利率。

6. 两种决策分析对转移支付和沉没成本的处理不同。发生在国内政府和企业之间的收付称为转移支付，如税款、物价补贴等。转移支付款项对企业来说或是耗费或是收益，在微观决策中应予以考虑；但对国民经济来说，一方所失必为一方取得，因而不作为宏观决策的费用或效益。沉没成本在宏观决策中应予剔除。

投资项目决策既要从宏观上对项目的投资规模、投资结构等重大问题做出决策，也要从微观上就具体项目的建设和生产经营全过程考察项目投资的可行性。

9.3.2 投资项目决策的基本要求

投资项目的管理工作是从项目的投资决策开始的。一个项目如何实施，管理工作如何开展才能取得较好的经济效益和社会效益，首先取决于能否制定正确的投资项目决策。投资项目决策应满足以下基本要求。

1. 重视投资信息调查，科学地把握投资机会。投资信息调查，也就是市场调查和预测。投资项目决策从市场调查和预测开始，通过信息收集把握投资机会，进而分析项目是否符合国家引导的投资方向和产业政策，经济规模是否合理，并通过市场调查与预测进行综合分析，掌握国内外供需格局，分析产品性能、品种、规格和价格有无竞争性。

2. 注意系统论的观点和方法。由于投资目标的多样性和复杂性，项目牵涉的因素众多，且处在不断变化之中，如果不能科学地运用系统工程观点，人们往往很难全面把握它。运用系统论的方法进行协调，使系统与环境、系统之间相互适应，以达到项目生产经营以最小的投入获取最大的经济效益和社会效益的目的。

3. 讲求经济效益。进行投资项目决策，必须讲求经济效果，以提高经济效益为中心。应正确处理效益与速度、质量和数量的关系。在速度上注意资金的时间价值，优中求快；在数量上注意规模经济和经济规模；在质量上注意合理的投资结构、产业结构和产品结构，通过全局优化取得宏观经济效果。

4. 树立全局观念。当宏观决策与微观决策的结果不一致时，应从国民经济全局出发，使微观效益服从宏观效益，以保证项目的社会效益。

我国各级政府都高度重视投资决策的正确性。2019 年 4 月，国务院颁布《政府投资条例》，目的是充分发挥政府投资作用，提高政府投资效益，规范政府投资行为，激发社会投资活力。同时，各省级政府依据各地实际情况也制定了相应的实施细则和管理办法，比如贵州省于 2022 年出台《贵州省政府投资项目决策评估实施细则（暂行）》，于 2023 年出台《贵州省政府投资项目概算管理办法》，目的都是加强各级政府投资项目决策评估管理与概算管理，完善决策评估程序，提高决策评估的科学性和民主性，保障决策评估质量，从而提高政府投资效益和项目管理水平。

9.3.3　投资决策的依据

投资决策的最终依据是项目评估，即对可行性研究报告的评估。项目评估主要包括以下内容。

1. 项目建设必要性的评估。分析项目是否符合国家规定的投资方向和产业政策，经济规模是否合理，市场预测是否准确，产品的性能、品种、规格和价格是否满足国内外市场需求，有无竞争力。

2. 工艺技术方案的评估。分析项目采用的工艺、技术、设备是否符合国家的技术政策，是否有利于资源的综合利用，是否有利于提高劳动生产率、降低能源与物资消耗、提高产品质量。

3. 建设和生产条件的评估。分析项目建设地点的选择是否经济合理，建设场地的总体规划是否符合国土管理、城镇规划、文物保护的要求和规定，建筑工程总体布置方案是否合理，建筑工程所采用的标准是否符合国家规定和贯彻节约方针。

4. 项目效益的评估。首先应对项目财务评价所使用的各项基础经济数据（如投资、成本、利润、收入、折旧和利率等）进行全面、细致和科学的测算和核查。分析这些数据估算是否合理，有无高估冒算、任意提高标准、扩大规模来计算定额和费率等现象；有无漏项、少算、压价等情况；是否符合现行财经制度和国家政策的规定。在此基础上复核主要财务评价指标，还要评估可行性研究的国民经济评价中使用的主要评价参数是否符合国家规定，自行确定的产出物和主要投入物的影子价格是否充分、合理、可靠。在此基础上，更换主要国民经济评价指标。

评估工作完成后，评估单位要汇总各方面的评估结果，写出评估报告。评估报告对项目的可行性研究报告提出结论性意见和建议，报送决策单位，作为最后决策的依据。

9.3.4 投资项目决策的方法

一、投资项目决策的微观经济分析方法

投资项目决策的微观经济分析过程如下。

（一）收集资料并预测有关数据

企业进行投资项目决策，应收集市场有关资料、生产情况有关资料、项目规划总成本（如项目投资费用总额与资金来源）等。企业根据收集的资料预测有关数据，如销售量和销售价格、原料需求量、变动成本、固定成本、预付费用摊销、税金、股利等。

（二）编制投资项目财务规划

投资项目的财务规划主要通过以下三个测算表进行：（1）预计利润表，应有以下资料：销售收入、销售生产成本、推销和管理成本、净收益；（2）预计现金流量表，应有以下资料：预计净利润或净亏损、贷款的取得和偿还、股票或债券的销售和回收、运用资本和资产的变更、股利的分配；（3）预计资产负债表，依据期初资产负债表、预计现金流量表和预计利润表来编制。

（三）投资项目的比率分析

投资项目的比率分析以财务规划为基础，企业财务规划仅仅表明企业是否盈利、资金来源是否充分等。但企业可以通过财务比率来分析企业的盈利能力、偿债能力和营运能力。

投资项目的比率分析，是通过计算财务数据之间的比值和观察其变化趋势来揭示项目投资效益的一种分析方法。比率分析所用的比率种类很多，在投资项目的比率分析中，一般要计算反映财务盈利能力和偿债能力的指标。

1. 流动比率。它是流动资产与流动负债的比率，其计算公式为：

$$流动比率=\frac{流动资产}{流动负债} \tag{9-20}$$

2. 速动比率。它是速动资产与流动负债的比率，其计算公式为：

$$速动比率=\frac{速动资产}{流动负债} \tag{9-21}$$

速动资产包括现金、有价证券、应收票据和应收账款。一般来说，速动比率比流动比率更能表明企业的短期偿债能力。

3. 负债比率。又称资产负债率，是负债总额与资产总额的比率。它表明在资产总额中，债权人提供资金所占的比重，以及资产对债权人权益的保障程度。负债比率反映项目各年所面临的财务风险大小及长期偿债能力，其计算公式为：

$$负债比率=\frac{负债总额}{资产总额} \tag{9-22}$$

4. 资本金回报率。它是指项目达到设计生产能力后的一个正常生产年份的年利润总额或项目生产期内年平均利润总额与资本金的比率，反映投入项目的资本金的盈利能力，其计算公式为：

$$资本金回报率=\frac{年利润总额或年平均利润总额}{资本金}\times100\% \quad (9-23)$$

5. 资产回报率。它是项目税后净利与全部资产净值的比率，其计算公式为：

$$资产回报率=\frac{税后净利}{资产总额(净值)}\times100\% \quad (9-24)$$

6. 资产管理比率。该比率主要说明资产负债表上各项资产的周转状况，主要有以下指标：

$$存货周转率=\frac{销售成本}{平均存货} \quad (9-25)$$

$$总资产周转率=\frac{销售收入}{资产总额(净值)} \quad (9-26)$$

（四）项目盈亏平衡分析及敏感性分析

1. 盈亏平衡分析。它是根据成本、业务量、利润三者之间的相互关系，确定在一定生产水平上的项目损益分界点，并预测投资项目的经营安全状况的一种分析方法。在投资项目决策经济分析中，盈亏平衡点是项目达到预期正常生产能力的年度内创利额与固定成本总额相等的点。当企业销售量或销售额达到这一点时，企业刚好处在盈亏相抵状态。盈亏平衡点低，说明项目维持较低的生产和销售水平就能保持收支平衡，项目预期盈利水平较高而投资风险小；盈亏平衡点高，说明项目必须保持较高的生产能力利用率和销售水平才能保本，因此投资风险相对较大。

盈亏平衡点有两种计算形式：一种是用实物量来表示，称为盈亏平衡点的销售量；另一种是用金额来表示，称为盈亏平衡点的销售额。

$$\begin{aligned}盈亏平衡点的销售量&=\frac{固定成本总额}{单位产品销售价格-单位变动成本}\\&=\frac{固定成本总额}{单位创利额}\end{aligned} \quad (9-27)$$

$$盈亏平衡点的销售额=单位产品价格\times盈亏平衡点的销售量 \quad (9-28)$$

安全边际和安全边际率也是投资项目决策经济分析的重要指标。安全边际是指实际（计划）销售量与盈亏平衡点销售量的差额。实际（计划）销售量大于盈亏平衡点销售量说明企业的业务经营较安全，所差数额越大说明安全性越高。其计算公式为：

$$实际(计划)安全边际=实际(计划)销售量-盈亏平衡点销售量 \quad (9-29)$$

$$实际(计划)安全边际率=\frac{差异量}{实际(计划)销售量} \quad (9-30)$$

2. 敏感性分析。它用于分析投资过程中某一因素的变化对投资效果指标的影响程度。因素变化不大而对指标影响大，称为敏感性强。对盈亏平衡点进行销售价格、固定成本、变动成本的敏感性分析，可以实现在销售价格、成本变动的情况下对项目盈亏平衡点的预测。

（五）测算投资项目的净现值、净现值率、内部收益率及敏感性分析

投资项目的净现值、净现值率和内部收益率的分析参见9.2节。敏感性分析参见10.2节。

(六) 编写项目微观经济评估报告

编写项目微观经济评估报告，是投资项目决策的最后阶段。它从企业的角度来说明项目的盈利能力、偿债能力、收益状况以及一些不确定因素对项目经济效益的影响，从而确定项目的可行性。以世界银行的要求为例，项目评估报告应包括以下内容。

（1）所属部门和拟议的项目。

（2）项目的描述：组织及法律结构；管理；技术与成本估算；销售预测。

（3）拟议项目的财务分析。

（4）拟议项目的经济分析，包括影子价格、内部收益率、经济净年值。

（5）拟议项目备选方案的评估。

（6）政府干预和政策变更的必要性。

（7）拟议项目的筹资计划。

（8）推荐项目的总结性意见。

二、投资项目决策的宏观经济分析方法

宏观经济分析从国民经济全局出发来分析评价一个项目，也就是从整个社会的角度出发来考察、研究、预测投资项目对预期社会目标所做的贡献大小，具体内容详见9.2.4节“项目社会评价”。

9.3.5 投资项目决策的保证体系

投资项目决策，是对投资项目进行调查、分析、规划、论证（咨询），并做出是否投资的判断的过程。投资决策过程中的每一环节既相互独立，又分别作为投资决策体系中的一个有机部分而存在。如果说投资决策体系是一个系统，各环节就是投资决策体系中的子系统。这样，投资项目决策的信息系统、规划系统、咨询系统、决定系统与监督和反馈系统结合起来，就构成投资项目决策保证网，即投资项目决策的保证体系。

一、投资项目决策的信息系统

投资项目决策的信息系统，是投资决策信息的收集、传输、存储、转换（加工）和提供各个环节有机结合的统一体。投资项目决策的信息系统是投资项目决策的基础。

二、投资项目决策的规划系统

投资项目决策的规划系统分为三个层次。

1. 中长期投资规划。它是根据部门和行业的产品信息和资源信息来确定中长期投资的总体规模和总体结构。

2. 部门或行业投资规划和地区或区域投资规划。部门或行业投资规划主要是根据部门或行业的技术发展情况和产品结构状况来规划投资方向。地区或区域投资规划主要是根据地区或区域的实际情况，如资源分布、利用条件等来规划投资的时空布局。

3. 基本建设或更新改造的投资规划。它是在信息调查基础上进行的投资机会选择，对项目进行可行性研究和项目评估，择优建立项目库。

三、投资项目决策的咨询系统

投资项目决策的咨询系统是对已建项目库进行搜索分析的系统。具体地讲，该系统对投资行为进行综合的、系统的、科学的分析研究，对投资将取得的直接效益进行评价，提供公正可靠的方案或建议。

投资项目决策的咨询系统为投资决策系统提供项目技术、经济和社会论证方面的准备。

四、投资项目决策的决定系统

投资项目决策的决定系统，是根据已经取得的各种详尽信息，对投资项目做出具体的、确定的投资决策的系统。投资决策应坚持效益原则和效率原则。

效益原则就是决策者在投资决策中应保证投资利润最大化、国民经济和社会效益最优化。

效率原则要求决策者善于捕捉投资信息以做出正确选择，提高投资决策的效率。

五、投资项目决策的监督和反馈系统

需要建立投资项目决策的监督和反馈系统，也就是对投资执行过程进行严格科学的监测，并把监测过程中得到的有价值的信息及时反馈给与投资相关的各系统，以便采取相应调整措施，保证投资活动向预定目标发展，同时为提高投资决策水平积累经验。

投资监督和反馈系统按对象可分为宏观投资监督和反馈系统与微观投资监督和反馈系统两类。宏观投资监督和反馈系统主要是对社会或部门、地区的投资规模、投资结构进行监督和反馈，保证投资的社会效益；微观投资监督和反馈系统主要是对具体的建设项目在实施中出现的具体问题加以协调解决，并积累经验，达到项目在评估和决策时所确定的预期效果。

小　结

可行性研究是项目前期工作中最重要的内容，是投资项目决策的直接依据。其内容主要包括：项目的背景、市场和工厂、生产能力、厂址选择、财务和经济评价等。通过财务数据的预测来计算评价企业经济效益的主要指标有：财务内部收益率、投资回收期、资产负债率、借款偿还期、流动比率、速动比率等。通过经济评价，分析国民经济盈利能力和外汇效果，计算经济内部收益率、经济净现值、经济外汇净现值、经济换汇成本和经济节汇成本等指标。通过社会评价，对项目进行社会影响

分析、项目与所在地互适性分析和社会风险分析。投资项目决策包括微观和宏观两个方面。

第9章　即测即评

计算题

1. 假设一个项目的年度净收益和累计净收益如下表所示，按照静态分析法计算，该项目的投资回收期是多少年？

单位：万元

年份	年度净收益	累计净收益
0	－600	－600
1	50	－550
2	80	－470
3	100	－370
4	120	－250
5	150	－100
6	200	100

2. 假设贴现率为5%，以下是两个项目的现金流情况，计算这两个项目的净现值，并分析哪个项目更理想。

单位：万元

年份	项目 A	项目 B
0	－100	－100
1	60	0
2	60	0
3	60	0
4	60	0
5	60	330

3. 已知某投资项目的生命周期为12年，逐年净现金流量（单位：万元）如下图所示，求该项目的内部收益率。假设基准贴现率为7%，该项目是否可行？

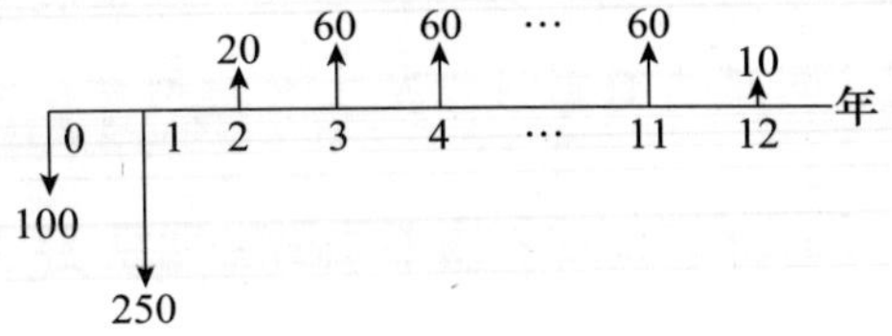

4. 已知 2023 年度 A 公司的财务数据如下表所示，请依次计算该公司的流动比率、速动比率、负债比率、总资产回报率、存货周转率、总资产周转率。（2022 年与 2023 年的存货账面价值不变。）

单位：亿元

会计科目	金额	会计科目	金额	会计科目	金额
现金及等价物	10	短期借款	20	销售收入	40
应收账款	40	应付账款	30	销售成本	25
存货	50	长期借款	50	税后净利	10
固定资产	100	总负债	100		
总资产	200	所有者权益	100		

思考题

1. 在投资项目决策前为什么必须进行可行性研究？可行性研究包括哪些主要内容？

2. 财务评价的静态分析法一般采用哪些指标？试述这些指标的计算方式。

3. 财务评价的动态分析法包括哪些内容？

4. 内部收益率是否总是唯一的？如果对一个项目进行评价时出现不止一个内部收益率，应该如何处理？

5. 在分析、评价投资项目的国民经济效益时为什么必须对项目的投入物和产出物的现行价格进行调整？投资项目国民经济评价中采用的影子价格是根据什么原则和要求制定的？

6. 简述投资项目社会评价的内容。

7. 投资项目在评价时可能出现财务评价结果与国民经济评价结果不一致的情况，应如何处理？

8. 什么是安全边际和安全边际率？

9. 什么是投资项目决策中的效益原则和效率原则？

10. 综合论述：

（1）通过互联网搜索一篇项目可行性研究报告，了解其构成要素。

（2）选择同一行业内的两家国内上市公司，分析其财务报表，计算并比较以下比率：流动比率、速动比率、负债比率、存货周转率、总资产周转率。通过比率分析判断公司财务状况。（上市公司基本数据可以从上交所网站、深交所网站、港交所网站获得。）

11. 参照《企业投资项目可行性研究报告编写参考大纲（2023年）》，试撰写一份企业投资项目可行性研究报告。

第 10 章

项目投资的风险管理

学习目标

- 了解项目投资风险和不确定性分析的概念
- 明确项目投资风险管理对项目投资的重要意义
- 掌握项目投资的不确定性分析和风险决策的方法

10.1 项目投资的风险概述

收益和风险是项目评价的主要内容，是项目投资决策的依据之一，在第 9 章中已经介绍了对项目进行财务分析的原理和方法，本章将联系前面的内容对项目投资的风险进行分析。

10.1.1 风险

风险，又称不确定性，是投资决策的实际结果可能偏离期望结果的程度。一般来说，可能的偏离越大，风险就越大；可能的偏离越小，风险就越小；若可能的偏离是零（即实际结局就是期望结局），风险就为零。

任何投资项目都存在风险。进行可行性研究时，对投资项目的财务可行性的评价建立在预期基础之上。计算中采用的任何数据仅是预测的估计值，而将来的实际情况或多或少会与预测产生差异，从而使投资决策在变化了的条件下失去价值。因此，引入风险分析的目的是增加投资决策的弹性，使投资决策和实际环境更为匹配，提高投资获得更好结果的概率。

风险和收益是一对相互对应的概念。一般来说，风险和收益成正比，不存在收益很大而风险很小的投资对象。因此，投资项目评价并不是追求尽可能小的风险和尽可能大的收益，而是根据项目的风险度，确定项目可以接受的目标收益率（这个收益率一般包括对投资者承担风险的报酬）。这种选择又随投资者要求的不同而不同。例如，保守型投资者不愿冒太大的风险，可能会对一定的风险度确立更高的目标收益率；相反，甘冒风险的投资者可能会对一定风险度的项目更为宽容。最终，对风险和收益的衡量会导致投资者对给定项目做出接受和拒绝的不同决策。

10.1.2 风险分析和不确定因素

风险分析，又称不确定性分析，是指对投资项目中的不确定因素及其产生不确定性的原因进行调查分析，计算确定它们对投资效益产生的影响。

首先要深入了解项目中的主要不确定因素。所谓不确定因素，就是项目评价时计算预期收益所依据的决策参数，如价格、投资费用、经营成本、建设进度、项目生命周期、利率、汇率等，这些参数在实际经济活动中都有可能发生变动，并对项目产生不同的影响。

在实际经济活动中，使这些参数产生不确定性的因素是复杂的，主要包括以下几种类型。

一、宏观经济风险

宏观经济景气与否是投资者决策的重要前提之一。如果经济处于持续发展时期，投资者将会十分踊跃。这个时期，生产稳定增长，交易活跃，市场呈现繁荣景象，投资者的投资与盈利交替增长。相反，如果经济处于停滞或者衰退状态，市场萧条，就无法刺激投资意愿。投资的动向还是经济景气的指示器：为摆脱困境，投资者通过大量购买新设备，研究开发新技术、新产品，以提高生产率，增加产品的竞争力，赢得市场，这些努力最终又带动市场需求，使经济慢慢复苏。

二、市场风险

广义的市场风险包括资金市场、劳动力市场和商品市场的波动。

1. 资金市场，也称资本市场。资本市场供求关系的变动以及由此带来的利率变化，与投资成本有着极大的关系。投资者用于投资的资金中，一般自有资金（资本金）只占较少部分，大部分是向银行借款，或通过在直接融资市场上发行债券筹集而来。如果资金市场供不应求，市场利率升高，那么投资者的筹资成本就比较高，甚至可能筹不到足够的资金。

影响资金供求的因素较多，国家货币政策和财政政策、经济景气度、进出口状况等诸多因素都会导致资金价格的变化。

2. 劳动力市场。劳动力的价格也是影响投资成本的重要因素。劳动力市场的供求变动不像资金市场那么频繁与复杂，在经济相对稳定的一段时期内可以认为是一个稳定变量。劳动力的供求既需要有数量上的均衡，也需要有结构上的均衡。通常的情况是大量人口失业或待业的同时企业招不到适合的高级管理人才或熟练技术工人。这种结构上的失衡可能给投资者的实际投资活动带来不确定性。

3. 商品市场。商品市场的变化从两方面影响投资者投资：一个是生产资料（原材料）市场，其供求变动影响项目的投资成本；另一个是产品市场，其价格直接影响项目的投资收益。投资者需要对这两个市场进行详细调查，分析论证，以提高市场预测的精确性。规避这两个市场风险的途径主要在于投资项目的技术水平和产品结构，如果项目产品所需原料来源丰富，所生产的产品竞争力强、质高价廉，就会在市场上立于不败之地。市场风险对投资者投资开发新产品尤其重要，新产品能否适销对路往往决定着投资的成败。

影响这三大市场供求变动的因素多种多样，政治的、经济的、社会的，甚至心理的因素，不一而足。利率的变动、价格的波动往往是多种因素综合作用的结果。投资者对项目进行不确定性分析时，要统观全局，尽可能地收集信息，用科学的方法进行全面预测。

三、自然因素

自然因素包括地理条件、自然资源、气候变化、自然灾害等人力所不可控制的因素。例如，对于海上石油开发投资，自然因素就是关键的不确定因素。进行开发以前，必须了解石油的储量、确切位置和可开采量，但这些数据并不能精确地得到，地质勘探人员只能给出约数或概率，精确的数字要在实际开发中才能逐渐明确；对可采油田的地理环境（如离岸距离、岩层构造等），只能根据经验有模糊的认识，在实际钻探中可能出现意料之外的困难；海上开采石油受自然环境的影响很大，恶劣的气候或海上风暴都可能阻止正常生产的进行。所以，企业在决策前必须在投资方案中对自然因素予以考虑，进而采取预防措施。

四、技术因素

在科学技术突飞猛进的今天，技术因素的不确定性对企业的影响越来越大。尤其在新兴工业部门，技术更新换代很快，产业劳动生产率迅速提高，十几年甚至几年就取得显著的飞跃，这对长期投资来讲是一个重要的不确定因素。巨额投资的项目如果遇到技术迭代甚至替代性的新技术路线，很容易遭受损失。同时技术进步会带来相关产品价格的快速下降，这也是新技术类投资需要考虑的重要因素。因此，在投资决策前，对行业的技术发展趋势要有准确的、前瞻性的预判。

五、其他因素

其他因素包括政治风险、社会风险等，它们使项目建成后的生产经营环境面临时时变动的威胁。党的十九大以来，习近平总书记多次指出，“当今世界正经历百年未有之大变局”。这是我们党立足中华民族伟大复兴战略全局，科学认识全球发展大势、深刻洞察世界格局变化而作出的重大判断。地缘政治的变化使得项目风险需要更全面评估，尤其在高新技术领域，是否面临发达国家“卡脖子”问题成为项目投资必须加以考虑的关键因素。

拓展阅读

宁德时代美国工厂投资案例

2023 年 2 月 14 日，福特宣布将投入 35 亿美元，在美国密歇根州建一座磷酸铁锂电池工厂。这是福特首个磷酸铁锂工厂，工厂最大的特点在于——虽然是福特汽车全资拥有，但技术授权由中国电池龙头企业宁德时代提供，福特负责电芯与整车的集成工作。

至此，宁德时代历经曲折，终于找到了切入美国电池市场的方式。

《通胀削减法案》(简称“IRA法案”)签署后，出于对本土电池产业链的保护，美国抬高了国外电池厂商进入本土市场的门槛，这直接导致宁德时代在美建厂的计划受阻。

福特出资、宁德时代出技术的合作模式，改变了这一困境。有外媒认为，双方合作的新模式可以避免上述法规的限制。即便如此，宁德时代仍在夹缝中艰难赴美。

宁德时代，艰难赴美

工厂预计2026年投产后，年产能可达35千兆瓦时，可为40万辆福特电动车提供电池包，同时提供2 500个就业岗位。同时，工厂有望获得美国35美元/千瓦时、每个电池包10美元的补贴，大约为12.25亿美元。

福特与宁德时代合作的直接驱动力来源于福特的电动化转型。尽管近年来福特的营收与利润都远比不上后起之秀特斯拉，但福特追赶的力度并不小。福特表示，到2026年将在电动车上投资超过500亿美元，其目标是到2026年在全球拥有200万辆电动车的年产能。

此前福特已经与LG新能源、SK On两家韩国电池企业展开合作，与宁德时代联手推出价格更优惠的车辆，带来更多利润，也是计划的一部分。

宁德时代的磷酸铁锂电池对福特有极大吸引力。该类电池的原材料以锂、铁和磷酸盐为主，成本低于福特此前所采用的高成本三元电池（主要由SK On在佐治亚州的工厂生产）。

2022年7月宁德时代与福特签署协议后，彭博社曾报道称，宁德时代考虑在墨西哥和美国建厂，其中美国密歇根州和弗吉尼亚州最有可能，同时不排除加拿大。

然而同年8月，风云突变，美国相关部门签署了IRA法案，其核心内容是美国政府向购买电动车的消费者提供最高7 500美元的补贴，但前提是，车辆最终组装必须在美国或与美国有自由贸易协定的国家进行，同时要求2024年之前，40%的电池关键矿物原料来自前述国家。

这在业内被称为美国版“动力电池白名单”。在国内，宁德时代早期借助动力电池白名单，在短短数年内一跃成为中国乃至全球动力电池行业的龙头老大，但美国版“动力电池白名单”差点将宁德时代挡在门外。

法案公布后，部分日韩系电池厂选择继续赴美，但中美国际关系背景为国内电池企业赴美、自建工厂增加了风险。直到合作新模式出现，宁德时代开拓美国市场才算迎来转机。

根据合作协议，宁德时代将为福特磷酸铁锂电池工厂的电芯生产提供技术与服务支持，福特工程师负责电芯与整车集成工作。

折中的建厂方案确实满足了美国政府所希望的在本土生产的要求，但随着时间推移，到2027年电池原料在美国采购的比例上升到80%，届时宁德时代和福特的电池还能否维持低价生产优势？

一位电池行业人士表示，基于技术授权模式，宁德时代可能要在当地为福特培养一批技术人才。光是技术授权，很难完全发挥宁德时代擅长的规模制造、极致把控供应链的优势，利润远不如自建工厂卖电池产品高。

此外，核心技术授权模式还让国内电池企业面临着共享数据的风险。比如通用汽车曾以确保电池安全为由，要求 LG 新能源交出与稳定性直接相关的电池输出相关实验数据；福特在与 SK On 协商电池合资计划时，也要求共享电池密度相关技术。宁德时代与福特的技术合作或许还面临着国家层面的合规要求。

开拓美国市场是雄心，但夹缝中落地也是宁德时代的现实状态。

电池出海是必然

2022 年，中国新能源汽车卖出 688.7 万辆，同比增长 93.4%，但市场的饱和与发展放缓已经有迹可循。2023 年 1 月国内新能源汽车销量为 40.8 万辆，环比下降 49.9%，动力电池装车量环比下降 55.4%。

因此开拓全球市场成了电池企业的重要任务。美国被视为增长中的市场，但也是松下、LG 新能源、SK On 等日韩电池企业盘踞已久的地盘，三者分别绑定特斯拉、通用、福特三个本土头部车企。比如 SK On 与福特成立合资企业 BlueOval SK，此前已在肯塔基州和田纳西州建设电池厂。

2022 年，美国全年新能源汽车销量为 80.86 万辆。彭博新能源财经数据显示，2023 年美国新能源汽车销量超过 160 万辆。

宁德时代不会希望错过这个新兴、尚未深入的市场，但长久扎根，宁德时代可能面临着劳动力薪酬过高、跨国文化冲突和管理方面的难题。

在落地美国之前，宁德时代还在欧洲、东南亚等地区部署建厂。2023 年 1 月，宁德时代位于德国中部的电池工厂正式投产，这是其在中国境外开设的第一家工厂，计划建成 6 条生产线，初步产能为每年生产 3 000 万块动力电池。其在匈牙利东部城市德布勒森建设的电池工厂的产能规划为 100 千兆瓦时。

面对变幻莫测的国际环境，宁德时代“技术换市场”的方式可能暂时解决了 IRA 法案带来的问题，但在持续争夺全球汽车行业话语权的过程中，妥协、折中的案例可能还会重现。

10.2 项目投资的不确定性分析

如前所述，科学的投资决策建立在收益预期和不确定性分析的基础之上。没有不确定性分析，主观期望可能与实际偏差很大，这样的决策是毫无意义的。通过不确定性分析，可以了解各种不确定因素的变化对投资效益的影响。在此基础上，可以进一步确定应该采取的措施或决策方案。

不确定性分析有多种方法，各有特点及适用条件，下面对此作简要介绍。

10.2.1 盈亏平衡分析

盈亏平衡分析，又称量本利分析。在项目生产中，产量、成本和利润之间存在十分密切的关系，用公式表示为：

产品销售利润＝产品销售收入－产品销售成本

－产品销售税金及附加　（10－1）

产品销售收入＝产品单价×产品销售量　（10－2）

产品销售成本＝单位变动成本×产品销售量＋固定成本　（10－3）

当产品单价固定时，税金取决于产品销售收入。

从以上变动关系中可以看出，产品销售收入和产品销售成本都是产品销售量的函数。设它们都是线性函数关系，可以用坐标图来表示（见图10－1），图中横轴代表销售量，纵轴同时表示销售收入和成本。

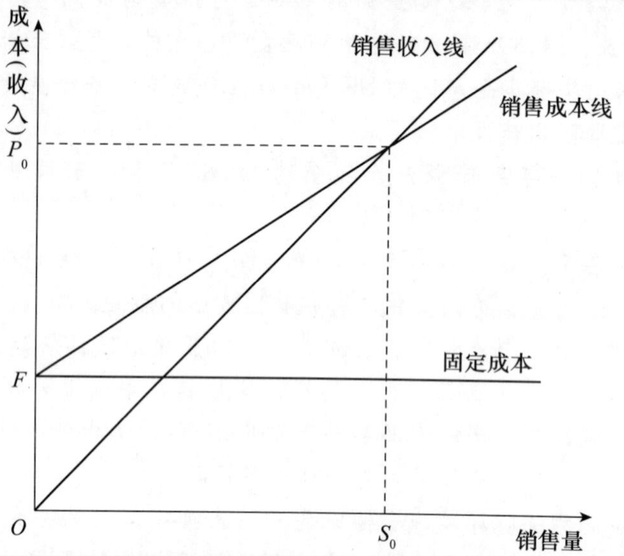

图10－1　盈亏平衡示意图

图中表示销售收入和销售成本的两条直线由于斜率不同，会产生一个交点，这一点表明当产品销售量达到一定数量的时候，产品的销售收入和销售成本正好相等，也就是在这一点上该企业的收入和支出正好相等，这个交点就叫销售量的盈亏平衡点或保本点。从图中可以看出，销售成本线和销售收入线的位置和斜率，决定了盈亏平衡点的高低。销售成本线的位置和斜率，又取决于固定成本、产品单位变动成本等因素的变化；销售收入线的斜率，则是由产品单位价格变化决定的。因此，分析这些变动因素对盈亏平衡点的影响，确定各种条件下企业的保本销售量，就是通常所说的盈亏平衡分析。盈亏平衡分析的目的，就是确定在各种变动条件下保证项目不亏损的生产决策。

一、盈亏平衡分析的约束条件

盈亏平衡分析直观简便，但它需要许多前提条件。要正确地使用这种方法，使得出的结论具有参考价值，就必须了解并自觉运用以下条件。

1. 销售量和产量相等（销售量如果少于产量，实际销售收入就会小于按实际产量计算的销售收入）。盈亏平衡分析的基础是按同一数量（既是产量又是销售量）计算的销售成本和销售收入，如果实际销售量少于产量，按实际销售量计算的销售收入线或按产量计算的销售收入线与按实际产量计算的销售成本线的交点，都不是真正的盈亏平衡点。

2. 在所分析的产量（销售量）范围内，变动成本是产销量的正的线性函数。一般来说，这一条件是成立的。当然，也可能出现例外，例如当产量达到一定水平时，由于原材料的大量采购，成本有所降低，变动成本和产量之间的正比例关系就会改变。

二、盈亏平衡点的确定

当销售收入与成本线的位置及斜率发生变动时，盈亏平衡点就相应改变。影响销售收入线和成本线的位置和斜率的因素如前所述，这些因素发生变动，盈亏平衡点随之变动，从而企业的保本产量也就发生变动。例如，固定成本增加，表现在图中是销售成本线的截距增大，成本线上移，相应地，盈亏平衡点随之上移，即企业保本产量增加，企业的收入和支出在更大销售量上达到均衡；又如，销售价格提高，销售收入线的斜率增大，盈亏平衡点就往左方移动，即企业保本产量降低。

确定盈亏平衡点可以用图解法，也可以用代数法，二者的实际含义一致。用公式表示为：

$$\text{保本产量}=\frac{\text{固定成本总额}}{\text{单位产品价格}-\text{单位变动成本}} \tag{10-4}$$

式中，分母又称为单位产品边际利润。

三、盈亏平衡点的应用

盈亏平衡点除可以用上面所说的产品销售量来表示，还可以用单位变动成本、单位价格、生产能力利用率等来表示，因此它在不确定性分析中有多种用途。

1. 已知单位变动成本、固定成本总额和单位产品价格，可以预测保本产量，然后利用市场预测资料判断项目的风险。如果市场预测表明产品的潜在市场容量小于保本产量，则该项目将无利可得；反之，该项目不仅可以保本，随销售量的增加还可以盈利。

2. 已知销售量、单位产品价格和固定成本总额，可以计算达到保本要求的单位变动成本。用公式表示为：

$$\text{盈亏平衡时单位变动成本}=\frac{\text{销售收入}-\text{固定成本总额}}{\text{销售量}} \tag{10-5}$$

这个指标可以用来控制成本，将其与实际发生的变动成本比较，可知该项目能否达到盈亏平衡的要求，有无成本过高的风险。

3. 已知销售量、单位变动成本、固定成本总额，可以求得保本的单位产品价格。用公式表示为：

$$\text{盈亏平衡时单位产品价格}=\frac{\text{变动成本总额}+\text{固定成本总额}}{\text{销售量}} \tag{10-6}$$

这个指标表示在某种销售条件下，保证不亏本的最低售价，将这个价格与市场预测价格相比较，可以判断项目在价格方面承受的风险。

4. 可以求得盈亏平衡时的产能利用率指标，即

$$\text{盈亏平衡时产能利用率}=\frac{\text{保本产量}}{\text{设计年产量}}\times 100\% \tag{10-7}$$

这个指标表示达到盈亏平衡时实际利用的生产能力占设计生产能力的比率。该比率小，表示企业有较强的承受风险的能力；反之，企业承受风险的能力就比较弱。

如果将税收因素考虑在内，则只是各项数据有了变动，基本原理是不变的。

综上所述，盈亏平衡分析可以针对经济条件的变化，得出企业不亏损的均衡条件，但这是一种静态分析方法，没有考虑资金的时间价值，只能在各个孤立的假设条件下取得均衡，而且在实际情况中无法确定项目的盈利大小，因此它的应用有明显的局限性。

10.2.2 敏感性分析

在项目的生命周期内，会有许多不确定因素对项目的经济效益产生影响。不同的不确定因素变化对项目的经济效益产生的影响程度各不相同，即项目的经济效益对这些因素变动的敏感程度不同。据此将不确定因素分为敏感因素和不敏感因素。敏感性分析，就是在诸多不确定因素中，确定哪些是敏感因素，哪些是不敏感因素，并分析敏感因素对经济效益的影响程度。

敏感性分析是动态分析方法，引入了资金时间价值的概念，主要是在现值的基础上进行分析，计算在不确定因素变化的情况下，项目的净现值和内部收益率等经济效益指标会发生什么变化。

一、敏感性分析的一般方法

1. 确定具体的经济效益指标作为分析对象，一般选择动态指标净现值或内部收益率。然后选择敏感因素，这些因素的变动通常会对项目的经济收益产生重大影响，而且它们在项目生命周期内有可能发生较大变动。这些因素主要包括：投资费用、生产成本、销售收入、产能利用率、建设工期等。

2. 根据敏感因素的变化值重新计算有关经济效益指标，看其变化如何。可以将每个因素单独计算，也可以在几个因素同时发生变动时进行计算（由于各个基础数据之间存在内在联系，计算时必须注意调整）。

3. 为直观全面地反映各个因素的变化对某个经济效益指标的影响，可以绘制敏感性曲线图，如图 10-2 所示。

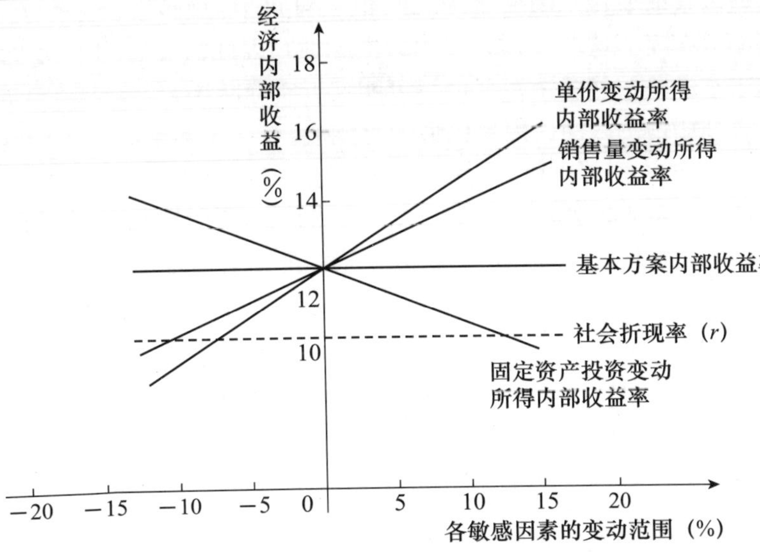

图 10-2　敏感性曲线图

二、敏感性分析的主要目的

1. 分析不确定因素变动对项目经济效益的影响程度，使决策者了解项目的风险。

2. 找出影响经济效益的主要因素，让项目评价人员进一步提高这些因素的可靠程度，以提高整个评价工作的质量。

3. 对某方案实施中的不确定因素没有把握时，在保证项目可行的前提下，确定该因素在数据误差上的容忍程度。

4. 在多方案比较中，通过敏感性区分风险水平不同的项目（敏感性越强，风险水平越高）。

5. 通过对可能出现的最好和最坏情况的分析，用寻找替代方案或对原方案采取某些控制措施的方法来确定最优方案。

10.2.3　概率分析

敏感性分析中对不确定因素变化程度的假设有很多的主观成分，事实上该分析对于会不会发生这种程度的变化是完全没有把握的。为了较准确地把握项目经济效益的变化情况，可以采用概率分析。

一、概率分析的含义

概率分析就是根据不确定因素在一定范围内的随机变动，分析确定这种变动的概率分布以及不确定因素的期望值和标准差，进而为项目的决策提供依据。

二、对项目进行概率分析的主要步骤

（1）选定一个不确定因素作为分析对象，同时假定其余因素是确定的。

（2）确定这个不确定因素可能的变化范围。

（3）将该因素的变化范围缩小为几个值，对每个值确定其概率（概率之和为1），列出概率分布表。这个过程有很大的主观性，因此需要有尽可能详尽的资料，利用人们的丰富经验，使各个概率值尽可能贴近实际状况。

（4）计算期望值 E，即该因素的最大可能值。

（5）计算标准差 σ，表明期望值 E 与实际值偏差的程度。

（6）将该不确定因素的最大可能值 E 及标准差 σ 用于重新计算项目的经济效益，从而得到不确定情况下项目的经济效益指标的期望值及标准差。

（7）将重新计算得到的结果与原来假定情况下的经济效益指标进行比较，供决策参考。

（8）按以上步骤对其余主要的不确定因素进行概率分析。

用这种方法计算出的经济效益指标，由于综合考虑了随机因素的影响，对决策有更大的参考价值。

三、蒙特卡洛法

在概率分析方法中，有一种特殊的方法可用于项目净现值分析，称为蒙特卡洛法，也叫模拟分析或仿真分析。它的原理是：采用一般概率分析法对不确定情况下项目的净现值进行分析时，得出的期望值实质上只是各种可能值的加权平均值，这必然导致偏差。解决这个问题的最好办法是算出各种实际可能的净现值的频率分布。出现频率最高的那个净现值，就是最有可能实现的净现值。

要做这样的分析，就需要进行模拟。每一个不确定因素不同程度的变化，都会引起不同的项目现金流量，从而得出不同的净现值。不断重复这种模拟计算，得出许许多多的净现值，将其制成频率分布图来加以对比，进而确定最可能出现的净现值。这种方法虽然更符合实际情况，但计算量很大，只能通过计算机程序完成。因此，它对于一般投资项目来说实际价值不大，只有对重大的工程建设项目才具有较高的使用价值。

综合以上几种不确定性分析方法，它们的基本作用在于为投资决策提供尽可能符合实际的参考数据以及预测值与实际情况的可能偏差。例如，在概率分析中，最后得出经济效益指标的期望值和它的标准差；在敏感性分析中，得出对应于敏感因素变化的效益指标的变动幅度。但是，最后如何决策，还需要解决风险决策的问题。

10.3 项目投资的风险决策

风险决策，是指在投资项目的财务评价与不确定性分析的基础上，投资者对不同项目方案的收益与风险综合权衡后进行择优选择。

10.3.1 风险决策的影响因素

在引入不确定性分析之前，企业投资决策的标准很简单：项目预期收益率越高，项目就越理想；或者确定一个目标收益率，项目预期收益率高于该目标收益率，投资就可行，反之就否决。

引入不确定性分析之后，决策的标准就复杂了。由于存在不确定因素，我们所获得的参考效益指标都是期望值（E），或叫加权平均值。一般来说，期望值越大，则标准差（σ）越大，因而风险越大。在期望值和标准差不同的方案中进行选择，采用不同的决策标准会出现不同的结果：倾向于冒险的决策者会选择期望收益和风险都大的方案；保守的决策者宁愿选择风险小、期望收益也小的方案。

【例 10－1】

某经理正考虑某个为期一年的项目，这个项目有三种方案 A，B 和 C，这三个方案来年的净现值依赖于来年的经济状况。来年的经济状况有三种可能：好、中、差，出现的概率分别为 0.3，0.5，0.2。投资项目的净现值如表 10－1 所示。

表 10－1　某投资项目的净现值　　单位：万元

经济状况	发生的概率	投资项目的净现值		
		A	B	C
好	0.3	1 800	1 600	2 000
中	0.5	1 500	1 200	1 600
差	0.2	800	1 000	900

方案 A，B，C 的净现值的期望值 E、标准差 σ 分别为：

$$E(R_A)=1\ 450,\quad \sigma_A=350$$

$$E(R_B)=1\ 280,\quad \sigma_B=223$$

$$E(R_C)=1\ 580,\quad \sigma_C=382$$

如果只考虑期望净现值最大，可以选择方案 C，但是 C 的标准差也最大，即 C 的风险最大。风险最小的方案 B，期望净现值也最小。这里没有一个方案占绝对优势，净现值较大的同时标准差也较大。所以，投资者如何决策实质上是权衡收益与风险的过程，这取决于决策者对风险的偏好和态度。

10.3.2　风险决策的方法

在实际经济活动中，风险决策主要有以下几种方法。

一、风险折现率法

在比较有不同风险的投资项目时，可以使用调整折现率的方法，风险大的项目选取较大的折现率，风险小的项目选取较小的折现率，然后利用这种考虑了风险因素的折现率来计算项目投资的净现值或内部收益率，作为决策的参考。这时，项目的折现率为：

$$R'=R_f+\mu+\alpha \qquad (10-8)$$

式中，R'为调整过的折现率，它表示该项目需要的回收率；R_f为无风险的折现率；

μ 为项目处在正常情况下对风险的补偿，所以 $R_f+\mu$ 表示企业的资本成本；α 为项目的风险补偿，它表示该项目的风险高于（$\alpha>0$）或低于（$\alpha<0$）企业的平均风险。

这时项目的评价标准为：

$$NPR'=\sum_{i=0}^{n}\frac{F_i}{(1+R')^i} \tag{10-9}$$

式中，NPR' 为按风险折现率计算的净现值；F_i 为第 i 年的净现金流量。

用这种方法计算出来的净现值，比用无风险折现率或行业平均折现率计算的净现值（NPR）要小得多，可能因为该方法包含了更高的风险补偿。它的主要缺点是：没有对每个项目的风险进行具体分析，没有考虑项目生命周期内风险随时间而变化，只是用同一个大于资金成本（$\alpha>0$）的折现率对整个项目生命周期的现金流进行折现。这里隐含一个条件，即项目的风险是增加的，相当于每年增加一个 $\frac{1}{1+\alpha}$ 作为风险的调整因子。

二、等价的确定性法

风险折现率法将对时间的折扣和对风险的补偿放在同一个参数（风险折现率）中，而在等价的确定性法中，用一个等价因子 α 来补偿风险，而用无风险的折现率来表示资金的时间价值。

不同类型的投资其风险程度不同，不同时期的现金流量预测的准确度也不同。根据不同类型的投资和每年现金流量的标准差，将每年现金流量的期望值分别乘以不同的因子，其乘积作为确定的值等价于该年经风险因子调整后的现金流量。由于这个现金流量已经转化为等价的无风险的现金流量，所以现金流量的折现率应该采用无风险的折现率（R_f），这样，等价的确定性投资项目的净现值为：

$$NPR''=\sum_{i=0}^{n}\frac{\alpha_i\overline{F}_i}{(1+R_f)^i} \tag{10-10}$$

式中，$\overline{F}_i$ 为每年现金流量的期望值；α_i 为等价因子。

α_i 可以由等价的曲线簇求出，或根据经验得出。某公司的经验 α 数据如表 10-2 所示。

表 10-2　某公司的经验 α 数据

投资类别	标准差系数 $\left(V=\frac{\sigma}{E}\right)^*$	等价的确定因子 α_i			
		$i=1$	$i=2$	$i=3$	$i=4$
更新Ⅰ（新机器与老设备相同）	$V\leqslant 0.10$	0.95	0.92	0.89	0.85
更新Ⅱ（新机器比老设备先进）	$0.10<V\leqslant 0.25$	0.90	0.86	0.82	0.77
新建项目Ⅰ（生产已有产品）	$V\leqslant 0.10$	0.92	0.88	0.85	0.80

续表

投资类别	标准差系数 $\left(V=\frac{\sigma}{E}\right)^{*}$	等价的确定因子 α_i			
		$i=1$	$i=2$	$i=3$	$i=4$
新建项目Ⅱ（本厂从未生产过其他厂产品）	$V>0.25$	0.80	0.75	0.70	0.64
新建项目Ⅲ（生产同已有产品相近的产品）	$0.10<V\leqslant0.25$	0.86	0.82	0.78	0.73
研究与开发Ⅰ（有特定目标和熟练的技术）	$V\leqslant0.20$	0.82	0.76	0.70	0.60
研究与开发Ⅱ（基础研究）	$V>0.20$	0.70	0.60	0.50	0.00

注：$V=\frac{\sigma}{E}$ 中，σ 为标准差，E 为期望值。

三、决策树分析法

决策树分析也叫决策网络分析。进行项目分析评价时，可以对一个项目提出多种实施方案，每一个方案又可能出现不同的结局（可用概率来表示不同结局发生的可能性）。在这种条件下，可以用决策树来示意：树干即方案枝，表示各种实施方案；每一树干上分为几枝（概率枝），每枝代表该方案可能出现的一种结局及对应的概率。决策者首先根据概率枝综合计算各个方案的期望收益，在此基础上比较各个方案，一般淘汰期望收益较小的方案而保留期望收益较大的方案。

如果各个方案也是多层次的，即每个方案各代表一个决策树，那么决策者必须层层推进，从最末的概率枝开始进行逆向分析，在下一个较高层级的决策层保留期望值较大的方案，直至倒推得出最后一层决策方案的期望值，然后进行方案比较。

由此可见，决策树分析法对各种不确定因素做了综合考虑，而且便于把各层次连接起来，因此较为常用。

四、乐观悲观法

决策者对风险所持的态度常常不同，在信息相同的前提下，不同的人对决策方案的选择会有不同，甚至同一个人在不同时期也会有不同的态度。对风险所持的态度是一种价值判断，如利用概率分析求期望值最大的方案，就是根据某一价值判断所做的选择。保守的人和偏好冒险的人常常有不同的价值判断。前述三种决策方法都是中肯型决策方法，即求得期望值最大的决策。除此之外，还有乐观悲观决策方法。

1. 稳健型决策。采用这类决策方法的决策者考虑决策方案时，总是从最坏的情况着想，以求从最坏的情况中得到最好的结果。这种决策方法的立足点是求稳，虽然每次效益都不高，但不至于完全失败。按这种想法做出的决策称为“从最小中求最大”决策（见表 10-3）。

表 10-3 决策方案数据（一）

方案	结果		
	N_1	N_2	N_3
A	0.5*	1.5	1.5
B	0*	2.0	2.5
C	−1.0*	0	5.0

注：*代表三个方案中的最小值。

表中三个方案中的最小值，也就是三个方案可能遇到的最不利情况，正好集中于 N_1 一栏。稳健型决策者决定在三个最小值中取其中最大的效益值作为最终方案，因此A方案中选。

2. 乐观型决策。采用这种决策方法的人一般是富有冒险精神的决策者，多半对环境估计有较大把握，同时又勇于承担风险，认为即使出现最坏情况，也可以承受损失，如果环境确实很好，就可以得到最大的收益。这类决策又称为“从最大中求最大”决策（见表10-4）。

表 10-4 决策方案数据（二）

方案	环境		
	N_1	N_2	N_3
A	0.5	1.5*	1.5*
B	0	2.0	2.5*
C	−1.0	0	5.0*

注：*代表三个方案中的最大值。

A，B，C三种方案中有4个最大值，其中C方案的5.0最大，因此最终方案为C方案。

3. 后悔值决策方法。有的决策者寻求后悔程度最小的结果。一般是从最大后悔值中取最小后悔程度作为决策标准（见表10-5）。

表 10-5 决策方案数据（三）

方案	环境		
	N_1	N_2	N_3
A	0.5−0.5=0	2.0−1.5=0.5	5.0−1.5=3.5*
B	0.5−0=0.5	2.0−2.0=0	5.0−2.5=2.5*
C	0.5−(−1.0)=1.5	2.0−0=2.0*	5.0−5.0=0

注：*代表三个方案中的最大后悔值。

表中所示数字为后悔值。如果遇到 N_1 环境，三个方案中最佳方案应是A方案，因此 N_1 环境下A方案的后悔值是0.5−0.5=0；而如果采用B方案，本可以得益0.5现在只能得0，因此 N_1 环境下B方案的后悔值为0.5；同理，N_1 环境下C方案的后悔值为0.5−（−1.0）=1.5。

按上述方法分别求出 A，B，C 三种方案在 N_2，N_3环境下的后悔值。比较各方案的最大后悔值，A 方案是 3.5，B 方案是 2.5，C 方案是 2.0，最小值是 2.0。因此决定采用 C 方案，其逻辑是即使后悔，其损失为 2，比 3.5 和 2.5 都小。

小　结

风险，又称不确定性，是投资决策的实际结果可能偏离期望结果的程度。不确定因素，指项目评价时计算预期收益所依据的决策参数，如价格、投资费用、经营成本、建设进度、项目生命周期、利率、汇率等。盈亏平衡分析、敏感性分析和概率分析均属于不确定性分析，每种方法各有特点及适用条件。风险决策，是指在投资项目的财务评价与不确定性分析的基础上，投资者对不同项目方案的收益与风险综合权衡后进行择优选择。

第 10 章　即测即评

计算题

1. 假设某企业考虑新增某条生产线用于生产产品 A，通过市场调查发现每年全国需要的产品 A 数量为 20 000 个，当前产品 A 市场价格为 50 000 元。生产部门分析认为新增生产线的固定投资额为 2 亿元，设备可使用 5 年，同时单个产品的原材料、人力、能源等成本为 30 000 元。请根据以上信息计算产品 A 的盈亏平衡点。

2. 某经理正考虑某个为期一年的项目，这个项目有三种方案 A，B 和 C，这三个方案来年的净现值依赖于来年的经济状况。来年的经济状况有三种可能：好、中、差，出现的概率分别为 0.1，0.5，0.4。项目的净现值如下表所示。

单位：万元

经济状况	发生的概率	投资项目的净现值		
		A	B	C
好	0.1	2 800	1 000	2 000
中	0.5	1 500	1 000	1 600
差	0.4	600	1 000	900

某经理是激进型投资者，仅考虑最大期望净现值，他将选择哪个项目？

思考题

1. 简述风险及不确定因素的概念。
2. 敏感性分析的主要目的有哪些？
3. 简述概率分析方法的主要步骤。
4. 项目评价中怎么看待风险和收益之间的关系？
5. 如何计算考虑了风险因素的项目折现率？
6. 蒙特卡洛法相对于一般概率分析有什么优缺点？

第 11 章

证券投资分析

学习目标

- 了解证券投资分析的含义、意义和步骤
- 明确证券投资理念
- 从定性与定量相结合的角度掌握证券投资分析和决策方法
- 把握股票投资的一般程序

11.1 证券投资分析概述

11.1.1 证券投资分析的含义

第 8～10 章重点介绍了项目投资，接下来我们介绍证券投资，重点是如何进行证券投资分析以及如何进行证券投资组合管理。

如前文所述，证券是一种以货币形式表示的金融工具，证券投资则是指投资者（机构或个人）购买股票、债券、基金等有价证券以及这些有价证券的衍生品以获取红利、利息及资本利得的投资行为和过程。

证券投资分析是指人们通过各种专业分析方法，对影响证券价值或价格的各种信息进行综合分析，以判断证券的价值或价格及其变动，为证券投资提供决策支持。这是证券投资过程中的一个重要环节。

11.1.2 证券投资分析的意义

全面合理的证券投资分析有利于提高投资决策的正确性。证券投资分析有助于降低投资风险。一般来说，证券投资的预期回报与风险之间存在正向的相关性，每一种证券都具有特定的风险-回报特征。通过投资分析，投资者可以确定哪些是风险较大的证券，哪些是风险较小的证券，从而选择风险-回报特征合适的证券来构建与自身投资目标相适应的投资组合。

证券投资的目的是使证券投资净效用（即收益带来的正效用减去风险带来的负效用）最大化。因此，投资回报率最大化和风险最小化是证券投资的两个具体目标。证券投资成功与否，往往要看这两个目标的实现程度。只有全面掌握相关资料信息，并进行全面、系统和科学的专业分析，才能在降低风险的同时获取较高投资回报。

11.1.3 证券投资分析的步骤

证券投资分析结论的正确程度取决于三个方面：首先是分析人员拥有信息量的大小以及分析时所用信息资料的真实程度；其次是所采用的分析方法及分析手段的合理性和科学性；最后是证券投资分析过程的合理性与科学性。

一般来说，比较合理的证券投资分析应该由以下四个步骤构成。

1. 资料的收集与整理。资料收集与整理阶段的工作主要包括以下内容。

（1）证券投资信息资料的收集。证券投资分析人员通过各个渠道收集各种信息资料。

（2）信息资料的分类。根据不同的分类标准对所收集到的证券投资信息资料进行分类归档，编制分类目录，便于查阅。

（3）信息资料的保存、使用和管理。大部分信息资料都不是一次性的，而是可以重复使用的。这样，就必须做好信息资料的保存和使用、管理工作，确保信息资料发挥较高的效用。

2. 前期案头研究。首先，根据自己的研究主题和分析方向，确定所需的信息资料；其次，利用证券投资分析的专门方法和手段，对收集的资料进行仔细的分析；最后，得出研究结论，也就是得出有关指标与证券价格之间关系的正式结论。

3. 实地研究。实地研究是指分析人员就自己的研究分析主题到实际工作部门或企业等单位进行考察。证券投资分析过程的实地考察主要出于两个目的：一是就信息资料的真实性到实际工作部门或企业进行调查核实，并就前期研究中发现的问题寻求解释和答案；二是就某些阶段性分析结论的正确性和客观性到实际工作部门或企业进行调查核实。

4. 得出分析结论，形成分析报告。分析报告一般包括以下几个方面的内容：分析研究的主题，使用的数据来源和数据种类，采用的分析方法和分析手段，形成分析结论的理由，得出的分析结论及建议，分析结论和建议的适用期限，报告提供者或撰写者，分析报告形成日期。

11.1.4 证券投资分析的信息来源

1. 政府部门。包括国务院、证监会、财政部、中国人民银行、国家发展和改革委员会、商务部、国家统计局等相关政府机构的统计及新闻数据。

2. 证券交易所。它们主要负责提供证券交易的场所和设施，制定证券交易的业务规则，接受上市申请，安排证券上市，组织、监督证券交易，对会员和上市公司进行监管等事宜。

3. 上市公司。在上海、深圳和北京证券交易所上市的企业定期披露的数据。

4. 中介机构。中介机构是指为证券市场参与者如发行人、投资者等提供各种服务的专业机构，如会计师事务所、律师事务所、投资咨询公司、证券公司、银行、资信评估机构、行业协会以及其他中介服务机构。相关机构发布的信息包括有偿研究报告、信息数据库等。

5. 新闻媒体。新闻媒体是信息发布的主体之一，同时也是信息发布的主要渠道。新媒体时代下，自媒体也成为信息传播的重要渠道，加快了信息传播速度。

6. 其他来源。如通过家庭成员、朋友等的介绍了解信息，通过实地调研市场情况、调查上市公司的竞争对手等方法收集资料。

信息的收集、分类、整理和保存是进行证券投资分析最基础的工作，是进行证券投资分析的起点。保证收集信息的完整性和正确性是一切证券分析工作的基础，是后续结论有效性的保障，应当给予足够的重视。

11.2　证券投资分析的主要方法

这里我们主要介绍股票与债券的投资分析方法。

11.2.1　股票投资分析

一、股票投资分析的主要方法

(一) 基本分析法

基本分析法又称为基本面分析法，是着眼于股票长期价值的投资者通过对公司的经营状况和相关因素（如宏观经济指标、经济政策走势、行业发展状况、产品市场状况、企业销售和财务状况等）进行分析，预测该公司未来发展前景，评估该公司的投资价值，判断证券的内在价值，从而提出相应的投资建议的一种方法。这种方法的基本特征是以价值分析理论为基础，以统计、财务分析和现值计算方法为主要分析手段。

基本分析法的两个假设为：股票的内在价值决定其价格；股票的价格围绕价值波动。基本分析法分为宏观经济分析、行业分析和公司分析三部分。

1. 宏观经济分析。这是指分析国内外政治、经济、金融市场、社会环境等因素对公司发展的影响。

（1）宏观经济分析的意义。只有把握住宏观经济发展的大方向，才能把握证券市场的总体变动趋势，做出正确的投资决策；只有密切关注宏观经济因素的变化，尤其是货币政策和财政政策的变化，才能更好地把握证券投资的机会。当证券市场达到足够的规模，上市公司对国民经济格局具有足够的代表性，市场参与者占全国人口的比例达到一定的数值时，证券市场在一定程度上就可以反映整个国民经济增长的质量与速度。证券市场由此成为经济的“晴雨表”。

（2）宏观经济分析的方法。

1）总量分析法。即对影响宏观经济运行总量指标的因素及其变动规律进行分析（如对国民生产总值、消费额、进出口额、固定资产投资、银行贷款总额及物价水平变动规律的分析等），进而说明整个经济的状态和全貌。总量分析主要是一种动态分析，因为它主要研究总量指标的变动规律。同时，总量分析也包括静态分析，因为它考察同一时段内各总量指标的相互关系。总量是反映整个社会经济活动状态的经济变量，包括两个方面：一是量的总和；二是平均量和比例量。

2）结构分析法。即对经济系统中各组成部分及其对比关系变动规律的分析（如国民生产总值中三次产业的结构分析、消费和投资的结构分析、经济增长中各因素作用的结构分析等）。如果对不同时期内经济结构的变动进行分析，则属于动态分析。

总量分析和结构分析是相互联系的。总量分析是对总量指标速度的考察，侧重分析经济运行的动态过程；结构分析是对一定时期经济整体中各组成部分相互关系的研究，侧重分析经济现象的相对静止状态。

（3）宏观经济分析的内容。

1）经济指标。宏观经济分析可以通过一系列经济指标的计算、分析和对比来进行。经济指标是反映经济活动结果的数据和比例关系。

- 先行指标。主要有货币供应量、信贷投放量、采购经理人指数、商品和股票价格指数等。这类指标的高峰和低谷顺次出现在经济周期的高峰和低谷之前，为将来的经济状况提供预示性的信息。从实践来看，先行指标可以对宏观经济的周期性高峰和低谷进行估算和预测。
- 同步指标。主要有失业率、国民生产总值、生产价格指数等。同步指标的变动时间与一般经济情况基本一致，可以显示经济发展的总趋势，并肯定或否定先行指标预示的经济发展趋势。
- 滞后指标。主要有固定资产投资、财政收支、零售物价总指数、消费价格指数等。滞后指标有助于验证先行指标所显示的经济趋势是否真实。

2）宏观政策。主要包括对国家财政政策、货币政策、信贷政策、税收政策、利率与汇率政策、产业政策、收入分配政策等的分析及预测。

2. 行业分析。这是介于宏观经济分析和公司分析之间的中观层次分析，主要分析公司行业的市场类型、行业周期、行业面临的市场风险、行业未来的趋势变化等。行业分析是公司分析的前提，也是连接宏观经济分析与公司分析的桥梁和纽带。

（1）行业划分方法。主要有如下几种。

1）道琼斯分类法。使用该方法可以将行业划分为三类，即工业、运输业与公用事业。

2）标准行业分类法。联合国经济和社会事务统计局建议：把全部经济活动首先分解为十个大项。十个大项是：农业、狩猎业、林业和渔业；矿石和采石业；制造业；电力、煤气、供水业；建筑业；批发与零售业，餐馆与旅店业；运输业、仓储业和邮电业；金融业、不动产业、保险业及商业性服务业；社会团体、社会及个人的服务；不能分类的其他活动。

3）我国国民经济行业分类。按国家标准分为门类、大类、中类与小类。大的门类分为从 A 到 T 共 20 类：A. 农、林、牧、渔业；B. 采矿业；C. 制造业；D. 电力、热力、燃气及水生产和供应业；E. 建筑业；F. 批发和零售业；G. 交通运输、仓储和邮政业；H. 住宿和餐饮业；I. 信息传输、软件和信息技术服务业；J. 金融业；K. 房地产业；L. 租赁和商务服务业；M. 科学研究和技术服务业；N. 水利、环境和公共设施管理业；O. 居民服务、修理和其他服务业；P. 教育；Q. 卫生和社会工作；R. 文化、体育和娱乐业；S. 公共管理、社会保障和社会组织；T. 国际组织。

4）我国上市公司行业分类。2023 年 5 月，中国上市公司协会最新的《上市公司行业分类指引》中，参考《国民经济行业分类》将上市公司的经济活动分为门类、大类和中类三级。该文件将上市公司共分为 19 个门类：农、林、牧、渔业；采矿业；制造业；电力、热力、燃气及水生产和供应业；建筑业；交通运输、仓储和邮政业；住宿和餐饮业；批发和零售业，信息传输、软件和信息技术服务业；金融业；房地产业；租赁和商业服务业；科学研究和技术服务业；水利、环境和公共设施管理业；居民服务、修理和其他服务业；教育；卫生和社会工作；文化、体育和娱乐业；综合。上市公司行业分类以上市公司营业收入、毛利润等财务数据为主要分类标准和依据。所采用的财务数据为经符合《会计师事务所从事证券服务业务备案管理办法》规定的会计师事务所审计并已公开披露的定期报告或重大资产重组备考财务报表的数据。

（2）行业特征分析。这主要是指分析公司所处行业的市场类型（完全竞争、垄断竞争、寡头垄断、完全垄断）、行业特征（增长型行业、周期型行业、防御型行业）、行业的生命周期（初创期、成长期、成熟期、衰退期）、行业增长潜力，以及本行业与主要相关行业的相互影响等。

（3）影响行业发展的因素分析。主要包括分析技术革新、政府产业政策、产业组织创新、社会习惯改变、人口结构变化、经济全球化/逆全球化等带来的影响。

3. 公司分析。公司分析是基本分析的重点，主要包括公司基本面分析和公司财务分析。

（1）公司基本面分析。

1）公司行业竞争地位分析。分析公司在行业中的综合竞争优势，是否为领导企业，在产品价格上是否具有影响力或定价权，公司的年销售额或年收入额在行业中的排名及占比，公司的年销售额或年收入额的增长性，公司销售额的确定性等。

2）公司产品/服务分析。

- 产品/服务的竞争力分析。主要分析公司产品/服务的成本优势、技术优势、质量优势、服务及渠道优势，以及市场开拓能力。

● 产品/服务的市场情况分析。分析公司产品/服务的市场规模、市场占有率和行业综合排序。

● 产品/服务的品牌优势分析。分析公司的品牌战略，公司是否拥有独特的品牌优势，市场对公司品牌的认可程度。

一般而言，只有确立了竞争优势并且不断通过技术更新和提高管理水平来保持这种竞争优势的企业才可以长期存在并逐步发展壮大，这样的企业才具备长期投资的价值。

3）公司经营能力分析。分析公司的商业模式以及决策层和高级管理人员的经营理念、专业素质、管理能力、执行效率、创新能力等。

4）公司成长性分析。分析公司的成长空间，以及企业经营战略、资源配置、扩张潜力等。

（2）公司财务分析。公司财务分析是通过对公司内部财务状况和经营状况的评价，评判公司经营是否健康且可持续。方法是利用各种财务数据及相关经营资料，运用一定的计算比率，进行横向及纵向的比较，分析预测企业当前及未来的经营状况。

公司财务分析的基本依据是企业的资产负债表、利润表和现金流量表。资产负债表是表示一个企业一定时期内资源流入和流出变化情况的静态报表；利润表是反映企业一定时期内经营成果的动态报表，投资者可据此了解企业的盈利能力及盈利的稳定性和连续性；现金流量表是反映企业在一定会计期间内现金变化及变化结构的报表。

财务分析的方法很多，通常有横向分析法、纵向分析法和财务比率分析法等，一般着眼于公司获利能力和偿债能力的分析，其中对于投资最为重要的是对企业产生自由现金流能力的分析。一般而言，企业受宏观经济的影响、在行业中的竞争地位以及企业自身的经营能力等都会反映在企业的经营和财务数据中。反过来，企业的财务数据又会对未来竞争环境下企业的价值变动提供有力的参考依据，因此证券投资者对于财务分析应当尤其重视。

1）横向分析。横向分析是根据一个企业连续数期的财务报表，比较各期有关项目的变化，以揭示当前财务状况与营业状况变化的趋势。这种方法简单常用，但在分析时要确定有代表性的基期。横向分析不仅要分析项目的变化，更重要的是通过分析理解变动背后的原因。

2）纵向分析，也称垂直分析。纵向分析是将资产负债表和利润表的各个数据与一个基本数据进行比较，一般来说，资产负债表常以资产总额为基本数据，利润表常以销货净额为基本数据。这种分析常采用百分比进行比较，例如销货成本、营业费用、利息费用及所得税等项目占销货净额的百分比，以及各种利润率的大小等。

3）财务比率分析。财务比率分析是在同一张财务报表的不同项目之间，或在两张不同财务报表（如资产负债表和利润表）的有关项目之间，用比率来反映它们的相互关系，据以评价企业的财务现状和经营中存在的问题。分析所采用的比率随着分析者的着眼点和用途各异。从投资者的角度出发，通常分析的比率有以下几种。

- 盈利能力。盈利能力是企业生存和发展的必要条件，是决定投资收益的主要因素。表示盈利能力的比率主要有资产回报率、股本回报率、销售利润率、每股盈余等。这些比率可集中反映企业的盈利能力。
- 短期偿债能力。分析短期偿债能力的目的是考察企业有无能力偿付到期债务。通常包括对流动比率、速动比率等进行分析。
- 长期偿债能力。分析长期偿债能力的主要比率有股东权益与负债比率、利息保障倍数（息税前利润与利息费用之比）。
- 经营效率。经营效率主要是指企业的经营效率，反映企业活动能力的比率通常以销售额或销售成本为分子，以某一资产科目为分母，常用的比率有应收账款周转率、应收账款平均收现期、存货周转率、平均存货周转天数等。

（二）技术分析法

1. 技术分析的含义。技术分析是对证券市场行为所做的分析。其特点是针对市场过去和现在的行为，应用数学统计和逻辑方法归纳总结出典型的行为，从而预测证券市场的未来变化趋势。市场行为包括价格的高低、价格的变化、伴随这些变化的成交量，以及完成这些变化所经历的时间。

2. 技术分析的基本原理。技术分析的基本原理是：股票价格是由股票的供求关系决定的。股票的供与求又是由各种合理与非合理因素决定的。如果忽略股价的微小差异，股票价格在一段时间内就会显示出一定的变化趋势，并随着市场供求的变化而变动。一般而言，供求关系背后反映的是全市场整体投资者对公司价值的初步判断，技术分析有助于识别这一趋势。

3. 技术分析的基本假设。作为一门经验之学的技术分析建立在以下合理的假设基础之上。

（1）市场交易行为涵盖一切信息，这是进行技术分析的基础。主要观点是影响证券价格的所有因素——包括内在的和外在的——都反映在市场交易行为中，不必对影响价格的因素的具体内容给予过多的关心。这个假设有一定的合理性。任何一个因素对市场的影响最终都体现在价格的变动上。如果某一消息公布后，价格和以前一样没有大的变动，说明这个消息不是影响市场的主要因素，或该信息已经被市场消化。技术分析人员认为市场参与者都是在交易信息，因此只关心这些因素对市场行为的影响效果，不关心具体导致这些变化的因素是什么，这些因素已经借由投资者的交易行为反映在价格中。

（2）证券价格沿趋势移动。这是技术分析最根本、最核心的内容。这个假设认为价格的变动具有一定的规律，价格有保持原来方向的惯性。正因如此，技术分析者才花大力气来判断和识别趋势。当价格的变动遵循一定的规律时，就能运用技术分析工具找到这些规律，对今后的投资活动给予有效的指导。

（3）历史会重演。这是从统计角度和人的心理因素两方面来考虑的。投资者在某一情况下做出投资决策得到成功的结果，那么，下一次碰到相同或相似的场合，投资者会倾向于认为同样决策能够得到相同的结果，进而做出相同的决策；如果前一次失败了，后面这一次就不会按前一次的方法操作。对重复出现的某些现象和最终的结果进行统计，得到成功和失败的概率，达到指导未来投资行为的目的。

4. 技术分析的主要方法。一般说来，技术分析的方法可以分为以下几类。

(1) 指标类。通过计算技术指标的具体数值和相互关系，直接反映股市的状态，为操作行为提供指导。著名的技术指标有相对强弱指标（RSI）、随机指标（KD）、趋向指标（DMI）、平滑异同平均线（MACD）、能量潮（OBV）、心理线（PSY）、乖离率（BIAS）等。

(2) 切线类。通过对趋势线、支撑线、压力线和轨道线的分析，来推测股票价格的未来趋势。

(3) 形态类。形态理论根据价格图表中过去一段时间的轨迹来预测股票价格的未来趋势。著名的形态有M头、W底、头肩顶、头肩底等十几种。

(4) K线类。K线又称为日本线，英文名称是蜡烛线（candle stick），起源于日本的米市。一根K线记录的是证券在一个交易单位时间内价格的变动情况。将每个交易时间的K线按时间排列在一起，就组成该证券价格的历史变动情况，叫作K线图。证券价格涉及开盘价、最高价、最低价和收盘价，根据这4个价格的不同取值，K线呈现12种不同形态。

(5) 波浪类。波浪理论最初是由艾略特发现并应用于证券市场的。直到20世纪70年代柯林斯的专著《波浪理论》出版后，波浪理论才引起广泛关注。该理论把股价的上下波动和不同时期的持续上涨、下跌看成波浪的上下起伏。波浪的起伏遵循自然界的规律，股票的价格运动也遵循波浪起伏的规律。波浪理论的核心是8浪过程，每个周期都是由上升（或下降）的5个过程和下降（或上升）的3个过程组成的。

5. 技术分析的缺陷。技术分析法是从股市的统计资料中归纳股价的规律，包括股价图示分析、结构分析、特征分析等。但越来越多的研究资料认为，对股票市场进行技术分析是不妥当的。有学术研究指出：因为股票市场是高效率的，所以证券的价格将充分、及时地反映所有可能得到的信息。股票价格的变化是由其基本决定因素（如股息、收益、经济形势等）和市场因素（如股票的供求、投资心理、投资预测等）的变化引起的。由于股票市场的高效率，这些因素的变化会立刻在股票的价格上反映出来，因此，目前的股票价格不能提供与未来股价运动相关的信息。不同时期的股价运动是相互独立的，所以人们无法从今天股价的上升中看出将来股价的运动情形，即股票的价格走势是随机的。

虽然基本分析法和技术分析法都不是一种完全理想的证券分析工具，但它们仍然为大多数投资分析者所采用，并为证券投资者提供了大量有价值的信息，对投资者选择适当的投资对象和投资时机具有一定的指导意义。

（三）心理分析法

这是一个正在兴起的分析流派，其理论基础是行为金融学。行为金融学对传统的主流投资学理论发起挑战，认为证券市场并不是有效的市场，金融市场存在认知与行为的偏差，比如证实偏差、时间偏好、羊群效应等。

行为金融学的主要理论模型有噪声交易模型、投资者心态模型、泡沫模型、行为资产定价模型等。行为金融学在投资策略上的运用有反向投资策略、惯性交易策略、成本平均策略和时间分散化策略等。

二、股票投资价值分析

（一）股票价格的含义

股票价格从理论上来讲是股息收入的资本化。股票价值有三种形式：（1）面值，即股票票面所载明的金额，表示每一单位股份所代表的资本额；（2）净值，即股票的账面价值，由公司资产负债表中的资产减去负债而得，实际上代表股东权益；（3）内在价值，也称估计价值，即股票未来一系列自由现金流量的现值。

一般来说，随着股票交易的展开，股票价格与面值的关联逐渐变小。面值也不能反映公司的实际资产，而且面值过高的股票在过户时往往要担负较高的税额，因此许多公司发行面值较低的股票，甚至发行无面值股票，从而使人们不再注意面值。从账面价值来看，由于它是一种净值，代表公司的实际资产，曾经一度为投资者所重视。但在股票交易市场上，尤其是股市危机阶段，投资者预期股价会降到账面价值以下，因而重点关注的不是账面价值，而是公司的盈利性。股票的内在价值比前两种价值更具实际指导意义，它更加直接地决定股价的运动。

（二）股票的估值

1. 普通股在稳定收益情况下的股票价值。普通股的收益有两部分：一是每次分配所得的股息；二是卖出股票后的资本利得。所以，普通股的总报酬率即股息获利率和资本利得获利率之和。其计算公式为：

$$K=\frac{d_1}{p_0}+g \tag{11-1}$$

式中，K 为总预期收益率；d_1 为第一年末投资者预期的股息；p_0 为股票购入价；g 为一年后股票价格的变动率。

根据定价原理，股票价值是由股票未来所产生自由现金流量的现值决定的，当公司用全部自由现金流来分配股息时，投资者所获得的自由现金流量就是股息。因此普通股可以视为永续债券或一般永续优先股，其价值可以用股息现值来确定。

股票价值＝预期未来股息的现值

$$\sum_{t=1}^{n}\frac{d_t}{(1+k)^t}=\frac{d_1}{(1+k)^1}+\frac{d_2}{(1+k)^2}+\cdots+\frac{d_n}{(1+k)^n} \tag{11-2}$$

式（11-2）是个一般公式，在定价理论中称为股息折现模型（DDM），因为式中的 d_t 可以随时间不同任意变化。无论 d_t 是递增、递减还是随机波动，式（11-2）始终成立。但是要预测每个期间的股息难度较大，因此要预测 d_t 的某一种随时间变化的特定形态，可以把式（11-2）简化成比较容易分析的形式。

2. 普通股在零增长情况下的股票价值。假设未来的股息增长率为零，则股票价值的计算公式为：

$$p_0=\frac{股息(d_1)}{预期报酬率(k)} \tag{11-3}$$

式（11-3）表示预期增长率为零时，普通股的回报率就是股息收益率，即

$$k=\frac{d_1}{p_0} \tag{11-4}$$

3. 正常或固定增长情况下的股票价值。如果公司以前的股息是 d_0，投资者预测其未来第 t 年的股息为 $d_t=d_0(1+g)^t$，其中 g 为预期增长率，则该股票目前的价值为：

$$\begin{aligned}p_0&=\frac{d_1}{(1+k)^1}+\frac{d_2}{(1+k)^2}+\cdots+\frac{d_n}{(1+k)^n}\\&=\frac{d_0(1+g)^1}{(1+k)^1}+\frac{d_0(1+g)^2}{(1+k)^2}+\cdots+\frac{d_0(1+g)^n}{(1+k)^n}\\&=\sum_{t=1}^{\infty}\frac{d_0(1+g)^t}{(1+k)^t}\\&=d_0\sum_{t=1}^{\infty}\left(\frac{1+g}{1+k}\right)^t\end{aligned} \tag{11-5}$$

式（11-5）两边乘以 $(1+k)/(1+g)$，得

$$\frac{(1+k)}{(1+g)}p_0=d_0\left[1+\frac{1+g}{1+k}+\frac{(1+g)^2}{(1+k)^2}+\cdots\frac{(1+g)^{n-1}}{(1+k)^{n-1}}\right] \tag{11-6}$$

当 $k>g$ 时，式（11-6）减式（11-5），得

$$\left[\frac{(1+k)-(1+g)}{1+g}\right]p_0=d_0\left[1-\frac{(1+g)^n}{(1+k)^n}\right]$$

当 $n\to\infty$ 时，$\frac{(1+g)^n}{(1+k)^n}$ 趋近零，有

$$\left[\frac{(1+k)-(1+g)}{1+g}\right]p_0=d_0$$

即得到

$$p_0=\frac{d_1}{k-g} \tag{11-7}$$

【例 11-1】

假设投资者对某股票投资要求 9%的报酬，并预期盈余和股息按 4%的速度增长，设一年后股息为 2 元，则该股票的价值为：

$$p_0=\frac{2}{9\%-4\%}=40\text{（元）}$$

假如以 40 元购入股票，最初股息获利率是 5%（2/40），预期股息每年按 4%增加，而且股票价格也因股息增长而成比例上涨，这样投资者每年的资本利得获利率也有 4%。4%的资本利得获利率加上 5%的股息获利率即为 9%的预期报酬率。

固定增长公式成立的必要条件是 k 大于 g，如其不然，上述结果会是不合理的答案。

以上两种股票价值模式以股利为主要考虑因素，忽略了股票买卖的差价，如果投资以获取买卖差价为目的，那么应修正股票价值模式。

4. 修正股票价值模式。假设股票买入后一年出售的价值为 p_1，则资本利得为 p_1-p_0，加上每股股利 d_1，股票的盈余就是 $d_1+(p_1-p_0)$，按照盈余与现值的关系：$p_0k=d_1+(p_1-p_0)$，有

$$p_0=\frac{d_1}{1+k}+\frac{p_1}{1+k}$$

同理可得

$$p_1=\frac{d_2}{1+k}+\frac{p_2}{1+k}$$

当期数扩大为 2 时：

$$p_0=\frac{d_1}{1+k}+\frac{d_2}{(1+k)^2}+\frac{p_2}{(1+k)^2}$$

同理，n 期的股票价值为：

$$p_0=\sum_{t=1}^{n}\frac{d_t}{(1+k)^t}+\frac{p_n}{(1+k)^n} \tag{11-8}$$

式（11－8）是有限期数的股票价值公式。

当期数 $n\to\infty$时，$\frac{p_n}{(1+k)^n}=0$，则

$$p_0=\sum_{t=1}^{n}\frac{d_t}{(1+k)^t} \tag{11-9}$$

式（11－9）表明，即使考虑到买卖差价，当期数无穷多时，股利的现值仍然是股票价值的决定因素，尤其是对于稳定增长的股票而言。这说明，股票价值的来源从理论上说是未来所有股利的现值。假设有一只股票，盈利快速增长，但明确告知投资者永远不分红，那么对于投资者来说该股票的投资价值并不明确。认清股票价值的来源对于实际投资具有重要意义。

（三）股价平均数与股价指数

1. 股价平均数。这是将多数股票价格加以平均所得到的数值，一般有算术平均数、加权平均数和修正平均数几种形式。加权平均数就是在算术平均数的基础上，将各采样股票的发行量或成交量当作权数计算出来的平均数。修正平均数则是考虑到配股除权等因素，对股价或除数进行修正后得到的价格平均数。道琼斯股价平均数和日经股价平均数都是修正平均数。

（1）道琼斯股价平均数。这是由道琼斯公司编制和公布的反映美国股票市场行情变动的股价平均数。道琼斯股价平均数起编于 1884 年，当时只包括 11 种有代表性的铁路公司的股票，几经变动，到 1938 年正式定为 65 种股票，一直延续至今。

（2）日经股价平均数。这是日本股票市场有代表性的股价平均数，创立于 1950 年 9 月，它参考美国道琼斯股价平均数的计算方法创立，按东京证券交易所第一市场 225 种（现已扩大到 500 种）上市股票的价格计算求出。

2. 股价指数。股价指数是将一组有代表性的股票的即期价格平均数与其基期价格平均数进行对比得出的，反映股价变动方向与幅度的综合性分析指标。该指标用“点”作为计量单位。

股价指数不仅能直观地反映股市行情的总体波动情况和整个国家政治、经济的发展水平，而且能为投资者参与股市分析、把握行情趋势提供重要的参考。目前，股价指数还是期货、期权交易的对象。

股价指数的计算有不同的方式。例如平均法，是先计算出采样股票的个别指数，再加总求算术平均数；综合法，是分别把基期和报告期的股价加总，而后两者相比，得出报告期的股价指数；如果考虑到股票成交量或发行量的大小对总体价格的影响，则可用加权综合法，或者用基期的成交量或发行量作权数求出基期加权综合指数，或者以报告期的成交量或发行量作权数求出报告期加权综合指数，再对前二者进行几何平均，如式（11-10）所示。

$$\text{股价指数} = \sqrt{\frac{\sum p_I Q_0}{\sum p_0 Q_0} \times \frac{\sum p_I Q_I}{\sum p_0 Q_I}} \tag{11-10}$$

式中，p_0为基期股票价格；p_I为报告期股票价格；Q_0为基期股票发行量或成交量；Q_I为报告期股票发行量或成交量。

实际上，股价指数采用加权综合法的较多，香港恒生指数和东京证券交易所发布的东证股价指数都是采用加权综合法得出的。

（1）香港恒生指数。这是由恒生银行根据各行业具有代表性的33种股票市价加权求出的。恒生指数从1969年11月24日起每天发布，以1964年7月31日为基期。入选股票称为“成分股”，分布在香港的金融、地产、航运、服务业，以及公用事业等主要行业。随着在香港上市的中国内地企业和科技企业增多，当前的恒生指数成分股中金融、地产等行业占比已经下降至40%，科技、医药、消费等行业占比超过50%。

（2）东证股价指数。这是东京证券交易所第一市场全部挂牌股票的价格指数，从1969年7月开始发布，以1968年1月4日为基准日。东证股价指数除了发布第一市场综合指数，还发布第一市场不同规模的股价指数，即大型股（上市2亿股以上）、中型股（上市6 000万股以上）和小型股（上市6 000万股以下）三种股价指数。

（3）沪深300指数。这是沪深证券交易所于2005年4月8日联合发布的反映A股市场整体走势的指数。沪深300指数以2004年12月31日为基期，基点为1 000点，以调整股本为权重，采用派许加权综合价格指数公式进行计算。沪深300指数是反映沪深两个市场整体走势的“晴雨表”。沪深300成分股为市场中代表性好、流动性高、交易活跃的主流投资股票，能够反映市场主流投资的收益情况。

（四）股票投资价值的影响因素

股票投资价值的影响因素一般分为两大类。

1. 外部因素。外部因素包括政治、经济、市场、心理等方面。

（1）政治因素。国际国内政治局势，以及国家的货币政策、财政政策、收入分配政策、证券市场的监管政策都会对股票的投资价值产生影响。

1）国际国内政治局势。如战争、国际重大政治活动、主要国家领导人的言论或行动、国与国之间政治经济关系的调整和变动，以及国家重大社会经济发展战略的选择和重大政策的出台实施等。

2）货币政策。货币政策是指政府为实现一定的宏观经济目标所制定的关于货币供应和货币流通组织管理的基本方针和基本准则。政府通过调控货币供应总量来保持社会总供给与总需求的平衡，通过调控利率和货币总量来控制通货膨胀以保持物价总水平的稳定，调节国民收入中消费与储蓄的比例，引导储蓄向投资的转化并实现资源的合理配置。一般而言，货币政策的扩张或收缩会影响市场利率及风险溢价，从而间接影响股票的估值水平。

货币政策工具包括法定存款准备金率、再贴现政策、公开市场操作三大一般性政策工具，以及直接信用控制和间接信用指导两大选择性政策工具。

3）财政政策。财政政策的手段包括财政预算、税收、国债发行、财政补贴和转移支付制度等。政府通过财政支出刺激或收缩经济将直接影响经济总需求，提升或降低经济水平，从而影响企业的收入、利润和股息；当企业所得税率上升或下降时，将降低或提高企业的税后利润和股息水平；财政政策还会影响居民收入，提升或降低居民消费能力。因此，财政政策会对证券市场产生各种直接或间接作用。

（2）经济因素。经济因素的影响具体表现在以下几个方面。

1）国家经济景气状况。股票价格通常和经济周期相联系，所以多头市场（股价呈上升趋势）总是在经济周期从低谷向复苏、繁荣阶段发展时出现，相反，空头市场则预示着衰退和萧条的临近。

2）通货膨胀。通货膨胀对股票市场走势的影响比较复杂，它既有刺激股市的作用，又有压抑股市的作用。当货币供应量开始增加时，往往能够刺激生产，抬高物价，增加公司的盈利和股息，相应地，股票价格也将上涨。但通货膨胀到了一定阶段，将引发利率上行，从而对股票估值造成压力。

3）失业率。失业率是指劳动力人口中失业人数所占的百分比。失业率是评价经济形势的重要变量。经济繁荣时，往往伴随着较高的就业水平，而在经济萧条时，失业率较高。失业率的波动反映了经济周期的波动，失业率上升意味着企业生产萎缩，企业利润增长放缓甚至下降，股市投资者的风险偏好水平降低，投资意愿下降。

4）利率。股价和利率有明显的联系。一方面，利率下行会降低企业资金成本、提升经济活动水平、改善市场未来预期；另一方面，较低的资金成本会增加投资者对风险的偏好、增加市场对股票的需求。同理，利率上行会提高企业资金成本、抑制经济活动、降低市场未来预期；资金成本上升会减少投资者对风险的偏好，减少股票需求，甚至导致市场抛售股票，股价下降。

5）汇率水平。一般来说，本币贬值，资本从本国流出，会导致包括债券、股票在内的金融资产遭到抛售。反之，本币升值，资本流向国内，会导致金融资产的需求增加，价格上升。

（3）市场因素。

1）证券市场的资金供求关系。证券市场的资金供求关系会影响股票的投资价值。股票市场的资金供求可以通过以下方法进行预测。

①流入证券市场的资金预测。

- 储蓄转化为投资的资金预测。一般来说，市场走向越好，产生了赚钱示范效应（正向财富效应），就会有越多储蓄资金流入证券市场；反之，长期熊市，产生了亏钱示范效应（负向财富效应），就会影响储蓄资金流入证券市场投资的数量。储蓄转化为投资的资金还和银行利率密切相关，投资者会比较证券投资与存款的收益率，在平衡投资银行和投资证券的风险与收益后做出投资决策。
- 机构投资者进入市场的资金预测。机构投资者包括保险基金、社保基金、券商、证券投资基金、合格的境外机构投资者等。
- 上市公司分红的资金预测。

②流出证券市场的资金预测。

- 发行新股的数量、规模与速度，增发以及配售新股的数量、规模和速度。
- 市场交易额以及券商收取的佣金数额，国家收取印花税的数额。

2）市场技术因素。这指的是股票市场上的各种投机操作、市场规律以及证券主管机构的某些干预行为等。其中，股票市场上的各种投机操作尤其应当引起投资者的注意。

3）市场效率因素。

- 信息披露是否全面、及时、准确。
- 通信条件是否先进决定了信息传播是否快速、准确。
- 投资专业化程度，投资大众分析、处理和理解信息的能力、速度及准确性。

（4）心理因素。股民的心理承受力和投资心态对其投资活动有很大影响。股市变化常常被投资者心理的共同作用左右，投资者的心理预期会对股票价格走势产生助涨助跌的作用。

2. 内部因素。

（1）公司净资产是决定股票投资价值的因素之一。净资产＝总资产－总负债＝全体股东权益。理论上，每股净值应与股价保持一定的相关性：一般来讲，每股净值增加，股价上涨；每股净值减少，股价下跌。

（2）公司盈利水平与股利政策。公司预期盈利和股利政策直接影响股票的投资价值，一般情况下，公司预期盈利增加，可分配股利也会相应增加，股票价格上涨，但股票价格涨跌和公司盈利变化并不同时发生。

（3）股份分割。在投资理念欠成熟的证券市场，股份分割通过增加股本总数降低股票单价，往往比增加股利分配对股价上涨的刺激作用更大。一般来说，股份分割有利于增加股票市场的流动性。

(4) 增资、减资。在没有产生相应效益前，增资会使每股盈利下降，导致股价下跌，但绩优且具发展潜力的公司的增资意味着经营实力增加，公司获得现金后进行新的项目投资，未来预期的盈利增加，股东获得更多潜在回报，股价不仅不会下跌，还可能会上涨。公司宣布减资，多半因为经营不善、亏损严重、需要重新整顿，所以一般股价会下降。

(5) 资产重组。资产重组总会引起公司价值的巨大变动，股价也随之剧烈波动。但公司重组的实际经济效果才是中长期股价变动方向的决定性因素。

三、股票投资的风险

传统金融投资理论认为股票投资的风险与收益存在正相关关系，即投资者要想获得较大的收益，就必须承担较大的风险。影响股票投资的风险因素有很多，例如财务风险、经营风险、经济风险、市场风险、购买力风险、国际政治风险和外汇风险等。

1. 财务风险，有时也称偿付风险。它是指财务结构不合理、融资不当使公司丧失偿债能力，从而导致投资者预期收益下降。财务稳健度是对公司财务结构的考量，是指公司可以动用的资金与它所需支付资金的比例关系。该比例越大，则公司的财务状况越好，财务稳健度越高，从而财务风险越小。

投资者可以通过分析公司的财务比率和偿债能力来判断自己投资的安全性。财务风险给投资者造成的损失，不仅指所投资公司破产带来的损失，而且包括公司财务状况恶化导致股票价格下跌给投资者造成的损失。所以，投资者通常要求高风险股票的发行者支付比低风险股票发行者更高的风险溢价，也就是更低的股票估值。

2. 经营风险。这是股票风险中最重要的一个因素。它是指因公司管理人员所做的决策而引起的投资者承受的总收益变动中的相应部分。股票收益（股息）与公司的经营状况密切相关，经营不好，公司盈利减少甚至亏损，就会损害股东的应得利益。

3. 经济风险。这是指由非企业内部因素所引起的有可能使公司盈利变动从而影响投资收益的风险。经济风险一般包括行业风险与景气风险。行业风险是指企业所处行业的发展前景的变动，有可能使企业经营发生困难。例如，处于夕阳产业的企业或生产处于产品生命周期衰退阶段产品的企业，都不是长期投资的理想对象。景气风险是指整个经济大环境的景气周期波动给企业经营带来的不确定性。

4. 市场风险。这是指由市场条件变化引起的投资总收益的变动。牛市与熊市总是交替出现，导致投资者的市场收益发生变动，引起市场风险。简单地看，市场交替的重要因素是经济周期，利率、政府政策等因素同样起到关键作用。牛市一般从萧条开始，经复苏到高涨，熊市则是从高涨开始，经衰退到萧条。

5. 购买力风险。这是指由价格总水平变动引起的资产总购买力的变动。和债券相比，股票对购买力风险的规避能力较强。历史数据表明，长期来看，成长性股票剔除通货膨胀影响后的实际收益率大幅超过债券，而随着通货膨胀率的不断上涨，债券的实际收益率逐渐下降，甚至丧失收益。因而，投资者在评价证券收益率时应当以实际收益率为决策依据。

6. 国际政治风险和外汇风险。这两种风险对国际证券投资来说十分重要。国际政治风险使外国投资者比本国投资者要求更高的预期收益率，或者只向政治风险相对较小的地区投资。外汇汇率的变动也会引起投资收益的变动，因此跨国投资者往往采取多种措施（例如，外汇期权、远期外汇合约）来减少外汇风险。

以上几种风险又可分为系统性风险和非系统性风险，这两类风险的介绍可参考其他章节中的相关内容。股票投资者可以通过多样化证券组合来减少或避免非系统性风险损失。

11.2.2 债券投资分析

一、债券收益

投资债券的收益可能来自两个方面：债券的利息和债券买卖差价收益。投资者在决策前首先要确定债券的买进或卖出将给自己带来的利益。比较各决策收益率的大小，是投资决策的第一步。

债券的收益率一般是指年收益率，即债券投资每年所获得的收益与投资总金额的比率。债券收益率的计算，与债券的购入及卖出价格、利率、持有期限等因素有关，下面介绍几种收益率的计算方法。

（一）附息票债券收益率

1. 附息票债券单利到期收益率。在债券的收益中，既考虑债券的利息收入，又考虑债券的资本损益的收益率，称为单利到期收益率或单利最终收益率。它是债券利息收入加上本金损益与理论平均价格的比率。其计算公式如下：

$$\text{单利到期收益率}=\left[\left(\text{每年利息收入}+\frac{\text{面额}-\text{市场价格}}{\text{距到期年数}}\right)\div\frac{\text{面额}+\text{市场价格}}{2}\right]\times 100\% \tag{11-11}$$

式中，距到期年数的计算方法是，当债券距到期日不满1年时，一般用剩余天数除以360天（或365天）。

【例11-2】

一张面额1 000元的债券，票面年利率为8%，发行价格为950元，期限为10年，试计算其单利到期收益率。

$$\text{单利到期收益率}=\left[\left(80+\frac{1\,000-950}{10}\right)\div\frac{1\,000+950}{2}\right]\times 100\%$$
$$\approx 8.72\%$$

利用单利到期收益率的计算，可以对不同期限、不同价格和不同利率债券的收益率进行比较。

一般按投资者持有方式的不同，从以下三个方面计算单利到期收益率。

（1）认购者最终收益率。这是指投资者在债券发行日以发行价格买进，一直持有到最终偿还日为止的整个期限的收益率。其计算公式为：

$$认购者最终收益率=\frac{年利息+(面额-发行价格)\div 偿还年限}{发行价格}\times 100\% \quad (11-12)$$

（2）最终收益率。这是指投资者从购入已发行债券之日开始，持有到最终偿还日为止这一段时间内的收益率。其计算公式为：

$$最终收益率=\frac{年利息+(面额-购买价格)\div 剩余年数}{购买价格}\times 100\% \quad (11-13)$$

（3）持有期间收益率。这是指投资者从购入已发行债券之日开始，持有到卖掉债券之日为止这一段时间内的收益率。其计算公式为：

$$持有期间收益率=\frac{年利息+(卖出价格-购买价格)\div 持有年数}{购买价格}\times 100\% \quad (11-14)$$

以上公式中关于剩余年数、持有年数的计算如下：当剩余或持有时间不足 1 年时，以剩余或持有天数除以 360 天（或 365 天）。欧洲、美国与日本债券市场的惯例不一样：就分母来讲，欧洲、美国债券市场为 360 天，日本债券市场为 365 天；就分子来讲，美国和日本债券市场按每个月的实际天数计息，而欧洲债券市场按每个月 30 天计息。

2. 附息票债券复利到期收益率。除了考虑债券的利息收入和资本损益，还考虑债券利息再投资所计算的收益率称为复利到期收益率。它是将每年的利息收入纳入投资本金构成新的投资本金所计算出来的再投资收益率。

设：r 为复利到期收益率，c 为年利息（面额×年利率），P 为购买价格（投资本金），m 为付息次数，n 为距到期年数，R 为偿还价格（面额）。

（1）债券每年付息一次（$m=1$）。由于买入债券后利息按复利计算，因而 n 年后偿还时，该债券的价格应为利息和面额之和。

$$P_n=c(1+r)^{n-1}+c(1+r)^{n-2}+\cdots+c+R$$

即

$$P_n=\frac{c}{r}[(1+r)^n-1]+R \quad (11-15)$$

又因为以价格 P 买入债券后按复利方式计算，所以 n 年后债券的价格 P_n 应为：

$$P_n=P(1+r)^n \quad (11-16)$$

由式（11-15）、式（11-16）可得

$$P(1+r)^n=\frac{c}{r}[(1+r)^n-1]+R$$

即

$$P=\frac{c}{r}\left[\frac{(1+r)^n-1}{(1+r)^n}\right]+\frac{R}{(1+r)^n} \quad (11-17)$$

式中，r 为复利到期收益率；P 为包括应计利息的价格。

由于方程复杂，通常用计算机求近似值。

（2）债券每年付息两次（$m=2$）。这种情况下，一般设 r' 为半年收益率，c' 为

半年利息，则 $r=2r'$，$c=2c'$。有

$$P=\frac{c}{r}\left[\frac{\left(1+\frac{r}{2}\right)^{2n}-1}{\left(1+\frac{r}{2}\right)^{2n}}\right]+\frac{R}{\left(1+\frac{r}{2}\right)^{2n}} \tag{11-18}$$

（二）贴现债券收益率

1. 贴现债券单利到期收益率。计算贴现债券单利到期收益率时，可以利用附息票债券单利到期收益率的公式，但应将该公式中的年利息设为零。例如，美国所用的公式为：

$$\text{贴现债券单利到期收益率}=\frac{\text{面额}-\text{市场价格}}{\text{面额}}\times\frac{360}{\text{距到期天数}}\times 100\% \tag{11-19}$$

日本用的公式为：

$$\text{贴现债券单利到期收益率}=\frac{\text{面额}-\text{购买价格}}{\text{购买价格}}\times\frac{365}{\text{剩余天数}}\times 100\% \tag{11-20}$$

【例 11-3】

一张面额为 1 000 美元的美国国库券，期限为 91 天，发行价格为 985 美元，试计算其单利到期收益率。

$$\text{单利到期收益率}=\frac{1\,000-985}{1\,000}\times\frac{360}{91}\times 100\%\approx 5.934\%$$

【例 11-4】

2018 年 6 月 27 日以 999.75 万日元的价格购入 2018 年 9 月 26 日偿还的面额为 1 000 万日元的日本贴现工商债，试计算其单利到期收益率。

$$\text{单利到期收益率}=\frac{1\,000-999.75}{999.75}\times\frac{365}{91}\times 100\%\approx 0.100\,3\%$$

2. 贴现债券复利到期收益率。在计算期限超过 1 年的贴现债券的收益率时，一般使用复利到期收益率的公式。其计算公式如下：

$$\text{贴现债券复利到期收益率}=\left(\sqrt[\text{到期期限}]{\frac{\text{面额}}{\text{购买价格}}}-1\right)\times 100\% \tag{11-21}$$

【例 11-5】

2019 年 3 月发行的面额为 1 000 元的贴现债券，其发行价格为 683 元，期限为 5 年，试计算其复利到期收益率。

$$\text{复利到期收益率}=\left(\sqrt[5]{\frac{1\,000}{683}}-1\right)\times 100\%\approx 7.923\%$$

二、债券价格的测定

债券在市场上的交易价格与股票价格一样，受多种主客观因素的影响，随着

债券市场的供求变化而变化。但这种变化是有规律可循的，即债券价格的基础部分，也就是债券理论价格，是可以计算的。债券交易价格一般围绕债券理论价格上下波动。

(一) 债券理论价格的决定变量（自变量）

债券理论价格是指投资者为获得在未来一定时间内的利息收入而应该支付的价格。它的自变量有以下几个。

1. 债券期望值。债券期望值指债券到期时的总价值，包括本金和利息两部分。其计算公式如下：

债券期望值＝债券面额＋(债券面额×票面利率×有效期限)　(11-22)

2. 债券期限。债券期限根据投资者持有债券的时间不同而不同。如果持有债券从发行日起到最终偿还日止，可称为有效期限；如果从二级市场买入债券持有到最终偿还日止，则可以称为债券的待偿期限。

3. 利率水平。一般来说，货币利率与债券价格成反比例关系。

(二) 各种债券理论价格的计算

债券付息方式不同，计算出的价格也不同。

设：P 为债券理论价格（现值）；D 为债券期望值，$D=V_P\,(1+i_1N_1)$，其中，i_1 为债券名义利率，N_1 为债券有效期限，V_P 为债券票面值；i 为债券市场利率；N 为债券待偿期限；A 为每次付息额，$A=D_i$。

1. 一次还本付息。其计算公式为：

$$P=\frac{D}{(1+i)^N} \tag{11-23}$$

2. 按年付息。其计算公式为：

$$P=A\sum_{t=1}^{N}\frac{1}{(1+i)^t}+\frac{D}{(1+i)^N} \tag{11-24}$$

3. 半年付息。其计算公式为：

$$P=A\sum_{t=1}^{2N}\frac{1}{\left(1+\frac{i}{2}\right)^t}+\frac{D}{\left(1+\frac{i}{2}\right)^{2N}} \tag{11-25}$$

4. 按季付息。其计算公式为：

$$P=A\sum_{t=1}^{4N}\frac{1}{\left(1+\frac{i}{4}\right)^t}+\frac{D}{\left(1+\frac{i}{4}\right)^{4N}} \tag{11-26}$$

5. 贴现债券的理论价格。其计算公式为：

$$P=V_P\left(1-\frac{i_2N}{360}\right) \tag{11-27}$$

式中，i_2 为债券的贴现率。

债券的理论价格受债券自身因素的影响，如债券的期限、利率、提前赎回规定、流动性、信用等级等。

(三) 债券交易价格的影响因素

1. 利率。货币市场利率的高低与债券价格的涨落有密切的关系。当货币市场利率上升时，债券投资需求减少，债券价格下跌；当货币市场利率下降时，债券投资需求增大，债券的价格上升。

2. 经济发展。经济景气状况对债券市场行情有很大的影响。当经济发展呈上升趋势时，生产对资金的需求量大，市场利率上升，债券价格下跌；当经济发展不景气时，生产过剩，企业对资金的需求急剧下降，于是市场利率下降，资金纷纷转向债券投资，债券价格随之上涨。

3. 物价。通货膨胀的严重程度对债券价格也有重要影响。当物价上涨速度较快时，人们出于保值的考虑，倾向于投资房地产或其他保值性较好的资产。通货膨胀上升会引起利率上升，从而使得债券供过于求，导致其价格下跌。

4. 中央银行的公开市场业务。公开市场业务是中央银行调整货币供应量的一项主要政策。当信用扩张时，中央银行在市场上抛售债券（一般是政府债券），债券供大于求，价格就会下跌；而当信用萎缩时，中央银行从市场上买进债券，债券供小于求，债券价格上涨。

5. 新发债券的发行量。新发债券视同于债券市场新增供给，如果发行量超过一定的限度，打破了债券市场的供求平衡，债券价格就可能下跌。

6. 投机操纵。在债券交易中进行人为的投机操纵，会造成债券价格的大幅波动。在任何市场上，投机都是不可避免的。成熟的市场应该有健全的市场法规对不正当交易进行约束，交易者应当是理智的投资者，可以做出正确的判断。

7. 汇率。对国际债券来说，汇率变动是影响市场行情的重要因素。当某种外汇升值时，就会吸引投资者追捧该种外汇债券，使其价格上升；反之，贬值外汇的债券价格下跌。

三、债券投资风险与防范

债券相较于股票是一种比较安全的投资工具，但仍具有一定的风险。

（一）债券投资风险要素

1. 利率风险。这是指由于货币市场利率变动引起债券市场价格的升降，从而影响持有期间债券收益的风险。

2. 购买力风险，又称通货膨胀风险。这是指因物价上涨，货币购买力下降从而使债券资产贬值的风险。

3. 期限风险。投资的期限风险是由前述两种风险造成的，期限越长，债券价格对利率变动越敏感，投资者所面临的投资波动性也越大。

4. 经营风险（信用风险）。这是指企业由于生产、经营等方面的原因使其竞争力减弱、盈利下降、偿付债券本金及利息的能力削弱，从而给投资者造成本金和利息损失的风险。

5. 变现风险，又称流动性风险。这是指投资者为了尽快将债券变现而面临投资损失的可能性。

（二）债券投资风险的防范办法

一般来讲，由于风险与收益成正比，投资者为了取得一定的收益就需要承担一定的风险，但通过运用投资技巧，投资者可以规避某些不必要的风险，下面介绍一些常用的方法。

1. 分散法。证券的风险可以分为系统性风险和非系统性风险，其中非系统性风险可以通过分散化投资来防范，投资者选择不同特点的债券进行组合，既可以降低投资组合风险发生的概率，又能保证一定的收益。

2. 套期保值。这种方法是利用证券的现货市场和期货市场进行套买套卖，以避免市场利率波动所引起的风险，或者采用利率互换等工具对投资组合的整体利率风险加以锁定。

11.3 证券投资理念与决策

11.3.1 证券投资理念

投资理念发源于市场深度与成熟度最高的美国证券市场。20 世纪的大部分时期，基本面分析成为发达国家成熟股市的主流投资方法，它发展出两个主要风格，即价值型投资和成长型投资。前者认为，投资者投资股票的目的主要是每年收取现金红利，股票内在价值是未来现金流（现金股利）的贴现。后者认为，投资者投资股票的目的主要是获取差价收益，其前提是公司主营业务收入与利润会保持高增长。历史经验表明，证券市场在过度追求高成长型股票导致幻想破灭后，必然会回到稳健的价值型投资的老路上。循环往复，周而复始，市场主流投资风格的变化呈现出周期性的规律。

近年来，习近平总书记在多种不同场合的系列重要讲话中都有涉及资本市场建设的重要论述，就新时代资本市场建设提出了一系列新理念、新思路、新观点、新见解和新论断。西方国家资本市场经过几百年的发展，已形成一些相对成熟的经验，我们要以开放务实的姿态积极学习借鉴。同时更要看到，我国是在社会主义市场经济条件下建设资本市场，市场的发展定位、功能职责必须与社会主义基本制度相适应，必须充分考虑当前我国的市场基础、投资者结构和法治诚信环境等现实条件。相比于发达国家市场，完善金融服务实体经济，防范金融风险等目标是推动中国金融业高质量发展的重要抓手。因此，探索和树立符合中国实际的证券投资理念是非常有必要的。

拓展阅读

巴菲特投资比亚迪

2008 年 9 月 29 日，巴菲特创建的伯克希尔·哈撒韦公司斥资 2.3 亿美元（约 18 亿港元），以每股 8 港元的价格，认购了比亚迪 2.25 亿股股票。

十几年来巴菲特的持股份额一直未变动。按照 2022 年 8 月 24 日减持价格计算，巴菲特所持比亚迪股票已增值约 33 倍。

在巴菲特持有比亚迪股票的十几年里，比亚迪股价经过了多次涨跌。2008 年巴菲特宣布投资后，比亚迪股价大涨，但很快股价又回到原点。后来比亚迪还经历过经销商风波，因为产品不好卖造成经销商亏损，财报难看，市场一度认为比亚迪很难翻身，巴菲特将要折戟。

但是巴菲特按兵不动，终于等来比亚迪高歌猛进，2022年比亚迪股价再创新高，A股一度高至358.75元，最大涨幅超6倍；H股最高330港元，最大涨幅超8倍。公司总市值一度破万亿元。

比亚迪在新能源汽车时代表现优异，多年来的投入和耕耘没有白费，2022年4月初比亚迪宣布停止燃油汽车的生产与销售，将全部精力投入新能源汽车，这也是全球首家宣告停产燃油车的传统车企。2022年上半年比亚迪国内新能源汽车市占率达24.7%，较2021年增长超7.5个百分点，成为全球新能源汽车销冠。

这一时刻的来临有多个原因，新能源汽车经过多年发展，得到消费者认可，软硬件条件持续改善，续航里程等不断增加，用户使用体验超过燃油车。在碳中和的大背景下，新能源汽车得到全球主要国家的支持。这两年化石能源价格高涨，充电可以节省费用。市场看好新能源产业链，成就了一大批百亿甚至千亿市值公司。

当年巴菲特和他的伙伴芒格，就是看准王传福而投资比亚迪的。芒格对王传福大为赞赏："这家伙是爱迪生和韦尔奇的合体——既能像爱迪生那样解决技术难题，又能像韦尔奇那样把要做的事情一一搞定。我就从来没见过这样的人！"

2018年，投资比亚迪满十年时，巴菲特把王传福列为自己最欣赏的四位首席执行官之一，"王传福有非常多的伟大的想法，并且他非常擅长把这些想法变为现实"。

资料来源：余胜良．巴菲特投资比亚迪带来的启示．证券时报，2022-09-01.

11.3.2 证券投资决策

这里我们主要讨论股票的投资决策。投资者在进入股市之前，必须对股票及股票投资有一定的认识，并为自己确立投资的目标和原则，做好充分的准备工作，这样才能在股票市场的风云变幻中做一个成功者。

一、股票投资的原则

要想成为一个成功的投资者，在充分考虑投资的风险、收益和时间等基本要素之后，一般要遵循以下投资原则。

1. 分散投资，力求风险和收益的最佳组合。传统金融理论认为，收益和风险存在正相关关系。在风险已定的情况下，使投资收益最高；或在已定目标收益的情况下，使风险最小，是投资的基本原则。

投资者在安排其证券投资计划时，最重要的是客观地评判自身承受风险的能力，据此来确定投资对象，把握投资方向，追求风险和报酬的最佳组合。

2. 制订投资计划，不盲目投资。根据自己对风险的承受能力以及未来的需要，制订一项切合实际的投资计划是必需的。投资者在拟订计划时应考虑的因素有：投资资金的来源与稳定性；对投资收益的依赖性；处理可获得的信息，把握好时机。

3. 避免侥幸心理。投资不同于赌博，获取投资成功要求具有广博的知识、丰富的投资经验、熟练的投资分析技巧和科学高效的决策程序。

4. 依据自己的独立判断理性投资。股票价格瞬息万变，谁也无法准确地预测行情的变化。没有判断力，一味盲目跟风，必定会失败。投资者必须在冷静独立分析之后做出判断。

5. 保证时间充裕。进行股票投资，必须花时间研究投资事宜，或委托专门机构或人员来管理自己的投资，决不可坐以待“利”。

6. 培养能力。每个投资者都需要通过不断学习来提升自己证券投资的能力，知识和经验是投资能力的基础。

二、股票投资的一般程序

1. 了解所要投资的股票。证券投资不像赌博，凭运气就可以决定成败。证券市场是一个斗智的场所，投资事务的内容相当复杂，如果没有丰富的知识就冒险投入资金，即使误打误撞赚了一笔，不久也会全部吐出，甚至蚀本。投资者应当全面了解证券投资知识，包括但不限于证券市场概念、交易制度、股价变动的因素、股价分析与预测、投资的技巧与策略、证券市场的法规、上市公司的有关资料等。

2. 进行研究与分析。投资者的第二步工作是整理并分析相关投资材料，这些资料有一类是经济性的，另一类是技术性的。经济性资料主要包括历年股价变动情况、各种股票价格变化的特点、上市公司的一般经营状况和财务报告资料、除权除息的日期、历年各种股票的本益比和本利比等获利变动资料。技术性资料主要是用于股价技术分析的各种图表。

3. 了解当前的投资环境。股市与经济、政治环境息息相关。投资者在进入股市之前，必须对经济形势以及股市趋势有基本的了解，从而确定正确的投资策略。

4. 决定投资方式。在股票市场上买卖股票大致有四种方式：（1）长期投资，指一年以上或一个长期趋势的投资；（2）中期投资，指三个月至一年或一个中期趋势的投资；（3）短期投资，指三个月之内的投资；（4）当日交易，指两天之内的投资或当天交易。对于成熟的价值投资者而言，投资持有时间的长短并无定式，而是取决于投资标的的价格与其内在价值的关系。

从理论上讲，如果交易技巧高超，则短期投资的收益高于中期投资和长期投资。但在实践中，人们的判断不可能总是准确的。因此，对于掌握正确投资方法的投资者来讲，中长期投资较短期投资的成功概率更高，获得的利润也会更多。

5. 制订投资计划。投资股票市场事先须有周详的计划。投资者应该认真考虑、仔细研究以下问题：投入多少资金、采用何种方式、买卖何种股票、在什么价格买进、预期获利为多少、在什么价格卖出等。根据这些问题进行决策，制订计划，然后谨慎灵活地执行。

小　结

证券投资分析是人们通过各种专业分析方法，对影响证券价值或价格的各种信息进行综合分析，以判断证券价值或价格及其变动的行为，是证券投资过程中的一个重要环节。股票分析包括基本分析、技术分析和心理分析。股票、债券有各自的估价方法，其价格受各种不同因素的影响。证券投资风险与收益是成正比的，投资者为了取得一定的收益需冒一定的风险。只有运用正确的投资理念和投资分析方法，确立投资目标和投资原则，做好投资准备，才能避免不必要的风险，获取投资收益。

第11章　即测即评

计算题

1. 假设投资者对其投资要求回报率为10%，并预期某只股票的股息能够按5%的速度增长，假设一年后该股票的股息为5元，试计算股票的当前价值。

2. 某投资者以10元每股的价格买入一只创业板股票，预期今后两年的股息分别为0.2元和0.3元，那么两年后这名投资者必须以多高的价格卖出股票，才能保证获得10%的预期收益率？

3. 某国政府发行了面值为1 000元的贴现债券，发行价格为700元，期限为5年，试计算其复利到期收益率。

4. 某公司发行了面值为100元的附息债券，票面利率为5%，期限为3年，每年末支付票息，发行价格为93元。如果投资者要求的最低到期收益率为7%，该债券是否符合投资者的要求？

思考题

1. 简述股票投资分析的主要方法。为什么一只股票的未来现金流风险增大会对其价格收益比产生影响？

2. 债券交易价格的影响因素和债券投资的风险要素有哪些？比较股票投资风险与债券投资风险的不同并阐述风险与收益的内在联系。

3. 当一家上市公司公布业绩时，其股票交易量会增加，但这种增加通常并不伴随着价格大涨，如何解释这种现象?

4. 哪些经济指标是宏观经济的先行指标? 哪些是同步指标? 哪些是滞后指标?

5. 什么是股票的内在价值?

6. 债券投资的收益主要来自哪两个方面?

7. 基本面分析发展出哪两种主要风格? 它们有什么不同?

综合分析题

1. 选取一家 A 股上市公司对其进行基本面分析，包括当前宏观经济状况、所属行业、公司在行业中的地位、产品/服务、经营能力、成长性以及财务状况等内容。

2. 论述股票投资价值的影响因素以及股票投资可能面临的风险，试选取一案例作分析。

第 12 章

证券市场

学习目标

- 了解证券市场的特点、功能、结构和证券交易方式
- 了解证券交易所的特点、作用和组织形式
- 掌握证券交易程序和证券管理法规

12.1 证券市场概述

12.1.1 证券市场的特点、功能与结构

证券市场是各类有价证券流通场所的总称，是金融市场的重要组成部分。

一、证券市场的特点

证券市场的交易对象是有价证券，与商品市场、借贷市场相比，具有自己的特点。

(一) 证券市场与商品市场的区别

1. 交易对象不同。证券市场的交易对象是有价证券，而商品市场以交易大宗商品为主，如大豆、铜。

2. 交易空间不同。证券市场除了交易所有固定的场所，其余的场外交易都没有固定的交易场所；而商品市场一般有固定场所。

3. 交易方式不同。证券市场的买卖双方一般不直接见面，而通过专业的经纪人来交易；商品市场一般是买卖双方直接交易。

4. 交易关系不同。一般商品交易市场上买卖双方的关系在钱货两讫后就结束了；证券市场比较复杂，交易结束后，证券发行公司要向股票或债券投资者支付股息或利息。

5. 交易周期不同。商品交易大多是一次性交易；而同一证券往往要经过多次交易。

(二) 证券市场与借贷市场的区别

1. 交易性质不同。借贷市场上的资金交易体现的是借与贷的关系；证券市场上的交易体现的是买与卖的关系。借贷市场交易的是资金这一特殊商品，且不存在买卖，而是借出收回的过程。

2. 承担风险不同。借贷市场上由银行等中介机构联系投资者与筹资者，资金供求双方形成间接的金融关系；证券市场上投资者与筹资者直接对接，而且风险自负。

3. 收益来源不同。借贷市场上资金供给者的收益来自贷款利息；证券市场上资金供给者的收益不仅来自利息、股息，还可能来自证券价格波动的差价。

4. 双方关系的确定性不同。借贷市场上，借款合同一经签订，债权人与债务人固定不变；证券市场上，由于证券可以流通转让，股东或债权人并不是固定的。

二、证券市场的功能

1. 实现资源配置。资金流动是形成企业生产要素的主要途径。借助证券市场，企业或政府才能通过证券的发行和转让，将消费者手中的闲置资金和工商企业在社会再生产过程中的闲置资金集中起来，转化为生产资金或政府公用资金。证券市场是金融支持实体经济发展的重要载体，通过合理的政策引导，可实现资源投向亟待突破的实体经济领域。

2. 完成资金转化。证券一级市场完成了货币资金从投资者手中转移到生产中的过程，二级市场为证券持有者提供了证券变现的机会，从而使得各个投资者的若干短期投资转化为稳定的长期投资，保证了融资方生产的连续性。

3. 实现资金增值。储蓄和证券投资是公众获得资金增值的两个重要途径。只有通过证券市场进行证券买卖，投资者才有机会实现资金的增值。

4. 价格发现。股票和债券是代表投资人权利的一种凭证。证券价格只能由证券市场来决定。影响证券价格的因素有很多，例如，证券收益率的高低、市场利率的高低、政治经济状况的好坏等，这些因素都通过市场供求关系体现出来，决定证券的市场价格。

5. 传播信息。证券市场是经济的“晴雨表”。各行各业的证券都集中于证券市场，证券市场价格可以反映各种交易信息和企业经营情况，因此，在一定程度上，证券市场反映了投资者对于国家发展前景和国际政治经济形势的预期。

三、证券市场的结构

证券市场主要由一级市场（发行市场）和二级市场（流通市场）构成。

(一) 一级市场

一级市场是政府或企业发行有价证券以筹集资金的市场，是以证券形式吸收闲散资金，使之转化为生产资本的场所。

1. 一级市场的功能。一级市场最重要的功能是筹资功能和产权复合功能。筹资功能表现为通过发行证券将闲散资金转化为生产资金。产权复合功能是指一级市场为产权的分割、融合与重组创造了条件。投资者通过购买证券占有或取得金融资产，借以间接拥有物质资产，形成证券所有者共同的复合产权结构，并为二级市场的产权的不断重组创造条件。

2. 一级市场的结构。一级市场的主体包括证券发行者（政府或企业）、投资者与中介机构。

政府在一级市场上的地位是双重的：一方面，它以管理者和发行者的角色出现；另一方面，它又以投资者的身份出现。一级市场对政府的作用主要体现在以下几个方面：（1）一级市场为一国政府阶段性平衡财政收支提供新的手段；（2）一级市场为政府弥补财政赤字提供新的渠道；（3）国际证券市场为一国政府平衡国际收支提供新的调节手段；（4）国债发行市场为政府调控宏观经济提供新的手段。

企业作为主要的证券发行者参与市场活动。一方面，市场增加了企业的筹资渠道，一级市场的产权复合功能有助于企业制度的创新；另一方面，企业制度结构制约着证券市场的开拓和发展，企业有价证券的发行规模影响着证券市场的供需状况，企业的经营效益状况直接影响着证券发行价格的高低。市场与企业相互联系、相互作用。

投资者包括个人投资者和机构投资者。一级市场开辟了直接投资的渠道，丰富了投资者的金融资产种类。同时，投资者对市场的发展也有影响：投资者数量、可投资资产规模、对收益的要求和对风险的偏好，共同制约着证券市场的资金供给量。

发行市场的中介机构指承销商，一般包括证券公司、投资银行、金融信托机构等。公募或间接发行证券时，由承销商提供中介服务，使证券发行顺利完成。

（二）二级市场

二级市场是证券流通与转让的场所。通过为投资者交易提供便利，二级市场使一级市场的各种功能得以长久维持。同时，二级市场的价值发现功能有助于引导资金流向，从而间接提高社会资金的合理配置效率。

1. 二级市场的特点。

（1）参与者的广泛性。要在一级市场上成为发行者主体，必须经过严格的审查；二级市场的投资者多种多样，政府部门、银行、证券公司、其他非银行金融机构、非金融企业以及数量庞大的个人投资者都可以参与证券交易。

（2）价格的波动性。流通市场的交易价格不像发行价格那样通过事先询价确定，而是在交易中不断变化，取决于市场的供需状况。

（3）交易的连续性。证券交易在时间上具有连续性。目前国际证券市场已成为24小时都可连续进行业务交易的市场，各地的市场开市与闭市首尾相连，上一市场的价格成为下一市场交易的重要依据。证券交易方式不仅限于现货交易，还包括大量的期货、期权交易，使得证券交易可以随时进行。

（4）交易的投机性。证券价格的频繁波动为投机创造了条件，而投机交易为市场提供了流动性。证券市场的投机主要是指靠买空卖空获取差价利润的行为。

2. 二级市场的功能。

（1）提供流动性。二级市场为有价证券提供流动性，使证券持有者可以随时卖掉手中的有价证券。想要投资某家公司也可以通过二级市场直接买入，而不需要通过一级市场进行复杂交易。

（2）资金期限的转化。通过提供证券变现的场所，维持证券的价格，从而保证证券发行人长期筹资的信用，促进短期闲散资金转化为长期建设资金。

（3）维持证券的合理价格。证券买卖双方在同一市场公开竞价，从而最大限度地保证双方的利益，保证价格的合理。

（4）引导资金流动。证券市场上供求关系时刻在变动，投资者根据所得信息合理决策，使资金朝着最需要、使用效率最高的方向流动，从而提高社会资金的配置效率。

（5）宏观调控。证券市场反映国民经济的变化，中央银行可以通过在二级市场上进行公开市场业务操作来释放或回收市场的资金，以调控宏观经济。

3. 二级市场的类型。二级市场主要由集中交易市场（证券交易所）、场外交易市场（店头市场）以及第三市场、第四市场组成。

（1）证券交易所。这是有组织的证券交易市场，其交易地点固定，直接参加交易的人员固定，只有证券交易所会员（包括证券经纪人、自营商和专业会员）才有资格在交易所直接进行交易。

（2）店头市场。许多证券交易并不是在交易所内完成的，而是在分布广泛的证券中介机构中进行，很多证券公司设有专门的证券柜台来处理证券交易。这种市场又称为柜台交易市场。

店头市场与证券交易所相比有以下特点。

第一，交易分散性。店头交易分散于各家证券公司，没有集中的交易场所。

第二，交易直接性。店头交易不需要经纪人，由投资人和证券公司直接进行交易。

第三，交易协议性。参加店头交易的双方通过协商决定交易价格。

（3）第三市场。这是店头市场的一部分。第三市场交易是指在店头市场上进行在交易所挂牌上市的证券的交易。第三市场的出现与证券交易所的固定佣金制密切相关。固定佣金制使上市证券的交易成本十分高昂，而交易所之外的证券商不受该制度的约束，因此大量证券得以在第三市场上交易。

（4）第四市场。投资者和筹资者不经过证券商，在证券交易场所之外直接进行证券交易。这一市场还不十分普及。它的主要吸引力在于：交易成本低；交易可以秘密进行；双方通过谈判决定彼此满意的价格。

12.1.2　证券交易方式

早期的证券交易主要采取现货交易方式。随着证券流通市场迅速扩大，证券交易方式从低级到高级、从简单到复杂、从单一到复合逐渐发展起来。目前各国的证券交易方式主要有现货交易、期货交易、期权交易、保证金交易等。

一、现货交易

证券现货交易是指交易双方在成交后即时清算交割证券和价款的交易方式。

在实际交易过程中，成交日期和交割日期可能不是同一日期，这取决于证券交易所通常采取的交割期限或交易协定中规定的交割日期。现货交易是证券市场场内交易和场外交易普遍采取的方式。

二、期货交易

证券期货交易是证券现货交易的对称，指证券交易双方在成交以后，同意按成交合同规定的数量和价格，在将来的某一特定日期进行清算和交割的证券交易形式。这是证券交易所场内交易采取的一种交易方式。我国股指期货自 2010 年 4 月推出以来，运行稳定，对资本市场的健康发展起到了促进作用。2013 年 9 月推出国债期货是我国固定收益市场发展历程中的里程碑事件。这些期货产品的推出促进了资本市场不断深化，拓展了机构投资者的发展空间，为投资者提供了风险对冲工具，增强了投资者的风险控制能力。2023 年 8 月，中金所制定了《深证 100 股指期货合约》（征求意见稿）、《深证 100 股指期权合约》（征求意见稿）、《中国金融期货交易所深证 100 股指期货合约交易细则》（征求意见稿）和《中国金融期货交易所股指期权合约交易细则》（修订征求意见稿），并向社会公开征求意见。随着机构投资者逐渐成熟，期货市场的广度、深度和市场化程度将得到进一步拓展。

（一）证券期货交易的特点

这是一种特殊的交易方式，主要有以下特点。

1. 证券期货交易是一种远期交易。在实践中，证券交割日往往是证券成交日期以后的数月，甚至一年。

2. 证券期货交易合同具有可买卖的性质。一旦某种证券进入证券交易所进行交易，记载该证券买卖关系的期货合同就可以独立成为买卖标的，即双方交易的不再是证券，而是一纸标准合同。这份合同可以自由买卖，无须任何人批准。

3. 证券期货交易标的具有不可分性。进行期货交易的买卖双方不能将期货合同载明的证券数量进行拆解后买卖，每次交易都是一次性全部转让。

4. 证券期货交易的交割量只是买卖的差额。由于一份期货合同往往由许多投资者多次买进卖出，每一投资者也在同一时期进行若干份期货合同的买卖，因而在证券交易所清算投资者之间的往来价款之后，真正需要进行到期交割的数量就很少了。

（二）证券期货交易的方法

期货交易具有预约成交、定期交割的特点，买卖双方进行期货交易时很少以到期交割为目的，因而成交时买方可以没有现款，卖方可以没有证券，所以证券期货交易也可以称为买空与卖空。

1. 多头交易。这是指期货参加者预计未来一段时期证券价格将上涨而采取的先买后卖的交易方法，即以市价买进期货，经过一段时间行情上涨后以更高的价格卖出而获得利润。但如果实际情况与预测相反，做多头交易就会导致亏损。

2. 空头交易。这是指期货参加者预期未来一段时期证券价格将下跌而采取的先卖后买的交易方法。同样，如果实际情况与预测相反，做空头交易也会导致亏损。

多头交易和空头交易都以投资人的主观判断为前提，在变幻莫测的市场上，投资人为适应市场变化会不断变换位置。多头和空头之间代表着市场交易背后信息和观点的差异。从这个角度看，市场交易实现了价格发现的功能。

（三）证券期货交易的功能

1. 套期保值功能。这是指在买进或卖出实际金融资产的同时，在期货市场上卖出或买进同样数量的期货合同。这样一来，现货或期货市场上的价格损失就可以由相应的期货或现货交易来弥补。套期保值相当于风险锁定，买入价格和卖出价格在同一天确定，免除了证券市场价格波动的风险，但需要支付一定的成本。

2. 投机功能。实证数据表明大部分期货交易都以投机为目的。期货合约的参加者不断买空或卖空，以赚取差价收益。证券市场的活力在于市场的流动性，而投机者在市场上灵活多变的行为有利于提高市场流动性、增强市场的活力。期货市场上如果没有投机者或投机者数量很少，套期保值者所转移的价格风险就无人承担，套期保值成本就会很高，期货交易就无法维持下去。

3. 价格发现功能。价格发现是指形成竞争性价格和世界性价格的过程。证券期货市场的参加者来自各个行业、各个地区、各个企业，证券投机者和套期保值者根据各自的需求公开报价，通过竞争形成交易价格，并广泛地传播到世界各地的市场，影响各国各地区的期货价格和现货价格。

拓展阅读

股指期货在中国股票市场异常波动中的作用分析

2015 年 6 月 15 日到 7 月 8 日，我国 A 股市场经历了一次前所未有的巨大波动，短短一个月不到的时间内，上证指数从最高 5 178 点跌到最低 3 373 点，跌幅接近 40%。本次波动有以下特点：跌幅大、下跌速度快、影响范围广。

值得注意的是，在本轮市场波动中，股指期货的走势与现货惊人相似。沪深 300 期指主力合约从高点 5 387 点跌至 3 363 点，跌幅达到 38%；中证 500 期指主力合约从最高的 11 585 点下跌到 5 900 点，跌幅达到接近 50%。期货市场和现货市场间的联动性和引导效应一直是国内外学者研究的对象之一，早在 1987 年，Kawaller、Paul Koch 和 Timothy Koch 就对股指期货价格与现货价格的领先-滞后关系做出系统性研究，他们以标普 500 指数和现货作为研究数据，发现股指期货价格领先现货达到 20～45 分钟，因此股指期货价格的领先效应非常显著。协整理论的出现使得学界对该现象的研究更加科学合理，Gosh（1993）发现股票现货指数和股指期货价格之间存在协整关系，Chu（1999）发现股指期货具有价格发现效应，Li（2009）发现股指期货价格具有引导现货市场价格的效应。

相比国外的研究来说，国内的研究有一定滞后性，客观上是因为国内股指期货推出较晚。任远（2010）利用沪深 300 期指和现货数据进行研究，得出期指价格领先于现货 5 分钟左右的结论。蔡向辉（2011）利用多种模型，并用沪深 300 期指和现货的 1

分钟、5分钟、日数据进行研究，得出结论：在1分钟数据下，股指期货价格的领先效应最强。

2015年股市大幅波动期间，股指期货成交额增加，6月15日之前，IF1507合约的成交量只有2万手左右。6月15日，IF1507合约成交量增至15万手，成交额达到2 376亿元，比上一个交易日增加69%。几大期指合约都出现净卖单量较大的现象，期指确实呈现出空头效应。股市大幅下跌之前，IF1507合约和IC1507合约均处于较大程度的升水状态；而从6月5日开始，两大合约都出现了严重的贴水现象，且贴水状态贯穿整个市场下行期间。

结合股指期货在2015年市场大幅波动中体现出的特征，我们构建了股指期货作用机制的链条：（1）期货价格领先于现货价格，具有引导效应；无论是开盘还是盘中，引导效应都十分明显；（2）期指空头效应导致期指价格被打压，期货市场贴水严重，在引导效应的作用下现货价格下跌；（3）期指成交额放大，体量远超现货市场，使得期指市场的影响效应大大增强。该作用链条的最终结果是现货价格紧随期指价格迅速下跌。

虽然股指期货设立的初衷是对冲现货市场风险，减少市场波动。但在制度建设不完善的情况下，加上目前期限不匹配（期货T+0，现货T+1）等问题，在实际操作过程中很容易被人利用，起到很强的负面作用，在市场大幅波动中还出现了恶意做空的现象。

资料来源：复旦大学“投资学原理”课程教学案例.

三、期权交易

期权交易又称选择权交易。这实际上是一种权利的购买行为。购买了期权，买方可在一定时期内的任何时点以事先商定的价格向卖方购买或出售一定数量的证券，也可以放弃这种权利；超过期权期限，合同失效，买方的权利作废。期权分为两种：买入期权和卖出期权。

1. 买入期权，又称看涨期权。购入买入期权，投资者可以在规定时限内按协议价格买入一定数量的某种股票。投资者如果认为市场价格将上涨，就买进看涨期权。如果价格按预期上涨，就行使期权；否则就转让或放弃期权，结果只是损失期权购买费而已。

2. 卖出期权，又称看跌期权。投资者可以在规定时限内按协议价格卖出一定数量的某种股票。只有当投资者认为市价将下跌时才会买进看跌期权，一般只有在股票价格实际下跌的情况下行使期权才有利可图。

由于购买期权无须花费巨额资金，因此它具有投资少、盈利杠杆大、投资风险可控的优点，而且期权期限的规定避免了市场交易行情变化的延续，使市场交易风险降低。

目前我国已经推出了上证50股指期权、中证1 000股指期权和沪深300股指期权。随着我国金融市场的发展，将来会有更多的期权品种推出，这将进一步丰富我国资本市场的投资工具种类，提高投资者的风险控制能力，也将推动投资策略更加多样化。

四、保证金交易

保证金交易又称垫头交易，是指顾客买卖股票等有价证券时向经纪人交付一定数量的现金或证券作为保证金，其余金额由经纪人或银行提供信用额度来进行交易。这实际上是一种抵押融资。保证金交易的目的主要有两个：一是投机，即使用借入的资金买卖股票以获取更大的差价收益，或者将借入的股票高价卖出，低价买进，赚取差价收益。二是保值，例如，投资者预测股票市场整体会下跌，但目前又不想立即抛出自己持有的公司股票，可以通过保证金交易方式将同等金额的其他股份卖空，以规避市场下跌对自己持有股票的负面影响。

在我国，保证金交易又称为融资融券交易。融资融券业务自 2010 年 3 月推出以来，余额不断上升。2015 年我国 A 股市场融资余额曾突破 20 000 亿元，2023 年维持在 15 000 亿元左右水平，成为传统现货交易的有效资金补充。沪深两市融券余额在 2019 年突破 130 亿元，2023 年已经接近 1 000 亿元，市场多空交易深度持续拓展，市场成熟度日渐提高。

12.2 证券交易所

证券交易所是证券集中交易的固定场所，是二级市场的主体。

12.2.1 证券交易所的特点

1. 证券交易所仅以证券为交易对象。证券交易所是为有价证券的交易提供场所和交易条件的组织。

2. 证券交易所有固定的交易场所。证券交易所必须具备相应的物质条件，如固定的场所、完备的交易设施，这不仅是为了保障证券交易活动安全、准确、迅速完成，而且体现了证券交易所的独立法人地位。

3. 证券交易所是有组织的证券交易市场。证券交易所遵循严格的交易规则，对于在场内挂牌交易的证券（上市证券）有严格的限制条件。场内交易实行集中公开竞价交易，因此有一套完整合理的交易原则，例如时间优先原则、价格优先原则等。

4. 证券交易所是一个特殊的法律主体。无论是会员制还是公司制的组织形式，证券交易所都具备作为法律主体的主要特征，并以法律主体的身份参与证券交易活动。

12.2.2 证券交易所的作用

1. 形成合理的证券交易价格。合理的证券交易价格需要在充分竞争的条件下借助连续的证券交易市场才能形成。证券交易所是对证券进行公开集中交易的市场，并受公平竞价规则的制约，可以形成相对公平合理的证券交易价格。

2. 降低证券投资风险。证券交易所的交易对象种类多、范围广，有助于投资者进行证券组合投资，分散或降低投资风险。证券交易所提供的迅速、准确、安全的交易增强了证券的流动性，为投资进入或退出提供了便利。此外，证券交易所还承担部分监管职能，在期货、期权交易中有时充当中央结算对手方，降低了投资者的交易对手方风险。

3. 实现资金的有效配置。证券投资者在市场上不断寻找最佳投资的机会，从而提高了社会资金的使用效率。某类证券价格的上涨吸引资金进入，驱动社会资金投向具有潜力的行业。

12.2.3 证券交易所的组织形式

证券交易所的组织形式一般分为公司制和会员制两种。

一、公司制证券交易所

公司制证券交易所是按照股份制原则设立，由股东出资组成，以盈利为目的的法人团体。它的基本特点如下。

（1）证券交易所是独立的法律主体。

（2）证券交易所是独立的经济实体。它只为证券商从事交易活动提供物质条件和服务，交易所职员本身不参与交易活动。

（3）证券交易所的收入来自交易所向证券发行公司收取的上市费和向证券商收取的证券交易的各项费用。

二、会员制证券交易所

会员制证券交易所是指由若干证券商自愿组成的非营利的法人团体。它的主要特点如下。

（1）会员制证券交易所是非营利性的，主要通过向会员征收会费来维持交易所的日常经营，其向证券交易双方征收的佣金以及向上市公司征收的上市费用都较低。

（2）会员制证券交易所场内交易双方必须都是会员。只有证券公司才有资格成为会员，它们具有双重身份：既是会员，又是证券交易的媒介。

（3）会员制证券交易所强调自律性的管理方式，即由交易所自行确定管理规则，立法机关和政府很少干预。

世界上许多著名的证券交易所都采用会员制形式，我国上海、深圳两家证券交易所采取的也是会员制组织形式。

2019年新修订的《证券法》，为建立健全多层次资本市场体系，将证券交易场所划分为证券交易所、国务院批准的其他全国性证券交易场所、按照国务院规定设立的区域性股权市场三个层次。同时规定，证券交易所、国务院批准的其他全国性证券交易场所可依法设立不同的市场层次；非公开发行的证券，可在上述证券交易场所转让。新《证券法》授权国务院制定有关全国性证券交易场所、区域性股权市场的管理办法，为我国证券交易所的发展奠定了法律基础。

拓展阅读

全球证券交易所运营概览

2020年，受全球流动性特别是美国货币扩张的影响，全球资本市场多领域呈爆发式增长。中美股指涨幅领跑全球资本市场。

在全球主要股指中，深市创业板指数、中小板指数、纳斯达克指数和沪市科创50指数的涨幅分别达到65%、43.9%、43.6%、39.3%，位居全球前四。

股市市值达到历史峰值。全球市值合计达到108万亿美元，较2019年增长17.4%。美国股市继续居全球主导地位，占比达到46%。纽交所、纳斯达克（美国）和上交所的股市市值分别达到26.2万亿美元、19.1万亿美元和6.98万亿美元，位居全球前三。

IPO市场再度活跃。全球IPO数量、IPO筹资额分别达到1 459家、2 749亿美元，较2019年增加20.6%、34.5%；亚太市场占比最高，IPO数量、IPO筹资额占比达到65%、55%。上交所、纳斯达克（美国）、深交所的IPO数量分别为233家、184家、161家，位居全球前三；上交所、港交所和纳斯达克（美国）的IPO筹资额分别达到533亿美元、516亿美元和513亿美元，领先其他交易所。

证券成交规模继续扩大。全球股票成交额合计达到186万亿美元，较2019年增加48.2%。美国市场股票成交占到全球六成。纳斯达克（美国）、纽交所和芝加哥期权交易所（CBOE）的股票成交额分别达到63.6万亿美元、26.4万亿美元、18.9万亿美元，位居全球前三。此外，交易型开放式指数基金（ETF）和股票期权成交规模同比增长58.2%和50%。

资料来源：全球证券交易所发展报告（2021）.

12.2.4　证券交易所的主要参加者

证券自营商和证券经纪商是证券交易所的主要参加者，此外还有专业会员。

（1）证券自营商是指自行买进和卖出证券并独立承担证券买卖风险的证券商。

（2）证券经纪商是指受证券投资者委托，在证券交易所进行证券买卖的券商。没有资格进入交易所场内直接交易的投资者，必须委托具有这种资格的经纪人进行证券交易。

（3）专业会员是指在证券交易所的大厅里专门从事一种或几种证券交易的证券交易所会员。专业会员既可以自营，也可以接受交易所里其他会员的委托买卖证券，只是不能接受社会公众的证券交易委托。专业会员产生于美国纽约证券交易所，在东京证券交易所也设有专业会员。

12.2.5　证券的上市

凡获准在证券交易所挂牌进行集中交易的证券称为上市证券。证券交易所在选择证券上市方面有严格的规定。例如，交易所对申请上市的股份公司要进行严格的审查，对公司的财务状况、获利能力、当前股票的市场价值提出一定的要求。

一、公司股票上市的途径

公司股票上市的途径有以下两种。

1. 首次公开发售股票。通过公开发售股票，一方面，原有股东可以将一部分股份转让给他人，从而使部分投资变现；另一方面，可以满足公司扩充资本的需要。

2. 反向收购。这是指一家没有上市的公司收购一家规模较小但已经上市的公司（这种公司又叫“壳公司”，因为它虽然在证券交易所挂牌上市，但资产很少）的股票。针对反向收购，有关当局认为任何想要收购上市公司股票的公司都应该遵守上市的各项规定。反向收购本身并不能为公司筹集到资金，必须向公司的股东或公众配售新股，才能达到融资的目的。

二、公司股票上市的优缺点

（一）股票上市的优点

通过股票上市流通，上市公司可以获得非上市公司所不具备的优势。

1. 可以募集较多资金。公司上市发行新股，可为一般投资者提供获得公司股票的机会，能为公司筹集到较多的长期资金。这对促进公司扩大业务规模起到积极作用。对原有股东来说，股票上市可以提供极好的套现机会。

2. 股份和风险可随时一起转移。公司一旦上市，股票就成为一种流通性很强的工具，股票可以随时转让，同时也转移了投资风险。

3. 提高公司的影响力。股票上市可以起到提高公司知名度和影响力的作用。公司发表中期与年度报告，或者发生其他重要事件，可以起到广泛的宣传作用。成为上市公司也意味接受更严格的外部监管，有助于提升公司信任度。

4. 使股票有市场价值。股票上市使公司发行的股票有了市场价值，这就便于公司通过发行股票来收购其他公司，而不需动用现金。

5. 提高专业管理水平。上市公司的股东通常较为分散。为了使管理责任与所有权分离，公司可以聘请专业人才对公司进行经营管理。同时，分散的中小股东可以推选合格代表作为公司董事长，在允许职业经理人对企业进行经营管理的同时，保留对整个企业的最终决定权。

（二）股票上市的缺点

股票上市也会给公司带来不利因素，主要有以下几点。

1. 公司的控制权分散。公司股票上市后，原来的股东可能不再拥有企业的绝大部分股份，因此不再拥有公司的全部控制权。

2. 公司的保密性降低。根据上市条例的规定，上市公司要公开披露很多经营资料，公司的商业情报很容易被竞争对手获得，使公司失去商业秘密。

3. 公司短期经营压力增大。上市公司的管理者有责任和义务维持公司市值。但职业经理人迫于资本市场压力往往更加注重短期利益，过分强调公司的短期盈利，牺牲长期可持续发展的基础，从而使上市公司的长期价值成长被忽略甚至损害。

拓展阅读

中集集团可持续发展践行之路

21 世纪的科技巨变推动全球经济快速发展，人类获得了前所未有的便捷生活，但与此同时，环境污染、社会责任缺失、“黑天鹅”事件紧随而至，我们不得不慢下来，审视并直面以往经济发展中未曾重视的问题。

落实到企业的社会责任层面，针对企业的价值评估和经济后果研究由传统的财务指标向可持续发展理念的“义利”双维度指标过渡，企业应当努力践行“为社会创造可持续价值”的使命，推动和实现“商业向善”。

不过，对于传统制造业而言，从社会责任中找到契合主营业务的长期发展机遇并非易事。中集集团作为世界领先的物流及能源行业设备及解决方案供应商，主动出击，走出了一条符合新时代发展战略的可持续发展之路。自 2008 年起，集团连续多年发布可持续发展报告，连续四次入选恒生 A 股可持续发展指数。

1. 集装箱改变世界，中集引领集装箱绿色变革

作为 20 世纪最伟大的发明之一，集装箱制造经历了从美国到日韩再到中国的产业转移路径。自 20 世纪 90 年代，随着中国制造业能力和出口需求不断提升，集装箱制造业在中国崛起，一步步完成蝶变，形成了完备的集装箱制造产业链。中国集装箱行业的发展不仅提高了全球运输速率，降低了全球物流成本，还促进了各国发展模式的转变，为全球经济可持续发展起到了重要的推动作用。

根据统计，目前全球 95%以上的集装箱在中国生产制造，中集集团自 1996 年以来成为世界第一大集装箱生产企业，凭借对于品质的卓越追求，已连续 20 多年产销量位居全球第一。

集装箱的地板是箱内货物承重的主要部分，要满足各类物品在各种极端运输条件下对强度和耐候性的要求。2000 年以前，集装箱地板主要取材于东南亚热带雨林生长的克隆木，如一年 130 万标箱的集装箱，大概就需要 40 万平方米的木地板，不仅给热带雨林资源带来极大的破坏，远距离及长周期的交货运输和频繁波动的价格也无法满足行业可持续发展的要求。

在无数的失败实验之后，21 世纪初，中集集团终于找到了一种既能符合地板性能要求，又能满足环保要求，还可持续供应的材料——澳大利亚桉木，并同时掌握了制作此类地板的工艺技术。该创新发现在推出的初期受到国际专家的质疑。不服输的中集人找来了世界各地的船级社对地板进行质量认证，还推荐给国际集装箱出租者协会进行试验。在经过众多客户批量试用后，中集集团的桉木地板获得认可，短短半年时间就有大量海运公司采用了这种新产品。

中集集团的创新并没有停止。2012 年，经过数年的潜心钻研，中集集团再次在竹木复合地板研发上取得重大突破，并取得自主知识产权。竹木复合地板作为行业开拓的先例，促成了集装箱行业的重大变革。世界最大的航运公司马士基对装配竹木复合地板的集装箱进行了为期 4 年的全球运营跟踪考核，认为竹木复合地板集装箱的装载

安全性和使用寿命都能达到要求，完全可以替代传统热带硬木地板用于制造集装箱。中集集团也因该项发明荣获国家科技进步奖二等奖。

2. 先行推动集装箱“油改水”改造，发挥行业龙头的示范作用

除了改造集装箱地板，中集集团还在行业内号召用水性漆代替油性漆，并率先完成了水性化涂层改造。

以往，集装箱制造业习惯采用溶剂型的表面涂装材料，生产过程会产生大量的挥发性有机化合物，这与大气污染防治和环境保护明显背离。

2017年4月，中集集团总裁、中国集装箱行业协会理事长麦伯良正式发布《中国集装箱行业协会绿色环保行动宣言》，以自律公约的形式号召全行业统一推行新型水性环保涂料，这也是业内首个绿色行动宣言。随即，中集集团率先在全国范围内的标准干货箱工厂停止使用油性漆，即使经济效益受到一定损失也在所不惜，最终实现了由使用油性漆到水性漆的全面切换，形成了良好的示范效应。在升级后的生产线里，经过电泳、涂装等工序排出来的废水，甚至可达到养金鱼的标准。此后，行业内更多企业响应号召，至2017年底整个行业的涂装工艺实现革命性变化。

从最终成效看，“禁油推水”的成功实施，有效降低了集装箱行业85%以上的挥发性有机化合物排放，被国家生态环境部作为环保减排先进典型在全国推广。

3. 从深海减碳到内河减碳，为西江水泥船舶提供绿色物流方案

以往在珠江水域，90%的散装水泥通过传统的敞口散装船运输。西江水域（珠江的主干流）的2 000多艘水泥运输船每年运送水泥超过1亿吨，其中仅100多艘是封闭式罐船，其余敞口散装船粉尘污染严重，且效率低下。

为改变这一落后、效率低下的运输方式，当地政府提倡用燃烧清洁能源的液化天然气船舶代替珠江上大量的柴油船舶。2021年5月，麦伯良率团队赴肇庆与当地签署新能源运输相关的系列合作协议，并表示：“在助力‘气化珠西江’项目上，中集义不容辞，会担起‘主角’的责任。”

2022年9月，充满了“中集元素”的“中集润庆107”液化天然气单燃料动力罐装水泥船建成交付，这是广东省内河航运绿色发展示范工程建设的首艘新能源水泥罐船。与过去的水泥运输方式相比，中集集团参与建造的新能源水泥罐船具有两大环保优势：一是船舶动力方式的升级，从过去重污染的柴油燃料改为清洁的新能源；二是变革了水泥船运方式，由传统的敞口散装船运输升级为封闭式罐船运输，这种方式不仅极大地减少了粉尘污染，而且提升了操作效率。

据测算，与传统的以柴油、重油为动力的船舶相比，中集集团建造的新型动力水泥罐式船舶，预计每年可减少100%的硫氧化物、85%～90%的氮氧化物和15%～20%的二氧化碳排放，减少运输过程中近100%的水泥粉尘污染，环保效益突出。

资料来源：中国上市公司协会.

12.2.6 上市证券交易程序

以上市股票的交易为例，股票交易的基本程序如下。

一、联系证券经纪商

由于一般投资者不能进场直接参与证券交易，只能委托经纪商，由经纪商在交易所的业务人员代为执行买卖，因此，购买或出售股票的第一步，就是寻找一家信誉度高并能提供良好服务的经纪商，主要是证券公司。

二、开户

投资者买卖股票必须在证券公司开立委托买卖账户。开户时必须提供必要的信息，使证券公司了解客户，防止有人向不同的经纪商做出欺诈性的交易委托，扰乱市场。

投资者开户，可以选择以下不同的账户。

1. 现金账户。这是客户采取现金交易方式所开立的账户。开立这种账户的客户通过证券商买入（卖出）证券时，必须在清算日或之前交清全部价款（或证券）。

2. 保证金账户，又称普通账户。这是客户采取信用交易方式所使用的账户。开立这种账户的手续十分严格，要签订保证金合约，在交足保证金以后才能使用该账户进行交易。

3. 联合账户。这是两人或两人以上共同开立的账户，例如父子、夫妻或合伙人的联合账户。开户手续也十分严格。

4. 授权账户。在这一账户下，客户向证券商特别授权，允许其可以不与客户协商而进行证券交易，交易的时机、所选的证券及其价格与数量均由证券商自行确定。

5. 信托账户。在西方国家，客户必须到法定年龄才能到证券公司开立账户。有些未到法定年龄就拥有相当数量证券的客户可以开立信托账户，父母等以监护人的名义持有这些证券，直至该客户达到法定年龄。

不论开立何种账户，证券公司一般都要求客户在账户上保留一定的存款。

三、委托买卖

开立账户后，客户即可委托证券公司买卖股票。经纪人按证券公司的通知，在交易所里按客户的要求进行买卖，通过竞价为客户争取最优成交价格。完成交易后，经纪人向证券公司报告执行情况，公司通知客户准备交割。

（一）委托方式

客户的委托方式主要有当面委托、电话委托、电报或信件委托、互联网委托等。

（二）委托类型

1. 市价委托，亦称随行就市委托。投资人委托证券商按交易市场的价格买卖证券。在客户迫切需要成交时，这种方式较为迅捷。

2. 限制委托。包括限定价格和限定时间的委托。

3. 特殊形式的委托。较为常见的有：（1）停止损失委托。客户为保障既得利益或限制损失，要求经纪人在某一价位时按市价买卖股票。（2）停止损失及限价委托。在提出前一种要求的同时，客户还事先确定了按何种价格买进或卖出股票。（3）授权委托。又可分为完全授权委托和限制授权委托。前者是客户让经纪人全权代理，对证券的数量、价格、时间、种类等不加限制；后者是客户对某些交易条件提出要求，其余的由经纪人处理。

四、成交

证券公司在填写委托书以后，利用终端机或专线电话将委托买卖内容迅速通知其在交易所的代表人或代理人以便执行，然后通过双边拍卖的方式成交。双边拍卖主要有以下三种方式。

1. 口头竞价。这是指交易员在规定的交易台前或划定区域内相互口头喊价直至成交。

2. 书面竞价。证券商交易员接到指令后，将买卖要求写在证券买卖记录单上，将规定的一联交给交易所的中介经纪人。中介经纪人按时间和价格序列填写证券买卖申报记录表，并按价格优先、时间优先的原则撮合成交。然后中介经纪人通知买卖双方交易员，由双方在场内成交单上签字盖章，履行成交手续。

3. 电脑竞价。这是指证券商通过计算机联网系统进行证券买卖。交易所的电脑主机接到申报指令后，打印买卖申报回报单，发出已接收的通知。电脑主机处理成交后，向成交双方的证券商发出信号通知成交结果，证券商利用终端打印出成交回报单。目前，我国证券交易所采用电脑竞价方式。

五、清算交割

证券的清算交割是指证券买卖双方在交易所成交以后，通过交易所将证券商之间买入、卖出证券的数量和价款分别轧抵，将应收、应付证券和应付差额在事先约定的时间内进行清算的行为。

证券交易所的清算减少了逐笔交割的证券和价款，节省了人力、物力和财力，证券商只需要通过交易所交割证券和价款净差额。

交割的种类很多，有证券商之间的交割，也有证券商和客户之间的交割。按交割日期的不同，交割又可分为以下几种。

1. 当日交割。即买卖双方在成交当天完成付款交券的手续。当日交割可以使买卖双方较快地得到股票或现金。

2. 例行交割。即买卖双方在成交之后，按照证券交易所的规定或惯例履行付款交券的手续。各证券交易所对此没有统一的规定。例如，纽约证券交易所规定必须在交易日之后第五个营业日的中午 12 点以前完成交割（遇节假日顺延），如果交割对象是美国政府债券，则必须在成交后的次日交割。

3. 选择交割。即买卖双方自己选择交割日期，通常在场外交易中使用。

六、支付佣金

股票交易完成以后，客户按规定向经纪人支付代理买卖股票的手续费。随着市场竞争不断加剧，佣金率也不断降低。2019 年 10 月，嘉信理财宣布股票交易零佣金，数家美国经纪商跟进，零佣金已经成为美国证券经纪商行业的发展趋势。

中国证券市场的佣金也在持续下降，2023 年 8 月证监会表示，将降低证券交易经手费，同步降低证券公司佣金费率。国内证券交易佣金率普遍下降至千分之四以下，进一步提升市场交易活跃水平。

七、过户

股票过户，是指客户买入股票之后，办理变更股东名称的手续。对记名股票来说，买进者必须经过过户才能成为公司的股东。

一般的过户由投资人去发行公司办理手续，但并不是任何时候都可以办理过户。例如，召开股东大会或发放有关股利前，一段时间内要冻结股东名册，称为停止过户。在此期间，股票仍然可以买卖。但从停止过户日的前一天起，买进股票者无法顺利办理过户，因而不能享受有关股息或其他权益。这一天进行的交易又称作除息交易或除权交易，这一天就叫作除息日或除权日。除息或除权交易的股票价格比平时低，当天的开盘价参考前一天的收盘价扣除可分配股息后的余额来决定。

12.3 我国的证券市场

新中国的证券市场从 20 世纪 80 年代开始逐步发展起来，从无到有、从小到大、从弱到强，走过了西方国家证券市场几十年甚至上百年的历程。证券市场在促进我国社会和国民经济的发展、产业结构调整、建立现代企业制度、优化资源配置和开辟直接融资渠道等方面，发挥着越来越重要的作用。随着我国经济体制改革的进一步深入，证券监管工作的不断加强，一系列立足于促进市场健康发展的规范化措施相继付诸实施。党的十八大以来，以习近平同志为核心的党中央高度重视资本市场工作，加强对资本市场的集中统一领导，作出一系列重大决策部署，明确提出要通过深化改革，打造一个规范、透明、开放、有活力、有韧性的资本市场。当前我国证券市场的发展处在重要的转折期。习近平总书记深刻指出，“要把发展直接融资放在重要位置，形成融资功能完备、基础制度扎实、市场监管有效、投资者合法权益得到有效保护的多层次资本市场体系”，“要把主动防范化解系统性金融风险放在更加重要的位置，科学防范，早识别、早预警、早发现、早处置，着力防范化解重点领域风险，着力完善金融安全防线和风险应急处置机制”。① 这些重要论述为新时代资本市场改革发展指明了方向。

12.3.1 债券市场

自 1981 年发行国库券以来，我国债券市场走过 40 多年的发展历程。特别是 1994 年以来，我国债券市场有了较快的发展。目前，我国债券市场的发行主体包括政府、金融机构和其他非金融企业，主要发行品种有国债、企业债券、金融债

① 习近平：深化金融改革 促进经济和金融良性循环健康发展．(2017－07－16)．人民网．

券和可转换债券，交易市场主要有证券交易所上市交易市场、银行间债券市场和银行柜台交易市场，市场参与者主要是中央银行、国有商业银行、股份制商业银行、城市合作银行、保险公司、投资基金等各类金融机构，以及企业和个人。

为平衡财政收支、抑制通货膨胀、筹集经济建设资金，我国在20世纪五六十年代发行过国债。1968年本息还清后，一直到1981年，没有发行国内公债。经济体制改革后，1981年财政部开始恢复发行国库券，此后国债发行规模越来越大，品种越来越丰富，发行方式也日趋多样化。20世纪80年代，我国采用行政分配的方式摊派发行国债。到1990年初，改为承购包销，主要用于不可流通的凭证式国债。目前，四种发行方式并存，分别是：直接发行、代销发行、承购包销发行、招标拍卖发行。近几年，我国的国债市场规模迅速扩大，2004年国债①发行规模为6 924亿元，到2015年国债发行规模高达5.94万亿元，2016—2019年国债发行规模持续扩大，2020年由于疫情原因财政赤字增加，国债发行规模达到13.5万亿元，有力地支援了全国的抗疫工作（见图12-1）。在期限上，从1996年开始发行10年期等长期国债，自2001年6月以来，相继成功发行了20年期、30年期和50年期超长期国债，逐渐完善了国债的期限结构。

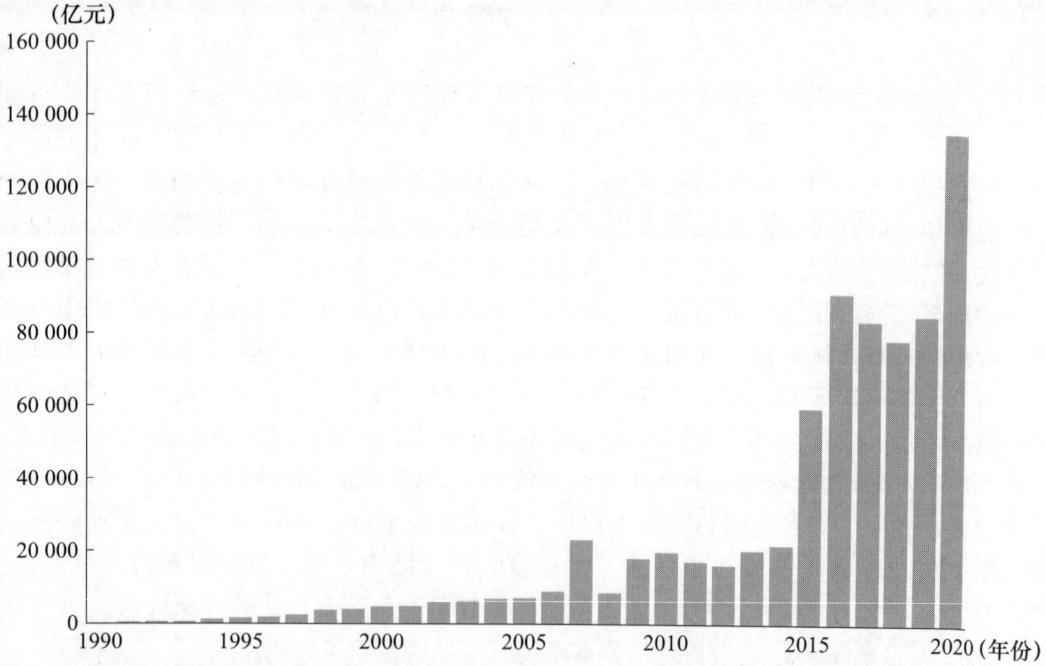

资料来源：Wind资讯.

图12-1 我国历年国债发行规模

随着国债市场的发展和壮大，我国金融债券和企业债券市场应运而生。1987年国务院颁布实施的《企业债券管理暂行条例》标志着我国企业债规范发展的开

① 包括各级政府债券，下同。

始。最近几年，企业债发行规模扩大的趋势明显（见图 12－2）。1987 年，我国一些大企业开始发行重点企业债券。1988 年，重点企业债券改由各国家专业银行代理国家专业投资公司发行。之后，我国又陆续出现了企业短期融资债券、内部债券、住宅建设债券和地方投资公司债券等。

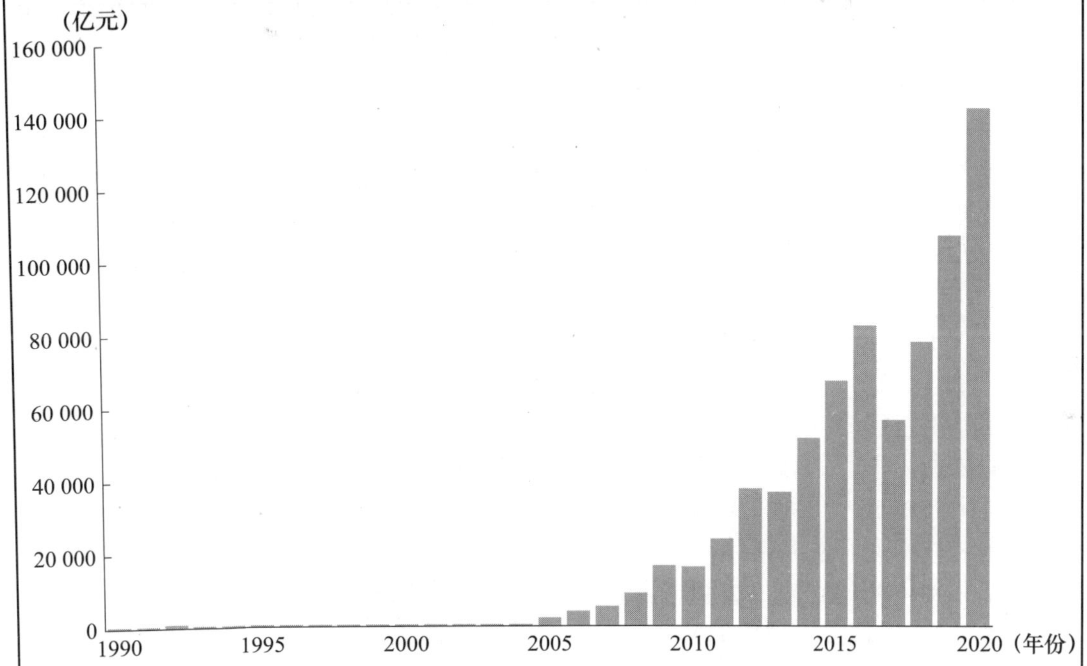

注：此处的企业债券包含公司债券。
资料来源：Wind 资讯.

图 12－2 我国企业债券发行规模

目前，企业债券市场不断走向市场化，这一过程正在酝酿新一轮的突破。首先是市场结构的重大变化：企业债券发行规模逐渐扩大，投资者结构日益多元化，从过去以银行为主的相对单一主体，发展到目前的银行、保险公司、社保基金、养老基金、证券基金及企事业单位等多种类投资机构。经历了 1999 年和 2000 年短暂的发行低潮后，从 2001 年开始，企业债券的发行规模逐渐扩大，到 2020 年企业债券发行规模扩大至 14.2 万亿元，在社会融资总量中的比重有所上升。与此同时，市场需求方的发展更是迅速。1996 年以前，企业债券的购买者绝大多数是个人，企业债券机构投资者队伍逐步壮大。目前购买企业债券的主要是商业银行、保险公司、社会保险机构、投资基金、企事业单位等机构投资者。除了境内投资者，债券市场还引入了境外投资者。境外投资者可以在通过合格境外机构投资者（QFII）/人民币合格境外机构投资者（RQFII）资格认证后，直接投资境内债券市场。从 2002 年起，我国五次上调 QFII/RQFII 额度，最终在 2019 年 9 月全面取消了额度限制。在政策层面，针对合格境外机构投资者，央行早在 2013 年和 2015

年就在持续拓宽投资渠道、规范投资行为以及提高市场效率等方面进行了制度完善。比如，先后颁布了《中国人民银行关于合格境外机构投资者投资银行间债券市场有关事项的通知》（现已失效）、《中国人民银行关于境外央行、国际金融组织、主权财富基金运用人民币投资银行间市场有关事宜的通知》等。

发行创新日益增多。近年来，我国在利率市场定价方式方面进行了各种尝试，在利率设置上的创新如三峡债券、铁道债券率先采用了附息债券，三峡债券采用了浮动利率等。中国移动和广东核电两只债券发行时，首次采用了高度市场化的路演询价方式。利率市场化的脚步大幅加快。募资用途一改以往企业债券资金限于基建或技改项目的老规则，2001年6月，中国移动通信发行10年期50亿元浮息债券时，首次将募集的资金用于偿还银行借款；广核债和金茂企业债募集的资金用于归还过桥贷款、调整负债结构和工程尾款等。

1985年，中国工商银行、中国农业银行开始在国内发行人民币金融债券。1991年，中国建设银行和中国工商银行共同发行了100亿元的国家投资债券。1999年以后，中国金融债券的发行主体集中于政策性银行，其中，以国家开发银行为主，金融债券成为其筹措资金的主要方式。

1982年，我国开始在国际资本市场发行债券，当年中国国际信托投资公司在东京发行了100亿日元的武士债券。此后，财政部、银行、信托投资公司、有关企业等相继进入国际债券市场，在日本、美国、新加坡、英国、德国、瑞士等国发行外国债券和欧洲债券。

债券市场的监管和法制建设逐步完善，先后颁布了《中华人民共和国国库券条例》《企业债券管理条例》《禁止证券欺诈行为暂行办法》《可转换公司债券管理办法》等法律法规。

目前我国发行的债券品种主要有国债、金融债券、企业债券、公司债券和可转换债券等。相比之下，国外发达市场不仅在现货市场有市政债券、政府债券、联邦机构债券、抵押担保债券、资产担保债券、公司债券和货币市场工具，而且在期货和期权市场有很多债券衍生品种，以满足不同层次投资者的需要。

12.3.2 股票市场

在党的领导下，经过多年成长，股票市场已经发展成为我国社会主义市场经济体系中不可或缺的重要组成部分，为实体经济进行直接融资和居民财富保值增值起到了不可或缺的桥梁作用。随着A股市场制度建设不断加强完善，市场深度和宽度有序提升，机构投资者队伍日趋壮大，我国股票市场逐步走向成熟和规范。

新中国最早的股票出现于1984年。1984年11月，上海飞乐音响公司部分公开发行了真正规范化的股票50万元，这是新中国成立以来首次发行的股票。1985—1986年，一些著名的企业相继打出了股份有限公司的招牌，公开向社会发行股票，如上海延中实业、沈阳金杯汽车、上海真空电子等公司。

1986年以前，我国股票市场仅存在发行市场，并无次级市场可供股票流通买卖，直到同年9月，上海工商银行信托投资公司静安证券业务部开办了柜台买卖业务，股票的二级市场交易才开始。1990年12月上海证券交易所及深圳证券交易所开业后，才正式开始有集中交易市场来买卖股票。这二者都是会员制交易所，在它们设立的证券集中交易市场上，只有交易所的会员才有资格入场交易。

1992 年是股票市场迅速发展的一年。一方面，不断有新股公开发行并在交易所挂牌上市，股市规模不断扩大；另一方面，投资者的队伍也不断壮大，非深、沪本地的异地证券商也可以作为交易所的会员，代理当地投资者进行买卖，股市规模逐渐扩大。这时，面向境外投资者以外币结算的人民币特种股票开始发行，并在深、沪交易所挂牌上市，境外投资者可以委托场内的会员进行人民币特种股票（B 股）的交易。我国上市公司的股权结构分为国家股、法人股、内部职工股、社会公众股（包括 A 股、B 股、H 股）和转配股。

此后，我国的股票市场继续迅速发展。截至 2023 年 8 月，我国境内上市公司总数达到 5 061 家，总市值 80.9 万亿元，流通市值约 69.8 万亿元；基金管理公司 166 家，证券投资基金 11 130 只，基金规模 26.15 万亿份，基金总净值 27.54 万亿元。

随着中国加入世界贸易组织（WTO），我国证券市场逐渐由一个封闭的市场转变为开放的市场。2003 年 5 月，瑞士银行和野村证券成为首批获得中国证监会批准的合格境外机构投资者（QFII），同年 7 月，瑞士银行一举买入宝钢股份等 4 只股票，在中国 A 股市场撒下“第一单”。截至 2019 年 8 月，共计 292 家外资机构取得 QFII 资格，投资额度达到 1 113 亿美元。随着境外人民币市场的逐渐扩大，RQFII 这一新制度安排正式推出。2019 年 9 月，我国完全取消了 QFII/RQFII 额度限制，境外投资者参与境内金融市场的便利性再次大幅提升，在 A 股被纳入摩根士丹利国际资本指数（MSCI）、富时罗素指数、标普道琼斯指数等国际主流指数的背景下，进一步推动中国金融市场的国际化进程。

2014 年 11 月，沪港通正式开通。香港居民每日 2 万元人民币兑换上限也同步取消。2016 年 12 月，深港通开通，为配合资金流动，减少阻碍，沪股通南北向所有总额度限制皆被取消，但每日额度被保留。沪深港通是最大规模的资本市场双向开放，截至 2023 年 9 月，境外投资者通过沪股通、深股通合计净买入 A 股 1.86 万亿元，境内投资者通过港股通合计净买入港股 2.8 万亿港币。沪深港通的开通为境内投资者投资海外市场提供了便利，也为境外投资者直接采用外币投资境内市场提供了便利。互联互通机制下我国证券市场与国际市场进一步融合，外资在 A 股市场的占比提升也改变了市场生态。在互联互通机制下，沪深港通还推进了 ETF 互认等进一步的开放连通措施，加快证券市场国际化的步伐。

供需失衡是目前我国股票市场发展过程中的一个主要问题，解决供给问题的核心是发行制度改革。党的十八届三中全会为发行制度从审批制向注册制的根本性改革指明了方向。2019 年新修订的《证券法》在第二章“证券发行”中明确了全面推行注册制。第十二条明确规定，公司首次公开发行新股，应当符合下列条件：（1）具备健全且运行良好的组织机构；（2）具有持续经营能力；（3）最近三年财务会计报告被出具无保留意见审计报告；（4）发行人及其控股股东、实际控制人最近三年不存在贪污、贿赂、侵占财产、挪用财产或者破坏社会主义市场经济秩序的刑事犯罪；(5) 经国务院批准的国务院证券监督管理机构规定的其他条件。上市公司发行新股，应当符合经国务院批准的国务院证券监督管理机构规定的条件，具体管理办法由国务院证券监督管理机构规定。公开发行存托凭证的，应当符合首次公开发行新股的条件以及国务院证券监督管理机构规定的其他条件。

根据新《证券法》的精神，经过多轮改革，2023 年 2 月中国证监会及交易所等发布全面实行股票发行注册制制度规则，自发布之日起施行。这标志着注册制的制度安排基本定型，注册制推广到全市场和各类公开发行股票行为。此次发布的制度规则共 165 部，其中证监会发布的制度规则 57 部，证券交易所、全国股转公司、中国结算等发布的配套制度规则 108 部。主要内容包括精简优化发行上市条件、完善审核注册程序、优化发行承销制度、完善上市公司重大资产重组制度、强化监管执法和投资者保护等。其中，在精简优化发行上市条件方面，坚持以信息披露为核心，将核准制下的发行条件尽可能转化为信息披露要求。各市场板块设置多元包容的上市条件。

在优化发行承销制度方面，对新股发行价格、规模等不设任何行政性限制，完善以机构投资者为参与主体的询价、定价、配售等机制。

目前注册制已经在我国市场基本落实，企业上市进程大幅加快，融资定价市场化深度不断提升。在社会主义发展的新阶段和新形势下，注册制改革为金融市场服务实体经济做出相应贡献，实现社会主义资本市场的定位与功能。

拓展阅读

科创板

2018 年 11 月 5 日，习近平主席在首届中国国际进口博览会上发表主旨演讲时表示，将在上海证券交易所（上交所）设立科创板并试点注册制。经过筹备，2019 年 6 月 13 日，在第十一届陆家嘴论坛开幕式上，中国证监会和上海市人民政府联合举办了上交所科创板开板仪式。

上交所数据显示，截至 2023 年 7 月 21 日，科创板共有上市公司 546 家，总市值 6.41 万亿元。

自开市以来，科创板引导资本投向科技创新领域的效应凸显。上交所统计显示，截至 2023 年 6 月 30 日，科创板已上市的 542 家企业首发融资额共 8 477 亿元，占同期境内 A 股融资总额的四成以上，平均每家融资超 15 亿元；共有 180 家科创板公司推出再融资方案，合计拟募集超 2 600 亿元。

从行业上看，这些上市公司均属于战略性新兴产业和高新技术产业，占同期新上市公司数量的 32%。其中，集成电路领域上市 101 家，占 A 股同类上市公司的六成；生物医药领域上市 111 家。在光伏、动力电池等新能源领域，碳纤维、超导材料等新材料领域，以及工业机器人、轨道交通设备等高端装备领域，也集聚了一批特色企业。

持续增加研发投入、积极运用股权激励制度成为这些“硬科技”企业的群体特征。数据显示，2022 年科创板公司的研发投入占营业收入的比例平均为 16%，同比提升 3 个百分点，高于 A 股平均水平；科创板已经汇聚逾 19 万人的科研人才队伍，平均每家公司的研发人员占员工总数近三成；已有 334 家科创板公司推出 462 单股权激励计划。

据上交所统计，截至 2023 年，科创板已有 52 家上市时未盈利企业、8 家特殊股权结构企业、6 家红筹企业、20 家第五套上市标准企业。获得资本市场支持后，目前已有 18 家上市时未盈利企业实现扣非前后净利润均转正。

“硬科技”企业的成长性也为科创板带来更多增长动能。上交所数据显示，科创板公司的营业收入、净利润、研发投入分别突破 1 万亿元、1 000 亿元、1 000 亿元。以 2019 年为基数，科创板公司最近 3 年营业收入、归母净利润复合增长率分别为 30%、59%。

据上交所统计，自 2020 年 9 月首批科创 50ETF 成立至 2020 年 6 月 30 日收盘，境内外共有 38 只指数基金跟踪科创板指数系列，合计规模 1 171 亿元。在国际投资者参与方面，截至 2023 年，沪港通项下已纳入 253 只科创板股票。截至 2023 年 6 月末，外资持有科创板股票流通市值的比例由 2019 年末的 0.56%提升至 3.6%。

业内人士表示，科创板的首次公开发行前股份询价转让制度，能够实现创投资本与机构投资者的有序接力。因此，作为创新资本形成重要载体的创业投资基金、私募股权投资基金视科创板为实现资本回报的重要渠道。

中科沃土基金首席经济学家程文卫表示，从投资资金踊跃“进入”，到创投资本顺畅“退出”，科创板正通过促进科技、资本、产业形成良性循环，不断助推科创企业高质量发展。

资料来源：关于在上交所设立科创板并试点注册制相关情况答记者问．(2018 - 11 - 05)．上海证券交易所；财经深一度｜科创板开市满四年 引导资本投向科技创新领域效应凸显．(2023 - 07 - 24)．新华网．

12.3.3 证券市场的管理

我国证券市场的管理已初步形成一个以法律为准绳、各部门分工协作、政府管理与行业自律相结合的综合体系，并不断发展完善。

一、证券管理法规

证券管理法规主要包括以下三个层次的内容。

第一层次是由国家立法机关审议通过并颁布实施的全国性法令。主要包括：《中华人民共和国公司法》，1993 年 12 月 29 日第八届全国人民代表大会常务委员会第五次会议通过，1994 年 7 月 1 日正式施行，之后进行四次修正、两次修订；《中华人民共和国证券法》，1998 年 12 月 29 日第九届全国人民代表大会常务委员会第六次会议通过，1999 年 7 月 1 日正式施行，之后进行三次修正、两次修订。

第二层次是国务院及中国证券监督管理委员会和中国人民银行制定并颁行的有关证券管理的条例、办法和规定。比较重要的条例有：《股票发行与交易管理暂行条例》（1993年4月，国务院令第112号）；《证券交易所管理办法》（2021年12月，证监会）；《证券公司监督管理条例》（2014年，国务院令第522号）。在这一层次中还包括证券管理机关在紧急情况下临时发出的各类行政性命令和通知。

第三层次是证券交易所制定的交易规则和办法。例如，《上海证券交易所会员管理规则》《上海证券交易所交易市场业务规则》《深圳证券交易所席位管理暂行规则》等。

此外，地方政府的证券管理机关也制定了一些适用于本地的条例规定。

这些管理法规的一个共同特点就是暂时性。随着我国证券市场开放程度的不断提升，未来还将有更多新的投资品种以及投资机构主体加入我们的证券市场体系之中，多层次金融市场的持续发展对监管不断提出新的更高的要求，需要更加及时有效地对法律法规完成调整，适应市场发展环境。

二、管理机关

我国证券监管机构主要是国务院、中国证券监督管理委员会及派出机构、地方政府证券管理机构。

中国证券监督管理委员会的主要职责包括以下内容。

（1）研究和拟定证券期货市场的方针政策、发展规划；起草证券期货市场的有关法律、法规；制定证券期货市场的有关规章。

（2）统一管理证券期货市场，按规定对证券期货监督机构实行垂直领导。

（3）监督股票、可转换债券、证券投资基金的发行、交易、托管和清算；批准企业债券的上市；监管上市国债和企业债券的交易活动。

（4）监管境内期货合约上市、交易和清算；按规定监督境内机构从事境外期货业务。

（5）监管上市公司及其有信息披露义务股东的证券市场行为。

（6）管理证券期货交易所；按规定管理证券期货交易所的高级管理人员；归口管理证券业协会。

（7）监管证券期货经营机构、证券投资基金管理公司、证券登记清算公司、期货清算机构、证券期货投资咨询机构；与中国人民银行共同审批基金托管机构的资格并监管其基金托管业务；制定上述机构高级管理人员任职资格的管理办法并组织实施；负责证券期货从业人员的资格管理。

（8）监管境内企业直接或间接到境外发行股票、上市；监管境内机构到境外设立证券机构；监督境外机构到境内设立证券机构、从事证券业务。

（9）监管证券期货信息传播活动，负责证券期货市场的统计与信息资源管理。

（10）会同有关部门审批律师事务所、会计师事务所、资产评估机构及其成员从事证券期货中介业务的资格并监管其相关业务活动。

（11）依法对证券期货违法违规行为进行调查、处罚。

（12）归口管理证券期货行业的对外交往和国际合作事务。

（13）国务院交办的其他事项。

小　结

证券市场是各类有价证券流通场所的总称，是金融市场的重要组成部分，其交易对象是有价证券，与商品市场、借贷市场相比，具有自己的特点。

证券市场的分类方法很多，按级别来分，分为一级市场（或叫初级市场、发行市场）和二级市场（流通市场）。证券交易所是有价证券交易的场所，是二级市场。证券交易方式主要有现货交易、期货交易、期权交易等。证券交易有一套严格的程序。

第12章　即测即评

思考题

1. 简述证券市场的结构及功能，说明为什么二级市场的流动性和连续性对一级市场有效发挥作用至关重要。
2. 比较我国证券市场与西方证券市场。
3. 近几年频繁出现一、二级市场估值倒挂（二级市场估值低于一级市场估值）的情况，分析这会对一级市场投资者造成怎样的影响。
4. 证券期货交易主要有哪些特点？具备哪些功能？
5. 比较期货交易和期权交易的异同。
6. 证券交易所有哪些作用？
7. 公司股票上市有哪些基本途径？股票上市会给公司带来哪些有利和不利影响？

第13章

投资组合与证券定价原理

学习目标

- 了解投资组合的概念与含义
- 从定性与定量相结合的角度了解证券组合的收益与风险的关系
- 掌握资本资产定价模型和套利定价理论的应用

13.1 证券投资组合管理

13.1.1 投资组合的含义

证券投资和实业投资在很多方面不同。实业投资项目的投资效果包括宏观投资效果和微观投资效果，衡量指标包括净现值、内部收益率、投资利润率和投资回收期。而衡量证券投资往往最关注一个微观指标，即年收益率。又如，证券投资和实业投资的任务不同，证券投资需要降低投资风险，将盈利空间和潜在风险联系起来选择证券进行投资。实业投资更多从企业经营管理层面进行全面考量，权衡收益与风险。

投资组合是一个总体概念，这个总体由若干个体组成，而各个体在种类或收益上可能各不相同。投资组合有一个广泛的含义，当所有个体均是投资项目时，则称为投资项目组合；如果只是证券，则称为证券组合；再进一步细分，若个体是债券或股票，则分别称为债券组合或股票组合，本小节主要研究股票组合。

投资组合的目的是规避风险，不把所有的鸡蛋放在一个篮子里。

13.1.2 证券的收益与风险

一、单个证券的收益

在证券投资分析中，以收益率（即每期获利的百分数）而不是价格的变化来衡量证券的收益。一般来说，如果一种股票的期初价格为 P_0，期末价格为 P_t，该期红利、股息或利息为 D_t，那么该期收益率为：

$$R=\frac{D_t+(P_t-P_0)}{P_0}\times 100\% \tag{13-1}$$

如果将以前某个时期的数据代入式（13－1），可得出股票在该时期的收益率。

股票期末的收益率 R 不是一个定值，而是一个随某种因素的变化而变化的随机变量。因此，对证券未来收益率的预测，就变成求解这些随机变量的预测值或期望值。

投资者通过对每一项投资结果 R_i 出现的可能性和概率做出主观的判断，就可以得出预期的收益率。预期收益率的计算方法有以下两种：

1. 如果已知某一证券全部收益结果出现的概率分布（见图 13－1），那么，其预期收益率等于全部收益结果与发生概率之积的总和，可用下式计算：

$$E_{(R)}=\sum_{j=1}^{M} R_j P_j \tag{13-2}$$

式中，$E_{(R)}$ 为预期收益率；R_j 为该证券的第 j 个收益率；P_j 为该证券的第 j 个收益率发生的概率。

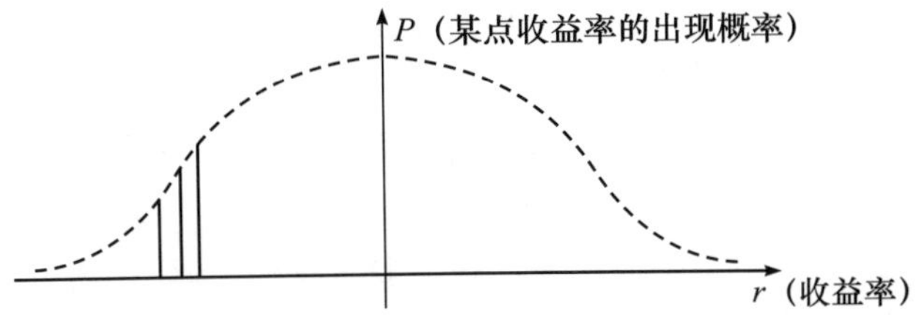

图 13－1　某证券概率分布图

【例 13－1】

假设市场上有某一证券，不同收益率出现的概率如表 13－1 所示，求预期收益率。

表 13－1　某证券收益率的概率

收益率（%）	概率	条件
15	1/4	市场条件较好
10	1/2	市场条件一般
8	1/4	市场条件较差

$$E_{(R)}=\frac{1}{4}\times 15\%+\frac{1}{2}\times 10\%+\frac{1}{4}\times 8\%=10.75\%$$

即预期收益率为 10.75%。

2. 如果每一个收益结果都是相等的，那么可以用平均收益率 $\overline{R}$ 来估计 $E_{(R)}$。假设某证券未来各年的收益率分布都是一样的，其时序为 R_1，R_2，…，R_M，那么收益率的抽样平均值为：

$$\overline{R}=\frac{1}{M}\sum_{t=1}^{M}R_t \tag{13-3}$$

式中，$\overline{R}$ 为收益率的平均值。

从统计观点看，要使这个估计准确些，就必须增加观察点数目，M 越大，$\overline{R}$ 越接近 $E_{(R)}$。

但是事情往往具有两面性，上述关系建立在各期收益率的分布均相同的假设基础上，这个假设在短期内可以近似地认为成立，但时间越长，即 M 越大，各期收益率分布都一样的假设就很难成立，这是个矛盾。一般在处理这个问题时，选择收益率分布不会发生多大变化的一段足够长的时间来进行抽样估计。

【例 13-2】

例 13-1 的证券收益结果假定是相等的，都是 1/3，预期收益率就可按式（13-3）计算。

$$E_{(R)}=\overline{R}=\frac{15\%+10\%+8\%}{3}=11\%$$

二、单个证券的风险

预期收益率并不等于实际收益率。实际收益率可能高于、低于或等于预期收益率，实际收益率围绕预期收益率波动。这种波动越大，投资的确定性就越低，投资风险也越大。风险指标是判定投资优劣的第二个指标。测定证券风险的指标通常用均方差和标准差。

和预期收益率一样，收益均方差一般也是未知的，通常用抽样方差代替真实均方差来估计：

$$\sigma^2_{(R)}=\frac{1}{M}\sum_{j=1}^{M}(R_{ij}-\overline{R}_i)^2 \tag{13-4}$$

如果每一收益结果出现的概率为 P_{ij}，则均方差可按下式计算：

$$\sigma^2_{(R)}=\sum_{j=1}^{M}P_{ij}(R_{ij}-R_j)^2 \tag{13-5}$$

【例 13-3】

例 13-1 的证券多用式（13-4）来计算均方差，有

$$\sigma^2_{(R)}=\frac{(15-11)^2+(10-11)^2+(8-11)^2}{3}=8.67$$

若采用式（13-5）计算，则有

$$\sigma^2_{(R)}=\frac{1}{3}(15-11)^2+\frac{1}{3}(10-11)^2+\frac{1}{3}(8-11)^2=8.67$$

以上两个计算结果是相同的。该证券的标准差为：

$$\sigma_{(R)}=\sqrt{\sigma^2_{(R)}}=\sqrt{8.67}=2.94$$

均方差和标准差的意义在本质上与平均离差相同，某证券收益的均方差或标准差越大，表示该证券实际收益率围绕预期收益率波动的幅度越大，即投资风险越大。

以上介绍的是单一证券收益率的期望值和均方差的估计方法。对于证券组合，则使用协方差和相关系数来描述。

三、证券组合的收益

假定证券组合 P 由 m 种不同证券组成，其中每种证券所占的比例为 x_1，x_2，…，x_m，那么，证券组合 P 可用下式表示：

$$P=\{x_1, x_2, \cdots, x_m\} \tag{13-6}$$

或

$$P=\{x_i\} \quad (i=1,2,\cdots,m)$$

证券组合的收益率是组合中单个证券收益率的加权平均，其收益结果按下式计算：

$$E_{(P)}=\sum_{i=1}^{m} x_i R_{ij} \tag{13-7}$$

四、证券组合的风险

1. 证券组合风险的类型。证券组合的风险可分为两种类型，即可分散风险和不可分散风险。

（1）可分散风险。可分散风险又叫非系统性风险，是某种风险给单个证券造成经济损失的可能性。这种风险可以通过购买多种证券予以抵消。

（2）不可分散风险。不可分散风险又称系统性风险或市场风险，指某些因素给市场上所有证券都带来经济损失的可能性，如国家经济状况的巨变、财政政策和货币政策的重大调整等会对所有股票的收益产生影响。这种风险无法通过证券组合进行分散，故称不可分散风险。

证券组合的风险可归纳如下。

（1）单只股票的风险由两部分组成，即可分散风险和不可分散风险（见图 13-2）。

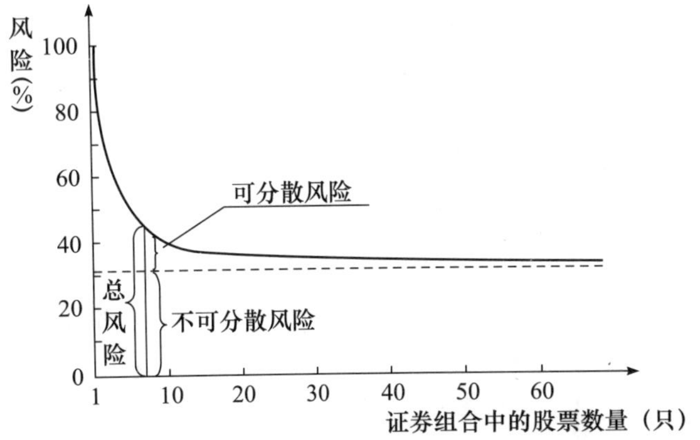

图 13-2　证券组合中的可分散风险和不可分散风险

(2) 可分散风险可通过证券组合来消减，从图 13-2 中可以看到，可分散风险随证券组合中股票数量的增加而逐渐减少。

(3) 不可分散风险由市场变动产生，它对所有股票都有影响，不能通过证券组合消除。不可分散风险通过 β 系数来衡量。

$\beta=0.5$，说明该股票的风险只有整个市场股票风险的一半；

$\beta=1.0$，说明该股票的风险等于整个市场股票风险；

$\beta=2.0$，说明该股票的风险是整个市场股票风险的 2 倍。

2. 证券组合风险的计算。与单个证券一样，证券组合的风险也是用预期收益率的均方差来测度的，即

$$\sigma^2_{(P)}=E(R_P-\overline{R}_P)^2 \tag{13-8}$$

式中，$\sigma^2_{(P)}$ 为证券组合的预期收益率的均方差。

有两种证券构成的组合，设 R_{1j} 和 R_{2j} 分别是证券 1 和证券 2 的第 j 个收益结果，$\overline{R}_1$ 和 $\overline{R}_2$ 是其预期收益率，x_1 和 x_2 表示投资证券 1 和证券 2 的比例，那么，由这两种证券构成的证券组合的风险为：

$$\begin{aligned}\sigma^2_{(P)}&=E(R_P-\overline{R}_P)^2\\&=E[(x_1R_{1j}+x_2R_{2j})-(x_1\overline{R}_1+x_2\overline{R}_2)]^2\\&=E[x_1(R_{1j}-\overline{R}_1)+x_2(R_{2j}-\overline{R}_2)]^2\end{aligned}$$

整理可得

$$\sigma^2_{(P)}=x_1^2\sigma_1^2+2x_1x_2E[(R_{1j}-\overline{R}_1)(R_{2j}-\overline{R}_2)]+x_2^2\sigma_2^2 \tag{13-9}$$

与单个证券不同的是，式 (13-9) 证券组合风险中多了一项 $E[(R_{1j}-\overline{R}_1)(R_{2j}-\overline{R}_2)]$。多出来的这一项叫作证券 1 和证券 2 的收益协方差，记作 σ_{12}。

$$\sigma_{12}=E[(R_{1j}-\overline{R}_1)(R_{2j}-\overline{R}_2)] \tag{13-10}$$

则有

$$\sigma^2_{(P)}=x_1^2\sigma_1^2+x_2^2\sigma_2^2+2x_1x_2\sigma_{12} \tag{13-11}$$

式 (13-11) 就是由两种证券构成的证券组合风险的计算公式。

证券组合的风险并不等于组合中单个证券风险的加权平均。它除了与单个证券的风险有关，还与单个证券之间的协方差有关。

协方差是两个证券收益离差乘积的期望值。均方差是单个证券收益离差本身平方的平均值，而协方差是两个证券各自收益离差之积的平均值。均方差在任何情况下都为正数，而协方差却可正可负。

从式 (13-10) 可以看出，协方差 σ_{12} 是衡量两种证券之间收益互动性的一个指标。如果两种证券收益结果的变动方向一致，即 $R_{1j}-\overline{R}_1$，$R_{2j}-\overline{R}_2$ 均大于零或小于零，则协方差大于零，反之则小于零。如果两种证券收益结果的变动方向之间无任何关系，则其协方差为零。

分析式 (13-11)，可知：

$\sigma_{12}=0$，则 $\sigma^2_{(P)}=x_1^2\sigma_1^2+x_2^2\sigma_2^2$。

$\sigma_{12}>0$，则证券组合的风险将在此基础上再加上一个 $2x_1x_2\sigma_{12}$，显然加大了证

券组合的风险。

$\sigma_{12}<0$，则证券组合的风险将加上一个负数，从而使整个组合的风险减少。

根据上面的分析，为了更方便地计算证券组合风险，通常用相关系数来代替协方差，方法如下：

设 σ_i，σ_j 分别为证券 i 和证券 j 的标准差，σ_{ij} 为这两种证券的协方差，用 ρ_{ij} 表示两种证券的相关系数，则有

$$\rho_{ij}=\frac{\sigma_{ij}}{\sigma_i\sigma_j} \tag{13-12}$$

式（13－12）中的相关系数 ρ_{ij} 是一个无量纲的数，从而摆脱了计量的影响，使得对相关性的度量从原来协方差的区间（$-\infty$，$+\infty$）变为现在相关系数的区间（-1，$+1$）。这就使得 ρ_{ij} 成为统一的尺度，通过其数值的大小来反映证券预期收益率的相互关系。

用相关系数代替协方差，由两种证券构成的证券组合的风险就可以表述为：

$$\sigma_{(P)}^2=x_1^2\sigma_1^2+x_2^2\sigma_2^2+2x_1x_2\sigma_1\sigma_2\rho_{12} \tag{13-13}$$

分析式（13－13），可以看出：

当 $\rho_{12}=1$ 时，证券组合的风险是：

$$\sigma_{(P)}^2=(x_1\sigma_1+x_2\sigma_2)^2 \tag{13-14}$$

此时称两种证券之间完全正相关，两种证券构成的证券组合的风险 $\sigma_{(P)}$ 等于这两种证券各自风险 σ_1 和 σ_2 的组合。

当 $0<\rho_{12}<1$ 时，证券组合的风险是：

$$\sigma_{(P)}^2=x_1^2\sigma_1^2+x_2^2\sigma_2^2+2x_1x_2\sigma_1\sigma_2\rho_{12} \tag{13-15}$$

此时称两种证券之间存在正相关关系。ρ_{12} 越接近 1，两种证券间正相关越强；反之，ρ_{12} 越接近 0，两种证券间正相关越弱。显然，ρ_{12} 越接近 1，意味着证券组合风险 $\sigma_{(P)}$ 越接近 σ_1 和 σ_2 的加权平均值，证券组合的风险也越大，但只要 ρ_{12} 不等于 1，证券组合的风险就永远小于单个证券风险的加权平均值。

当 $\rho_{12}=-1$ 时，证券组合的风险是：

$$\sigma_{(P)}^2=(x_1\sigma_1-x_2\sigma_2)^2 \tag{13-16}$$

此时称两种证券之间完全负相关，两种证券构成的证券组合的风险是单个证券风险的加权差额，它比两个证券中最小风险者的风险还要小。

当 $x_1=\dfrac{\sigma_2}{\sigma_1+\sigma_2}$，$x_2=\dfrac{\sigma_1}{\sigma_1+\sigma_2}$ 时，证券组合的风险为零，即两种证券的风险互相抵消。

当 $-1<\rho_{12}<0$ 时，称两种证券之间存在负相关关系，此时两种证券间的风险虽然不能彼此完全抵消，但可以抵消一部分。ρ_{12} 越接近 -1，抵消的比例越大；越接近 0，则抵消的比例越小。

当 $\rho_{12}=0$ 时，称两种证券之间完全独立，此时，证券组合的风险是：

$$\sigma_{(P)}^2=x_1^2\sigma_1^2+x_2^2\sigma_2^2 \tag{13-17}$$

它小于两种证券单独风险的线性组合或加权平均。

综上所述，在统计上，根据 ρ 的取值大小，把两种证券之间的相关关系分为五大类：

（1）正相关，$0<\rho<1$；

（2）完全正相关，$\rho=1$；

（3）零相关，$\rho=0$；

（4）负相关，$-1<\rho<0$；

（5）完全负相关，$\rho=-1$。

这五种相关关系可用图 13-3 表示。

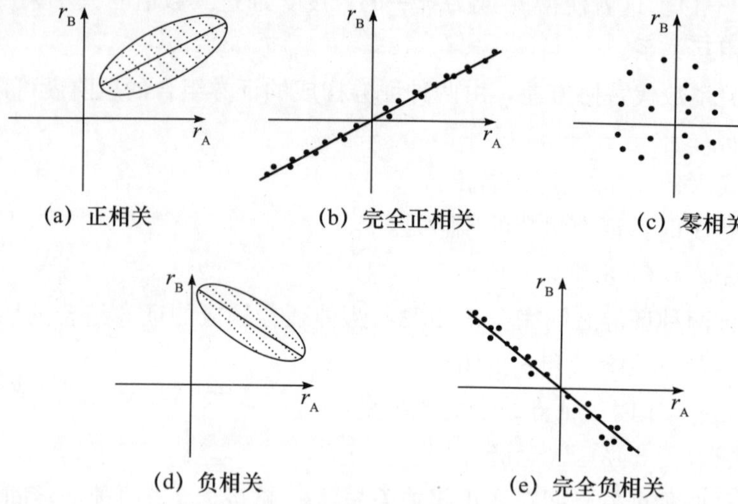

图 13-3 相关情况图

通过对两种股票收益率的历史数据的分析，可求出其相关系数，做出基本推断。

股票投资的收益与风险并存，最大的收益和最小的风险就是股票投资的目标，这个目标可以概括为两条原则：一是已知两种股票具有同等程度的风险，选择收益高的股票；二是已知两种股票具有同等程度的收益，选择风险小的股票。但在股市上，收益高而风险小的股票很罕见，因此如何防范风险成为股票投资中非常重要的问题。

13.1.3 股票组合

股票组合是投资者防范股票投资风险的措施之一，投资者通过分散投资来分散投资风险，使风险降到最低。

1952 年，马科维茨提出对资产组合选择分析的均方差方法以后，许多经济学家对该理论做了研究，使该理论的内容不断充实，展现形式日臻完美。马科维茨的资产学说认为，投资者购买证券，在决策时要考虑两个因素，即证券的预期收益率和均方差。也就是说，投资者应首先估计每一个证券组合的预期收益率和均方差，然后根据这两个参数做出最优选择。

例如，某投资者在两种不同的证券组合 A 和 B 中选择，证券组合 A 的预期收益率为 10%，证券组合 B 的预期收益率为 15%，而证券组合 A 和 B 的均方差分别为 15%和 20%。

从预期收益率考虑，假定两种证券组合的价格都是 10 万元，持有期为 1 年，这就意味着证券组合 A 的期末价格为 11 万元，证券组合 B 的期末价格为 11.5 万元，应选证券组合 B。但从风险来看，证券组合 A 比证券组合 B 有较小的风险，投资者可能更偏好证券组合 A。至于最终选择（决策），有赖于各个特定的投资者对风险和收益的态度。

证券组合选择不是任意的，而是有特定的意向。选择的证券种类、各种证券的比例等，都应该用严密的数学方法推导出来。这种选择的结果既能保证收益，又可降低投资风险。

式（13－7）中的 x_i 通常称为组合系数或组合权数。在允许卖空的情况下，x_i 可正可负；如果 $x_i>0$，说明应买进第 i 种股票；如果 $x_i<0$，说明应卖出第 i 种股票，但无论如何，必须满足下面的条件：

$$x_1+x_2+\cdots+x_i+\cdots+x_m=1 \tag{13-18}$$

【例 13－4】

一投资者有两种股票可供选择，第一种预期收益率为 $E_{(R_1)}=12\%$，$\sigma_1=16\%$；第二种预期收益率为 $E_{(R_2)}=10\%$，$\sigma_2=12\%$；$\rho_{12}=0.4$。这个投资者在这两种股票上各投一半构成股票组合。试分析其预期收益率和风险。

根据式（13－7）、式（13－13），该股票组合的预期收益率和标准差分别为：

$$E_{(P)}=0.5\times12\%+0.5\times10\%=11\%$$

$$\begin{aligned}\sigma_{(P)}&=(0.5^2\times16\%^2+2\times0.5\times0.5\times0.4\times16\%\times12\%+0.5^2\times12\%^2)^{1/2}\\&=11.76\%\end{aligned}$$

两种股票的标准差分别为 16%和 12%，通过组合，标准差降到 11.76%，即风险降低了。股票组合的预期收益率为两种股票预期收益率的平均值，因为两种股票各投资一半。

13.1.4 投资组合线

根据上面的分析，如果 m 种证券的 $E_{(R)}$ 及它们的和已知，则给定一个 $x=(x_1, x_2, \cdots, x_m)'$，就得到一个相应的组合，其预期收益率 $E_{(P)}$ 和标准差 $\sigma_{(P)}$ 可由式（13－7）和式（13－13）求出。随 x 的变化得到一系列不同组合，从而得到一系列不同的 $E_{(P)}$ 和 $\sigma_{(P)}$。如果以 $\sigma_{(P)}$ 为横轴，以 $E_{(P)}$ 为纵轴建立一个直角坐标，则上述不同组合在坐标上形成一系列点，把这些点连接起来就形成了一条曲线——组合线（区）。

下面以两种证券组合为例来讨论组合线的性质。

假定两种证券的预期收益率为 $E_{(R_1)}$ 和 $E_{(R_2)}$，风险为 $\sigma_{(R_1)}$ 和 $\sigma_{(R_2)}$，它们之间的相关系数为 ρ_{12}，设向证券 1 投资的比例为 α，则向证券 2 投资的比例为 $(1-\alpha)$，于是以此比例形成的组合的 $E_{(P)}$ 和 $\sigma_{(P)}$ 分别为：

$$E_{(P)}=\alpha E_{(R_1)}+(1-\alpha)E_{(R_2)} \tag{13-19}$$

$$\sigma_{(P)}=[\alpha^2\sigma_1^2+(1-\alpha)^2\sigma_2^2+2\alpha(1-\alpha)\sigma_1\sigma_2\rho_{12}]^{1/2} \tag{13-20}$$

上面两个公式可改写为：

$$\sigma_{(P)}^2=\alpha^2\sigma_1^2+(1-\alpha)^2\sigma_2^2+2\alpha(1-\alpha)\sigma_1\sigma_2\rho_{12} \tag{13-21}$$

$$\alpha=\frac{E_{(P)}-E_{(R_2)}}{E_{(R_1)}-E_{(R_2)}} \tag{13-22}$$

由此可看出，两项投资的组合线在一般情况下是二次曲线。

下面有几种特殊情况：

1. 当 $\rho_{12}=0$ 时，式（13-21）变为：

$$\sigma_{(P)}^2=\alpha^2(\sigma_1^2+\sigma_2^2)-2\alpha\sigma_2^2+\sigma_2^2 \tag{13-23}$$

注意到 α 与 $E_{(P)}$ 为线性关系，故由式（13-21）、式（13-22）确定的组合线是椭圆或双曲线。

2. 当 $\rho_{12}=1$ 时，式（13-21）变为：

$$\begin{aligned}\sigma_{(P)}^2&=[\alpha\sigma_1+(1-\alpha)\sigma_2]^2=[\alpha(\sigma_1-\sigma_2)+\sigma_2]^2\\&=\left[\frac{E_{(P)}-E_{(R_2)}}{E_{(R_1)}-E_{(R_2)}}(\sigma_1-\sigma_2)+\sigma_2\right]^2\end{aligned} \tag{13-24}$$

则

$$\sigma_{(P)}=\left|\frac{E_{(P)}-E_{(R_2)}}{E_{(R_1)}-E_{(R_2)}}(\sigma_1-\sigma_2)+\sigma_2\right| \tag{13-25}$$

此时，该组合线为如下两条直线：

$$\sigma_{(P)}=\frac{\sigma_1-\sigma_2}{E_{(R_1)}-E_{(R_2)}}(E_{(P)}-E_{(R_2)})+\sigma_2 \tag{13-26}$$

$$\sigma_{(P)}=\frac{\sigma_1-\sigma_2}{E_{(R_1)}-E_{(R_2)}}(E_{(P)}-E_{(R_2)})-\sigma_2 \tag{13-27}$$

在 $\sigma_{(R)}-E_{(R)}$ 坐标系中，把式（13-26）和式（13-27）改写为：

$$E_{(P)}=\frac{E_{(R_1)}-E_{(R_2)}}{\sigma_1-\sigma_2}(\sigma_{(P)}-\sigma_2)+E_{(R_2)} \tag{13-28}$$

和

$$E_{(P)}=\frac{E_{(R_1)}-E_{(R_2)}}{\sigma_1-\sigma_2}(\sigma_{(P)}+\sigma_2)+E_{(R_2)} \tag{13-29}$$

它们是从点 $\left(0,\frac{E_{(R_1)}-E_{(R_2)}}{\sigma_1+\sigma_2}\sigma_2+E_{(R_2)}\right)$ 向右发散的，斜率分别为 $\pm\left|\frac{E_{(R_1)}-E_{(R_2)}}{\sigma_1-\sigma_2}\right|$ 的两条直线（见图 13-4）。

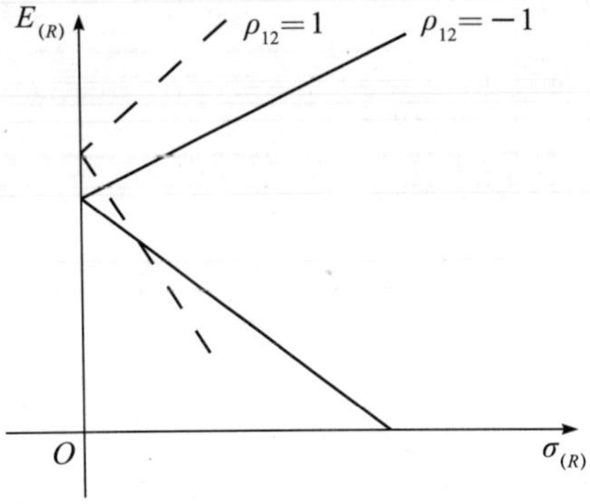

图 13-4　当 $\rho_{12}=\pm1$ 时的组合线

3. 当 $\rho_{12}=-1$ 时，同理可得到两条直线方程，分别为：

$$E_{(P)}=\frac{E_{(R_1)}-E_{(R_2)}}{\sigma_1+\sigma_2}[\sigma_{(P)}+\sigma_2]+E_{(R_2)} \tag{13-30}$$

$$E_{(P)}=\frac{E_{(R_1)}-E_{(R_2)}}{\sigma_1+\sigma_2}[\sigma_{(P)}-\sigma_2]+E_{(R_2)} \tag{13-31}$$

它们的图形与图 13-4 类似。

【例 13-5】

假定有一个股票组合，其预期收益率和标准差分别如表 13-2 所示。

表 13-2　A，B 两种股票的预期收益率和标准差

	证券 A	证券 B
$E_{(R)}$	10%	5%
σ_i	5%	10%

分别令 ρ 等于 ±1 和 0，让 α（即 x_A）分别取 1.5，1，0.5，0.25，0 和 −0.5，并将此数据代入式（13-23）至式（13-31），得到表 13-3。将表中数据代入 $\sigma_{(R)}$-$E_{(R)}$ 坐标系中，得到 $\rho=-1$，$\rho=0$，$\rho=1$ 时的三条组合线（见图 13-5）。

表 13-3　组合线数据

$\rho=-1$			$\rho=0$			$\rho=1$		
α	$E_{(P)}$	$\sigma_{(P)}$	α	$E_{(P)}$	$\sigma_{(P)}$	α	$E_{(P)}$	$\sigma_{(P)}$
−0.5	2.5%	17.5%	−0.5	2.5%	12.2%	−0.5	2.5%	12.5%
0	5%	10%	0	5%	10%	0	5%	10%
0.25	6.25%	6.25%	0.25	6.25%	7.6%	0.25	6.25%	8.75%
0.5	7.5%	2.5%	0.5	7.5%	5.6%	0.5	7.5%	7.5%
1	10%	5%	1	10%	5%	1	10%	5%
1.5	12.5%	12.5%	1.5	12.5%	9%	1.5	12.5%	2.5%

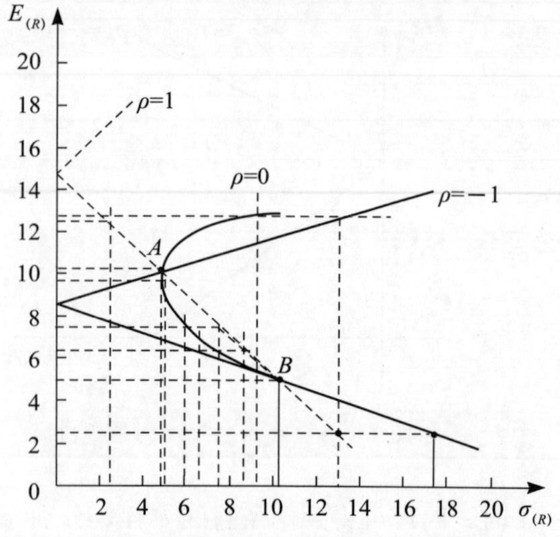

图 13-5　ρ=−1，0，1 时的组合线

观察图 13-5，可以看出：

(1) 所有组合线均通过 A，B 两点，A 点表示只向证券 A 投资，此时 $x_A=1$，$x_B=0$；B 点表示只向证券 B 投资，此时 $x_A=0$，$x_B=1$；在 A，B 之间均有 $0<x_A<1$ 和 $0<x_B<1$；在 A 点之上的点，表示对证券 B 卖短，将获得的钱连同原有的投资资金全部购买证券 A，此时 $x_A>1$，$x_B<0$；同理，在 B 点以下的点，表示对证券 A 卖短，购买证券 B，此时 $x_A<0$，$x_B>1$。

(2) 无论 ρ 取什么值，所有组合线均向左面 $\sigma_{(R)}$ 减小的方向凸，在 A，B 之间的所有曲线，$\rho=-1$ 时的组合线凸得最厉害，亦即对同一个 α（x_A）值，$\rho=-1$ 时的 $\sigma_{(P)}$ 最小，而且 $\sigma_{(P)}$ 依次按 $\rho=0$，1 递增。对 A，B 点之外的所有组合线也可作类似分析。

上面以两个证券的组合为例，讨论了组合线情况，如果证券种类超过两种，虽然 $E_{(R)}$ 和 $\sigma_{(R)}$ 一定，但各种证券所形成的投资组合的 $\sigma_{(P)}$ 和 $E_{(P)}$ 在 $\sigma_{(R)}$-$E_{(R)}$ 坐标系中形成的不是曲线而是一个区域。

13.1.5　最优组合证券选择

一、无差异曲线

无差异曲线常用来描述如何选择投资者所需的证券组合。在 $\sigma_{(R)}$-$E_{(R)}$ 坐标系中（见图 13-6），每条曲线都代表投资者的一条无差异曲线，投资者对每条无差异曲线上的所有证券组合的偏好是等同的。例如，在图 13-6 中，同一条无差异曲线上尽管证券组合 A 和 B 有不同的预期收益率和均方差，但由于它们位于同一条无差异曲线上，投资者认为他对证券组合 A 和 B 具有同样的偏好。在无差异曲线 I_2 上，证券组合 B 的标准差大于证券组合 A 的标准差，从风险角度看，投资者更偏好证券组合 A。但证券组合 B 的预期收益率 E_B 高于证券组合 A 的预期收益率

E_A，对证券组合 B 的收益的偏好弥补了它的风险损失。因此，无差异曲线的第一个特征是：对于同一条无差异曲线上的所有证券组合，投资者有相同的偏好。

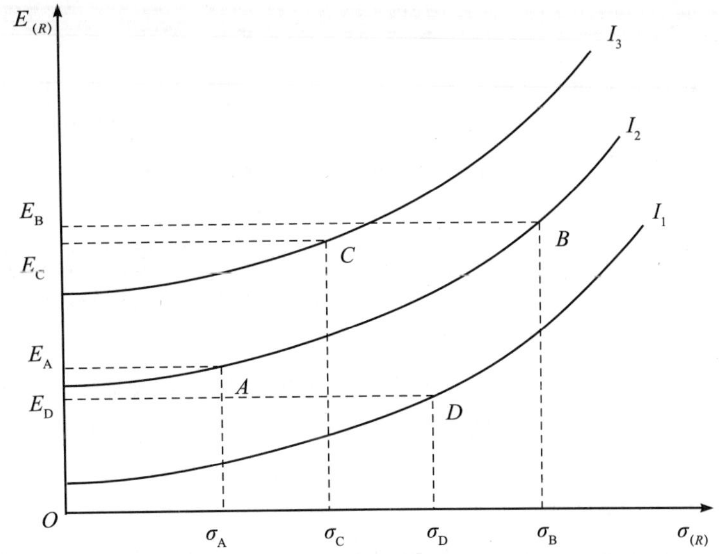

图 13-6 无差异曲线

在图 13-6 中，投资者对证券组合 A 和 B 有相同的偏好，但与证券组合 C 相比，投资者更偏好证券组合 C。这是因为证券组合 C 位于无差异曲线 I_3 上，I_3 在 I_2 的左上方。相对 A 点来讲，C 点有更大的预期收益来弥补它较高的标准差，使得投资者更偏好证券组合 C。同样，相对于 B 点，C 点有更小的标准差来弥补它较小的预期收益，使投资者更偏好 C。这就导出了无差异曲线的第二个特征：越接近坐标图左上方的无差异曲线上的证券组合，越是投资者所偏好的。

在任意两条无差异曲线之间，可以画出第三条无差异曲线。给定无差异曲线 I_1 和 I_2，在它们之间可以画出第三条无差异曲线 I^*（见图 13-7）。

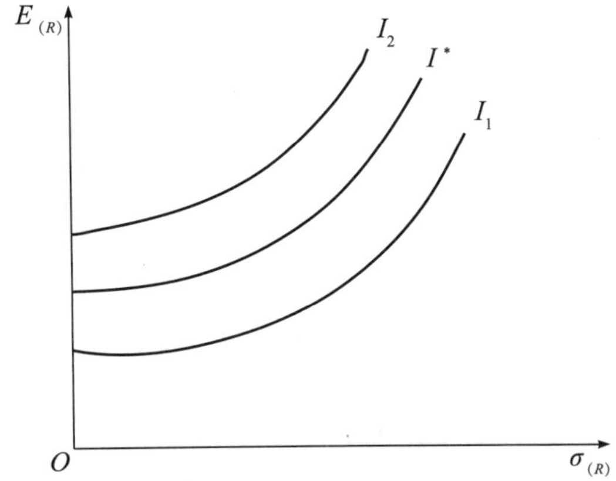

图 13-7 潜在无差异曲线

总而言之，每个投资者都有一组代表他对预期收益率和标准差偏好的无差异曲线。投资者应该确定每一潜在证券组合的预期收益率和标准差，并画在如图13-7所示的坐标系上，然后选择更接近图中左上方那条无差异曲线上的证券组合。

二、有效集定理

证券组合中若有 N 种证券，则存在无穷种证券组合形式。设想投资者只购买甲和乙两家公司的股票。当面临决策时，投资者有多种组合方式去购买这两家公司的股票。例如资金平均购买；或用25%的资金购买一种股票，75%的资金购买另一种股票；或用33%和67%的资金分别购买两种股票；或采用其他任意百分比分割。分析投资的各种不同组合，关键是要知道位于有效集内的证券组合方式，然后从中选择证券的最优组合。

有效集定理可表述为：一个投资者能够从下面一组证券组合中选择他所希望的最优证券组合：（1）在各种风险水平条件下，提供最大预期收益率；（2）在各种预期收益率水平条件下，提供最小风险。同时满足上述两个条件的证券组合，称为有效集或有效边界。

有效集位于可行集中，可行集代表从 N 种证券中得到的所有证券组合的集合，在可行集边界上的 G，E，S 和 H 代表其中四种证券组合方式，如图13-8所示。对于特定的一组证券，这种集合或许更偏向右边或左边，或更高些或更低些，或更平坦些或更狭窄些。除特殊情况，所有可行集的形状都是相似的。

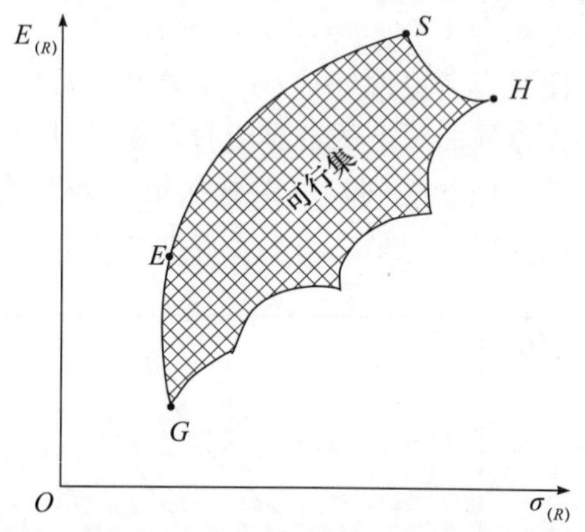

图13-8 有效集与可行集

要从可行集中找到有效集，首先，必须找出满足有效集第一个条件的所有证券组合。如图13-8所示，没有一个证券组合能比位于 E 点的证券组合提供更小的风险，因为就通过 E 点的垂直线而言，在可行集中找不到一个在这条垂直线左边的点。没有一个证券组合会比 H 点的证券组合提供更大的风险，因为 H 点位于可行集的最右边。因此，在各种风险水平条件下，能够提供最大收益的证券组合

位于从 E 点到 H 点的可行集左上方边界上。

考虑有效集的第二个条件，从图 13－8 中的 S 点和 G 点分别作一条水平线，可以看出，可行集中没有一点能提供比 S 点更高的收益率，也不可能找到一点能提供比 G 点更低的收益率。可见在各种特定的收益水平条件下，能提供最小风险的证券组合位于从 G 点到 S 点的可行集左上方边界上。

要成为有效集中的证券组合，必须同时满足有效集的两个条件。可以看出，只有位于 E 点到 S 点的左上方边界上的证券组合才构成有效集。有效集中的证券组合称为有效证券组合。在决策过程中，所有不在有效集中的其他证券组合可不予考虑。

三、最优证券组合的选择

最优证券组合在有效集和无差异曲线所处的同一张图上，这个最优证券组合位于无差异曲线和有效集相切的切点处。如图 13－9 所示，O^* 正好位于无差异曲线 I_2 与有效集的切点处。虽然投资者更偏好 I_3，但是它远离可行集，因此是不现实的。图 13－9 显示不愿冒风险的投资者将选择靠近 E 点的证券组合；图 13－10 说明愿冒风险的投资者将选择靠近 S 点的证券组合。

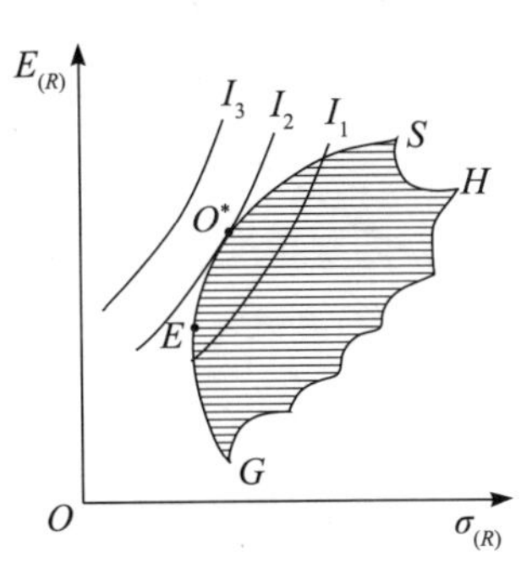

图 13－9　风险厌恶型投资者的组合选择

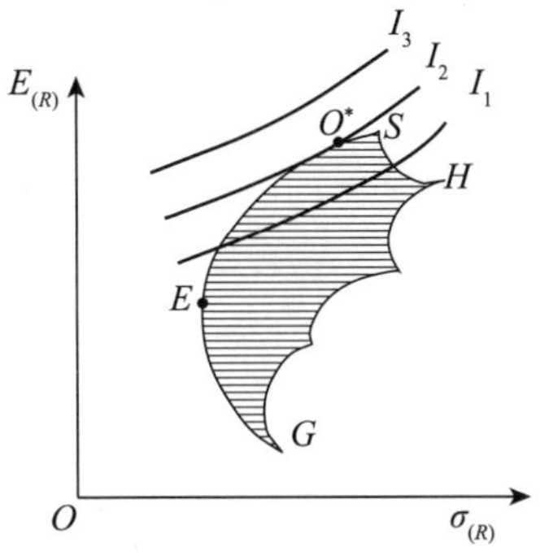

图 13－10　风险型投资者的组合选择

13.2　资本资产定价模型与套利定价理论

13.2.1　资本资产定价模型

不确定性条件下的资产估价方法一般分为两种：第一种方法是依靠某种任意自变量来估价；第二种方法是通过使内生的资产需求与外生的资产供给相等来获得资产的均衡价格。从莫迪利安尼-米勒定理（MM 定理）的静态任意自变量到基于期权定价模型的动态任意战略，都属于第一种方法。资本资产定价模型（capital asset pricing model，CAPM）是一种均衡价格模型，是夏普和林特纳于 1964 年、1965 年前后提出来的。在均衡价格模型中，虽然资产的价格与外生的数据（如投资者的偏好和资源禀赋）有关，但简洁的数学表示和缜密的逻辑推断使该模型在实际生活和理论分析中得到广泛应用。

一、CAPM的假定条件

为建立CAPM模型，需要作一些简化，在复杂的环境中进行抽象，并把研究的焦点集中在一些重要的因素上。

CAPM所包含的假定如下。

（1）证券市场上的买卖行为均不能影响市场上的价格，而且有均等的投资机会。

（2）不考虑税收和交易成本。

（3）投资者可以不断地免费获得有关信息。

（4）投资者可以以相同的无风险利率贷出或借入货币。

（5）所有投资者具有相同的回收周期。

有了这些假定，CAPM大大简化了问题。

在讨论有效集时，如果存在N种有风险的证券投资和一项无风险投资的机会，则有效集如图13-11中的直线IM所示。和前述有效集形态不同的主要原因是加入了借入或贷出货币这一选项，使得有效集成为M点对应的资产组合M和无风险投资之间的比例选择，IM为N种风险证券组成的有效集的切线。

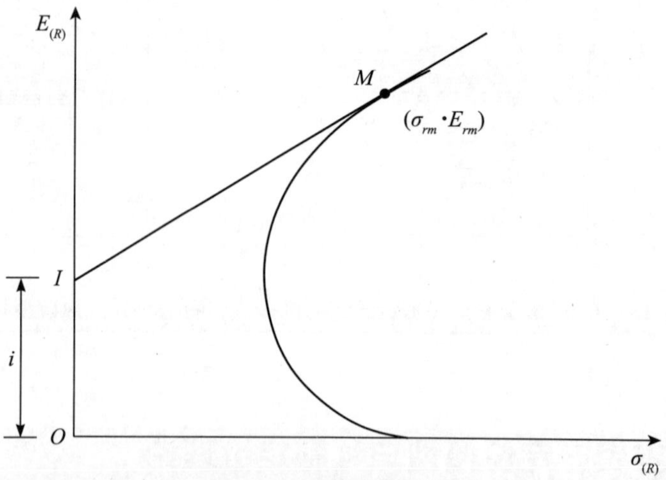

图13-11　资本市场线

显然，所有投资者均在该直线上选择投资，这条直线称为资本市场线，其方程为：

$$E_{(P)} = i + \frac{E_{(rm)} - i}{\sigma_{(rm)}} \sigma_{(P)} \tag{13-32}$$

投资者总是选择资本市场线上的点进行投资。当点在I和M之间时，表示投资者既以i为利率贷出资金，又向M点所代表的证券组合进行投资。当点在M点右上方时，则表示投资者以i为利率借进资金，再连同原有的资金一起向M点所代表的证券组合进行投资。由于 M 点表示的是由 N 种证券所形成的组合，故所有投资者向这 N 种证券投资的权数向量是相同的，即如果 x_{ij} 表示的是第 j 个投资者向第 i 种证券投资的份额，那么在 M 点有

$$(x_{11},x_{21},\cdots,x_{N1})=(x_{12},x_{22},\cdots,x_{N2})=\cdots \tag{13-33}$$

鉴于这样的事实，把 M 点所代表的组合称为市场证券组合，它的预期收益率和均方差可用下式来表示：

$$E_{(rm)}=\sum_{j=1}^{N}x_jE_{(rj)} \tag{13-34}$$

$$\sigma^2_{(rm)}=\sum_{j=1}^{N}\sum_{k=1}^{N}x_jx_k\sigma_{jk} \tag{13-35}$$

二、CAPM 模型

根据完全市场的假设，对同一种证券的预期收益率和均方差，所有的投资者均有相同的估计，或者说任何一种证券的收益不因人而异，只取决于它自身的风险和市场，取决于它和市场的关系。描述这种证券的预期收益率与其风险之间关系的方程称为 CAPM 模型：

$$E_{(rj)}=i+[E_{(rm)}-i]\beta_j \tag{13-36}$$

从式（13－36）可以看出，任一证券的预期收益率均可分为两部分：一部分是无风险利率 i；另一部分是由于风险存在而增加的收益补偿 $[E_{(rm)}-i]\beta_j$，风险越大，第二部分越大，亦即该股票的预期收益率越大。

式（13－36）中 β_j 称为证券 j 的 β 系数，定义为 $\beta_j=\frac{\sigma_{jm}}{\sigma_m^2}$。$\beta_j$ 代表一种证券的协方差风险，实际上已成为衡量证券风险大小的标志，因为 $E_{(rm)}$ 和 i 是给定的。事实上，如果 $\beta_j>1$，则有

$$E_{(rj)}=i+[E_{(rm)}-i]\beta_j>i+E_{(rm)}-i=E_{(rm)} \tag{13-37}$$

市场证券组合的 β 系数为 1，如果 $\beta_j>1$，则说明证券 j 的风险大于市场证券组合的风险，因而，$E_{(rj)}$ 应大于市场证券组合的预期收益率 $E_{(rm)}$；反之，若 $\beta_j<1$，则 $E_{(rj)}<E_{(rm)}$。

式（13－36）中 $\beta_j=\frac{\sigma_{jm}}{\sigma_m^2}$，因为 $\sigma_{jm}=\sigma_j\sigma_m\rho_{jm}$，所以有

$$\beta_j=\frac{\sigma_{jm}}{\sigma_m^2}=\frac{\rho_{jm}\sigma_j}{\sigma_m} \tag{13-38}$$

则式（13－36）可以改写为：

$$E_{(rj)}=i+\frac{E_{(rm)}-i}{\sigma_m}\rho_{jm}\sigma_j \tag{13-39}$$

对式（13－39）右侧第二项风险补偿部分，可以作这样的解释：由于整个市场存在风险，因此给予的风险补偿应是 $E_{(rm)}-i$。注意到市场风险的大小是用 σ_m 来表示的，于是 $\frac{E_{(rm)}-i}{\sigma_m}$ 就可理解为因平均单位市场风险而需要给予的补偿。现在证券 j 的风险为 σ_j，将它折算成市场风险，其折算值为 $\rho_{jm}\sigma_j$，将平均单位市场

风险的补偿 $\frac{E_{(rm)}-i}{\sigma_m}$ 与证券 j 的市场风险 $\rho_{jm}\sigma_j$ 相乘，其乘积 $\frac{E_{(rm)}-i}{\sigma_m}\rho_{jm}\sigma_j$ 就是证券 j 的风险补偿。

13.2.2 套利定价理论

CAPM 模型有很多假设，其中包括均值方差模型所作的假设。例如，每个投资者被假设为根据组合的预期收益率和标准差，并使用无差异曲线来选择他的最佳投资组合。斯蒂芬·罗斯于 1976 年提出套利定价理论（arbitrage pricing theory，APT），从某种程度上说，它没有 CAPM 模型那么复杂。相反，APT 使用较少的假设。其首要假设是，每个投资者都会去利用在不增加风险的情况下能够增加组合收益率的机会，利用这种机会的具体做法是使用套利组合。

套利是利用一种实物资产或证券的不同价格同时进行买卖交易来赚取利润的行为。例如，甲开设一个网上商店，发现一种型号的家用电器，A 店以 800 元出售，而在其网站上乙以 1 000 元购买同型号的电器。甲意识到这是个赚钱的机会，甲同意把电器出售给乙，从乙处获得 1 000 元现金，并立即去 A 店支付 800 元购得电器，然后立即将电器交付给乙，乙最终拥有电器。甲从两笔交易中获利 200 元，并继续寻找机会。甲所从事的正是一种套利活动。

套利作为一种广泛使用的投资策略，最具代表性的是在以较高的价格出售证券的同时以较低的价格购进相同的证券（或功能上等价的证券）。APT 的出发点是，假设证券的收益率与未知数量的未知因素相联系。

按照 APT 模型，任何一个证券 j 的收益率都与以下单因素模型相关。

$$R_j=E_{(rj)}+\beta_j(I-E_i)+e_j \tag{13-40}$$

式中，I 为因素价值，它的预期收益率为 E_i；β_j 为衡量 I 变化对 R_j 的影响的系数；$\beta_j=\frac{\sigma_{ij}}{\sigma_i^2}$；$e_j$ 为随机误差项。

I 是对所有证券起作用的共同因素，它可以是市场组合收益率，也可以是国民生产总值（GNP）、道琼斯指数，可见，APT 比 CAPM 的应用范围更大。

APT 模型的基本思想是允许投资者卖空，在这个前提下，应用零净投资（即不花钱、先卖后买股票等套利行为）可以构造一个零 β 组合，即

$$\sum_{j=1}^{N}x_j=0 \tag{13-41}$$

$$\sum_{j=1}^{N}x_j\beta_j=0 \tag{13-42}$$

式（13－41）表明这个投资组合的净投资是零；式（13－42）表明这个组合的 β 系数为零。

式（13－40）两侧同乘以 x_j，然后再对 j 求和，得

$$\sum_{j=1}^{N}x_jR_j=\sum_{j=1}^{N}x_jE_{(rj)}+\sum_{j=1}^{N}x_j\beta_j(I-E_i)+\sum_{j=1}^{N}x_je_j \tag{13-43}$$

或

$$R_Z=E_{(rz)}+(I-E_i)\sum_{j=1}^{N}x_j\beta_j+\sum_{j=1}^{N}x_je_j \tag{13-44}$$

因为 $\sum_{j=1}^{N}x_je_j=0$，$\sum_{j=1}^{N}x_j\beta_j=0$，所以

$$R_Z=E_{(rz)} \tag{13-45}$$

这说明零净投资、零 β 组合没有风险。

这样，通过套利，不用投资即能获得利润。但如果大家都套利，套利交易则无利可得。市场会因供求关系自动调节，当市场平衡时，这种套利机会就没有了，因而可得零净投资、零 β 组合的预期收益率为零，即

$$E_{(rz)}=\sum_{j=1}^{N}x_jE_{(rj)}=0 \tag{13-46}$$

因为 $\sum_{j=1}^{N}x_j=\sum_{j=1}^{N}x_j\times1=0$，所以

$$\sum_{j=1}^{N}x_j\beta_j=0$$

故 $E_{(rj)}$ 可以由 1 和 β_j 的线性关系式表示，即

$$E_{(rj)}=\alpha_0+\alpha_1\beta_j \tag{13-47}$$

将 $\alpha_0=E_{(rp)}=E_{(rz)}$ 和 $\alpha_1=E_{(rp)}-E_{(rz)}$ 代入式（13-47)，得

$$E_{(rj)}=E_{(rz)}+[E_{(rp)}-E_{(rz)}]\beta_j \tag{13-48}$$

式中，$E_{(rp)}$ 为 β 为 1 的组合的预期收益率；$E_{(rz)}$ 为零 β 组合的预期收益率。

根据式（13-46)，β 为 1 的组合的预期收益率应等于 E_i，于是，式（13-47）可写成

$$E_{(rj)}=E_{(rz)}+[E_i-E_{(rz)}]\beta_j \tag{13-49}$$

式（13-49）即 APT 模型。

APT 模型的主要优点在于，投资者的注意力并不局限于市场。事实上，任何因素都可以作为共同因素包括在 APT 模型之内，但同时，因素选择会影响模型效果。

APT 是一种内涵十分广泛的理论，其应用尚处于起始阶段，有待通过实践逐步完善。

13.3　利率的期限结构和利息免疫

前面讲述的 CAPM 模型和 APT 模型主要研究证券的风险与收益率之间的关系。这里要讲述的利率的期限结构主要研究债券的期限与到期收益率之间的关系。

13.3.1　利率的期限结构

利率的期限结构通常用于描述质量相同、税收透明程度相同的债券。债券的期限也就是债券的到期期限，比如 1 年期债券，它的到期期限就是 1 年；5 年期债

券在第二年的到期期限就是4年。债券的到期收益率就是债券在有效期内能获得的平均年收益率。

一、到期收益率的计算方法

债券的到期收益率计算方法有三种。

1. 算术平均数法。采用这种方法，首先要测算债券在有效期限内每年的预期收益率。每年的预期收益率等于当年支付的利息数与一年内债券价格变动数之和除以年初债券的市场价格。然后求出预期收益率的算术平均数，也就是将债券有效期内各年的预期收益率之和除以到期期限数。例如，2年期债券第一年预期收益率为3%，第二年预期收益率为7%，则债券的到期收益率为 $\frac{3\%+7\%}{2}=5\%$。算术平均数法比较简单，这种方法假设在整个有效期内，投资者保持债券的投资数额不变，而不考虑投资收益的再投资。该方法反映了债券投资的预期平均年增长率。

2. 几何平均数法。采用这种方法，首先要将债券的每年预期收益率加上1后相乘，再求乘积的 n 次方根（这里的 n 指的是债券的到期期限），将求得的根减去1就是要求的到期收益率。例如，2年期债券第一年预期收益率为5%，第二年预期收益率为7%，则债券的到期收益率为 $\sqrt{(5\%+1)\times(7\%+1)}-1=6\%$。到期收益率的几何平均数法假定投资者将每年债券的收益再投资于这种债券。这种方法反映了投资者财富的平均增长百分数。

3. 到期内部收益率法。到期内部收益率也就是将债券投资的净现金流量折现成债券现行市价的折现率。债券投资的净现金流量包括本金和利息的支付。需要特别注意的是，到期内部收益率法假设债券的利息以内部收益率的利率进行再投资。如果预计的利率能保持在内部收益率的水平上，那么该假设是合理的，反之则不合理。

为了简化计算，在讨论期限结构理论时，使用算术平均数法来计算到期收益率。下面介绍三种期限结构理论。

二、期限结构理论

1. 市场预期理论。市场预期理论认为，期限结构完全取决于对未来利率的市场预期。这里的未来利率指的是1年期债券到期时的预期收益率。按照市场预期理论，5年期债券的到期收益率是1年期债券在今后5年的预期收益率的平均数。

【例13-6】

来看表13-4、图13-12。表13-4前6行是各种不同期限债券的预期年收益率。这是根据债券每年的利息收入与资本收入之和除以年初债券市价取得的。市场预期理论假定在某一特定时期内，市场上所有的债券都取得相同的收益率，而不管债券期限的长短。所以表13-4中第一行数字表示债券在本年的预期收益率，均为5%，第二行表示债券在下一年的预期收益率，为10%，依此类推。表13-4

中第一列数字表示1年期债券在各年的预期收益率，即1年期债券到期的收益率，也就是未来利率的市场预期。在这一特定情况下，市场预计1年期债券利率从现在的5%到第二年末的10%，再到第五年末的6%。

表13-4　不同期限债券的预期收益率

	1年期债券	2年期债券	3年期债券	4年期债券	5年期债券	6年期债券	
现在	5%	5%	5%	5%	5%	5%	预期收益率
从现在起1年	10%	10%	10%	10%	10%	10%	
从现在起2年	10%	10%	10%	10%	10%	10%	
从现在起3年	7%	7%	7%	7%	7%	7%	
从现在起4年	4%	4%	4%	4%	4%	4%	
从现在起5年	6%	6%	6%	6%	6%	6%	
算术平均到期收益率	5%	7.5%	8.33%	8%	7.2%	7%	到期收益率
下一年算术平均到期收益率	10%	10%	9%	7.75%	7.4%		

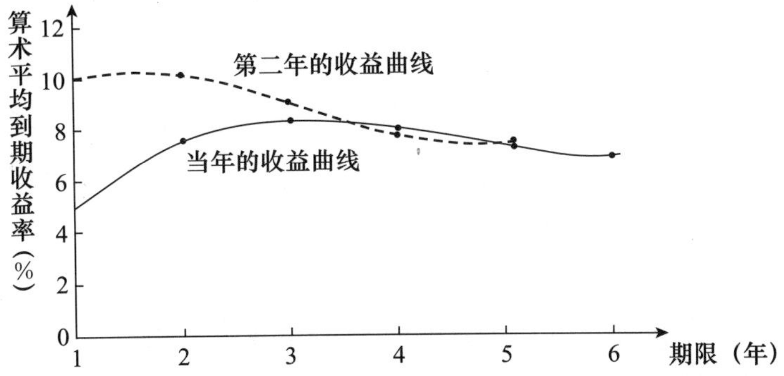

图13-12　期限结构图

随着时间的推移，表中每种债券都移到相邻左下边的格子里，这是因为今天的2年期债券，1年后就成为1年期债券，因此它的预期收益率从第一行第二列的5%，转变为第二行第一列的10%，表中箭头表示的是每种债券的运动路线。

这样，可以计算到期收益率，它等于债券在期限内各年的预期收益率之和的算术平均数。例如，3年期债券每年的预期收益率分别为5%，10%和10%，到期收益率为 $\frac{5\%+10\%+10\%}{3}=8.33\%$。依此类推，可得出各种债券的到期收益率，因此可以求出下一年或更多年后的市场预期收益。在图13-12中，每一点都表示给定债券的到期收益率与到期期限。在期限结构图中，期限结构呈隆起状，3年期债券的到期收益率最高。

2. 流动性偏好理论。市场预期理论认为市场预计所有债券在一定时期内取得的收益率是相同的。流动性偏好理论则不这样认为，它认为投资者偏好购买短期债券，即使某些有能力进行长期投资的投资者也有购买短期债券的倾向。这是因为短期债券的流动性高，有较强的变现能力，价格波动较小。因此，债券发行人只能以较高的预期收益率给予投资人风险补偿，吸引投资者购买长期债券，这样，长期债券相对于短期债券来说就包含一定的风险溢价。下面讨论风险溢价对期限结构可能产生的影响。假定投资 2 年期债券与投资 1 年期债券相比，预期收益率要增加 1 个百分点的溢价，3 年期和 3 年期以上的债券要比 2 年期债券增加 1 个百分点的溢价，则表 13－4、图 13－12 可改为表 13－5、图 13－13。

表 13－5 风险溢价对债券预期收益率的影响

	1 年期债券	2 年期债券	3 年期债券	4 年期债券	5 年期债券	6 年期债券
现在	5%	6%	7%	7%	7%	7%
从现在起 1 年	10%	11%	12%	12%	12%	12%
从现在起 2 年	10%	11%	12%	12%	12%	12%
从现在起 3 年	7%	8%	9%	9%	9%	9%
从现在起 4 年	4%	5%	6%	6%	6%	6%
从现在起 5 年	6%	7%	8%	8%	8%	8%
算术平均到期收益率	5%	8%	9.33%	9.25%	8.6%	8.5%

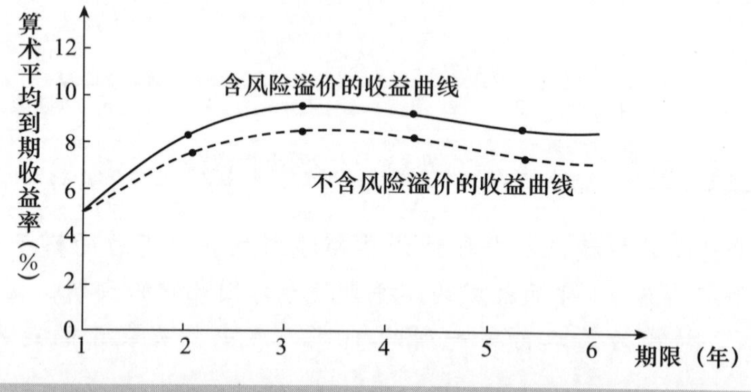

图 13－13 流动性偏好理论曲线与市场预期理论曲线比较图

图 13－13 中的实线是根据表 13－5 中的预期年收益率（含风险溢价）绘制的，虚线则是按图 13－12 重新画出来的，是只包含市场预期而不含风险溢价的收益曲线。

3. 市场分割理论。市场分割理论假定市场由不愿承担风险的单个投资者、将生存看得至关重要的公司及金融机构组成。这些单个投资者和经济组织都为自己的投资组合寻求免疫能力，也就是将资产的有效期限和负债的有效期限相匹配。

例如，一家商业银行总是购买短期债券，这是因为银行的负债（存款）大多是短期的；如果是养老基金，则愿意购买长期债券，这是因为经营者要在未来的年份按合约支付长期年金。因此，投资者由于不同业务的需要，总是将资金相对固定地投入某一方面，以求合理搭配资产、负债的期限，将利率及流动性风险降至最低。

一般将期限结构分为两部分：短期部分和长期部分。每一部分都有资金的供应和需求。市场上短期资金的供应者是商业银行和非金融性公司。长期资金的供应者主要包括人寿保险公司、捐助基金和养老基金。资金的需求者包括政府财政部门和一些为投资而筹集资金的非金融性公司。长短期资金的需求是由公司投资机会的性质决定的。市场上每一部分的收益率就是每一部分资金供给和需求平衡时所确定的利率（见图 13－14）。

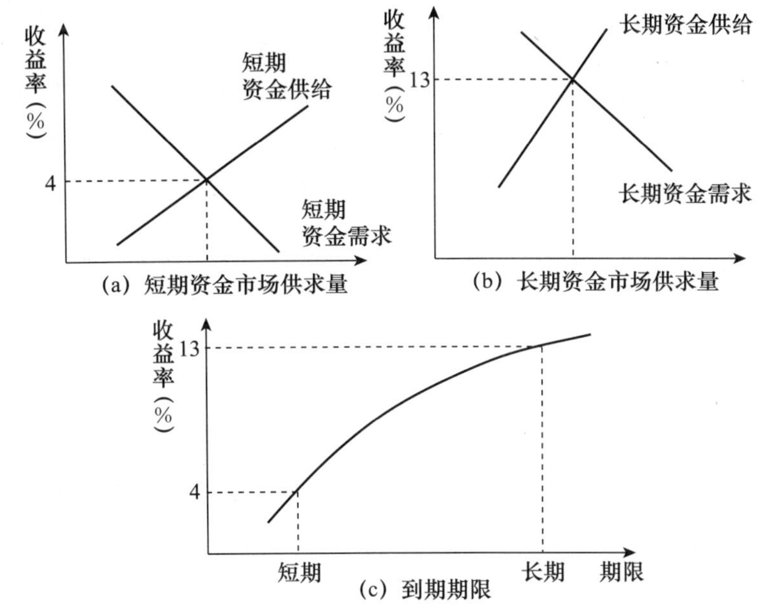

图 13－14　资金供求量、期限与到期收益率的关系图

由图 13－14 可见，市场上收益率的点都是资金市场上供给和需求平衡所确定的交点。每一部分市场的供给线随着资金流入或流出各种金融机构而前后移动。例如，资金流出养老基金而流入商业银行，会使短期利率下降，长期利率上升。需求线随着公司筹资性质的变化而移动。例如，在商业周期上升阶段的初期，对长期资金的需求增加，促使长期利率上升。当商业周期上升阶段结束时，企业为增加存货而筹资，因此对短期资金的需求增加，促使短期利率上升。

市场分割理论是一种市场低效理论，其假设前提是投资者单纯寻求资金安全而不重视收益或财富最大化，这个前提显然不太符合实际。

考察上述三种理论可以发现，期限结构主要是由对未来利率变化方向的市场预期的性质所决定的。流动性溢价对期限结构的直接作用非常明显。另外，市场制度不完善和资本异常流动可能使期限结构暂时偏离市场预期的未来利率变化方向。

拓展阅读

利率期限结构与经济增长

长期以来，经济学和金融学关注利率变量中是否含有关于经济的未来信息。一些结论在学界和业界有很广泛的影响，如收益率曲线倒转意味着经济衰退即将来临。许多实证研究证实，长短期利差对未来的经济行为有很好的预测能力。Estrella and Hardouvelis (1991)、Fama (1990)、Stambaugh (1988) 都提出用国债的长短期利差对未来的经济运行进行预测回归。随着向量自回归方法和 Granger 因果检验方法的发展及其在这一领域的应用，该方向的研究更好地证实了利差的边际预测能力。除了国债利率，学者们还提出用其他金融资产的利率之差来预测未来经济的运行。Friedman 和 Kuttner (1992) 采用半年商业票据与半年国债利率之差，Laurent (1988) 采用联邦基金利率与长期国债利率之差。Stock 和 Watson 的一系列研究比较了经济增长先行指标，结论是从经济周期的预测角度看，商业票据与国库券的利率之差，以及收益率曲线的斜度因子，是最好的先行指标变量。

Estrella 和 Hardouvelis (1991) 发现，平坦或反转的收益率曲线往往先于经济衰退出现，而向上陡峭的收益率曲线往往预示着经济繁荣的到来。Bernanke 和 Blinder (1992) 的研究认为，联邦基金利率可以良好反映货币政策的立场，因而可以很好地预测未来经济发展。原因是第二次世界大战之后，美国国库券蓬勃发展，市场很大，因而记录了货币政策的变化与经济发展。这个观点与 Romer 和 Romer (1993) 的研究相呼应，他们发现，第二次世界大战之后，金融市场上存在一个利率渠道。Friedman 和 Kuttner (1992) 认为，利差不仅在经济衰退前特别大，在经济衰退中也特别大，说明在衰退期间，金融市场上的融资需求巨大。

学者们不仅注意到利差对经济增长的预测能力，还注意到当经济处于紧缩与扩张阶段，利差与后继经济行为之间的关系。Keynes (1935) 与 Hicks (1950) 都曾提到过经济周期的不对称问题。具体地说，扩张阶段，时间较长，变化较为缓和；而紧缩阶段，时间较短，变化较为剧烈。随着非线性技术的发展，Hamilton (1989) 提出区域转换。Lahiri 和 Wang (1996) 在马尔科夫转换模型下，讨论了利差在经济衰退和经济扩张时对周期的预测作用，结论是，利差在经济周期的预测方面是表现良好的指标。

资料来源：高蓉．利率期限结构与宏观经济关系研究．天津：南开大学，2014.

13.3.2 利息免疫

前面讨论了利率期限结构，对未来利率作了预测，因此可以利用预测进行积极的债券投资组合管理。这里讨论利息免疫问题，也就是保守地进行投资组合管理，使投资组合收益较小地受利率升降的影响，从而降低投资风险。

利息免疫日益流行于养老基金。养老基金许诺在职工退休后每年向他们支付一定的年金，因此要保证到期有足够的偿付能力。养老基金面临的风险是未来利率的变动将会影响基金的偿付能力。如果未来利率下降，利息收入只能以更低的利率进行再投资，那么基金就不能按预期的速度增长，导致资产增值与负债增长不匹配。基金可通过投资较长期的债券来预防再投资风险，但如果利率上升而投资期限过长，基金就面临以较低的市场价格将投资变现的风险。

为了实现免疫，必须使养老金投资的价值变动和负债现值相一致。这就需要一种方法来测定负债和投资的资产价值对利率变化的敏感程度，持续期限（也称作“久期”）方法可以衡量利率敏感度，其中最为常用的是麦考利久期。

用来分析债券投资实例的麦考利久期的计算公式为：

$$D_1=1\times\frac{C_1/(1+Y)^1}{V}+2\times\frac{C_2/(1+Y)^2}{V}+\cdots+n\frac{(C_n+P_n)/(1+Y)^n}{V}\tag{13-50}$$

式中，D_1 为麦考利久期；C_n 为第 n 年应支付的债券利息；Y 为债券的内部收益率；P_n 为债券本金的支出；n 为到期年限；V 为债券的市场价值。

式（13-50）中假定利息每年年末支付一次。麦考利久期就是每个到期年限（1，2，…，n）乘以每期利息现值与全部支出的现值之比的总和。直观的理解是，麦考利久期是一种以当期利息现值作为权重的期限加权平均。例如有一种 1 000 美元的债券，年利息为 100 美元，还有 2 年到期，内部收益率为 10%，即

$$\text{市价}=\frac{100}{1+10\%}+\frac{100+1\ 000}{(1+10\%)^2}=1\ 000(\text{美元})$$

用麦考利久期方法计算久期：

$$\text{麦考利久期}=1\times\frac{100/1.1}{1\ 000}+2\times\frac{1\ 100/1.1^2}{1\ 000}=1.909(\text{年})$$

这样，上式就给出了全部支付额的加权平均到期年限。

假定某公司有一笔负债，必须在 10 年后支付 1 931 美元，现行利率为 10%，根据计算，现值 $=\frac{1\ 931}{(1+10\%)^{10}}=745$，可知这笔负债的现值为 745 美元。公司必须将 745 美元投资并进行利息免疫，以避免利率波动所带来的对到期收益的影响。

由于是一次性支付，负债的麦考利久期就是到期期限 10 年，为了进行利息免疫，公司必须将 745 美元投资于一种同样具有 10 年期限的债券。一种利率为 10%，年利息支付 70 美元的 20 期债券现在的市价为 745 美元，期限为 10 年，即

$$\text{市价}=\frac{70}{1.10}+\frac{70}{1.10^2}+\cdots+\frac{70+1\ 000}{1.10^{20}}=745(\text{美元})$$

$$\begin{aligned}\text{麦考利久期}&=1\times\frac{70/1.1}{745}+2\times\frac{70/1.1^2}{745}+\cdots+20\times\frac{(70+1\ 000)/1.1^{20}}{745}\\&=10(\text{年})\end{aligned}$$

公司投资这一债券，对利息变化作了免疫。利率变化对负债价值和债券价值的影响见表 13-6。

表 13-6 利率变化对负债价值和债券价值的影响

单位：美元

利率（*Y*）	债券价值	负债价值
4%	1 409	1 305
6%	1 115	1 078
8%	902	895
10%	745	745
12%	627	622
14%	536	521
16%	466	438

可见，在现行利率为 10%的条件下，负债和债券有相同的价值，但在利率上升或下降的条件下，债券的价值都大于负债的价值，这就表明在每一利率水平上，投资于这种债券所得的资金都大于需偿还的负债。

再考察利率变化对终值的影响（见表 13-7）。

表 13-7 利率变化对终值的影响

单位：美元

	利率为 10%	利率下降到 4%	利率上升到 16%
收到的累计利息 （包括利息再投资）	$70\times1.10^9=165$ $70\times1.10^8=150$ ⋮ $70\times1.10=77$ $70\times1=70$ 合计=1 115	$70\times1.04^9=100$ $70\times1.04^8=96$ ⋮ $70\times1.04=73$ $70\times1=70$ 合计=842	$70\times1.16^9=266$ $70\times1.16^8=229$ ⋮ $70\times1.16=81$ $70\times1=70$ 合计=1 492
10 年后的债券市价	816	1 243	565
10 年后债券市价 和利息再投资收益之和	1 931	2 085	2 057

$$10\text{ 年后的债券市价}=\frac{70}{(1+Y)}+\frac{70}{(1+Y)^2}+\cdots+\frac{70+1\ 000}{(1+Y)^{10}}$$

式中，Y 为利率。

表 13-7 给出了在三种假设利率条件下第 10 年末债券投资的总价值。第一组数假设利率固定为 10%，并且收到的利息再按 10%投资出去。比如 1 年后收到的利息可按 10%的利率再投资 9 年，到第 10 年末累计 165 美元，依此类推。第 2 年利息到第 10 年累计得到 150 美元，累计利息总收入为 1 115 美元。第 10 年末卖出债券，债券出售市价为 816 美元，总收入为 1 931 美元，恰好足够偿付负债。

如果利率下降为 4%并一直保持到第 10 年，10 年后债券市价将达到 1 243 美元，这是因为利率降低，市价上升。同时，由于每年的利息收入以较低的利率水平再投资，累计利息收入只有 842 美元。权衡得失，公司扣除负债后仍有 154 美元的盈余。

如果利率上升为 16%，10 年后仍会发生收益大于负债支出的情况。这样，应用麦考利久期方法，公司投资的债券就规避了利率上升和下降的风险，从而能顺利偿还债务。

上述分析假定利率在第一年上升或下降，以后一直保持不变。但实际使用中，利率每一次变化后都需要调整债券组合，重新进行免疫。在将一种债券或债券投资组合转换成另一种债券或债券投资组合时，可以将债券投资组合与需要免疫的久期结合起来，继续保持甚至增加投资组合的内部收益。

拓展阅读

硅谷银行破产事件给商业银行的启示

北京时间 2023 年 3 月 11 日凌晨，因硅谷银行（Silicon Valley Bank，SVB）流动性不足与资不抵债，美国加利福尼亚州金融保护和创新部（Department of Financial Protection and Innovation，DFPI）宣布由联邦存款保险公司（FDIC）对其进行接管。FDIC 同日发表声明，为保护存款人权益，创建圣克拉拉存款保险国家银行（Deposit Insurance National Bank of Santa Clara，DINB），将硅谷银行的所有受保存款转移到 DINB。消息一出，全球金融市场一片哗然。成立于 1983 年的硅谷银行曾被誉为高科技商业银行、创新经济银行等，迄今已为 3 万多家科技初创公司提供了融资，支持了美国近 50%的需要风险投资的科技与生命科学公司，被美国《福布斯》杂志评为 2022 年美国最佳银行之一。这样一家“明星”银行的倒闭，在令人唏嘘之余，不禁引人深思，是什么因素使其倒闭？这一事件带给国内商业银行什么启示？

硅谷银行破产原因分析

● 流动性风险管理问题是其破产的直接原因

硅谷银行在流动性宽松时期吸收大量存款并配置长期债券资产，资产负债的期限错配严重，面临很大的利率风险。在美联储货币政策转向加息特别是短期利率高于长期利率的“利率倒挂”背景下，该行负债成本陡然上升，持有的大量债券资产价格暴跌，存款人集中取现，导致银行流动性枯竭。

近几年美联储持续降息，硅谷银行吸收大量低息企业存款。该行是一家主要服务于风险投资机构（PE/VC）、高科技企业等的商业银行。在宽松的货币政策环境中，美国的 PE/VC 市场快速扩张，给该行带来大量低息存款，其存款规模、资产规模快速扩大。该行的存款（含有息和无息存款）余额从 2019 年的 617 亿美元增长至 2021 年末的 1 497 亿美元，增长 143%；资产总额从 2019 年末的 710 亿美元增长至 2021 年末的 2 115 亿美元，增长 198%。

与此同时，硅谷银行在资产端配置了大量久期很长的持有至到期债券（HTM）和可供出售债券（AFS），期限错配严重，利率风险凸显。近几年，该行资产结构发生较大变化，贷款占比从2019年末的46%降低至2021年的31%，而债券（含HTM和AFS）占比从2019年末的39%增长至2021年的59%。其中，HTM占比提高了27个百分点，久期期限约为6年。

随着2022年5月美联储进入加息周期，硅谷银行资产端和负债端同时面临巨大压力。一方面，PE/VC市场流动性收紧，科技企业存款减少，大额取现现象时有发生，且要求更高的利息收益，导致硅谷银行负债端增长乏力，成本有所上升。2022年末，该行存款余额为1 730亿美元，同比仅增长16%；有息存款占比增加14个百分点，有息存款成本从2021年的0.13%大幅攀升至2022年的1.13%。另一方面，该行持有的债券资产主要是住房抵押证券相关产品，收益率仅1.6%左右，且久期长。当利率快速上涨时，债券价格暴跌，该行债券资产面临较大的损失可能性。据统计，以市场价值计算，2022年9月底硅谷银行在技术上已经破产。

2023年3月9日硅谷银行宣布大规模再融资，引发市场对其流动性和资产负债表状况的担忧，这成为其破产的直接导火索。该行公告显示，为了提升资产敏感度，该行出售带来18亿美元亏损的210亿美元的AFS，计划立即再投资期限更短的AFS以增加净利息收入；增加债权融资，并锁定融资成本，将定期借款规模由2022年末的150亿美元增加至300亿美元；再融资22.5亿美元，以应对亏损并为银行提供流动性支持。虽然该行意在释放积极信号，但资本市场更关注该行的投资亏损和再融资需求，当日股价跌幅超过60%。

● 破产的深层次原因

一是风险偏好较为激进。经济学家戴蒙德（Diamond）和迪布维格（Dybvig）早在1983年就提出了具有深远意义的银行挤兑模型。由于商业银行设计的存款合约是基于一定取款概率来计算的，只有存款人不同时提款，才能保证银行将其对零散客户的流动性负债转化为对借款人的非流动性债权。如果存款人对银行失去信心，产生恐慌心理，提款的存款人超过预测的概率，银行将被迫提前清偿部分非流动性资产；如果恐慌扩散，银行将面临挤兑。因此，商业银行具有天生的脆弱性。硅谷银行在利率下行周期，为获得更高收益，将大量资产配置于久期长的住房抵押类证券，资产负债结构严重失衡。这种激进的风险偏好，使其面临巨大的流动性风险。

二是风险集中度较高。硅谷银行专注于满足PE/VC机构和初创企业的融资需求，一度成为商业银行服务高科技企业的全球典范。但是，该行客户群体过于集中，其经营状况与高科技企业以及风险投资领域息息相关。

三是风险管理问题。硅谷银行的年报显示，该行的风险管理体系依赖于很多定量和定性风险模型。这些模型往往基于大量假设、历史情况分析，一旦模型和风险管理框架与现实情况差异较大，将带来较大损失。

四是美国对中小银行监管较为宽松。2018年美联储基于《经济增长、监管放松和消费者保护法案》，对金融机构监管标准进行了修订，将银行分为五档，对第四、第五档银行的资本要求、流动性监管要求均有所放松。硅谷银行处于第四档银行范畴，根据监管要求，不需要设置逆周期进行资本缓冲，可以将累计其他综合收益（AOCI）项目从资本中扣除。AOCI包括某些资产和负债在变现前未实现的收益或亏损，该项目从资本中扣除后，即便银行出现浮亏，资本充足率仍保持“虚高”。此外，硅谷银行两年一次自行开展资本压力测试，无须进行监管资本压力测试，流动性覆盖率（LCR）、净稳定资金比例（NSFR）也没有监管要求。

相关启示

在对硅谷银行破产原因进行剖析的过程中，该行风险管理漏洞、美国对中小银行监管不足也逐渐显露出来。我国需要深入分析国内外银行风险案例，提高资本管理的敏感性、可比性、透明性，强化流动性风险管理，实施大额客户集中度管理等银行监管要求。

一是坚持商业银行风险管理基本原则。银行在经营管理中应该始终坚持安全性、流动性、盈利性三大原则，强化稳健经营。硅谷银行将三大原则顺序倒置，重点关注盈利性，忽视了流动性。纵观全球银行发展史，银行忽视基本原则、铤而走险导致风险迅速积聚、危机接踵而至的案例比比皆是。2008年国际金融危机期间，英国北岩银行流动性较差的资产占比高达86%，最终因流动性枯竭而破产。

二是设定稳健审慎的风险偏好。存款硬约束、贷款软约束，导致商业银行内在具有脆弱性，这就更加需要设定稳健审慎的风险偏好。一家银行的市场风险偏好应该符合整体资产负债组合管理的需要，实现风险控制与经营业绩、当期收益与远期价值之间的合理平衡。硅谷银行的风险偏好较为激进，忽视资产负债组合管理，导致期限错配严重。我国商业银行要在稳健审慎的风险偏好下，不断优化风险管理组织架构，强化风险管理。

三是确立跨周期经营理念。当前，美国大型商业银行的准备金与总资产之比为10%，而小型商业银行相应的指标为6%，跨周期抵御风险的能力较差。对于我国商业银行来说，需要提高宏观经济分析能力、对经济周期的研究能力以及对相应行业、产品的选择能力，做好跨周期经营。

四是强化流动性风险管理。《巴塞尔协议Ⅲ》强调流动性风险管理的重要性，建立了流动性覆盖率、净稳定资金比例等流动性风险管理监管标准。包括硅谷银行在内的银行破产案例中，流动性危机往往是压死骆驼的最后一根稻草。以硅谷银行为例，其显然在流动性风险压力测试及应急处置方案方面存在较大问题。我国银保监会2018年发布《商业银行流动性风险管理办法》，确定了我国商业银行流动性风险管理框架。我国商业银行要充分利用风险管理工具，在设定情景时，全面考虑宏观和微观经济变动因素、交易对手信用变化，评估银行短期内应对流动性停滞的敏感性以及中长期内解决资产负债期限错配问题的能力。

五是实施风险集中度管理。硅谷银行的客户主要为科技、生命科学、医疗等领域的企业，银行59%的资产投资于债券，风险高度集中。我国商业银行在利用比较优势专注发展某一领域客户和业务的同时，要密切关注行业、区域、客户、产品的风险集中度，适度分散资产组合；要根据银行自身业务规模、复杂程度、偏好等设定现金流缺口限额、负债集中度限额等流动性风险限额。

资料来源：中国金融.

小　结

投资组合是一个总体概念，这个总体由若干个体组成，各个体在种类或收益上可能各不相同。证券组合的收益率是组合中单个证券收益率的加权平均。证券组合的风险并不等于组合中单个证券风险的加权平均。它除了与单个证券的风险有关，还与单个证券之间的协方差有关。最优证券组合在有效集和无差异曲线所处的同一张图上，这个最优证券组合位于无差异曲线和有效集相切的切点处。资本资产定价模型和套利定价理论主要研究证券的风险与收益率之间的关系。利率期限结构主要研究债券的期限与到期收益率之间的关系。

第 13 章　即测即评

计算题

1. 假设某汽车行业股票的收益率与其新车研发情况高度相关，不同收益率出现的概率如下表所示，计算预期收益率。

收益率（%）	概率（%）	条件
30	25	新车研发成功且热销
10	50	新车研发成功但销售一般
−20	25	新车研发失败

2. 某金融机构实习生构建了一个由两只股票 A 与 B 组成的投资组合，其预期收益率分别是 15%与 20%，标准差是 12%与 15%，A 与 B 的相关系数是 0.5，在组合中的权重是 60%与 40%。计算此组合的预期收益率与标准差。

3. 证券组合中包含 A 和 B 两种证券，其标准差分别为 16%和 9%，假设组合中两类证券各占 50%的比重，求 A 和 B 的相关系数分别为−1，−0.5，0，0.5 和 1 时证券组合的标准差。

4. 假设市场的无风险利率是 3%，股票市场的整体预期收益率是 12%，某只股票的 β 系数是 1.2。根据 CAPM 模型，计算该股票的预期收益率。

5. 面值 100 元、票面利率为 5%的附息债券 10 年到期，从第 1 年开始每年年末支付利息，第 10 年年末偿付本金，假设贴现率为 4%，求该债券的麦考利久期。

6. 公司 5 年后需要偿还一笔 100 万元的负债，当前贴现率为 3%。试计算这笔负债的现值和久期。如果公司当前有一笔与该负债现值相等的现金，如何投资这笔现金以做到利息免疫？

7. 假设市场的无风险利率是 3%，股票市场的整体预期收益率是 13%，某只股票当前基于股息贴现模型的价格为 10 元，预期永续分红为 1 元，增长率为 5%，请根据 CAPM 模型计算该股票的 β 系数。

思考题

1. 什么是投资组合？证券组合有哪些风险？证券组合的风险如何计算？

2. 什么叫套利？为什么说套利概念是 APT 的资产定价原理的核心？

3. 比较 CAPM 模型与 APT 模型。

4. CAPM 模型包含五个假定，如果这些假定与市场实际情况有差别，该模型还有价值吗？

5. 假如一个证券组合中有两种证券，如何定义两种证券之间完全独立？

6. 如何利用无差异曲线和有效集来选择最优证券组合？最优证券组合的经济含义是什么？

7. 在 APT 模型的框架下论证为什么零 β 组合的预期收益率为零。其经济含义是什么？模型假设是否符合实际情况？

8. 画出每一种期限结构理论下的利率期限结构图，并运用该理论解释曲线的形状。

第 14 章

现代投资银行

学习目标

- 认识现代投资银行的概念、实质和功能及在资本市场上的作用
- 认识现代投资银行在中国资本市场的发展
- 了解现代投资银行的业务范围
- 掌握现代投资银行的投融资业务

14.1 现代投资银行概述

14.1.1 现代投资银行的概念

现代投资银行是以证券承销及证券经纪业务为本源业务，通过不断创新提供多种新型金融服务的非银行金融机构。

现代意义上的投资银行产生于欧美，主要是由 18、19 世纪众多销售政府债券和贴现企业票据的金融机构演变而来的。20 世纪初期，西方经济的持续繁荣带来了证券业的发展，进而演变为狂热的货币投机活动。商业银行凭借雄厚的资金实力涉足证券市场，甚至参与证券投机，但各国缺少有效的法律和管理机构来规范证券业的发展。1929—1933 年的经济危机导致大批投资银行倒闭，证券业极度萎靡。这使得各国政府认识到银行信用的盲目扩张和商业银行直接或间接地卷入风险很大的股票市场对经济安全是重大隐患。1933 年美国颁布《格拉斯-斯蒂格尔法案》，将投资银行和商业银行的业务分开，明确商业银行不可以从事证券承销等业务，形成了分业经营的模式。21 世纪 90 年代，随着全球经济一体化及来自欧洲的竞争加剧，美国被迫逐渐放松金融监管，商业银行通过收购逐渐介入投资银行业务。《格拉斯-斯蒂格尔法案》最终在 1999 年被取消，美国银行业重新回到混业经营的状态。由此，传统意义上的投资银行与商业银行的主要差异在业务范围上，即投资银行主要从事证券承销及相关业务，而商业银行主要从事存贷款业务及相关

服务。但目前，发达资本市场都基本回到了银行控股公司框架下混业经营的状态。

14.1.2　投资银行的实质

投资银行是与商业银行相对应的一类金融机构，主要从事证券发行、承销、交易、企业的重组与并购咨询、投资分析、风险投资、项目融资等业务，是资本市场上的主要金融中介。虽然目前在欧美市场投资银行与商业银行的边界日益模糊，但严格意义上两者业务的实质存在差别。

(1) 从业务上看，商业银行主要从事资产业务、负债业务以及由此派生出的中间业务，而投资银行的传统业务是证券承销、证券经纪与证券自营。

(2) 从金融职能上看，就其本源业务而言，商业银行主要行使间接融资职能，投资银行则行使直接融资职能；就其交叉融合业务而言，商业银行与投资银行的职能有许多相似之处。

(3) 从利润构成上看，商业银行的利润主要来自存贷差，投资银行的利润则来自财务咨询及顾问业务和交易业务佣金。

(4) 从经营管理风格上看，商业银行偏重稳健，投资银行更多是稳健与开拓并重。

最核心的一点就是：商业银行是存贷款银行，资产负债业务是基本业务，业务管理的轴心为资产负债管理；而投资银行是证券承销商和证券经纪商，以证券承销和证券经纪为主体业务，由此派生出各种延伸和创新业务，业务管理的轴心为风险与收益相对应。

14.1.3　投资银行的功能

纽约大学商学院金融系的博根教授曾给投资银行归纳了四大经济功能。

(1) 直接或间接地集中投资者手中的零散剩余资金，将其投资于工商企业，以扩大生产规模。这是投资银行最基本的经济功能。

(2) 促进财产所有权的转移。

(3) 证券替代，即将不同证券进行转换，以满足发行者与投资者的需要。例如，将公司债券转换为普通股，以减少利息支出，提高资本负债比例，降低财务风险。

(4) 投资管理。随着财产所有权与经营权分离的倾向日益显著，投资管理日益成为投资银行最主要的经济功能之一。

一般而言，投资银行的功能主要体现在媒介、参与、枢纽和促进四个方面，与上述博根教授所定义的四项功能基本一致。

投资银行的第一个功能即充当资金供需的媒介，它有效地解决了投资与储蓄之间的矛盾。资金供需双方在不同的时间内分别持有现金和需要现金，又因为时间错位或者信息不通畅导致双方无法及时匹配。金融活动解决了这个矛盾，它使储蓄和投资相分离，一方面使投资者超出自有储蓄进行投资，另一方面使储蓄者的积累有所增值，储蓄者和投资者都乐于接受这种分工，从而推动社会经济的发展。金融机构本身不是储蓄者或投资者，它对经济增长的作用在于分离储蓄与投资，并在新的意义上使它们重新组合。投资银行作为现代金融体系中最活跃的元素之一，成为资金供需间的媒介，这是投资银行最核心的职能。

投资银行的第二个功能是参与。在证券交易市场，投资银行以做市商、经纪商、交易商的身份参与市场。例如，在承销完毕后，作为做市商，投资银行要在一定时期内起到维持证券市场流动性和稳定价格的作用；投资银行还以经纪商的身份接受顾客委托，进行证券交易，促进二级市场有序高效地运行。投资银行进行金融工具的创新，不断推出新的业务，通过期货、期权、互换等金融衍生工具使各种金融市场活跃发展。

投资银行的第三个功能是充当连接宏观经济决策与微观企业行为的枢纽。我们可以把现代市场经济运行体系从纵向分为三个层次：最上层为政府的宏观调控，其主要职能是维护经济、金融秩序，为经济发展提供良好的运行环境；最下层为以普通商品为运作对象的工商企业；在两者之间有一个庞大、复杂且极具活力的中间层，正是这一层次承担了收集与处理信息、寻找商业机会、调配各种资源、做出投资决策并承担风险的职能，这就是投资银行所承担的职能。投资银行在政府与企业间构筑起一个专业、高效的中间层，成为企业重组和资本流动的枢纽，有效地引导社会资本投入经济建设，高效地使用所筹集的资本，使市场在资源配置中的作用得以充分发挥。

投资银行的最后一个功能是促进企业的发展，其表现是多方面的。首先，投资银行帮助企业发行股票和债券，不仅使企业获得发展所需资本，而且将企业的经营管理置于广大股东和债权人监督之下，有益于建立科学的激励机制和制衡机制，以及产权明晰的企业制度和市场经济条件下的企业经营机制。其次，投资银行通过董事席位和企业顾问加强对企业经营的监督控制，或者通过收购股份来控制持股公司，金融资本与产业资本融合，有利于资本有效运营和企业进步。再次，许多经营风险很大的新兴产业的企业难以从商业银行取得贷款，投资银行为其匹配到合适的投资者，促进了新兴产业的发展和社会经济的升级换代。最后，企业经营发展的重要方式之一是企业的重组和扩张，利用兼并、收购实现大范围、大规模的资源配置，实现跳跃式发展。兼并和收购是一种相当繁杂的交易形式，投资银行运用它的专业知识和经验为企业制定战略方案、评价和选择机会、评估资产、设计并购结构、确定价格及安排收购资金等；统一协调参与收购工作的会计、法律及其他专业咨询人员，最终形成并购建议书，并参加谈判。投资银行作为买卖双方的财务顾问，能使复杂的兼并收购工作顺利完成。

中国的投资银行是伴随着改革开放的步伐逐步成长壮大的，党中央提出新时代背景下要实现金融供给侧改革，核心要义是要发挥资本市场在资源配置中的决定性作用，大力发展直接融资特别是股权融资，解决直接融资与间接融资的配比问题，实现融资结构优化，为实体经济发展提供更高质量、更有效率的金融服务。新《证券法》明确全面推行证券发行注册制度、压实中介机构市场“看门人”的法律职责、建立健全多层次资本市场体系等主要内容。

中国的投资银行业也具备资金媒介、市场参与、资本枢纽和促进发展等功能，但过去这些功能尚不完善，投资银行自身能力建设还有待加强。

其一，过去 IPO 项目主要依据企业过往的盈利水平，缺乏系统性的产业链研究。而科创板和创业板鼓励成长型、创新型的新经济企业上市，这类企业拥有大量的无形资产，上市时通常处于较早发展阶段，盈利较少甚至长期亏损，传统估值方法对于这类企业失效。如何发掘具有高成长潜力的价值企业并输送至资本市场，是注册制下对投资银行提出的新要求。

其二，注册制下投资银行对信息披露的责任更大，对风险控制体系提出了更高的要求。投资银行的重要的职能之一是依靠其专业能力给资本市场带来有效的信息，降低因信息不对称带来的交易成本，给市场交易主体提供有效建议。注册制下信息披露的主要责任由政府部门转移到投资银行，投资银行不仅需要对企业在上市之初进行信息披露和监督，完善企业上市制度，更要对成功上市的企业进行事后有效信息披露，通过市场机制实现上市企业的优胜劣汰。

其三，注册制改革前，A 股市场新股发行具有较浓厚的行政色彩，股票供给少，致使市场参与各方在发行定价、销售过程中缺乏主观能动性，投资银行作为资金媒介的核心，其价格发现和销售能力受到抑制。在市场化定价下，企业可能面临募资不足甚至发行失败的风险。投资银行一方面要做好发行人的预期管理，针对市场反应制定多套发行方案，包括引入基石投资者等手段，确保发行成功；另一方面要组织发行人与投资者进行充分沟通，引导机构投资者合理定价，实现三方共赢。

拓展阅读

中国投资银行业 2021 年发展回顾

2021 年中国投资银行业稳健发展，资产规模进一步扩大，综合实力和经营效率稳步提升，行业发展呈现如下特点与趋势：

一、切实发挥投资银行效能，服务实体经济的功能进一步增强，服务境内上市公司，实现 IPO 和再融资募资超过 1.49 万亿元，同比增长 18.71%，证券公司承销债券 15.23 万亿元，同比增长 12.53%，助力我国资本市场融资规模创历史新高。

二、深化财富管理转型，金融产品销售额保持高增长，行业代理销售金融产品净收入 206.9 亿元，同比增长 53.96%，占经纪业务收入的比重进一步提高。

三、继续加快在资管和公募子公司布局，集合资产管理计划规模达 3.65 万亿元，较上年增长 75%，证券公司资产管理业务的社会财富管理属性进一步强化。

四、不断深化全面风险管理体系建设，深入落实合规管理全覆盖，积极运用金融科技手段提高合规和风险管理的有效性，合规、风控人员增幅均在 8%左右。

五、持续推进行业文化建设，围绕《证券行业文化建设十要素》推动文化建设有效落地，在合并口径内的 106 家证券公司中，98 家公司将文化建设写入公司章程，68 家公司形成文化建设规划等纲领性文件。

六、接续服务乡村振兴，切实履行社会责任，通过IPO、股票增发等方式服务脱贫县企业直接融资679.52亿元，服务实体企业通过绿色债券及创新创业公司债券融资1 720.44亿元，公益性支出达9.1亿元。

七、持续加强投资者保护，进一步加大投资者教育经费投入力度，推进投资者教育纳入国民教育体系，投资者教育经费投入总计约6.07亿元，同比上升10.36%，32家证券公司结对440所学校，开展了形式丰富的投资者教育活动。

八、加快数字化转型，证券公司数字化转型重点领域从证券经纪业务逐步向全业务领域扩展，2021年证券公司IT投入总额为303.55亿元，同比增长26.51%，IT人员总数为30 952人，同比增长19.7%。

九、持续推进国际化战略布局，进一步深化推动证券公司跨境业务向好发展，服务“双循环”新发展格局能力显著增强，截至2021年底共有35家证券经营机构在境外设立子公司。

十、行业从业人员持续增加，截至2021年底，证券行业登记从业人员数量为35.98万人，同比增长3.75%，36岁以上经验丰富的成熟人才占比达41.68%，拥有硕士及以上学历的从业人员占比提升至33.43%。

资料来源：中国证券业发展报告（2022）.

14.2 现代投资银行的本源业务

投资银行的三大传统业务为证券承销、证券经纪和证券自营。证券承销为一级市场业务，证券经纪与证券自营共同构成二级市场的证券交易业务。

14.2.1 证券承销

投资银行代理证券发行人发行证券的行为称为承销。证券承销是投资银行最本源、最基础的传统业务活动。投资银行承销的证券范围很广，它不仅承销本国中央政府及地方政府各部门所发行的债券、各种企业（包括跨国公司）所发行的债券和股票、外国政府与外国公司发行的证券，甚至承销国际金融机构，如世界银行、亚洲开发银行等发行的证券。发行人选择投资银行承销证券，需要考虑投资银行的专业能力、声誉、佣金率、所认购的数量以及承销能力和客户推销网络。

一、投资银行承销过程

投资银行承销的证券包括债券和股票。

（一）债券承销

债券包括政府机构债券和公司债券。投资银行承销公司债券时，主要采取包销、代销两种方式。投资银行需要负责债券发行说明书的编写、投资者对接以及债券上市后的交易等相关服务工作。

（二）股票承销

股份公司发行股票需经过股票发行申报、企业发行股票可行性分析、股票承销或分销三个阶段，在这一过程中，必须获得投资银行的帮助。投资银行帮助股份公司拟定报批的必备材料，如发行股票可行性报告、公司章程、募股说明书等。投资银行通过调查研究企业的经营、财务状况，预测风险与收益，制订股票发行、承销的整套计划并向企业提出建议，最终形成募股说明书并在一定的时间内发出，以公募或私募的形式正式向公众发行股份募集资金。投资银行承销股票也可采用包销、代销等方式。在帮助企业承销股票的过程中，投资银行（证券公司）也需要担负法律责任。《证券法》规定发行证券需由证券公司作为保荐人，证券公司承销证券不得进行虚假或误导投资者的推介活动，不得以不正当手段承揽承销业务，如有违法行为对投资者造成损失的，应当依法承担赔偿责任。科创板还设立了跟投制度，科创板参与跟投的主体为发行人的保荐机构依法设立的另类投资子公司，或者实际控制该保荐机构的证券公司依法设立的另类投资子公司，使用自有资金承诺认购的规模为发行人首次公开发行股票数量的 2%～5%。从制度上要求保荐机构做到客观公正，利益上不偏向发行人，而是部分和投资者保持利益一致。

1. 公募发行。公募发行是指在证券市场上公开销售证券。投资银行在公募中的业务不仅包括承销业务、代公司向广大投资者发售证券，还包括一些服务性业务，如果公司是自行发售证券，即直接发行，那么投资银行只需提供服务性业务。一方面，可以向公司提供多方面的咨询业务，如帮助公司分析上市的可行性，确定筹资金额，决定筹资方式，设计证券的期限、利率及偿还方案，确定证券发行价格和最佳发行窗口。另一方面，可以为公司代办发行手续，如帮助客户编写证券发行说明书和其他文件；负责资金募集的推广与宣传；代表发行者与政府证券监管部门沟通，发布新闻消息等。

2. 私募发行。私募发行又称私下发行、非公开发行，就是发行者不把证券出售给社会公众，而是出售给数量有限的机构投资者，例如保险公司、共同基金、保险基金等，私募发行不需要注册登记。

私募发行与公募发行相比具有一定优势：对于发行者来说，发行监管要求比较低，更容易被主管机关批准；所需文件、资料比较简洁，能节约发行时间与发行成本；支付给投资银行的承销费用也相对较低。但是，由于私募证券未来的市场流动性比较低，发行者往往要以较高的收益率作为补偿。私募发行还能帮助筹资者发行一些不被大多数投资者接受的具有特殊属性的证券，这类证券可能只会被少数机构投资者接受。根据投融资双方的需求可以在监管规则允许的范围内自行商议，投资银行在其中也做出不少的金融创新，这在公募发行市场是难以实现的。

一般来说，投资银行的私募业务就是为发行者寻找合适的机构投资者，设计私募证券的种类、定价、条件，为发行者提供咨询服务。

二、投资银行承销收益

（一）承销收益的获取方式

投资银行通过承销业务获得报酬的方式有两种：一种是差价，也称作毛利差额或承销折扣，即承销商支付给证券发行者的价格和承销商向社会公众出售证券的价格之间的差额；另一种则是佣金，按发行金额的一定百分比计算。

（二）承销收益的决定因素

决定承销收益的因素很多，一般要考虑以下几点。

（1）承销的规模。

（2）发售证券的难度。

（3）在可比的公开承销中时间最近的承销佣金水平。

（4）与证券的发行价格比较，承销佣金对发行公司的重要性。

（5）承销团将要支出的费用，如法律咨询费、路演促销费、市场推广费、稳定后市所需的费用等，这些费用在每次发行中差异很大。

（6）参与承销团的经纪人对销售折让的期望值，通常这部分为总承销差价的50％～60％。

（7）在发行后为该证券创造市场的风险。如本次发行的证券的销售和定价较困难，承销商为此可以要求较高的承销佣金。

（8）指导尽职调查和准备法律文件的难度。

（9）将来经营业绩的不确定性。

（10）发行公司寻求较高发行价格的意愿；面对高价发行的压力，承销商需要付出额外的销售努力，由此提高承销费用。

（11）当前发行类似证券的市场条件。

（三）不同证券的承销收益

1. 普通股。在正常条件下，承销金额是决定普通股承销报酬的最主要因素。

2. 公司债券。为承销债券确定收费更为复杂，因为几乎每一次债券发行的发行者，风险状况，债券种类、利率、期限等都不同。股票的购买者一般是中小投资者，而债券的购买者往往是商业银行、保险基金、养老基金等大型机构，因而推销成本比较低。至于可转换债券这类介于股票与债券之间的金融工具，其毛利差额也就居于两者之间。

3. 增发新股。对于股票已上市交易的公司，由于已经具有一定的知名度和投资者基础，因此，在承销这类公司增发的股票时，投资银行要求的报酬较低。

（四）私募发行收益

在私募发行中，投资银行根据提供的服务种类、发行的金额、发行过程的烦琐复杂程度等因素收取报酬。此外，酬金还与证券的风险有关，例如，对于高风险的从属债券的私募发行，投资银行往往要求很高的报酬，甚至可能为正常标准的2～3倍。在为有风险的新兴行业公司集资时，平均费用为5％～6％，小额交易的费用更高些。

如果投资银行签订私募合约时，对私募发行的可能性没有把握，便会在一开始就要求发行者支付较高的报酬和定金。有时，如果由于某些非投资银行所控因素（例如利率大幅上升或者发行者的财务状况严重恶化等）迫使发行者放弃私募发行，投资银行则会收取“失败交易费”，一般为正常私募报酬的1/3或1/2。此外，私募发行过程中发生的业务费用，即投资银行与发行者或投资者联系、协商、签订协议等相关费用，以及有关的法律费用都应由发行者承担。

14.2.2　证券交易

一、投资银行与证券交易

在完成证券承销之后，投资银行与其所承销的证券的关系并未结束，在二级证券交易市场中，投资银行扮演做市商、经纪商和交易商三重角色。做市商是发行者的代理，经纪商是投资者的代理，交易商则是自营。

1. 做市商。在承销完毕之后，投资银行有义务以做市商身份为该证券创造一个流动性较强的二级市场，并在一定时间内维持市场价格稳定，这段时间也称为价格稳定期。如果证券上市之后的价格比发行价低很多，则对有关各方都非常不利：对证券发行者来说，其信誉受损，日后想再发行证券困难可能很大；对投资者来说，在经济上将直接遭受损失；而对投资银行来说，市价低于发行价不仅使其持有的该种证券市值下降，还会损害投资银行在发行者和投资者心目中的形象，影响以后承销业务的开展。做市活动的收入主要产生于：(1) 投资银行卖出证券的价格和其支付证券的价格之差（称为买卖差价）；(2) 持有证券的升值。

2. 经纪商。投资银行的证券交易业务，不仅是证券承销业务的延续，还是投资者在二级市场上买卖证券所必需的。在西方主要资本市场，证券在证券交易所（或场外市场）集中进行交易，但证券市场上的买卖双方并不直接联系和直接交易，也不靠证券交易所作为媒介进行交易，而是依靠投资银行促成交易。投资银行接受客户的委托，按照客户的指令，促成客户所希望的交易，据此收取一定的佣金。

3. 交易商。证券交易还是投资银行满足自身经营管理需要的一种行为。一方面，投资银行本身拥有大量的资产；另一方面，投资银行管理着客户委托的大量财产，这些财产都要通过买入证券才能获得投资收益，通过卖出证券才能重新获得现金，以保持资金的流动性。因此，投资银行需要在二级市场完成大量的证券买卖交易，是资本市场中最重要的交易商。

二、证券交易策略

为了防止损失，保持和提高投资收益，投资银行可以实施套利与投机交易、提供研究服务及代理客户执行交易等，通过采用多种策略获取收入。套利定价理论（APT）请参见本书第 13 章。

（一）套利之一——无风险套利

无风险套利指套利者发现不同市场上同一种证券或商品价格存在差异，然后在高价市场上抛售标的，同时在低价市场上回补买入。例如，美国有些公司的普通股在多处进行交易；一些跨国公司的普通股同时在美国和另一个（或多个）国家的证券交易所交易。这些不同的市场上如果有价格差异，套利者就有机会在除去交易成本后通过贱买贵卖来锁定收益。无风险套利交易的主要特点是，投资者可以获得交易收益但并不承担市价变动的潜在风险。无风险套利的机会大多来源于信息不对称，通过套利行为价差大多会被迅速抹平，套利者客观上帮助市场完成了一次信息的传递。

无风险套利又可分为下列几种。

1. 套汇。最早的套利大多出现在货币市场上。例如，在伦敦市场上卖出法郎、买入英镑时，伦敦市场法郎的价格可能稍高于巴黎市场的价格。为了从这一差价中获利，套汇者在巴黎市场上买进法郎，同时在伦敦市场上卖出法郎。

2. 商品套利。在商品套利中，套利者在期货市场与现货市场采取同时但反向的交易行动。如果市场上一些商品出现现货价格与期货价格的差异，那么，不管此后价格如何变动，套利者都能获得一笔确定的收益，在具体的操作中，套利者可以买现货（做多）和卖期货（做空），也可以卖现货（做空）和买期货（做多）。

3. 股票与债券套利。股票和债券的无风险套利，是利用两个不同地区之间有时出现的差价实现的。例如，现有 A，B 两个证券交易所，套利者同时关注 A 交易所和 B 交易所的股票价格。如果某公司股票在 A 交易所的买价为每股 10 美元，而在 B 交易所的卖价为每股 10.25 美元，那么，套利者同时在 A 交易所买进，在 B 交易所卖出。无风险套利在理论上基本没有风险，但在实际市场运行中并非零风险。出于特定原因，同一交易标的物在不同市场的差价可能持续存在甚至扩大。同时交易也会存在摩擦成本，如果摩擦成本高于套利差价，则会导致亏损。

（二）套利之二——风险套利

很多时候套利交易是有风险的，故称为风险套利。风险套利涉及股票市场上的兼并收购活动或公司股权重组。通常情况下，兼并收购成功后，目标公司的股价上升，收购公司的股价下降，因此投资银行买入目标公司的股票而卖出收购公司的股票并从中获利。在风险套利中买卖时间差可能会延续几个月，故风险套利不同于无风险套利，存在风险。20 世纪 80 年代的并购狂潮为风险套利者创造了巨大的机会，一些公司收购目标公司股票时以自己公司的证券（而非现金）来支付，在这种情况下，目标公司的股票市场价格与收购公司付出的股票市场价格之间往往会出现差异，原因在于：（1）为收购目标公司而支付的证券所附带的优惠将在以后的市场中得以反映；（2）宣布收购与收购完成有时间差；（3）并购交易固有的不确定性。投资银行（套利者）利用这些差异从中谋利。

（三）投机

一般而言，投机指购买某种金融资产，利用价格波动在短期内卖出去以获得利润的行为。在股票市场上，与长期投资者相比，投机者利用短期因素，期望从股票价格的波动中赚取利润，而投资者则是从公司业绩成长和盈利分配中获利。

投资银行的投机交易是指交易商（投资银行）在证券市场上，利用特定的预期价格变动或价格差别进行的交易。通常，在期指、期权等衍生品市场中，投机交易更加普遍。

（四）研究服务

为了服务及鼓励客户频繁交易，从而获得更多的佣金或买卖差价收入，投资银行为客户提供专业研究服务。一般地，研究服务只为能带来一定交易的客户免费提供，对那些不会带来交易的客户则实行有偿服务。有些研究服务只提供给投资银行自身的交易部门，使其能够掌握行之有效的策略或信息，提高经营业绩。同时研究能力还是投资银行其他业务的基础，研究能力强的投资银行在发行证券的时候定价能力也更强，具有更大的市场影响力，更容易获得发行者和投资者的信任。

投资银行的研究服务一般通过经纪业务佣金获得补偿。通过代理客户（个人和机构投资者）执行证券交易，投资银行得到佣金收入。由于研究服务本身不产生收入，导致提供研究服务的投资银行倾向于鼓励投资者多交易，可能导致投资银行和客户之间的利益冲突。在欧洲新的监管 MiFID II 下，投资银行必须要为研究报告单独设立一个定价，且这一规则适用于所有资产类别。客户（一般是资产管理机构）需要重新制定研报的预算，或将这一部分成本转嫁到客户身上，抑或是自己承担研究花销。研究单独定价和佣金分离，投资银行的研究服务独立性得到增强，但也使得行业受到一定程度冲击。

国内对于券商研究的监管也在不断深入，证监会于 2022 年在全行业开展研报业务“双随机”现场检查专项工作，共覆盖 45 家证券公司和 300 篇研报。研究报告的合规性、专业性成为监管部门关注的重点。

三、证券交易收益

证券交易给投资银行所带来的收益，主要有客户委托买卖证券的佣金收入及证券投资收益（包括证券利息收益和证券市价波动所带来的资本利得收益）。佣金收入一般为委托交易金额的一定百分比，许多国家（如英国）可以根据交易量大小、客户与投资银行之间的合作关系等由双方商议决定。证券投资收益不仅与证券组合的选择密切相关，而且与宏观经济状况、股市整体状况密切相关，因而，在不同年份，证券投资收益很可能相差悬殊。

14.3　现代投资银行的派生业务

现代投资银行的业务范围已由传统型（证券承销和代理）发展到创新型（企业并购和重组）以及延伸型（理财顾问及金融衍生交易等）。特别是 20 世纪 80 年代以来，金融服务业呈现一系列变化，如金融机构和市场的界限日益模糊，金融工具创新层出不穷，金融监管逐渐放松。在这种背景下，投资银行除了经营上述主营业务，还发展出许多派生业务。

14.3.1　投资银行的企业并购业务

企业并购即企业兼并和收购，有广义与狭义之分。通常讲的兼并是一种狭义的企业兼并，是指一个企业吸收另一个企业或多个企业。在这一过程中，前者依然保留自己的法人资格和企业象征，后者则失去法人实体地位，只作为前者的一个组成部分而存在。从广义上看，并购还包括收购、合并、混合、接管等。其中，收购指的是一个有限公司用现金、债券或股票购买另一公司的股权或股票，以获得对该公司的控制权，该公司的法人实体地位并不消失。合并或混合是指结合在一起的企业各自不再作为独立的经济实体，共同构成一个新的实体。合并又分成吸收合并和新设合并两种形式。所谓吸收合并，就是人们所说的狭义的企业兼并。接管是指一个企业通过财务手段强制接管另一个企业，被接管企业的法人实体地位消失。当前，接管是一种很重要的收购方式。

并购作为一种市场经济条件下的企业行为，在欧美发达资本主义国家100多年的发展史中长盛不衰。我国经济改革已进入攻坚阶段，企业并购重组活动日益普遍，企业并购在资源优化配置中发挥着其他方式无法替代的重要作用。

一、投资银行与企业并购

随着几次企业兼并热潮的兴起，投资银行的兼并收购业务也迅速发展起来。伴随20世纪八九十年代的两次企业兼并热潮，投资银行已经成为企业并购业务的策划者和组织者，投资银行业成为一种专门从事企业兼并、收购和重组的投资顾问和金融顾问的知识产业。

企业并购涉及很多经济、政策和法律问题，是一个极其复杂的交易过程。在具体操作中，有许多环节，如目标企业的前期调查、并购价格的确定、并购方案的设计、条件谈判、协议执行以及融资安排等，均需要有效地制订计划和周密地协调配合。否则，并购双方可能会由于交易信息不对称，对有关政策法规及交易规则了解不清，市场操作经验不足，并购过程中缺乏融资支持等，导致交易摩擦过大，或交易失败，甚至给交易的某一方造成重大损失，最终导致整体经济运行的成本高昂。投资银行依赖其广泛的信息来源、深入的分析能力、精细严谨的交易策划、熟练的财务技巧和对法律法规的精通，帮助企业设计并购策略，确定交易价格，选择融资方案，完成监管文件，以保证并购交易的成功和将来新企业的正常运转。

投资银行在企业并购中最关键的业务环节是为并购双方进行并购结构设计。并购结构设计是指买方或卖方为了完成企业的并购，对该企业在资产、财务、税务及法律等方面进行重组，设计出一个为资本市场所接受的“商品”，挖掘出企业的真正价值，使并购双方利益一致化、最大化。企业并购中的价格是整个交易条件中最本质的部分，投资银行凭借其专业技能，确定并购双方认为合理的交易价格。这是一个艰苦的创造性的工程，既需要有专业知识和技术作为基础，又要具备投资经验和洞察力。国际上大型企业的并购重组，一般都由投资银行参与策划甚至直接操作。投资银行对企业并购的此起彼伏起到巨大推动作用，企业并购活动也为投资银行带来丰厚利润。

二、投资银行的并购服务

在企业并购活动中，投资银行专门从事企业并购的部门利用发达的信息渠道收集并购企业的信息，并作为并购双方中任何一方的财务顾问提供相应的并购服务。

（一）为收购方提供服务时投资银行的工作

（1）替收购方挑选、评估并购对象。投资银行的证券分析师一般清楚哪家公司处于困境并可能欢迎兼并，哪家公司因资产低估而易被收购，哪家公司正在寻找兼并对象，因而由投资银行为收购方寻找并购目标最合适不过。

（2）向收购方提供建议或咨询，内容包括买卖价格及其他非价格条款，如并购方式、并购策略、并购条件、并购时间等。

（3）与目标方的董事长或大股东接触，协商收购条款。

（4）编制有关的公告，详述有关收购事宜。同时准备一份寄给目标公司股东和员工的函件，说明收购的原因、条件、收购后安排等。

（5）帮助收购方制定收购计划及财务安排，包括以适当、可行的方式为收购方筹措一定的资金，支持收购方完成兼并计划，维持收购方及目标方的财务流动性，合理控制财务成本，降低财务风险，提高资金使用效益。

投资银行可为收购方提供一揽子筹资方案，通常的做法包括：由投资银行给予过渡性的短期贷款或由其出面安排商业银行贷款（通称“举债买企业”的贷款），还可由投资银行代理并购企业发售新债券，等等。

（二）为目标方提供服务时投资银行的工作

（1）制订反收购计划，抵御敌意收购。如果目标方遇到的是敌意收购，为了抵御收购方的进攻，可能被兼并的目标方往往请求投资银行为其设计反并购策略来迫使收购方知难而退。作为被收购方的财务顾问，投资银行的作用主要有：1）向企业董事会和股东做出收购建议是否公平、合理的评价；2）编制反收购的公告和文件；3）制定具体的反收购策略，常用的防御措施有股份回购、强制增发摊薄、更改公司章程防止控制权转移、诉诸法律等。实施股份回购的目的在于：通过在公开市场上回购公司股票导致股价上涨，提升收购成本，使敌意收购方产生退却心理，并吸引另一家可以接受的公司来兼并该公司，以此阻止敌意收购者。

（2）如对方实施的是善意收购，那么投资银行可以向目标方的董事、股东、经理和员工等就收购建议是否公平、合理及是否应接纳该建议提出意见。

（3）编制和发布有关公告与文件。在收到收购要约后，投资银行首先帮助董事会发布新闻公告，表明目标方对收购建议的初步反应及其对股东的提议。接着，投资银行协助目标方董事会准备一份对收购建议的详细分析报告及董事会决议，寄给公司的股东。

不管并购是善意的还是恶意的，并购双方都要对并购条件进行讨价还价，这项工作主要由双方聘请的投资银行来完成，投资银行代表委托方进行谈判，以便确定一个公正的、双方都能接受的并购合同，其中收购价格条件的确定是至关重要的。此外，企业并购还涉及财务安排、证券条例、并购法规、并购后的整合处理等方方面面。投资银行可为客户提供涉及并购各方面问题的咨询服务。

此外，投资银行还可作为企业并购的交易主体从事并购自营业务。

14.3.2　投资银行的代客理财业务

资产管理已经成为投资银行的重要业务之一，一般是指投资银行实施的资产委托管理，即委托人将自己的资产交给受托人，由受托人为委托人提供理财服务。

资产管理业务是投资银行在传统业务基础上发展的新业务。在国外较为成熟的证券市场中，投资者大都愿意委托专业人员管理自己的财产，以取得稳定持续的收益为目标。投资银行通过建立附属机构来管理投资者委托的资产。

一、投资银行的基金管理业务

投资银行设立了一些分支机构为个人投资者或类似于养老基金的机构投资者管理资金，例如高盛公司设立的分支机构和日本著名的投资银行——野村证券公司下属的野村投资管理公司。基金管理活动的费用按管理资产的百分比收取。

（一）投资基金概述

投资基金是一种重要的投资工具，它由基金发起人发起组织，吸收投资者的资金，聘请有专门知识和投资经验的专业人士利用吸收来的资金进行投资，并将收益代为储存，定期按投资者所占基金份额分配给投资者。投资基金有许多称谓，在美国称为"共同基金"，在英国称为"单位信托基金"，在日本称为"证券投资信托基金"，在中国称为"公募基金"，在其他国家还被称作"互助基金""互惠基金""基金"。

投资基金起源于英国，在美国盛行。经历了20世纪30年代的大萧条和第二次世界大战，投资基金迅速发展。现代经济发展的两个最显著的趋势，即规模经济和专业化分工，促成了投资基金管理业的产生和发展。

投资基金辉煌发展的另一面，是迅速崛起的一批新型投资银行和投资银行家。投资银行凭借人力和信息资源的优势管理基金，根据与投资者商定的投资方向和策略，把集中的资金再分散投资于多种证券及其他金融商品，投资的对象主要是资本市场上的上市股票与债券，也包括货币市场上的短期票据与银行同业拆借，以及金融期货、黄金、期权、不动产等。

（二）投资基金的特点

投资基金既区别于直接投资，又不同于一般信托投资，其主要特点如下。

（1）基金由众多投资者共同出资建立，其中大部分是中小投资者。

（2）基金是在一定时间内集中募集而成的，其营运期限一般事先约定，约定期满，核资清偿。

（3）基金的运行涉及多种经营机构，它们分工负责、互相监督，一般每个基金都有发起人、托管人和管理人。

（4）基金由专业的基金管理机构和专门的投资银行使用，具体人员包括基金经理、研究员、投资顾问等。

（5）基金的运用以证券和金融产品投资为主，以投资的增值保值为基本宗旨，一般采用分散与组合投资的方式，确保基金的利益与安全。

（6）基金坚持共担风险、共同受益的原则。一般而言，由于由专家经营并采用分散组合投资方式，基金的风险要比个人投资的风险小得多。

此外，法律法规对共同基金的管理有各种限制性规定，如美国证券法规定：共同基金只能投资上市公司；对一家企业的投资量不能超过基金净值的5%；必须定期公布所投资企业的名称和投资量等。

（三）投资银行与基金

投资银行与基金业关系密切。投资银行作为经纪人和承销商，在证券市场中地位特殊，并拥有丰富的理财经验和专业知识，所以，通过设立附属公司为个人投资者或机构投资者管理基金具有一定优势。基金组织作为有独立法人地位的公司，把基金以股份的形式出售给投资者并实现基金组织的上市。投资银行管理的基金可以是投资银行自己发起设立的基金，也可以是它承销发行的基金，还可以是受人委托管理的基金。

（1）投资银行可以作为基金的发起人发起和建立基金。其步骤为：1）确定投资基金的性质，即属于哪一种类型的基金；2）准备建立基金的文件，选择基金的信托人或保管人；3）发表基金公开说明书，准备发行受益凭证。

（2）投资银行还可以作为基金的承销人，帮助基金发行人向投资者发售受益凭证，募集资金。最初，此项工作主要是由投资公司或基金管理公司自己进行，随着基金业务的分工专业化以及日趋激烈的竞争，一些专营证券承销业务的公司或大型投资银行的附属承销机构进入基金销售领域。承销公司除了负责基金受益凭证的募集和销售，通常还要根据信托契约履行其他职责，比如向受益人发放基金投资利润，支付基金本金及收益等。

（3）投资银行还常常接受基金发行人的委托，成为基金管理人。其主要职责包括：1）与信托人签订信托契约，并按契约的条款进行日常的操作管理；2）组织专业的投资管理公司，保证基金资产的安全与增值；3）定期编制并公布有关基金的财务报告；4）接受信托人、基金主管机构的监督与核查。

（四）投资银行的基金管理收益

投资银行参与基金管理的收益通常有以下几部分。

1. 首次认购费。首次认购费是指投资者在购买基金时支付的认购手续费。首次认购费又称发行费，发行费一般附加在基金认购价上，这种费用需向投资人收取，主要用于基金的宣传、中间人的佣金及发行时的其他费用支出。其费率的高低取决于基金的类别。香港投资基金公会公布的发行费率为：货币市场 0～2%，债券 3%～5%，股票 5%～6%，认股权证 5%～7%。

2. 经理人管理年费。经理人管理年费是指投资银行作为基金管理公司为基金或基金公司提供专业化管理服务每年从基金资产中提取的管理费。经理人管理年费是基金管理公司的主要收入来源，基金管理公司的各项开支不能另外向基金或基金公司摊销，更无须向投资者收取。经理人管理年费通常按基金资产净值的一定比例在每月月末提取，即按每个估值日基金资产净值一定比例的费率逐日累计至每月月末，由托管人从基金资产账户中支付给基金经理人。经理人管理年费率的高低因基金类别的不同而有所差别；同时，不同地区或基金业发展程度不同也导致其高低不一。风险程度越高的基金，其年费率也越高，其中年费率最高的基金为证券衍生工具基金，如认股权证基金的年费率高达 1.5%～2.5%；最低的要数货币市场基金，其年费率为 1%～2%，某些地区的货币市场基金年费率甚至低于 1%。在基金业发达的国家或地区，基金的管理年费率通常为 1%，在一些发展中国家或地区则略高于1%。

3. 赎回费。赎回费仅针对开放型基金，而且没有特定的标准。对于投资银行来说，越复杂的投资工具收取的费率越高。也有基金没有赎回费，如货币基金等。

4. 托管人费。托管人费指托管人因为基金（或基金公司）提供保管而向基金（或基金公司）收取的费用。国际上托管人年费率通常为0.25%。托管人费是按每个估值日基金资产净值一定比例的费率逐日累计至每月月末支付给托管人的，此费用也是从基金资产中支付的，不需另向投资者收取。

二、投资银行的风险管理业务

（一）企业面临的风险类别

风险即事件发展的不确定性。对企业来说，它所面临的风险主要是与其投资、生产、销售相关的市场不确定性。这是企业的经营者必须承担的、不可规避的风险，称为经营风险。企业经营者可以通过制度的安排和约束最大限度地减少风险出现的可能性。企业在经营过程中还会遇到另一类风险，称为财务风险，这主要是指利率、汇率、证券价格变动的不确定性。

（二）衍生产品

对于财务风险，企业不愿承担，也不能仅仅依靠传统的金融工具化解，而需要创造出一种更为复杂和先进的工具，衍生产品应运而生。

衍生产品，又名衍生工具，是从基础金融资产中派生出来的金融资产的总称。例如，国债期权是从作为基础资产的国债衍生而来的期权。广义的衍生产品是一种双边合约，合约的价值取决于或派生自一种基础商品或资产的价格及其变化。基础商品或资产的价格源于四类：商品价格、汇率、利率、股价或股票指数。衍生工具的具体内容包括：期权、期货之类的交易产品；互换交易、利率上限、利率下限、特殊期权之类的交易产品及其场外衍生产品；抵押担保和资产担保证券及其大量的组合和混合证券等。衍生品市场相对于商品市场、外汇市场、货币市场、证券市场等基础市场而形成。

通货膨胀率、利率、汇率、商品价格等的波动，使公司的财务状况容易受到外部因素冲击。同时，经济领域也变得更有竞争性，市场日益全球化，跨国公司的经营扩展到许多国家，这些因素使公司风险管理变得异常复杂，对衍生品市场的需求应运而生。

中国场外金融衍生品市场稳健发展，利率、汇率、信用、商品等衍生品市场规模均保持增长，市场结构保持稳定，产品序列不断丰富，管理运行机制更加完善，交易服务水平持续提升。2021年，银行间市场利率衍生品交易21.4万亿元，同比增长6.3%；银行间市场人民币汇率衍生品交易22.6万亿美元（以人民币计价为146.04万亿元），同比增长28.3%；银行间市场信用风险缓释工具交易366.7亿元，同比增长99.9%。2021年，中国人民银行会同银保监会、证监会、外汇局联合发布《关于促进衍生品业务规范发展的指导意见（征求意见稿）》，强化机构内控管理要求、加强投资者保护，以期促进衍生品业务规范健康发展。2022年金融衍生品立法取得重大进展，《中华人民共和国期货和衍生品法》出台，纳入了单一协议、终止净额结算、交易报告、集中清算等衍生品市场基础机制重要条款。

（三）投资银行的风险管理业务

风险管理业务即衍生工具业务。投资银行运用衍生工具为客户提供风险保护（即通过消除不确定因素将未来的收益锁定在某个确定的区间），控制投资组合风险或证券发行风险，帮助投资者进行风险管理。同时，投资银行参与衍生工具市场也能给自身带来一系列利益：（1）投资银行可以作为经纪商，代理客户买卖这类金融工具，并向其收取一定的佣金，这与为顾客买卖股票和债券获取佣金的方式完全一样。（2）投资银行也可以获得一定的差价收入，因为投资银行往往作为客户的对手方进行衍生工具的买卖，接着它寻找另一客户做相反的抵补交易，获取差价收入。（3）风险控制工具还可用来保护投资银行自身免受损失。例如，在承销债券时，如果市场利率突然上升，会造成投资银行卖出的债券价格不得不下调，给其带来损失。因此，投资银行常常通过利率期货或利率期权来规避这一承销风险。（4）衍生产品作为一种表外业务，有利于投资银行绕开金融监管，满足一些资产负债管理规则，并获得手续费等收入。

衍生工具市场的飞速发展和扩大，使得衍生产品的种类令人眼花缭乱，这也是投资银行在创造和交易衍生工具方面所做的巨大贡献。在海外金融市场，创造开发衍生产品的投资银行家多被称为“火箭科学家”，他们像玩魔方一样对基础商品、利率、汇率、期限、合约规格等进行各种组合，形成各式各样的金融衍生产品，使具有不同利害关系的各方签订多种多样的合约。他们创新了金融结构，例如将单一的融资分解为多种票据（在优先级、到期期限、担保、风险以及收益等方面划分各种层次），以便销售给有不同需求的投资者。所有这些工具都有相同的目的：帮助客户精心设计出适合其风险承受力的战略，或使其在动荡的环境中以最低的成本筹集到所需资金。

然而，衍生产品是把“双刃剑”，利用得好，可以为客户的风险管理提供帮助；利用不好，后果可能是灾难性的。2008 年爆发的金融危机，使大量底层资产不透明、监管不到位的金融衍生产品暴露在大众面前，类似担保债务凭证（CDO）、信用违约互换（CDS）这样的产品过于复杂，导致销售人员不能真正理解兜售的产品具有何种风险。当危机暴露之后，复杂的产品结构导致投资银行账面上大量资产无法估值。危机过后，各国监管机构加大了对金融衍生品的监管力度，未来金融衍生品的发展应该更加规范。

拓展阅读

从“伦镍事件”看我国期货市场风险管理

自 2021 年以来，伦敦金属交易所（LME）镍库存呈现逐月下降态势。至 2022 年 3 月 14 日，LME 镍库存再度下降至 7.53 万吨。在镍库存偏低且持续下降的情况下，俄乌冲突爆发，镍海外炼厂减产加之物流停运的可能，增加了镍现货流通性风险，给镍价大幅上涨创造了条件。虽然近年来俄罗斯镍产量在全球份额中逐渐降低，但从期货市场交割品——电解镍来看，俄罗斯的诺里尔斯克镍业（简称“俄镍”）的电解镍产量约占全球电解镍产量的15%。如果俄镍被排除在伦镍期货的交割品之外，必然造成LME可交割镍的大幅度减少，增加市场恐慌情绪和LME挤兑风险。

3月1日到4日，伦镍价格连续4个交易日上涨，最高价突破3万美元/吨。3月7日到8日，LME镍期货主力合约连续突破历史记录，最高涨幅达250%。3月7日，伦镍期货由29 770美元开盘，盘中一度冲到5.5万美元的历史高位，比前一日收盘上涨88.81%，并创下2.53万手的最高日交易量。3月8日，伦镍期货在夜盘的交易中继续暴涨，从5万美元突破10万美元关口，最高价达101 365美元，涨幅最高101.52%，达到了创纪录水平。

这一轮镍价格快速上涨的背后，国内镍现货圈已经传出了青山集团被多头狙击的消息：当时市场传闻青山集团持有大量伦镍空头头寸，其巨量头寸早早暴露也许给了对手可乘之机。LME官方数据显示，自1月10日开始，某单一客户持有的镍期货仓单占比从30%逐渐增加到39%，到1月19日达到50%～80%。而自1月13日开始，该客户在到期日最近的3张镍期货合约上持有的净多头头寸与仓单总和占总仓单的比例已超过90%。这种过分明显集中的头寸，很容易被理解为有巨大期现货贸易联合体已主导伦镍期货仓单市场，这为伦镍“逼空”事件爆发埋下重要伏笔。

面对如此巨幅的价格波动，LME打破其百年纪录，罕见地进行叫停市场、取消交易、延迟交割、头寸转移、增设涨跌停板等一系列紧急调整。2022年3月8日伦敦时间上午9点开市前，LME宣布暂停镍交易，并取消所有在英国时间2022年3月8日凌晨00：00之后在场外交易和LME select电子交易系统执行的镍交易。3月8日到14日，LME发布了多项公告，向市场解释停牌的原因、复牌的准则、针对本次特殊情况制定的头寸转移的具体流程和费用等。推迟所有应于2022年3月9日及后续交割日因暂停交易而无法交割结算的镍合约。3月14日LME发布公告，将于3月16日上午恢复镍期货交易，并首次引入了涨跌幅限制制度。对所有镍期货合约涨跌幅设置为上一日结算价的上下5%，其他金属合约每日价格变动幅度限定为15%，并要求所有会员上报场内和场外镍交易头寸。英国金融行为监管局（FCA）和英格兰银行对外表示，正与LME就恢复公平有序的镍市场进行谈判。FCA表示，LME有责任维护公平有序的市场，可在价格剧烈波动时暂停交易。

青山集团在3月15日凌晨发布声明称，已与由期货银行债权人组成的银团达成了一项静默协议。该声明表示，在静默期内，各参团期货银行同意不对青山集团的持仓进行平仓，或对已有持仓要求增加保证金。作为协议的重要组成部分，青山集团应随着异常市场条件的消除，以合理有序的方式减少其现有持仓。

3月16日，伦镍终于在停盘6个交易日后恢复交易。开盘后，伦镍期货即报45 990美元，触及5%的跌停板。

与此同时，伦镍的涨跌停板幅度不断扩大，由3月16日的5%调整到3月17日的8%，再到3月18日的12%，3月21日伦镍涨跌幅限制进一步提高至15%，和其他金属保持一致。连续扩大限制幅度有助于伦镍价格更快回归。3月30日结算价报32 893美元，伦镍价格总体在震荡中大幅回调。

LME成立于1876年，是一家有着140多年历史的金属交易所。其金属期货及期权合约交易占全球金属期货交易的80%，为全球最大的有色金属交易所。但此次伦镍暴涨事件也暴露了LME在交易结算和风险管控制度方面的不足。

第一，涨跌停板等风控制度缺失。

涨跌停板制度（也称为每日价格最大波动限制制度）已经成为大多数证券交易所防止交易价格暴涨暴跌、抑制过度投机的手段。在期货市场，涨跌停板制度与保证金制度相结合，为交易所、会员单位及客户的日常风险控制创造了必要的条件，对于稳定期货市场秩序、保障市场运转以及发挥期货市场的功能具有十分重要的作用。

一直以来奉行“市场自由”理念的LME监管市场和控制风险的常规化手段十分有限。本次伦镍暴涨事件发生之前，LME没有持仓限额、涨跌停板等风控制度。这导致在极端情形下容易出现暴涨暴跌的行情，处于不利地位的交易方很可能在短时间内面临保证金不足的巨额资金压力。

第二，期货合约底层资产选择问题。

为实体企业提供对冲价格风险的机会是期货市场的基本功能之一。但如果期货合约交割品范围过于狭窄，与实际产业链中产品的形态脱节，必然导致现货供给与期货套期保值需求的不匹配，使市场更易遭受极端波动。

从伦镍期货合约设计来看，只有标准金属最低纯度为99.8%的Ⅰ类电解镍，可用于伦镍期货合约交割。但在产业链中，镍有多种形式——以镍生铁、镍铁为主的Ⅱ类镍、以硫酸镍为主的镍盐——所有这些都需要在LME进行价格对冲，但均不是标准交割品。处于本次风暴中心的青山集团在印度尼西亚拥有大量镍产能，但其并不生产伦镍合约中的标准Ⅰ类电解镍，其产品与期货标的的错配是导致青山集团空头承压的重要原因。

2012年以来，全球新增的Ⅰ类镍精炼项目有限，主要增量来自印尼红土镍矿冶炼生产的镍铁产能，2012年Ⅰ类镍占比51%，Ⅱ类镍占比38%；2021年占比分别为31.4%和63.6%，可用于期货交割的Ⅰ类镍产品占比持续下降。现有镍期货合约设计跟不上全球镍产业的巨大变化，非标准品镍套期保值的需求持续扩大与纯镍供应增量不足的矛盾，导致了伦镍期货易被炒作的弊端。因此，LME合约被批评为“缺乏流动性、不具代表性、易受操纵且易波动”。

第三，场外交易不透明。

LME的交易可以通过三个不同的场所进行：圈内（Ring）、电子交易系统（LME-select）、场外市场（在办公室间的电话市场，inter-office telephone），在任何场所进行的交易都没有规模限制。

LME采取会员分级管理、合约分级结算等制度，LME基础金属会员包括7类，交易所的监管更多是针对清算会员的，非清算会员和客户并没有纳入信息披露和监管的范围。在场外市场，经纪商会员可以将客户的多头/空头指令进行撮合，而将轧差后的净头寸纳入场内市场交易。这使得LME大量的交易是在场外产生的，交易详情并不对外公布。当价格剧烈波动时，LME并不能了解场外交易者的持仓规模，也就无法提前做出风险预警。

根据青山集团的公告，其在印尼的高冰镍项目于2021年12月投产后，每年将有80万～100万吨的高冰镍产能。青山集团如在LME有20万吨的空单，相当于将年产能的1/5～1/4做了套期保值。虽然，青山集团生产的镍是非交割品，但高冰镍定价也是以伦镍期货官方报价为依据，加上一个升贴水的折价。因此，站在青山集团的角度，只是把一部分的产能在市场做了套期保值。青山集团持有空单主要是为了风险管理，只是空头的规模是否过大、是否应该及时调整值得商榷。通过期货市场进行套期保值是现代企业风险管理的重要组成部分。而期货作为金融衍生品具有自身市场的运行规律，企业在参与期货交易时，切不可依赖自身在现货市场的优势地位，忽视期货市场的风险，要深刻了解期货市场规则，实时关注影响期货价格的因素。

资料来源：从伦镍事件看我国企业期货市场风险管理．清华金融评论．

三、投资银行的咨询服务业务

咨询服务业务是指投资银行为客户提供各类意见、建议并收取一定的费用的业务。投资银行提供的咨询服务也属于其本源业务基础上的派生业务。有时，投资银行的咨询服务包含在其他服务项目中，如在证券发行中设计融资方式和期限，在兼并收购中帮助寻找目标公司，在基金管理中担任投资顾问等。这类咨询业务不仅包含在前面所介绍的投资银行业务中，而且和其他服务（如安排销售证券、提供过桥贷款等）相结合，故在此不再重复。此处所说的咨询服务，是指投资银行仅仅作为咨询机构提供的咨询服务，如就资产负债管理、票据交换提供一定的建议，出售调查研究报告等。

早期的投资银行提供咨询业务的并不多。随着金融市场日益复杂，金融工具大量涌现，以及大量法律、会计、税务问题牵涉其中，企业对咨询业务的需求大大增加。投资银行在人才、技术、信息方面的优势使其能够从事咨询服务。

（一）投资银行咨询业务的种类

1. 资产负债管理咨询。投资银行在资产负债管理领域主要是帮助企业分析资产负债表和利润来源，识别各种风险因素，并提供建议以减少风险、增加收益、改善财务状况。一般来说，企业资产面临的风险与负债承担的风险可以通过设计一定的资产组合和负债组合相互抵消。投资银行的任务就是设计这样的资产负债组合，帮助企业减少资产负债的波动，抵御经营风险。

有时，由于契约承诺，一些资产负债组合虽不恰当但不能改变，在这种情况下，投资银行则建议采取某种套期保值策略。

2. 证券交换咨询。证券交换是指发行证券的公司通过二级市场以现金买回已发行的证券，或者发行新证券交换已发行的证券，其目的主要是改善公司的财务结构，为再融资创造条件。

证券交换要做到既能改善公司的财务指标，又能为原有投资者所接受，关键是确定适当的交换条件，只要条件适当，证券交换无论对投资人还是对发行公司而言都是有利的。

投资银行在证券交换业务中提供咨询服务的重点在于，确定双方都能接受的证券交换条件。一般来说，新证券交换旧证券的条件以旧证券的到期收益率为基础，参考偿债顺序以及最近市场价格确定。其步骤为：首先，拟定新换发证券的息票利率，利率水准必须接近市场行情，从而使投资者感兴趣；其次，计算旧证券的到期收益率；最后，计算确定新换发证券的面额，使得新旧证券的到期收益率恰好相等。

3. 调查研究服务。投资银行的咨询业务通常还涉及一般的经济咨询，如对宏观经济形势、行业环境、投资方案和产品开发的可行性等各类经济问题出具咨询意见。调查研究服务指专门收集、提供、分析有关业务信息，既为客户提供信息咨询服务，也为投资银行各业务部门的运作提供帮助，一般由经济学家、技术分析专家组成投资银行的发展研究部，定期发表各种分析报告。

（二）投资银行咨询业务的报酬

投资银行就咨询业务收费一般有两种情况：一种是将咨询业务包含在其他业务之中，如承销证券时设计融资方案、在兼并收购中担任财务顾问等，其报酬包含在整笔业务的收费中，不单独计算；另一种情况是单独提供某类咨询服务，其收费通常由投资银行根据该项目所花费的人工成本决定，对于个人客户的咨询服务则由投资银行按小时计算酬金。然而有时投资银行并不向客户收取咨询费用，其目的是与客户建立良好的关系，以便争取后续业务。

14.3.3　投资银行的投融资业务

一、投资银行的风险投资业务

（一）风险投资概述

风险投资又称创业投资、风险资本，是指为新兴公司在创业期和拓展期融通资金。一般来说，新兴公司，尤其是运用新技术或新发明生产新产品、具备新观念的公司具有很大的市场潜力，只要经营管理得当，往往可以获得远高于社会平均水平的回报率。但是，新产品研究、开发和推向市场的过程充满着风险，新技术或新发明是否科学、实用都是未知数。因此，这类公司潜在的高额收益在实现过程中存在很大的不确定性，其破产、倒闭的可能性也非常大。新兴公司在其发展过程中最需要资金上的支持，仅靠企业家自有资本往往是不够的；又由于其资产规模小、资信条件差、经营风险大，很难从商业银行和其他金融机构获得债务融资，投资银行的风险投资业务应运而生。

（二）投资银行与风险投资

投资银行参与风险投资既包括作为中间人为新兴公司融资或管理风险基金，也涉及直接对新兴公司进行股权投资。因此，投资银行从事风险投资业务的有关人员不仅要具备金融知识，还应具备专业技术知识，以更好地操作和管理风险资本。

投资银行直接投资于新兴公司，除了获取高回报率，还有未来将新兴公司推介上市的打算。投资银行提早介入有公开上市可能的公司的股权投资，不仅能使它在新兴公司进行 IPO（首次公开募股）时自然而然地揽到承销业务，也能大大提高新兴公司股票的价值，待股票上市后，在二级市场将其持有的股份出售，即可获取丰厚的回报。

投资银行进行风险投资的典型作业流程包括：审阅新兴公司的发展规划；尽职调查；估算存活率和收益率；风险投资合同谈判；注资和撤资；推介上市等。

1. 审阅新兴公司的发展规划。投资银行审阅商业规划书时，最看重的是文件中所反映出来的创业者和经理层的素质，判断他们是否有强烈的敬业精神，是否具备产品研究开发、生产和销售、财务和管理各方面的才智。就新兴公司本身而言，由于其规模较小，相应的数据不健全，因此投资银行重点考察的是它的市场规模、发展前景及业务的独特性，判断新兴公司是否了解市场及其发展趋势，是否有足够的竞争优势击败对手，实现自身的生存和发展。

2. 尽职调查。在尽职调查中，投资银行调查人员不但要考察公司的硬件设备及其他资产的实力，更为重要的是与相关人员进行交流。为全面了解新兴公司及其管理层，投资银行调查人员不仅要与公司的管理层频繁接触，还应与公司的客户、供应商、开户银行、债权人进行沟通，必要时还应从有关政府部门获取信息，以完善背景调查。

3. 估算存活率和收益率。完成尽职调查后，投资银行下一步的工作就是从风险、技术、业务规划、市场营销、后续资金的要求、管理层的素质等各方面来估计新兴公司的存活率和收益率。估算中所用的各项数据资料均要经投资银行实地调查后重新计算调整。

4. 风险投资合同谈判。风险投资合同谈判的具体内容包括：投资形式、投资回报、控制权的分割与确立、注资和撤资的方式与时间表等。其中，投资形式指选择何种风险投资工具。可供选择的工具有普通股、优先股、债券、可转换债券等。投资银行从控制风险的角度出发，对早期的新兴公司进行风险投资多采用优先股形式，对中期的新兴公司多考虑优先股和可转换债券形式，对处于成长晚期的新兴公司则偏好普通股这一投资工具。近几年新兴产业公司的早期投资中，兼具多种属性的投资工具被频繁使用，典型的如可转换可赎回优先股，这类工具给了投资方和创业公司更多的进入与退出灵活性，也控制了风险。

5. 注资和撤资。投资银行对新兴公司的风险投资可选择一次性注入或分批注入的方式。一次性注入的风险较高，要求投资银行对新兴公司有足够的信心，但对公司的估值相对较低；分批注入则可减少风险，但后期投入的估值更高。选择何种方式要看投资银行的经营偏好以及双方谈判的结果。投资银行撤出风险资本有几条途径：一是当新兴公司再度融资，比如私募时，投资银行可将股份转售给新加入的投资者；二是新兴公司管理层要求回购股份时，投资银行可将股份返售给公司管理层；三是当新兴公司被其他公司兼并收购时，投资银行将股份卖给收购公司；四是通过新兴公司 IPO，将股份在二级市场抛出。

6. 推介上市。投资银行承担新兴公司的 IPO 事务要特别注意两点：一是选择好时间窗口；二是拟定好发行价格。选择好时间窗口就是视股票市场和 IPO 市场的好转决定招股时机。在拟定发行价格时，投资银行要协调好各方的利益。

投资银行的风险投资业务与私募证券业务及证券管理业务有密切的关系。许多无法获得贷款，更不可能公开发行股票的新兴公司找到投资银行，要求投资银行通过私募为之融资。

（三）投资银行参与风险投资的收益

由于新兴公司的风险很大，因而投资银行往往要求发行公司提供很高的发行报酬。一般来说，私募发行的平均酬金率为 5%～6%，高的可达 8%～10%。此外，投资银行常常要求发行公司提供认股权证，一般要求该认股权证占私募总额的 10%，并规定在私募后 5 年内，投资银行有权按私募发行价的一定溢价购买该认股权证所代表的股票。在很多情况下，投资银行还要求发行公司保证让其负责日后的私募发行或公开发行。

二、投资银行的项目融资业务

（一）项目融资的含义与特点

项目融资是指为某一特定项目申请贷款。它是根据项目本身的情况来筹措资金的。贷款偿还的担保主要是基于该项目的预期经济收益足以支付该项目所借的债务；或基于项目承办单位能以其资产作抵押；或基于该项目的主办人或其他参与人通过合同、差额支付协议、各种保证书或其他类似措施，提供间接的财政资助。项目主办人的财力与信誉不是贷款的主要担保对象。

这种贷款方式的特点如下。

（1）贷款人不是根据主办机构的资产与信誉，而是根据项目承办机构的资产状况及该项目完工后所创造的经济效益来考虑是否发放贷款。

（2）不是一两个机构为该项贷款进行担保，而是由与工程项目有利害关系的多个机构为贷款可能发生的风险进行担保，以保证该工程按计划完工、营运，有足够的资金偿还贷款。

（3）工程所需的资金来源多样化。除从上述来源取得贷款，还可要求外国政府、国际组织给予援助，参与资金流通。

（4）项目贷款属于有限追索权或无追索权的筹资方式。

（二）投资银行在安排项目融资中的作用

项目融资的组织安排工作需要由具有专门技能的机构来完成，一般来说，无论是项目的发起人，还是项目的投资者，很难具有协调整个运行复杂、牵涉面广的项目融资工作的专业技能和经验，这项工作通常由投资银行或商业银行的项目融资部门来完成。

承担此项工作的投资银行必须了解项目投资者的目标和具体要求，熟悉项目所在国的政治经济结构、投资环境、法律和税务，对项目本身以及项目所属行业的技术发展趋势、项目的成本结构、投资费用有清楚的认识，掌握金融市场的变化动向和各种新的融资手段，与主要银行和金融机构有良好的关系，具备丰富的谈判经验和技巧等。在项目融资的谈判过程中，投资银行周旋于各个相关利益主体之间，通过对融资方案的反复设计、分析、比较和谈判，最后形成一个既能最大限度地保护项目投资者的利益又能为贷款银行所接受的融资方案。

具体来说，投资银行在项目融资过程中发挥以下作用。

1. 项目的可行性评价。项目的可行性评价是项目开发的前期准备工作，在此阶段，投资银行着重从项目财务评价、技术论证、可能涉及的风险几方面判断项目的可行性。

其中，财务评价工作包括项目的成本分析、现金流量分析、销售预测分析、盈亏平衡分析、敏感度分析、投资回报率分析，并从回收期、年收益率、净现值、内部收益率等方面衡量项目的经济效益。

风险分析包括对项目的信用风险、完工风险、生产风险、市场风险、金融风险、政治风险、环境保护风险进行分析。

技术论证是从项目的生产技术、原材料供应、市场分布、管理经验等方面判断项目的可行性。

2. 项目投资结构设计。所谓项目投资结构设计，是指在项目所在国家的法律法规、会计、税务等外部客观因素的制约条件下，寻求一种能够最大限度地实现投资目标的项目资产所有权结构。在项目融资中，应用比较普遍的投资结构通常有公司型合资结构、有限合伙制结构、非公司型合资结构。部分项目还会设计多层次的所有权结构，以实现各投资方之间的风险收益平衡。

3. 项目融资模式设计。项目融资模式是项目融资整体结构的核心部分。项目融资模式设计需要与项目投资结构设计同步进行。要在项目的投资结构确定下来之后，进一步细化融资模式的设计工作。有些投资结构专为某类融资模式设计，需要提前和出资方达成意向协议，来保障项目融资的顺利进行。

投资银行在这一阶段的工作主要包括决定融资总额，制定资金到位的时间表，确定资金构成和落实资金来源。

4. 帮助制定项目融资的担保措施。项目融资一般采用直接担保、间接担保、或有担保、意向性担保四种方式，担保的范围包含项目所涉及的各个风险因素。

5. 参与融资谈判。在初步确定了项目融资模式后，担任项目融资顾问的投资银行有选择地向商业银行或其他一些金融机构发出参加项目融资的邀请书，组织贷款银团。在与银行的谈判中，投资银行可以帮助加强项目投资者的谈判地位，保护投资者的利益，并在谈判陷入僵局时，及时找出适当的变通办法，绕过难点解决问题。

（三）投资银行的项目融资收益

按照国际惯例，担任融资顾问的投资银行通常收取三部分费用：一是聘用费，一般按实际工作量收取；二是项目融资安排费，按项目规模的一定百分比收取，通常是项目越大，百分比越低，但其绝对额很高；三是实际支出，包括差旅费、通信费等。如果融资顾问同时兼任贷款银团的经理人，在贷款期间还可以按年度收取一定的管理费。

小　结

现代投资银行是以证券承销及证券经纪业务为本源业务，通过不断创新提供多种新型金融服务的非银行金融机构。投资银行的功能包括：(1) 充当资金供需的媒介；(2) 在金融市场上，投资银行不仅是中介机构，而且是重要的参与者；(3) 充当连接宏观经济决策与微观企业行为的枢纽；(4) 促进企业的发展。投资银行的三大传统业务即证券承销、证券经纪和证券自营，证券承销为一级市场业务，证券经纪与证券自营共同构成二级市场的证券交易业务的内容。现代投资银行的派生业务有企业并购业务、代客理财业务和投融资业务等。

第 14 章　即测即评

思考题

1. 简述投资银行的概念、实质和功能。
2. 投资银行和商业银行在资本市场中的作用有何异同？
3. 哪些因素会影响投资银行的承销收益？在此基础上试对普通股、公司债券和增发新股这几种情况做具体的分析。
4. 简述投资基金的特点。
5. 如何理解投资银行风险管理业务中的衍生产品是一把“双刃剑”？
6. 投资银行在项目融资中一般发挥哪些作用？

第 15 章
国际投资

学习目标

- 了解国际投资的含义、国际直接投资的特征和主要方式
- 了解西方具有代表性的关于国际投资的理论和其局限性
- 认识我国对外投资的必要性和比较优势
- 了解风险投资的概念
- 掌握我国对外投资的指导原则

经济一体化已成为世界发展的趋势，国家之间的经济互动越来越频繁，任何国家都无法置身事外。习近平总书记多次强调，中国坚持对外开放的基本国策，坚定奉行互利共赢的开放战略，坚持经济全球化正确方向，增强国内国际两个市场两种资源联动效应，不断以中国新发展为世界提供新机遇，推动建设开放型世界经济。外国直接投资的流入会通过各种机制对我国的经济发展和国际竞争力产生影响。经过改革开放经济高速发展阶段，我国目前也进入对外投资的新阶段。用理论和实证相结合的方法分析国际直接投资对中国产业组织及其竞争力的影响，阐述我国利用外资和对外投资的问题，是本章的重点。

15.1 国际投资概述

国际直接投资作为一种资金、技术、管理等一揽子生产要素的跨国移动方式，在第二次世界大战以后迅速发展，与国际贸易和国际技术转让一起成为国家间进行经济技术交流合作的重要手段。

15.1.1 国际投资的含义

国际投资（international investment）是国际货币资本及国际产业资本跨国流动的一种形式，是一个国家或地区的投资主体将资财投向另一个国家或地区的经

济活动。国际直接投资和国际间接投资是国际投资的两种基本形式。

按照联合国贸易和发展会议的定义，国际直接投资（foreign direct investment，又称外国直接投资）是由设立在一个经济体的企业对设立在另一个经济体的实体进行管理控制的投资。

国际货币基金组织对国际直接投资的注解是："在投资人以外的国家（经济体）拥有持续利益的一种投资，其目的在于对企业的经营管理具有有效的发言权。"国际货币基金组织将"有效的发言权"（effective voice）解释为：单个投资者在一个企业中拥有 10%及以上的普通股股权，或者一组投资者拥有 50%以上的股权。

美国商务部的定义是：如果一家外国企业在一个国内经济体中拥有 10%及以上的股权，就可以视为直接投资，低于 10%为间接投资。

综上所述，国际直接投资是国际资本流动的一种形式，是指取得或拥有国外企业经营管理权和控制权的投资。国际直接投资不是单纯的资金外投，而是资金、技术、经营管理知识的综合体由投资国特定产业部门向东道国特定产业部门的转移。

国际直接投资与国际间接投资（foreign indirect investment）相对应，两者的根本差异在于是否拥有所投资企业的经营控制权。国际间接投资通常在所投资的企业中拥有少数股权，投资的时间较短，对东道国的短期经济波动更为敏感。国际间接投资通常由信托基金、退休基金和寿险公司等机构投资者进行，它们并不参与投资企业的经营管理。而国际直接投资通常由大型跨国公司进行，它们以所有者身份直接控制企业运营。

本章阐述的国际投资主要指国际直接投资。

15.1.2　国际投资的理论评述

20 世纪 60 年代以来，随着各国对外投资和跨国公司的迅速发展，经济学家开始从产业组织理论、贸易理论、工业区位理论、交易成本理论等出发进行深入的研究。

一、马克思主义关于利用外资的理论

马克思主义认为，资本是能够自行增值从而带来剩余价值的价值，资本本身具有国际性，哪里能给它带来更多的剩余价值，它就会流向哪里。在资本主义社会，资本输出是解决资本过剩的一种手段，其目的是追逐超额利润。毛泽东的对外开放思想是马克思主义与中国实践相结合的产物，毛泽东一直主张中国可以在适当的时候以适当的方式同其他国家进行贸易和投资往来，但是受到当时复杂严峻的国际形势的制约和限制。邓小平极大地丰富和发展了毛泽东的对外开放思想，提出并成功实践了对外开放的经济政策。进入新的历史时期，党中央对于利用外资有了新的指引。党的二十大报告强调"中国坚持对外开放的基本国策，坚定奉行互利共赢的开放战略"。习近平总书记在 2022 年中央经济工作会议上指明"要推进高水平对外开放，依托我国超大规模市场优势，以国内大循环吸引全球资源要素，既要把优质存量外资留下来，还要把更多高质量外资吸引过来，提升贸易投资合作质量和水平”。这些指引为在新的历史时期我国继续大力吸引使用外资点明了发展方向。

二、西方经济理论关于国际投资的论述

西方学者对国际投资的动因和流向进行了探讨，比较有代表性的理论流派有垄断优势论、产品生命周期论、国际生产折衷理论、国际直接投资理论等。

（一）垄断优势论

垄断优势论（monopolistic advantage theory）是最早研究国际直接投资的独立理论，由美国经济学家海默在1960年首先提出，1976年得以完善。他在实证分析的基础上，从不完全竞争市场的角度出发研究跨国投资。垄断优势论的主要内容如下。

1. 市场的不完全竞争。海默认为，至少存在四种类型的市场不完全：（1）产品和生产要素市场不完全；（2）由规模经济导致的市场不完全；（3）由政府干预经济导致的市场不完全；（4）由税负和关税导致的市场不完全。

2. 一国和国际市场的不完全竞争导致跨国公司在国内获得垄断优势，并通过国外生产加以利用，形成跨国直接投资。海默认为，在其他条件相同的情况下，东道国当地企业拥有外国企业所无法比拟的有利条件（如熟悉投资环境、熟悉市场、运输费用低廉、信息灵通、决策迅速、易于获得政府部门的支持、没有语言文化方面的障碍等）。一个企业之所以要对外直接投资，是因为它有比东道国同类企业更大的垄断优势，在国外生产可以赚取更多利润。由于存在不完全竞争，跨国公司拥有如下垄断优势：一类是包括生产技术、管理与组织技能及销售技能等一切无形资产在内的知识资产优势；另一类是由于企业规模大而产生的规模经济优势。由于当地企业很难获得跨国企业所拥有的知识资产优势，或者要拥有这种优势必须付出很大的成本，因此，投资者可以凭借自己的垄断优势获取垄断利润。同时，跨国企业将生产扩展到海外，可使企业生产达到最适度规模，以最大限度降低生产成本，从而获取竞争优势。这两种优势决定了对外直接投资的方向，跨国企业应该到知识资产相对薄弱的国家或地区投资兴建工业企业。

许多西方学者在海默的理论框架下，进一步补充和充实了垄断优势论。

垄断优势论的主要贡献在于两个方面：首先，海默确定国际直接投资不能用国家之间由利率差异导致的一般资本流动来解释；其次，研究国际直接投资必须说明企业到其他国家经营为什么是有利可图的。海默开创性地将国际直接投资看作国际化经营，即企业通过拥有全部或部分股权、进行特许经营、建立卡特尔、实施默许同谋等形式拥有其他企业的决策权。这一理论可以较好地解释知识密集型产业对外直接投资这一现象，如美国的石油提炼、制药、化工、农机、计算机、交通运输设备等技术密集型产业部门的对外直接投资额占美国对外直接投资总额的大部分。

但是垄断优势论也有其不足。首先，海默对优势的陈述有含糊不清之处，他没有区别所有权优势和区位优势。其次，构成所有权优势的资产并不都是可交易

的，商标、专利、品牌等是主要的可交易资产，而专有技术等是不可交易的。海默没有考虑到这种交易性的区别，无法解释为什么拥有特殊资产的跨国公司要采用国际直接投资的方式，而不是采用出口贸易、许可证贸易、技术转让等方式来利用其垄断优势；无法解释不具有技术等垄断优势的发展中国家企业为何也到发达国家进行跨国经营。

（二）产品生命周期论

产品生命周期论的代表人物是美国哈佛大学教授弗农。1966 年，弗农在《经济学季刊》上发表的《产品周期中的国际投资与国际贸易》一文提出，美国企业对外直接投资与产品生命周期密切相关。该理论从产品技术垄断的角度分析了国际直接投资产生的原因，在分析产品在其生命周期内所经历的三个阶段以及相应的市场特性后得出结论：在国际市场范围内，某一产品所处生命周期的不同决定了其产地的不同，而外国直接投资则是生产过程或产地转移的必然结果。

弗农的产品生命周期论指出：第一阶段即产品的创新阶段；第二阶段为成熟阶段；第三阶段为标准化阶段。弗农指出，产品在其生命周期的不同阶段有不同的特征。

弗农的产品生命周期论可以简单地描述为，假定新产品的创新国为美国，在产品创新阶段，主要产品市场在美国，随后向其他发达国家和发展中国家拓展。产品进入成熟阶段后，国外市场稳步扩大，发展中国家和其他发达国家开始仿制该产品。该阶段美国仍是主要生产者和出口者，但其他国家的仿制品逐渐占领美国的出口市场，使美国在新产品方面的垄断受到严重威胁。这时美国为保持自己的优势，开始实行标准化生产，向国外直接投资，尤其是向发展中国家投资，这意味着产品进入标准化阶段。这一理论解释了产品技术从诞生到扩散的过程中跨国公司如何获取最大利润，保持竞争优势。

弗农的产品生命周期论与海默的垄断优势论一样，也是在实证研究的基础上提出的，随着时间的推移，其固有局限性更为明显，对许多现象难以做出全面科学的解释。例如，当企业的技术优势不明显时，要待获得成本优势才能将生产转移到国外。但现实是跨国公司的子公司遍布全球，研究开发不限于母国，新产品一旦开发，就能迅速转移至子公司生产。此外，它无法对为取得生产原料所进行的海外投资做出圆满的解释，无法解释为何跨国公司宁愿在海外直接投资，也不愿采用授权方式。

（三）国际生产折衷理论

国际生产折衷理论是英国经济学家邓宁于 1977 年提出的，用以解释跨国公司的对外直接投资行为。他主张把投资目的、条件以及投资能力的分析结合起来，形成了国际生产折衷理论。这一理论认为，国际直接投资是所有权优势、内部化优势和区位优势三者综合作用的结果。

所有权优势指一国企业拥有或能够得到别国企业没有或难以得到的生产要素禀赋。邓宁把所有权优势分为三类：（1）由规模、垄断、资源的获得能力等所产生的优势，如接近原料或产品市场，生产规模庞大，寡占某种无形资产等；

(2) 子公司与其他企业相比可以得到母公司的某些禀赋的优势，如较廉价的投入物、市场情报、管理经验、研究开发成果等；(3) 由企业的跨国性所产生的某些所有权优势，如跨国公司所拥有的子公司越多，面临的经济环境差别越大，就越能利用不同的要素禀赋和市场的优势。一般来说，通过对外直接投资的形式来利用这些要素禀赋的效益要比单项技术专利的转让所产生的效益大得多，因为所有权优势作为一个整体所产生的垄断优势显然超过了知识资产中个别因素所产生的垄断优势。

内部化优势是指企业为避免不完全市场带来的影响把企业的优势保持在企业内部。邓宁认为，市场的不完全性包括两方面内容：一是结构的不完全性，这主要是由于对竞争的限制引起的，在这种情况下，交易成本很高，相互依赖的经济活动的共同利益不能实现；二是认识的不完全性，这主要是由于产品或劳务的市场信息难以获得，或者要花很大代价才能获取这些信息。邓宁认为，只有通过内部化，在一个企业内部实现供给与需求的交换，用企业自己的程序来配置资源，才能使企业的垄断优势发挥最大效用。

区位优势指A国比B国能为外国厂商在该国投资设厂提供更有利的条件。这些有利的条件是A国特有的，对所有的跨国企业一视同仁，不仅包括各种自然资源、劳动力，而且包括制度因素或其他因素，如产业结构、市场规模、税收和补贴、进口限制、交通运输成本等。

邓宁认为，上述的所有权优势和内部化优势是对外直接投资的必要条件，而区位优势是对外直接投资的充分条件。企业在拥有所有权优势和内部化优势的基础上，可以根据区位优势决定是采取出口形式、技术转移形式还是对外直接投资形式，是在A国投资还是在B国投资。如果一国企业拥有所有权、内部化和区位三种优势，可开展对外直接投资；如果企业具有所有权和内部化两种优势，可采用出口形式；如果企业仅有所有权优势，则只能选择技术转移形式。如果一个国家的厂商在A国投资比在B国投资可获得更多的利益，那么投资就会由B国流向A国。因此，对外投资的流向依赖于区位禀赋，即特定国家可提供的各种条件。

邓宁的国际生产折衷理论综合了产业组织理论、国际贸易理论和厂商理论，最能说明厂商何以能成为对外投资者（抑或东道国何以能成功地引进外资），克服了传统的对外投资理论只注重资本流动方面的研究之不足，将直接投资、国际贸易、区位选择等综合起来加以考虑，为国际经济活动提供了一种综合分析的方法。

然而，邓宁的理论也有不尽完善的地方，如该理论将所有权、内部化、区位优势等量齐观，无主次之分，且对三要素缺乏动态分析，难以与千变万化的跨国投资活动完全一致。

(四) 国际直接投资理论

发展经济学家针对发展中国家如何有效利用国际投资提出了许多观点，其中比较有代表性的是由经济学家切纳里和斯特劳特提出的双缺口模型。

凯恩斯关于国民收入的宏观分析式为：

$$Y=C+I+(X-M) \tag{15-1}$$

$$Y=C+S \tag{15-2}$$

式中，Y 为国民生产总值；C 为消费；S 为储蓄；I 为投资；X 为出口；M 为进口。

合并式（15-1）、式（15-2）并移项、消项，可得

$$I-S=M-X \tag{15-3}$$

在均衡增长的国民经济中，该等式是成立的，即事前虽然四个变量彼此独立，但在事后核算时应当相等。式（15-3）左边的（$I-S$）为储蓄缺口；右边的（$M-X$）为外汇缺口。

双缺口模型认为：从大多数发展中国家的经验来看，经济发展主要受到两大约束：一是储蓄的约束，即国内储蓄规模不足以支持投资的增加，影响经济的发展；二是外汇的约束（或贸易的约束），即出口收入小于进口支出，有限的外汇结余不足以支付经济发展所需要的资本品进口，阻碍国内生产和出口的发展，这是经济增长过程中的两个缺口。一国经济要均衡增长，必须保持储蓄缺口等于外汇缺口。当国内出现储蓄短缺时，必须用外汇缺口来平衡；当两缺口本身不具备互补能力自动均衡时，如果采取减少投资或进口的方式来获取缺口平衡，将会影响经济增长水平。因此，应该采用引进外资的办法来使两个缺口实现平衡。

在同时存在储蓄缺口和外汇缺口的情况下，有学者进一步给出了对外资利用需求规模的测算。如果储蓄缺口较大，即 $I-S\geqslant M-X$，那么利用外资的需求规模由储蓄缺口决定，因为从国外引进外资的数额只有在能够弥补储蓄缺口时，才能满足经济增长既定目标下的投资需求。相反，如果外汇缺口较大，引进外资的需求规模则由外汇缺口来决定。

双缺口模型在理论上解释了外资在发展中国家经济增长和实现内外均衡中的作用，提出唯有在开放条件下发展经济，积极有效地利用外部资源，才是松弛内部储蓄约束和外部外汇约束、求得内外均衡、实现经济稳定增长的有效途径。同时，该模型还提出了利用外资的计划性问题，即应根据经济增长目标的要求和缺口的大小决定外资净流入的数量，避免盲目引进所带来的影响国内经济正常运行的弊端。

但是，双缺口模型也有缺陷：首先，该模型假定外资与国内储蓄不产生替代关系，但在实际中外资往往对国内资源产生多种复杂的作用，或是追加补充，或是替代，有些是简单替代，有些是有效替代，会降低资本产出率，所以引进外资的规模不能如此简单地确定。其次，模型采用的是总量分析方法，未对经济结构给予应有的重视，如果外资流入只在总量上弥补缺口，对某些经济存在结构性问题的国家来说，资源短缺状况不能得到全面改善。

15.1.3 当前国际直接投资的主要特征

2022 年，全球国际直接投资呈现出以下特点①：

1. 全球投资不确定性提升。在经历了 2020 年的急剧下降和 2021 年的强劲反

① 联合国贸易和发展会议．2023 年世界投资报告．

弹之后，全球国际直接投资流入量在2022年下降了12%，降至1.3万亿美元。这主要是由俄乌冲突、食品和能源价格高企以及债务压力等全球多重危机造成的。国际项目融资和跨境并购尤其受到融资条件收紧、利率上升和资本市场不确定性的影响。此外，发达经济体的国际直接投资下降至3 780亿美元，降幅达37%。实际绿地项目和项目融资数量增加了5%。

2. 在发展中国家，国际直接投资增加了4%，达到9 160亿美元，占全球流量的70%以上，这是创纪录的份额。发展中国家绿地投资项目数量增加了37%，国际项目融资交易增加了5%。这对工业和基础设施投资前景而言是一个积极信号。亚洲发展中国家的外国投资流入量持平，为6 620亿美元，仍占全球外资流入的一半以上。印度和东盟是最活跃的国际直接投资接受国，分别增长了10%和5%，项目公告数量也出现了强劲增长。作为全球第二大外国投资接收国，中国的外国投资增长了5%。尽管发展中国家的国际直接投资总体上有所增加，但46个最不发达国家的国际直接投资却下降了16%，降至220亿美元，不到全球国际直接投资的2%。

3. 大型跨国公司的国际化程度——外国资产、销售和就业占全球总资产、销售和就业的比率——总体上保持稳定。2022年，海外销售增长速度快于资产和就业增长速度的趋势仍在继续。排名前100位的跨国公司的海外销售额增长了10%以上，而它们的海外资产价值则略有下降，它们正在以每年约150亿美元的速度剥离化石燃料资产。买家主要包括私募股权基金、行业内较小的运营商和大宗商品交易商。

4. 投资审查更为严格。2022年投资政策制定活动激增，因为许多国家纷纷采取措施以应对预期的经济衰退。有利于投资的措施达到102项，较上年翻一番，占所有措施的份额恢复到疫情前水平。以国家安全为由进行投资审查的国家增加到37个。在不利于投资的政策措施中，引入或收紧涉及外资的国家安全措施几乎占了一半。这些措施主要由发达国家推出。实行外国直接投资审查制度的国家合计占2022年外国直接投资存量的68%。因监管或政治方面的担忧而撤销的并购交易数量增加了三分之一。

5. 在动荡的资本市场中，以可持续发展为主题的投资仍然保持韧性。整个可持续金融市场（债券、基金和自愿碳市场）总规模在2022年达到了5.8万亿美元。截至2022年底，在联合国贸易和发展会议监测的可持续基金中，超过5 000亿美元的资产（占其总资产的30%）投入了8个与可持续发展目标相关的部门。医药健康、可再生能源、农粮以及水和卫生设施仍然是资金流入最多的部门，占上述可持续发展目标投资的95%。

15.1.4 国际直接投资的主要方式

一、国际直接投资进入东道国的具体形式

1. 绿地投资（greenfield investments）。又称新建投资，是指为在国外进行销售和（或）生产而在国外创办新的企业，包括开办新工厂或设立分公司、子公司等，可以是独资经营，也可以与东道国合作者创办合资或合作经营的企业。投资者以独资或合资的方式建立一个新的公司或厂房，从东道国当地购买、租借、修建厂房等不动产，添购新设备，雇用或培训员工，采用外国投资者的管理方法、技术和专有技能。投资者在东道国的经营可能会高度融入投资者在全球的经营，也可能在东道国就地生产、就地销售，具有一定的独立性。

2. 跨国并购（cross-border M&A）。跨国并购包括兼并和收购两种形式。兼并是指在竞争中占优势的企业购买另一家企业的全部财产，合并组成一家企业。兼并包括新设合并和吸收合并（参考第 14 章相关内容）。

跨国并购根据收购外国企业股权的比例可以分为多数股权并购（majority M&A）和少数股权并购（minority M&A）。如果收购企业股权超过 50%，即为多数股权并购，否则为少数股权并购。

绿地投资与跨国并购的主要区别在于新经营体所使用的资源的来源。绿地投资的资源主要来自外国投资者，并与东道国境内购入的资产结合。跨国并购则主要使用当地企业的资源，将其与外国投资者的管理能力等结合。

两者都给东道国带来外国直接投资，但对经济的影响不尽相同。绿地投资直接带来新的生产能力，在技术转让、增加就业、带动基础设施建设和上下游企业投资、促进内需等方面有积极作用。而企业跨国并购主要是产权转让，在投资初期并不增加新的生产能力，对市场集中程度和垄断等方面的影响颇令人关注。不过，跨国并购可以带来新的技术和管理，有助于东道国企业进行结构调整和升级，采用国际生产体制，进而提升全行业运行效率。随着经营时间的延长，两者对东道国经济影响的区别会逐渐消失，因此如果外资政策运用得当，跨国并购这种国际直接投资形式同样可以对经济发展做出贡献。

拓展阅读

中国化工收购先正达案例

跨国并购是一种非常复杂的投资活动，并购过程中涉及方方面面的专业知识，还会遇到各类监管机构的质询和竞争对手的竞价，2017 年 6 月 8 日中国化工集团公司（简称“中国化工”）宣布，已完成对瑞士先正达要约收购的交割，意味着这一刷新央企海外并购纪录的交易正式收官。截至目前，中国化工拥有先正达 94.7%的股份。

先正达是全球第一大农药、第三大种子农化高科技公司，有两百多年历史，拥有农药、种子、草坪和园艺三大业务板块。2016 年，先正达的销售收入约为 900 亿元，净利润为 84 亿元。其中，农药和种子分别占全球市场份额的 20%和 8%。从 2015 年开始，全球农化行业出现 20 年来的第二次大整合。其中，陶氏化学公司与杜邦公司的合并案是第一笔被宣布的交易，拜耳收购孟山都一案也备受市场关注。中国化工收购先正达则让中国企业一步跨入全球农化并购的第一线。

2015 年 5 月，先正达拒绝了孟山都提出的收购提议。2015 年 6 月，中国化工通过先正达财务顾问瑞银联系该公司董事长，再次提出了全现金收购的建议。但该报价较之孟山都的现金+股票报价有一定的折让。经先正达董事会讨论，根据公司前景、行业发展、整合现状及股东情绪等，公司决定继续寻求包括和中国化工交易在内的多种选择。同年7月26日，中国化工向先正达的董事长表示，愿意继续交易并保持先正达的核心价值、身份，并作出了瑞士办公总部不变的承诺。

在中国化工与先正达谈判期间，孟山都从未放弃并购先正达的想法。孟山都曾向先正达提交现金+股票报价，从平均每股449瑞士法郎提高至每股451.83瑞士法郎，比原报价高出2.83瑞士法郎，并承诺反向分手费为30亿美元。

12月11日，中国化工提出：以每股465瑞士法郎购买66.7%的股份，维持先正达公司的上市地位，或以全现金每股460瑞士法郎收购100%的股份。12月12日，先正达回复，愿意在475瑞士法郎的价格下，让中国化工进行尽职调查，并展开交易细节谈判。经过双方九个多月的艰苦谈判与交流，中国化工三次提价，终以全现金收购、保留管理层和纯财务投资的承诺，赢得先正达董事认可。

2016年2月3日，中国化工与先正达于瑞士苏黎世签署收购协议，向世界宣布：中国化工以430亿美元的全现金报价，收购先正达100%的股份。收购成功后，先正达的大田玉米、大豆、向日葵、甜菜等业务可以毫无限制地进入中国。交易金额巨大、融资结构复杂、审批关卡众多，是本次重磅收购的三大关键词。交易对价虽然锁定在430亿美元，但整体实际所需资金总额高达504亿美元，其中包括250亿美元股权融资和254亿美元债权融资。

2016年最初的要约书披露，汇丰银团提供约200亿美元，中信银团提供约300亿美元。其中汇丰银团贷款分为三层。据了解，汇丰银团的方案是，第一层的50亿美元在中信银团未能成立的条件下启动；第二层的100亿美元用于完成收购。后由于中信银团融资较为顺利，实际使用汇丰银团贷款75亿美元。中信银行并未披露其牵头的300亿美元融资结构。

为了实现巨额融资，项目搭建了涉及多个国家及地区的多层控股架构，以满足中国、卢森堡、荷兰、瑞士在金融、法律和税务等方面的要求，融资结构复杂。为此，中国化工共设立了三层架构、六家特殊目的实体（SPV）公司。

第一层架构是境内主体，由中国化工的全资子公司中国化工农化总公司来执行这个交易；第二层架构为中国香港设立的四家SPV公司；第三层架构为欧洲主体，上层一个香港SPV公司全资持有一个卢森堡SPV公司，而这个卢森堡SPV公司又全资持有一个荷兰公司，荷兰公司才是执行要约收购的最终买方。中信银行及信银国际作为项目全球协调行及并购顾问，在发起收购要约、设计整体融资方案、提供要约收购融资承诺、筹组跨境并购银团、换汇出境等各个阶段向中国化工提供了全流程、全方位的综合融资服务，以确保项目顺利推进。

6月8日，中信银行宣布，中国化工收购先正达巨额交易中的127亿美元银团贷款（包括125亿美元银团贷款和2亿美元流动资金贷款）成功筹资，125亿美元银团贷款期限为12个月，可延期6个月，年利率在3.65%左右，按季度付息，到期还本。这是亚太区迄今最大的银团贷款项目。此外，中国银行提供100亿美元的永续债券。

对于这一重磅跨境并购，审批程序之多也颇为罕见。2016年2月中国化工与先正达签署收购协议后，经过了相关国家政府的严格审批，最终通过美国外国投资委员会(CFIUS) 等 11 个国家的投资审查机构和美国、欧盟等 20 个国家和地区反垄断机构的审查。

资料来源：企业观察网．

二、国际直接投资的主要方式

国际直接投资根据投资者参与对外投资的方式不同分为以下几种。

(一) 独资经营

独资经营是完全由外商出资并独立经营的一种国际直接投资方式。第二次世界大战以后，西方主要资本主义国家为实现资本转移自由化，允许外国投资者进入本国投资设厂，包括兴建各种类型的独资经营企业。美国、日本、英国以及其他一些发达国家，除一些关系国计民生的重要部门或行业限制独资经营方式，其他行业一律允许外资兴办独资企业。因此，独资经营成为一种被各国广泛接受的国际直接投资方式。

独资经营企业由外国投资者提供全部资本，并独立自主地行使经营权。因此，对东道国而言，可以在不承担经营风险的基础上引进外资，通过各种税收、土地使用费、公共基础设施管理费等增加收入，引进先进的技术、设备和经营管理方法，同时增加就业；对投资者而言，可以独立行使经营权和投资权，避免合资经营中可能出现的种种矛盾，充分利用东道国的资源、市场和劳动力，并获取丰厚的投资回报。

(二) 合资经营

合资经营是两国或两国以上的投资者在一国境内根据所在国的法律，通过签订合同，按一定比例共同投资，建立共同经营管理、共担风险、共负盈亏的股权式企业（公司）的一种国际直接投资方式。合资经营中的合资双方以平等的法人或自然人的身份，以其投资的实际价值获得相应的损益。合资企业作为有限责任公司，每个投资者对该公司所负的责任以其投资额为限，公司对债务所负的责任以其注册资本为限，投资者之间不负连带责任。

合资经营企业由合营各方出资认股组成，各方出资多少，在合营企业的注册资本中各占多少比例，由各方协商确定。出资比例大致有三种：外国合营者占50%以上；本国合营者占 50%以上；双方各占 50%。其中以第二种方式最为常见。许多国家的投资法都规定，在合资经营企业中，本国合营者的股权不得少于51%，以确保本国合资方在董事会中的优势地位。

合资经营作为一种利用外资、引进技术的形式，除了可以弥补本国资金不足、引进先进技术和管理经验，还可以利用外商的投资渠道扩大出口，节省引进技术的外汇资金，同时可以把合资双方通过利益关系紧密结合在一起，促使双方通力合作，取长补短。

(三) 合作经营

合作经营是一种无股权的契约式的国际直接投资方式，合作双方的责任、权利和义务由合作双方协商并通过协议、合同加以规定。双方签署的协议书和合同经所在国政府批准后，受当地法律保护。合作经营与合资经营的区别主要有以下两点。

（1）合作经营企业是一种契约式企业，而合资经营企业一般为股权式企业。

（2）合作经营企业的合作者以各自的法人身份签约，可以建立也可以不建立具有法人资格的合作经营实体，投资方式比较灵活，可以不出现金，实物和权益可以不作价，也不计股，对双方的投资数额没有限制固定的比例。而合资经营企业必须由投资者双方以参加股份的方式出资，无论是以资金还是以实物、权益进行投资，均以货币金额计股，并应在所在国境内建立一个具有法人资格的共同经营的经济实体。

根据国际惯例，合作经营的主要方式有合作生产、合作开发和契约式合资经营。合作生产是由合作各方各自承担一种产品或一个工程项目的部分生产来共同完成产品或全部项目的一种合作方式。合作开发是由外国投资者提供资金，使用其先进适用的技术和管理经验与一国企业在其领土、领海、大陆架或所属海域内，划定区域合作勘探储藏的石油、天然气、矿产品等。这种投资方式通过引进外资合作开发本国暂无能力开采的资源，可以加快资源的开发利用。契约式合资经营则是合资一方将设备、技术甚至生产原材料等折价作为资本，另一方将土地、基建、公用设施以及劳务等折价作为资本的合作经营。

合作经营方式的优点是简便、灵活，容易达成一致协议。

（四）BOT 投资方式

典型的 BOT 投资方式是政府同投资者的项目公司签订合同，由项目公司筹资和建设基础设施。项目公司在协议期内拥有、运营和维护这项设施，通过收取费用或服务费收回投资并取得合理的利润。协议期满后，这项设施的所有权无偿移交给政府。

BOT 项目千差万别，但每一项目的完成都要经过以下几个阶段：项目确定、准备、招标、合同谈判、建设、经营、产权移交。BOT 项目在 20 世纪 80 年代初在我国得到较快发展，我国企业已探索多年并获得成功的经验，为引入社会资本参与公共设施与基础设施建设提供了新的途径。

（五）其他投资方式

除上述投资方式，还有一些其他投资方式，例如国际租赁、国际承包、国际补偿贸易、国际加工装配贸易等。

1. 国际租赁。国际租赁是指一国承租人通过向另一国出租人交纳租金，取得自身所需的设备工具等物品使用权的商品信贷和金融信贷相结合的国际投资方式。

国际租赁的种类很多，按照国际惯例，一般可分为融资租赁和经营租赁两大类。金融租赁是指承租企业所需要的设备由租赁公司购买后，租给承租人使用。金融租赁合同的期限较长，一般设备为 3～5 年，大型设备可达 10 年以上。合同一经签订不可解约。金融租赁又分为直接租赁和转租赁：前者是指租赁公司或银行信托投资公司自筹外汇资金购进外国厂商的设备后，直接把设备租给国内企业；

后者则是指国内租赁公司（承租人）从外国租赁公司（出租人）租进设备后再转租给国内企业（次承租人）。经营租赁也称服务性租赁，是一种不完全付清租赁，规定出租人除了提供融资，还要提供特别服务（如保险、维修等），因此租金较高。

2. 国际承包。国际承包是指一个具有法人地位、从事国外项目建设的公司，在国际市场上通过投标、议标、询价和接受委托等多种方式，按一定的价格条件与筹集资金准备建设一项工程的单位签订合同，取得实施这项工程建设的权利，然后根据合同要求组织设计施工，按质、按量、按期完成建设任务。国际承包的形式很多，总体上有两种，即总承包形式和分包形式。

3. 国际补偿贸易。国际补偿贸易是指一个国家的进口方在外汇资金短缺的情况下，原则上以不支付现汇为条件，从国外引进技术、设备，待工程建成投产后，以产品分期偿还其价款，是一种投资与贸易相结合的灵活的国际投资方式。国际补偿贸易可分为直接补偿、间接补偿、部分补偿和第三国补偿等形式。

4. 国际加工装配贸易。这是一种集国际投资和国际贸易于一体的灵活的国际投资方式，包括来料加工和来件装配两种形式。前者是指一个国家或地区的厂商（承接方）承接外国厂商（委托方）的原料、辅料和包装物料，必要时也提供某些装备，按照委托方的品种、规格、款式、技术等要求加工生产，成品按规定时间交给委托方，承接方只收取加工费，不对销售盈亏负责。后者是指由外国厂商提供元件、零部件，由东道国按外国厂商所要求的规格、款式进行装配，然后交给对方销售，并收取加工费。

15.2 国际投资对东道国的影响

15.2.1 国际投资对东道国经济的一般影响

关于国际投资对东道国经济的影响，学术界公认的一点是，国际投资是企业重组、资本和专有技术流动的重要方式。外国资本的进入有助于提升东道国的总投资率，提高经济活动的总体水平。

以国际贸易理论和产业组织理论为基础的国际直接投资理论为分析国际直接投资流入对东道国经济的影响提供了理论框架。这两种理论框架并非互相排斥，只是它们分别强调了资本流动的不同侧面。国际贸易理论强调的是国际投资（包括直接投资和间接投资）对生产要素报酬、就业和资本流动的直接影响；产业组织理论把研究的重点放在外部性所带来的间接影响上。外部性的问题主要存在于东道国技术和专有知识的转移和扩散、市场结构和竞争程度的变化中。外部性能在多大程度上促进技术的转移，取决于东道国政府和外国投资者的战略。

最早用国际贸易理论说明国际投资对东道国经济的影响的是麦克杜格尔。1960 年，他用比较静态的局部均衡分析法说明了外资的边际增量分布模式，其主要结论是：外国资本不论以何种形式流入（直接投资和间接投资），都会提高东道国的边际劳动生产率，降低资本的边际生产能力。同时，麦克杜格尔指出，国际投资还会带来其他益处："获得更多的国外私人投资的最直接益处是税收、规模经济和外部经济、当地企业获得的管理技能及迫于外商投资企业的竞争压力而采取高效的管理方法。"但是麦克杜格尔没有对这些收益之间的相对重要性进行讨论。①

用产业组织理论研究国际直接投资作用的主要是海默、凯夫斯、卡森、金德尔伯格、弗农、邓宁等人。他们研究的出发点在于跨国公司为什么要到国外投资生产它们在国内生产的同样的产品。答案可以概括如下："直接投资增长迅速的地方必然存在产品市场和要素（包括技术）市场不完善，或者存在政府或企业对竞争的干预。"② 企业到国外去进行生产投资，必须具有某些优势资产，如生产和工艺技术、管理和营销技能等，因此这些能到国外投资的企业具有与众不同的特性，而这些特性是分析外国直接投资对东道国经济影响的关键。

根据外国学者对国际投资的最新研究成果，国际投资流入对东道国经济发展的影响主要表现在以下几个方面。

1. 资本形成效应。仅拥有资金并不能形成投资，还必须经历一个资本形成过程，要受到市场、需求、消费、技术、管理和投资回报等一系列因素的制约。国际投资对东道国资本的形成更为重要，跨国公司拥有庞大的金融资源渠道，可弥补东道国经济中投资需求与国内储蓄的差距。引进外资有助于发展中国家的经济发展，通过投资行为促进资本形成机制的产生。此外，国际投资还可以带动前向中间品投入部门和后向辅助性部门的投资，从而产生乘数效应。

但也有持相反观点者，他们认为跨国公司真正投入的资金相当少，大部分资金来自投资的利润和当地储蓄，因其吸收地方资金而非提供新资金，所以会对本地企业融资造成排挤效应。对东道国而言，私人国际投资的成本比直接从国外获得资金的成本更高。

2. 技术和管理外溢效应。一国长期的经济均衡增长率是科技进步率与劳动生产率的双重作用。跨国公司扮演科技生产者与扩散者的双重角色，对东道国的经济进步具有关键作用。外国生产资本注入东道国，既通过进口机器设备、中间品等技术的转移，也通过技术服务咨询、技术人才培训、组织管理技能和企业家精神培养等技术的渗透和扩散，更重要的是技术开发和创新机制的动态培育。因此，国际投资比直接的技术贸易和技术许可有更大的扩散及外溢作用。

3. 国际贸易与国际收支效果。跨国公司扮演着当代国际贸易的主要角色，第二次世界大战后以跨国公司为主体的国际直接投资带动了部门内贸易和公司内贸易的大发展，是战后国际贸易发展的重要动力。尽管从理论上分析，国际投资有贸易创造和贸易替代两方面的效应，但实证经验表明，国际投资的发展总体上伴随着国际贸易的更迅速扩张。国际投资有助于发展中国家发展贸易，建立外销企

---

① MACDOUGALL G D A. The Benefits and Costs of Private Investment from Abroad: A Theoretical Approach. Economic Record, 1960: 36.

② KINDLEBERGER C P. American Business Abroad. New Haven: Yale University Press, 1969.

业，可以促进贸易市场拓展更多更广的渠道。

4. 竞争与反竞争效果。跨国公司一般而言比东道国的竞争者拥有更大的经济优势，更易形成对市场的垄断或寡占。此时，因跨国公司支配市场，东道国的竞争效率反而可能会降低。此外，当跨国公司取代东道国已经存在的公司时，可能是取得所有权，吸收东道国的资本、科技和其他资源，使东道国的企业因缺乏资源而丧失竞争力。各国政府对关键性行业设置进入门槛是通行的做法，以防止关乎国家稳定的行业丧失竞争力。

同时，由于跨国公司带来企业管理技能，训练当地劳动者和培养经营管理、金融、科技人才，因此有助于提高当地企业的竞争力。

5. 社会经济福利。一般认为，国际投资有助于增加东道国的就业量、总产量、工资总额及利润。当资本流入时，劳动密集型产业增加，这有助于东道国就业人口的增加，进而增加国民生产总值，亦有助于服务业的发展。同时，可以吸引劳动者由传统农业部门向现代工业部门迁移，使东道国产业结构更趋完整，增加就业机会。国际直接投资往往给东道国创造许多新的就业机会，其对就业的贡献不仅体现在外商投资企业直接提供就业机会，还包括通过刺激关联产业发展而间接创造就业机会。国际劳工组织的实证研究表明，外商投资企业为关联产业创造的就业人数比直接雇佣的人数多2～3倍。但若引进的大部分是资本密集型产业，反而可能导致失业现象。

在所得和分配方面，支持者认为可增加东道国就业者的所得，反对者则认为，因为在跨国公司工作者的收入比在本国企业高，工资总额的增加集中在国际投资的现代化部门，所以会造成财富（工资）差距拉大的不平衡现象。

15.2.2 国际投资对东道国产业国际竞争力的影响

一、国际竞争力的概念

国际竞争力是一个多层次、多维度的复杂的概念。国内外学者对其含义有不同的描述，有关国际竞争力的定义和衡量指标，至今仍有分歧。

美国《关于产业竞争力的总统委员会报告》认为："国际竞争力是一个国家在良好的市场条件下，在国际市场上提供好的产品、好的服务，同时提高本国人民生活水平的能力。"

瑞士管理研究院把它定义为：一个国家在其特有的经济与社会结构里，依靠自然资源禀赋创造附加价值，或者着重于改善国内经济环境条件以吸引外国投资，或者依靠国内内部型经济和发展国际型经济，以创造并提高附加价值、增加一国财富的能力。

我国从20世纪80年代中期开始，国家体改委的一些学者开始将国际竞争力的研究引入中国。1997年3月，中国人民大学出版社出版了国内第一本反映中国国际竞争力排名情况的图书——《中国国际竞争力发展报告（1996）》，由国家体改委经济改革研究院与综合开发研究院、中国人民大学统计学系和国际经济系共同编写。《中国国际竞争力发展报告（2003）》将国际竞争力定义为："一个国家在世界经济的大环境下，与各国的竞争力相比较，其创造增加值和国民财富持续增长的能力。”① 显然，这一报告是从国家层面探讨国际竞争力问题，将重点集中在经济增长能力上。

国际竞争力的概念可以分为三个层次：企业、产业、国家（地区）。前述定义是基于企业或者国家层次给出的。产业国际竞争力是介于国家国际竞争力和企业国际竞争力之间的一种以产业这个介于宏观与微观之间的所谓中观的层次为出发点的竞争力。产业在一国国际竞争力的强弱中起着关键作用。各个国家由于历史发展、资源禀赋、地理位置、文化习惯等因素的影响，总会有相对来说较为先进的产业，也会有相对薄弱的领域，不可能在所有产业中都处于世界领先地位。因此，国家竞争优势从根本上来说是若干产业竞争优势的问题，国家竞争优势的分析应从产业角度着手，考察一个国家的经济、社会、政治等环境如何影响各个产业的国际竞争力。

什么是产业国际竞争力？经济学家迈克尔·波特的观点具有代表性，他将产业国际竞争力定义为：一国或地区某一产业以比其他国家的同类产品更具竞争力的产品，在国际市场上获得更大的市场份额和影响力。

二、国际投资的影响

国际投资可以从多方面对东道国产业国际竞争力产生影响，可概括为以下两个方面：一是国际投资的技术转移效应；二是国际投资的竞争效应。

（一）国际投资的技术转移效应

一个国家获得先进技术的渠道基本上有两条，即技术创新和技术转移。前者来源于本国自主的研究与开发，后者则是从其他国家或地区引进技术。

国际技术转移的载体主要是国际技术贸易、技术外溢和国际科技合作交流。

1. 国际技术贸易采用的方式主要有许可贸易、技术服务与咨询、特许专营，以及含有知识产权和专有技术许可的设备买卖等，其中许多通过国际技术贸易和国际商品贸易进行的正式的技术转让是在跨国公司的母子公司之间进行的。内部国际技术转让可以提升子公司在当地的竞争地位，使其提高全要素生产率，获得更高的收益，进而使跨国公司从中得到补偿。跨国公司也会向东道国其他无关联企业转让技术，但这纯粹是一种市场交易行为，比较来说，跨国公司转让给子公司的技术要比转让给无关联企业的技术先进得多。出售技术给无关联企业更多发生在跨国公司准备退出某项业务时。

2. 跨国公司与东道国企业的技术水平存在间接的联系，或者说前者对后者存在间接的影响，即跨国公司的技术外溢效应。技术外溢通常是指技术领先者对同行业企业及其他企业的技术进步产生的积极影响，与技术转让的不同之处在于技术转让是一种商业行为，而技术外溢则是经济学意义上的外部效应。这种外部经济性的存在使跨国公司技术转让行为的社会效益可能大于企业效益，也就是说，

① 中国人民大学竞争力与评价研究中心研究组．中国国际竞争力发展报告（2003）．北京：中国人民大学出版社，2003：4.

通过与外商办合资企业引进国外的先进技术，然后扩散到国内其他企业形成技术外溢。由于技术产品市场的不完全性，市场交易成本很高，许多技术都采取内部化使用的方式，越是先进尖端的技术越不容易通过外部市场取得，这更增加了跨国公司技术外溢效应的重要性。

技术外溢的主要方式包括外商投资企业与东道国供货商和客户之间发生的关联效应、外商投资企业对东道国当地雇员的培训以及对当地其他企业的示范效应等。

以国际技术贸易方式进行的国际技术转移主要发生在发达国家之间，而转让给发展中国家的技术基本上是处于生命周期成熟阶段的标准化技术，因此，发展中国家要想获取更先进的技术，技术外溢是更为可取的方式。

3. 国际科技合作交流是当代科技和经济发展的大趋势。国际科技合作主要包括科技合作研发和国际技术援助。

科技合作研发是指派遣学者、专家到国外高校、科研机构或生产企业与对方专家学者合作进行研究，这是一种较常见的有效的合作方式。

国际技术援助是现代国际经济关系的一个重要方面。经济技术援助表现为向受援国提供成套的先进设备，提供全部或部分设备所需的零部件、原材料，甚至派遣技术专家负责组织和指导施工、安装和试生产，帮助受援国尽快学会管理生产和操作技术，早日产生经济效益。

在新时代、新形势下，国际科技合作交流也受到地缘政治影响，正逐步脱离单纯的产业行为。在考虑国际投资对产业竞争力影响的时候，必须将安全因素纳入其中。我国明确提出，要把增强产业链韧性和竞争力放在更加重要的位置，着力构建自主可控、安全高效的产业链供应链。要对重点行业产业链供应链进行系统梳理，摸清薄弱环节、找准风险点，分行业做好战略设计和精准施策，加快补齐产业链供应链短板，逐步在关系国家安全的领域和节点实现自主可控。

（二）国际投资的竞争效应

人们在考察国际投资对产业国际竞争力的影响时发现，起主要作用的是在一定竞争政策下形成的产业内企业间的竞争关系，即产业组织。

跨国公司进入东道国后，对产业效率的影响在很大程度上取决于其对该产业竞争性质和程度的影响，以及对市场竞争性的影响。

产业组织把各个产业内众多生产具有密切替代关系的商品或服务的企业合理地组织起来，促使企业之间展开良性竞争。因此，一国产业组织的效率高低是决定该产业内竞争效果的直接因素，是决定一国国际竞争力的重要因素。产业国际竞争力提高的关键在于产业组织的改善，形成有效竞争的市场结构和产业组织结构是培育和增强产业国际竞争力的根本途径和决定性条件。

研究国际投资对东道国市场的竞争效应，一般从以下三个方面着手。

1. 国际投资与东道国产业市场结构。根据产业组织理论，市场结构包括完全竞争、垄断竞争、寡头垄断和完全垄断四种类型。完全竞争和完全垄断是两种极端情况，现实中，普遍存在的绝大多数市场结构是介于两者之间的垄断竞争和寡头垄断，是既有垄断因素又有竞争因素的市场结构。

按照传统的结构-行为-绩效理论，市场结构的性质是由集中度、企业规模、产业进入壁垒和产品差异程度等决定的，其中最关键的就是集中度和产业进入壁垒。以集中度和产业进入壁垒为标志的市场结构决定了产业内企业行为，企业行为决定了产业绩效。集中度越高，市场结构越趋于垄断性质，使得企业有能力通过制定较高价格获取较高的利润率，而不必费心去降低成本和价格、提高质量和采用新技术，导致产业生产率低下。

最近的经济理论和实证研究认为，市场的竞争性不完全取决于集中度的高低，市场能够自由进出才是关键。从一个国家市场的角度来看，市场进出自由意味着国内生产者/销售者、通过国际贸易销售产品的外国生产者、通过国际直接投资（或非产权安排）在当地生产和销售的跨国公司都能够轻松自由地进入市场或退出市场。一旦先入企业以较高的价格获取超额利润，就会吸引新企业随时进入该产业参与竞争。此时，先入企业时刻面临潜在企业的威胁，在高度竞争市场条件下运作，必须不断提高生产效率，努力创新，以维持其在产业内的地位。

因此，分析跨国公司直接投资对东道国市场结构的影响，可以分别从东道国市场集中度和产业进入壁垒入手。跨国公司子公司在一国市场出现后，其发展战略、竞争行为，以及当地企业与其他外国企业的反应将进一步影响东道国市场结构。尽管跨国公司子公司和东道国企业之间存在资源禀赋的差异，但从经济主体的商业行为来看，并没有特别明显的差异。

大量的理论和实证研究成果都表明，跨国公司的对外直接投资倾向于产业生产者集中度和市场销售集中度较高的目标细分市场。这些细分市场在跨国公司进入之前，大多具有寡头垄断或完全垄断的市场特征，竞争匮乏导致市场效率低下，因此跨国公司的进入有助于提高市场效率。跨国公司的行为是促进竞争的，有利于市场经营效率的提高和消费者福利的增加。

2. 国际投资与企业行为。企业行为是指企业在市场上为获得更多利润和更高的市场占有率而适应市场要求所采取的行动。这种行动受市场结构制约，又反作用于市场结构，并直接影响市场竞争的效果。跨国公司进入东道国市场后的行为会对竞争产生直接影响，或通过市场结构对竞争产生间接影响。

3. 国际投资与东道国政府政策。东道国政府政策也会对国际投资的竞争效应产生影响。各国政府都制定了本国利用国际投资的政策，从市场准入、股权比例、投入要素采购、产品出口比率等方面做出规定。同时，各国政府为维护国内市场的竞争性，提高竞争效率，都会制定一些政策和法规制度，包括贸易政策、竞争政策等。贸易政策制定的基本方向是外资政策的中性化，即通过充分开放、国民待遇、非歧视和无优惠等措施与国际接轨，消除引起市场扭曲的政策因素。竞争政策包括政策法规逐步与国际惯例和国际规则接轨，保证市场竞争公平、公正、规范有序，维护市场结构的竞争性和市场主体竞争的公平性。

总之，跨国公司的进入及其子公司的经营活动会对东道国相应的市场竞争产生影响。在适当条件下，跨国公司的参与可以促进竞争，提高产业效率。然而，在发展中国家，由于跨国公司与东道国企业相比具有较大的市场优势，跨国公司进入以后，东道国市场结构的集中度可能会进一步提高，从而降低实际竞争的有效程度。

15.3　我国的对外投资

15.3.1　我国对外投资的必要性

我国的对外投资是突破国内资源约束，在境外主动利用外资的一种新方式；是优化生产要素组合的内在要求；是综合运用多种国际经济活动方式，避免高度依赖出口贸易的不确定性风险的主动选择；是利用我国企业资产优势，应对国际贸易保护主义的有效办法；是跻身国际舞台，参与高层次的产业内、公司内国际分工的发展战略。

我国开展对外投资的必要性主要表现在以下几个方面。

1. 发展对外投资是顺应企业国际化这一世界潮流的举措。第二次世界大战以后，生产资本国际化、经济生活国际化以及经济一体化成为世界经济发展的主要趋势，企业国际化成为世界潮流。

2. 发展对外投资是国际分工深化的结果，是促使我国对外经济活动向多样化、高层次发展的客观需要。第二次世界大战以后，国际分工日益深化，传统的以自然资源为基础的分工发展成为以现代技术为基础的分工；部门之间的垂直型分工发展成为部门内部的水平型分工；由市场自发力量所决定的分工发展成为由国家和跨国公司所推动的有组织的分工。从现状看，我国基本上还没有摆脱以自然资源为基础的分工的影响，受市场自发力量的推动，参与国际分工的方式比较单一，有很大的局限性，不利于国际竞争。这就促使我国的对外经济活动向多样化、高层次发展，开展多种形式的对外投资。

3. 发展对外投资是发挥我国资源优势、弥补我国资源不足的重要途径。在经济生活高度国际化的今天，世界各国的经济已经紧密地联系在一起，任何国家都不能离开其他国家而孤立地存在和发展。这种国际经济合作的重要作用之一在于充分发挥各国资源的互补作用，有的国家需要进口粮食，有的国家需进口先进技术和设备，有的国家需要能源和原料等，通过相互交流达到各自最佳的效果。我国是一个发展中大国，有些资源较丰富，如劳动力，而有些资源则明显不足，如矿产资源。通过对外投资可以发挥我国的资源优势，弥补资源劣势，从而加快我国经济建设进程。当前我国制造业规模庞大，对外投资可以保证制造业需要的各种原材料供应，对于增强产业链韧性，提升产业安全也是一种保障。

4. 发展对外投资有助于利用海外市场筹措资金、增加外汇收入和利用外国资源。对外投资是利用外资工作的重要方面，对投资国的国际收支、外汇收支有较大的影响。进入 20 世纪 90 年代以来，我国对外投资呈持续、快速、稳定的增长趋势。2022 年中国对外投资同比增长 0.9%至 1 465 亿美元。在大规模海外并购浪潮的推动下，中国已经成为部分发达国家的主要外资来源国。同时，随着“一带一路”建设和国际产能合作的推进，中国在发展中国家的投资也有望继续保持高速增长。2022年，我国企业在“一带一路”沿线国家的非金融类直接投资达209.7亿美元，同比增长3.3%，占同期总额的17.9%；在沿线国家承包工程完成营业额849.4亿美元，新签合同额1 296.2亿美元，分别占总额的54.8%和51.2%，为高质量共建“一带一路”作出积极贡献。

5. 发展对外投资是深化我国经济体制改革的必由之路。发达国家的对外投资已经有很大规模，层次较高，如果不采取措施迎头赶上，势必导致我国处于附庸地位，国内经济容易受国际政治、经济形势和跨国公司经营行为的影响，从而阻碍经济体制改革的深化。只有大力发展对外投资，依靠我国的优势组建跨国公司，扩大我国在国际市场上的影响，才能推动对外开放和经济体制改革的深化。

15.3.2 我国对外投资的比较优势

我国对外投资是在改革开放中逐步发展起来的，也是国民经济发展到一定阶段的必然趋势。通过40多年的实践，我国已具有一定的境外投资能力，拥有了相应的比较优势。

1. 我国综合国力增强，具有相应的国际竞争力。

第一，改革开放40多年，我国综合国力有很大的提高。2022年，我国的国内生产总值（GDP）超过121万亿元人民币，经济规模居世界第二。我国进出口总额增长很快，2022年，进出口贸易额达到42万亿元人民币，在全球贸易中位列第一。

第二，我国目前是工业门类最齐全的制造业大国，在一些重要资源开发领域具备较强的科研和技术开发能力，有些实用技术和设备对一些国家，特别是发展中国家具有较高的适用性和吸引力。从产业角度看，我国钢铁、煤炭、化工、建材及家电等主要产业的生产能力名列世界前茅，计算机、通信、生物工程等高科技产业具有一定的竞争力。

第三，我国国际竞争力综合水平迅速提高，总体水平位列转型国家首位，甚至超过法国、意大利等发达国家。根据瑞士管理研究院给出的2021年全球竞争力排名，我国国际竞争力居第16位，国际竞争力明显增强。

第四，我国大型企业集团的综合实力有所增强，在资金、技术、管理等方面有一定的竞争力。在2023年世界500强的企业排行中，上榜的中国企业数量达142家，超过美国（136家）。跻身世界500强榜单的中国企业数量继续领跑全球。

第五，我国经济长期保持平衡、健康、有序的发展，2022年末，我国外汇储备达到3.13万亿美元，在国际资本市场具备了一定的信誉和自行筹资能力。

2. 我国资本相对过剩，具备一定的资本输出条件。20世纪70年代末开始实行的改革开放政策极大地推进了我国经济的发展。在转型发展的初期，我国确实面临资金严重短缺的困境。但是到了90年代中后期，我国经济运行的总体格局发生根本性的转变，在宏观层面上出现资金相对过剩的问题。

2019年，我国人均GDP已经超过10 000美元。根据英国经济学家邓宁的模型，人均GDP在400～2 000美元属第二发展阶段，对外投资属于低水平；人均

GDP 在 2 000～4 750 美元属第三发展阶段，对外投资开始加速，资本流动平衡并开始流出；人均 GDP 超过 4 750 美元则进入第四阶段，对外直接投资的力度明显加强，对外直接投资净额表现为正值，并呈逐步增加的趋势。

3. 良好的国际关系有利于我国进行对外投资并取得一定的成绩和经验。20 世纪 90 年代以来，我国一直处于利用外资的国家前列，在对外投资方面快速发展，并取得了一定的成果，主要表现在：第一，有效利用国外资源，弥补国内缺口。我国人口众多，是资源相对贫乏的国家，人均资源占有量不到世界人均资源占有量的一半，我国能源和工业原料的绝大部分取自矿产资源，我国已探明的 45 种主要矿产的储量有超过 1/3 的缺口，供需矛盾突出，对外投资较好地弥补了资源缺口，特别是铁矿石、石油、有色金属等。第二，利用国外资金。如中国信托投资公司以金融租赁方式利用国际上几家大银行的银团贷款，投资 1.2 亿澳元购买澳大利亚波特兰炼铝厂 10%的股份，几年内就收回全部投资。第三，带动贸易出口。对外投资有利于提高制成品，特别是机电产品出口的比重，从而改善我国出口商品的结构。第四，有利于引进技术、培养人才和获取信息。

15.3.3　我国对外投资的指导原则

“站在新的历史起点，中国开放的大门只会越开越大。”党的十八大以来，在以习近平同志为核心的党中央坚强领导下，中国坚定不移奉行互利共赢的开放战略，形成全方位、多层次、宽领域的全面开放新格局。在新形势下，对外投资应该遵循以下原则：

1. 我国对外投资应以增强企业国际竞争力为主旨。增强企业国际竞争力是实现我国经济发展目标、增强综合国力的基础条件。受我国自身技术开发能力和资金支持力度限制，到国外去寻求“创造的资产”（技术和创新能力）日益成为企业增强自身竞争力的核心内容。21 世纪的国际经济竞争是高科技的竞争，以往靠廉价资源和低成本劳动力取得竞争优势的时代将一去不复返。世界经济正在从国家与国家间分工、交换走向企业内及企业间（国际）分工、交换的时代。跨国化是新时代企业生存的前提条件，而增强企业国际竞争力则是实现跨国化的根本所在。目前，我国企业无论从经营规模还是从总体实力上看都还有欠缺，单个企业要直接与跨国公司竞争还很困难。因此，增强我国企业的国际竞争力，要通过国家的协调与支持，利用产业和资产的纽带将我国众多独立核算的小企业联合起来，在战略和策略上发挥同行业企业的合力，或以股份制形式组织联合企业，以形成能够与跨国公司相抗衡的跨国企业集体，利用整体力量去进行国际竞争，增强我国企业的国际竞争力。

2. 我国的对外投资应以收益为目的。境外投资收入（国家非贸易外汇的主要成分）对经常项目平衡起到重要的调节作用，有助于促进国际收支平衡。从国际贸易的发展规律看，随着一国国民收入规模的扩大，对外贸易总额与国民收入的比率会逐步减小，而对外投资将出现快速增长的态势。我国经济的发展必将从对外贸的单一依赖朝对外投资与贸易并举的方向发展，这是国内经济调整以适应经济全球化和内需不足的必然结果。在全球经济一体化的今天，企业在利益的驱动下，通过境外投资开拓国际市场，参与国际化。企业应把握投资的客观规律，科学地进行投资决策，规范投资行为，以实现投资的高效益和低成本。

3. 我国的对外投资要以获取境外资源和市场为原则。随着国家经济的发展，未来中国企业需要走出去获取更大的目的地市场，国内制造业产能也需要越来越多的原材料和资源供给。只有利用国外资源和市场，才能在更广阔的空间进行经济结构调整和资源优化配置，促进我国经济的可持续发展。

4. 我国的对外投资要兼顾融资和吸引国外高科技人才。对外投资在一定程度上是间接利用外资，在当地融资可以减少资本输出，并能降低筹资成本和风险。当今，技术进步对经济增长的作用越来越大，境外投资应注意吸引国外高科技人才为我国经济建设服务，提高我国科技水平和发展我国高科技产业。

5. 我国的对外投资应多元化。所谓多元化是指市场多元化、投资主体多元化、经营方式多元化及投资与贸易相结合。市场多元化，是指不仅要开拓欧美等发达国家收入水平较高的市场，更要拓展发展中国家和独联体国家等收入水平较低的市场，那里的潜在市场大，自然资源丰富。投资主体多元化，是指除了要积极鼓励国有大企业集团“走出去”。还要在加强管理的基础上，引导多种所有制企业、中小企业特别是高新技术企业“走出去”；经营方式多元化，是指不仅要采用直接投资、独资、合作的投资方式，还要大力发展参股、收购等并购方式。投资与贸易相结合，包括投资与工程承包的结合，直接投资与间接投资的结合，贸易与现汇投资方式的结合，投资与贸易相结合有利于积极有效地利用国外资源市场。

拓展阅读

“一带一路”倡议背景下我国企业海外投资金融支持体系研究

20世纪50年代至90年代，日本由“贸易立国”向“海外投资立国”转变，通过对外投资缓解日益严重的日美经贸摩擦，以“全球化经营”为目标构建国际化生产网络。日本企业的海外投资获得成功与其金融支持体系密不可分，多元、完善的金融支持体系促进了日本企业国际化经营量的增长与质的提升。当前，我国所处外部发展环境与20世纪80年代的日本颇为相似，我国应构建现代化经济体系，坚定不移地推动全面深化改革和全方位对外开放，同“一带一路”建设、国家区域发展战略相互配合，完善改革开放空间布局。以史为鉴，研究20世纪中后期日本海外投资金融支持体系的发展逻辑与演化脉络，对于进一步厘清金融服务实体经济高质量“走出去”的机制，助力“一带一路”建设，构建海外投资高质量发展的金融支持体系具有重要的参考价值与现实意义。

一、日本促进海外投资的金融支持体系：演变脉络与建构逻辑

20世纪80年代以来，日本政府高度重视金融发展，推行“金融立国”战略，为企业海外投资建立了多元而完善的金融支持体系，采取了一系列鼓励、资助和扶植措施，在更广阔的领域支持工商企业海外投资。实体企业“走出去”与金融服务“走出去”

二者日益形成耦合关系：日本金融服务强化了企业“走出去”的优势，企业国际化又推动了日本“金融立国”战略的实施。

（一）审时度势，放松资本管制

随着日本经济与世界经济一体化程度提高，日本国内金融市场加快了变革的步伐。在日益增加的外部压力下，日本政府不得不开放国内金融市场，放松金融制度中的某些规定与限制，采取一系列措施放宽关于资本流动的限制。由于国际收支困难，日本企业海外投资一直受到《外汇管理法》的严格限制，从第二次世界大战结束到 1969 年，累计对外直接投资仅 26.71 亿美元。自 1969 年到 1978 年，日本实行了五次资本管制领域的改革，逐渐放松了对海外直接投资的资本管制。放松资本管制改革成效显著，1978 年日本对外直接投资存量从 1968 年的 20 亿美元增长至 318 亿美元，一跃成为世界第四大对外直接投资国。1980 年底，日本修改了《外汇与外贸管理法》，简化了官方批准后再进行外汇交易的管理程序，取消了对日元的外汇管理；1984 年 6 月，《金融自由化与日元国际化的现状与展望》发布，取消了对日元自由兑换的限制。1989 年日本对外直接投资达到 675 亿美元的高峰，相当于 1981 年的 7.56 倍，由此一跃成为世界最大的投资国。日本不仅增加了对制造业的投资，同时将投资领域扩大到金融保险业和不动产业，逐步形成了体系完善的海外投资格局。

（二）商业银行跨国经营，服务企业海外投资

根据企业对外直接投资的需要，日本政府逐步放松对银行业在海外设立分支机构的限制，为银行跨国经营创造了有利条件。大量实体企业走向海外也为银行业带来了拓展新业务空间与地理空间的机遇。日本银行业一改以往谨慎的态度，跨出国界，纷纷增设海外分支机构和办事处，不断拓展海外业务，将其触角伸向世界各地，建立了全球性的经营网络和多样化市场信息的全球联网系统，完善海外经营机制。20 世纪 70 年代以来，伴随日本放松资本管制，日本银行机构随着企业对外直接投资的增加迅速实现外向国际化。

据统计，1979 年日本银行在海外的分行达 127 家，办事处有 216 家。进入 20 世纪 80 年代，为缓和日美贸易摩擦，日本以海外投资替代商品出口，促使银行海外机构进一步扩张、业务范围和层次进一步发展，不仅局限于增设分行和办事处，而且开辟了投资管理、咨询和项目融资等中间业务，增强了日本企业海外投资的竞争能力。截至 1991 年，日本银行海外分行增至 318 家，办事处增至 424 家，在世界各地的分支机构共计 939 家。

日本银行业的国际化历程清晰刻画了实体经济国际化与金融业国际化相互影响的逻辑：企业海外直接投资的触角伸向哪里，本国金融服务的触角就伸到哪里；金融业国际化推动企业国际化向纵深发展，提升企业经营绩效。这样不仅促进了对外直接投资的高质量发展，同时也提升了金融业的发展水平与国际竞争力。

（三）海外投资保险制度，提高企业抵抗风险的能力

为应对企业海外投资面临的各类风险，日本以国家出口信用保险制度为基础，设立了海外投资保险制度、海外投资损失准备金制度等支持保障制度，并不断地补充完善，把对包括企业跨国并购在内的海外投资活动的保护上升到国家层面，很大程度上

降低了企业海外投资的风险。

（四）政策性金融机构体系，提供长期优惠的金融支持

日本从20世纪50年代初到80年代末逐渐形成“三行十库”庞大的政策性金融体系，共拥有200万亿日元的资金总量，接近日本GDP总量的50%，这30年是日本政策性金融发展的黄金期。政策性金融机构向海外投资企业提供各种形式的大量长期优惠贷款和直接资金支持，其额度和广度超出其他国家的类似机构，从而成为日本对外直接投资政策的最大特色之一。

1. 政策性银行为企业海外投资提供优惠融资。

日本进出口银行是政府为贸易、对外直接投资企业供应中长期低息优惠贷款支持和服务设立的专业银行，在为跨国公司提供资金支持方面最具代表性。自20世纪80年代以来，出口融资的重要性逐渐降低，对外投资信贷占日本进出口银行贷款的比重从20世纪50年代和60年代的不足10%，逐步地增加至80年代的20%～30%。20世纪90年代，对外直接投资信贷在日本进出口银行融资中占主导地位。

日本国际协力银行是专门进行国际经济合作的政策性银行，于1999年10月1日由日本进出口银行和海外经济协力基金合并成立，在全球20多个国家和地区设有办事处。它由日本政府100%出资，发展目标不是与私人银行竞争，而是通过银团贷款为国内投资企业提供资金的做法来“补充和鼓励商业银行融资”，通过国际融资账户和海外经济合作账户向企业提供长期低息贷款和其他金融服务，致力于发展日本企业海外经济，贷款对象包括日本企业、日本企业海外分支机构与股权投资的合资企业，重点支持面临资金困境的日本海外企业。

2. 政策性金融公库专注支持中小企业走出去。

20世纪90年代初期，日本政府共建立了10家政策性金融公库，金融公库与银行相比，专注经营民间金融机构不愿或无力经营的金融业务，弥补民间金融即市场金融的不足，从而实现金融资源的合理有效配置和经济社会的稳定、协调发展。日本政府为推进中小企业国际化，设立了专注于中小企业海外投资的商工组合中央金库、国民金融公库、中小企业金融公库、中小企业信用保险公库四家政策性金融公库，给予海外投资企业低利率、长期的优惠贷款与信用担保。

二、我国助力“一带一路”建设与企业海外投资的金融支持体系

随着“一带一路”倡议逐步落实，中国企业海外投资步入了黄金期，伴随着国际产能和装备制造合作、基础设施互联互通以及对金融支持服务需求高的大型项目走出国门，完备的金融支持体系的重要性尤为凸显。

（一）全流程监管逐步完善，高质量与理性对外投资受鼓励

2014年12月24日国务院常务会议中，提出健全政策体系、扩宽融资渠道、简化审批手续三项举措加快金融支持企业“走出去”。加大金融对我国企业海外投资的支持力度，是实现经济稳定增长和经济结构优化的重要举措，可以推动我国优势产业与充裕产能“走出去”，实现国际产能合作共赢，提高中国产品的国际竞争力，进而推动我国金融业、制造业向中高端水平迈进。2014—2018年，我国对外投资政策经历了从鼓励企业“大规模走出去”向积极推进“鼓励发展+负面清单”管理方式的较大转变。

2018年1月，商务部、人民银行、国资委、银监会、证监会、保监会、外汇局共同发布了《对外投资备案（核准）报告暂行办法》，该办法在对外直接投资事前、事中、事后监管方面推出了一系列的改革创新举措，实现了对海外投资的全流程管理。

（二）“一带一路”倡议下我国企业“走出去”金融支持体系

按照资金来源不同，目前“一带一路”倡议下我国企业“走出去”金融支持体系的基本结构分为以下四个部分：第一部分是政策性金融机构，国家开发银行和中国进出口银行不仅提供传统授信，而且建立了中外合作基金为海外投资企业提供低成本融资支持。第二部分是商业性金融机构，四大国有银行是“一带一路”建设的融资主力，其中中国银行和中国工商银行凭借成熟经验和广泛的海外分支机构在“一带一路”投融资中占据主导地位。第三部分是专项投资基金，2014年2月设立的丝路基金是为“一带一路”量身打造的具有国际标准的融资支持机构，以中长期开发股权投资为主为“一带一路”建设提供资金支持。第四部分是出口信用保险，中信保是唯一一家由国家财政预算安排设立的政策性出口信用保险公司，为“走出去”企业海外投资提供保险，促进我国对外经贸投资的发展。

三、政策建议

新时代开放经济格局下，中国企业“走出去”将更强调高质量服务于国家发展战略，鼓励有助于国内产业升级和优质富余产能国际对接的企业海外投资。有效发挥金融在“一带一路”建设中的重要支撑作用，需要根植中国国情，借鉴日本发展经验，以市场化为原则发挥成本和政策支持等优势，整合政策性、商业性和开发性金融资源。

（一）强化前中后全流程管理，促进海外投资可持续发展

从国家层面来看，要鼓励并引导企业海外投资与服务国内经济发展、产业结构升级和价值链位置由中低端向中高端攀升等发展目标、规划相适应。从部委层面来看，各部委应建立投资信息共享机制，按照“鼓励发展+负面清单”原则对企业海外投资事前、事中、事后进行全流程管理。

（二）完善海外投资“保险+信用”支持制度，解除企业海外投资后顾之忧

目前，我国金融机构现有的保险服务对企业“走出去”过程中会面临的经营、政治与汇兑管制等潜在风险保护有限，不利于我国企业海外直接投资，建立健全投资保险制度势在必行。为此，我国应借鉴日本海外投资保险制度的经验和先进举措，建立并完善相应的海外投资保险制度；结合日本以财政理赔为后盾的做法，设立具有政府职能的对外投资保险机构，为海外投资提供政策性金融支持；采用单边投资保险制度，扩展境外投资保险业务与范围，体现宽严适度的原则。

应参照日本推进政策性“信用+保险”合作的做法，建立我国境外投资信用担保体系与制度，为我国境外投资企业债务、信贷等信用风险提供担保；建立担保机构的风险补偿机制，通过反担保、再担保等方式分摊风险，防范贷款风险。从而有效消除企业海外经营的后顾之忧，帮助企业应对、防范和化解潜在风险，提高我国企业风险抵抗力和国际竞争力。

（三）加快金融机构海外布局，服务企业海外投资需求

日本的经验是当企业“走出去”时，为之提供配套服务的金融机构也随之积极开

展海外业务。我国的金融机构应该以资金融通为抓手，采取行之有效的海外发展战略，尽快完成境外分支机构网络的布局；打造一个强大的国际化经营平台，提供全方位、本地化的有效金融服务，不断提升跨境金融服务综合能力；实现“走出去”金融机构的多样化，逐步形成银行、保险、证券等金融机构积极拓展海外业务的新格局。

（四）深化政策性金融机构改革，满足企业“走出去”多元化融资需求

在借鉴日本政策性金融支持体系的同时，应当立足于我国国情，进一步完善政策性金融机构法律体系，探索深化政策性金融机构经营机制和结构性改革，强化对外投资信贷配套服务。参照日本为中小企业发展设立针对性金融公库的做法，建立为中小企业服务的政策性金融机构，对中小企业提供贷款和利息补贴。改善融资环境，推动国内政策性金融机构同东道国引资机构以及亚投行、丝路基金、中非发展基金等双边多边机构合作，参与联合融资、联合贷款与投资基金建设，为符合国家战略的企业海外项目提供优惠金融服务。

（五）金融机构提供增值服务，与企业携手开拓海外市场

金融机构不仅可以帮助企业走出国门开拓海外市场，搭建起通往世界的资金桥梁，还可以为企业海外投资引路护航。金融机构可以发挥自身的跨境服务优势和信息优势，完善对外直接投资信息咨询服务体系，设立专门机构加强同东道国引资部门的合作、交流与协调，对东道国的政策、法律、风险等进行深入分析，为海外投资企业提供一体化、综合性信息和咨询服务，引领企业“走出去”，帮助企业应对、防范和化解潜在风险，与企业携手开拓海外市场。

资料来源：商务部外贸发展局.

15.4 国际投资的外汇风险

15.4.1 外汇风险的概念

外汇风险又称汇率风险或汇兑风险，是经济风险的一种，指投资者在持有或运用外汇的经济活动中，因汇率变动而蒙受损失或获得额外收益的可能性。

从事投资特别是国际投资的活动主体，不可避免地会在国际范围内收付大量外汇，或拥有以外币表示的债权债务，而汇率如上节所述，其影响因素很多，往往会发生投资决策前难以预料的变化，这样就会给投资者的收益带来不确定性。

在国际投资活动中，外汇风险主要表现为交易风险、折算风险和经济风险三种类型。

1. 交易风险。交易风险是指一个经济实体在以外币计价的国际收支经营中，由外汇汇率的波动引起应收资产与应付债务变动的可能性。这类风险包括：(1) 在进出口业务中，从合同签订到实际收付这一段时间内，由于汇率变动而产生的风险；(2) 资本输入过程中，在债务清偿前由于汇率变动而产生的风险；(3) 待交割远期外汇合同的一方，在该合同到期时，由于汇率的变动面临以更多或较少

的货币去换取另一种货币的风险。

2. 折算风险。又称会计风险，是指企业在对资产负债表进行会计处理，将功能货币转换成记账货币时，因汇率变动而产生账面上损益的可能性。与交易风险不同，折算风险指的是一个企业全部资产或负债价值的变化，涉及全部现金流量，而不是仅涉及外汇交易的现金流量。由于换算方法所适用的汇率不同，损益就会发生变化，这虽不是实际交割时的损益，但会影响到企业向股东和社会公布财务报告的结果。

3. 经济风险。又称经营风险，是指意料之外的汇率变化影响企业的生产销售数量、价格、成本，从而导致企业在未来一定时期内收益或现金流量增加或减少的可能性。值得注意的是，经济风险是指未能预期的汇率变动对企业价值的影响，不包括意料到的汇率变动。这是因为在计算公司未来获利情况时，一般已将意料到的汇率变动对未来获利情况的影响考虑进去，所以这种预期的汇率变动并不构成风险。

对于投资者来说，经济风险比前两类风险更为重要，因为折算风险和交易风险都是一次性的，而经济风险是长期性的。经济风险是一种概率分析，需要投资者从整体上进行预测、规划和分析，对它的分析在很大程度上取决于投资者的预测能力，预测的准确程度将直接影响到其在融资、销售与生产方面的战略决策。

15.4.2 外汇风险的预测

外汇风险预测，主要是对汇率变动进行预测，是指根据某种货币过去的汇率水平，对该种货币汇率的变动方向、变动幅度、变动时间等进行估计，帮助投资者在外汇风险管理方面做出正确的决策。

国际投资外汇风险的预测大体上有三种方法。

1. 准德尔菲专家咨询法。准德尔菲专家咨询法是一种类似德尔菲法的专家咨询法。具体做法是：在一个或数个中间人的组织下，采用匿名的征询问卷，请专家网络中的专家独立地做出自己的判断，中间人再将这些意见加以综合，并把结果向专家反馈，以便专家进一步做出新的判断。这种征询进行多轮，直到专家意见大体上趋于一致，才最后得出结论。这种方法的运作流程见图 15－1。

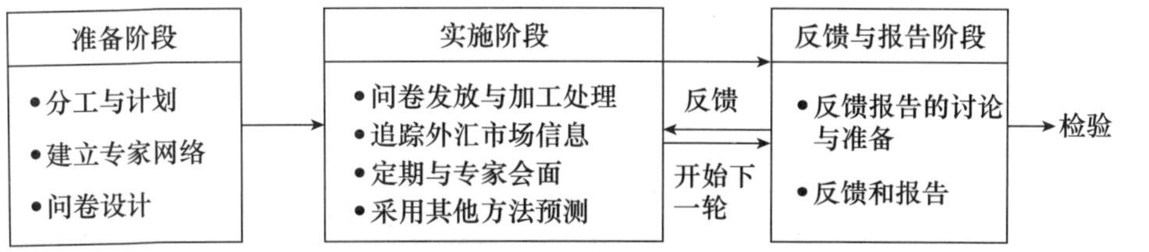

图 15－1 准德尔菲专家咨询法运作流程图

利用准德尔菲专家咨询法预测出来的汇率虽然主观成分较多，但由于它是专家通过多轮修正得出的，往往能较准确地反映汇率变动的趋势。

2. 计量经济方法。这种方法的基本思想是把汇率与决定汇率的各种因素（如货币供应量、国民生产总值、利息率、通货膨胀率以及贸易收支等）的关系用公式表达出来，然后再将各种因素的数值代入公式，求出汇率的预测数值。外汇预测计量经济模型有：随机模型、价格自由浮动模型和价格黏滞模型。下面对价格自由浮动模型作简单介绍。

价格自由浮动模型的计量方程式为：

$$e=a_0+a_1(m-m^*)+a_2(y-y^*)+a_3(r-r^*)+\varepsilon \tag{15-5}$$

式中，e 为以本币表示的外汇汇率；m 和 m^* 分别为本国和外国的名义货币发行量的对数；y 和 y^* 分别为本国和外国的国民生产总值的对数；r 和 r^* 分别为本国和外国的名义利息率；ε 为随机误差项；a_0，a_1，a_2，a_3 分别为常数、汇率的货币供应弹性、收入弹性和名义利率弹性。

a_1 和 a_3 应大于零（因为当一国的货币供应量增加、利率提高时，本国的货币会贬值，外汇升值），而 a_2 应小于零（因为当一国收入增加时，本国的货币会增值，外汇贬值），这里，a_0，a_1，a_2，a_3 和 ε 都可由历史数据求得。

利用计量经济方法预测汇率的优点是能够用数字明确表示过去汇率变动中各种因素的影响程度，缺点是公式所表示的关系不一定适合未来，且对货币供应量、国民生产总值、利率等的估计存在预测的问题。

3. 图表分析法。图表分析法又叫技术分析法，它与计量经济方法不同。计量经济方法是根据历史数据求出汇率与各因素之间的依赖关系，再据之进行预测。而图表分析法重视汇率过去的变动，把每天的变化、几个月的平均值的变化画成曲线，然后预测未来汇率趋势，确定其变动方向。其理论前提是：价格按趋势变动，历史不断重现。其步骤为：（1）取得必要的原始数据，如以交易日为时间序列的日汇率最高价、最低价和收盘价等；（2）对数据作简单的加工处理并绘制所需图表；（3）根据所绘图形信号（或添加必要的辅助线）进行预测。

图表分析法的优点是短期预测效果较好，制图程序简单，预测结果直观。其缺点在于要求原始数据具有相对连续性和完整性，受主观因素影响较大，属于类似赌博的预测，因此，需要利用辅助方法提高预测的准确度。

15.4.3 外汇风险的防范

防范外汇风险的前提是准确地预测汇率的变化趋势，在此基础上正确运用防范外汇风险的各种方法和措施，使风险损失降至最低。下面简要介绍几种经常采用的防范风险的措施。

1. 货币保值措施。货币保值措施是指在交易谈判中，经过双方协商，在合同中订立适当的保值条款，以防范汇率多变的风险。常用的货币保值条款有：黄金保值条款、硬货币保值条款和一篮子货币保值条款。

黄金保值条款是指在订立交易合同时，按当时的黄金市场价格将支付货币的金额折合为对应数量的黄金，到实际付款时则将黄金按市场价格折合成货币，这种保值方法在固定汇率时采用较多。硬货币保值条款是在合同中规定以硬货币计价，以软货币支付，支付时按现行汇率将硬货币折合成软货币。一篮子货币保值条款是在合同中规定支付货币与由多种货币组成的一篮子货币的综合价值挂钩，因为在浮动汇率制度下汇率变动频繁，但变动的幅度和方向并不一致，而一篮子货币的汇率有升有降，这样汇率风险就可以分散或相互抵消，从而达到保值的目的。在实际操作中，将支付货币与特别提款权或欧元等挂钩的方法比较普遍，这是因为这些复合货币本身就是价值比较稳定的由一篮子货币定值的货币单位。

2. 选择有利的计价货币。在国际收支中，有硬货币和软货币之分。硬货币是指汇率比较稳定并有上浮趋势的货币；软货币则是汇率波动较大且有下降趋势的货币。在国际业务中，由于成交日期同外汇收付日期有一段距离，在外汇汇率不断变化的情况下，使用什么货币计价和结算，往往成为双方谈判和签订合同时争论的焦点。

一般来说，在有关进出口的交易过程中，投资者的货币选择应遵循以下三条原则：（1）选择可自由兑换货币；（2）付汇用软货币，收汇用硬货币；（3）协议公正。

3. 远期外汇交易法。远期外汇交易法利用外汇期货进行套期保值，即在外汇期货市场上作与现货市场上数量相当、方向相反的交易，以消除外汇汇率变动对外汇实际收支的影响。

具体做法是：投资者在应付货款（以外币计价）结算之前，在外汇期货市场用本币买进远期外汇合约，合同交割日为交易结算日，结算日到来之时，依期汇合约按约定汇率支付本币，获得所需外币以支付货款，这样投资者就避免了外汇市场上汇率波动所带来的风险，其所付货款是按远期汇率用本币兑换而来的，是一个固定值。当然，远期汇率与即期汇率有一个差价，形成企业的保值成本，所以投资者应先做出基本估计，在保值成本与汇率风险的大小之间进行权衡。实际情况中，使用外汇的企业或投资者常常在保值成本和汇率风险之间进行折中，采用不完全保值的做法，即期货合约价值低于需要的外汇总量，锁定部分汇率，同时还保留部分的风险暴露。

4. 国际信贷法。国际信贷法是指在中长期国际支付中，利用适当形式的国际信贷如“福费廷”（forfaiting）、出口信贷等，一方面获得资金融通，另一方面冲销或转嫁外汇风险。

（1）福费廷。福费廷是指在延期付款的大型设备交易中，出口商把由进口商承兑的、期限在半年以上到五六年的远期汇票无追索权地向出口商所在地的银行或金融公司进行贴现，提前取得现款的一种资金融通形式。福费廷是一种特殊的出口信贷，它使出口商与进口商的信贷交易变成现金交易，将出口商的外汇风险转嫁给经办福费廷业务的机构。业务机构在多个地区开展业务时，往往可以遇到金额相近、方向相反的外汇贴现业务，能够互相抵消风险。

（2）出口信贷。出口信贷分为卖方信贷和买方信贷。卖方信贷是由出口商的开户银行向出口商垫付货款，允许进口企业以后分期偿还。买方信贷是由出口方银行直接向进口商或进口方银行提供贷款。出口信贷使出口商的外汇风险转嫁给了贷款银行。

可见，国际信贷法适用于有远期外汇收入的企业，通过向银行借进一笔与远期收入金额相同、期限相同、货币相同的贷款，来达到抵消或转嫁外汇风险的目的。

5. 提前或延期结汇法。提前或延期结汇法是指在国际收付中，通过预测支付货币汇率的变动趋势，更改外汇资金的收付日期来抵消外汇风险。投资者一般可以在下述两种情况下运用此法。

(1) 在进出口交易中，如果预测计价货币行将贬值，在进口方面，可推迟向国外购买设备或要求出口商同意其延期付款；而在出口方面，应尽早签订出口合同，或要求对方提前付款，以达到避免外汇风险的目的。

(2) 如果预测计价货币行将升值，在进口方面，投资者要尽量提前购买或预付货款，只要仓储费用和预付货款的利息不超过潜在的外汇风险，该策略就是合理的；而在出口方面，则要推迟交货，或采取允许进口方延期付款的方式，以获得汇率变动的益处。

6. 对销贸易法。对销贸易法是一种将进口与出口相互联系进行货物交换的贸易方法，对销贸易的主要形式有易货贸易、清算协定贸易和转手贸易。投资者主要在补偿贸易和国际加工装配贸易领域使用该方法。

补偿贸易是在传统的易货贸易的基础上发展起来的，它是投资方在外汇资金短缺的情况下，从国外引进技术、设备，待工程建成投产后以产品偿还价款的一种投资与贸易相结合的国际投资方式。在这种投资方法中，设备和回购产品的作价都预先确定，且数量相等，因此不发生现实的外汇支付，对进出口双方而言都没有外汇风险。

国际加工装配贸易实际上是将外资和本国的劳务结合的一种国际投资方式，简单地说，投资者利用国外厂商提供的原料和设备进行加工装配生产，产品返回原料提供国，这样一方面缓解了东道国投资资金的不足，另一方面又避免了国际贸易中的外汇风险。

7. BSI 法。BSI 法即借款-现汇交易-投资，它是一种综合运用借款、现汇交易和投资的方法。具体操作是：投资者在签订购买进口设备合同后，当即从本国银行借入一笔按现汇汇率计算与未来外汇支出的金额等值的本国货币，然后，以所借货币在现汇市场上买进未来支付的外汇，并将该外汇投资于国际货币市场，投资期限与未来外汇支付期限相同。到结算日时，以从国际货币市场上收回的外汇投资本金支付货款，用投资所得的利息偿还银行的贷款利息。

15.5 风险投资

15.5.1 风险投资的概念

一、风险投资的定义

风险投资是职业金融家投入新兴的、迅速发展的、有巨大潜力的企业中的一种权益资本。它起源于美国，经过几十年的发展和完善，在世界上许多国家推广应用。风险投资作为一种投资方式，主要是投资人为创业期企业，尤其是高科技企业或高增长型企业提供资本，并通过资产经营服务对所投资企业进行教育指导，在企业发育成熟后即退出投资，以实现自身资本增值。

风险投资的定义有不同的表述方法，但核心内容是一致的，即投资于高技术领域，促进科学研究成果转变为现实生产力。因此，我们给出以下定义：风险投资也叫创业投资，是一种权益资本，以资金形态投资于新兴的、迅速发展的、有巨大潜力的创业企业，旨在促进高技术尽快产品化，待企业发育成熟后，通过市场退出机制将投入的资本由股权形态转化为资金形态，回收投资以取得高收益。

二、风险投资的特点

1. 风险投资是一种权益投资。风险投资不是一种借贷资本，而是一种权益资本，其着眼点在于企业的发展前景和资产增值，而不是当前盈亏，以便通过上市或出售达到退资并取得高额回报的目的。

2. 风险投资是一种流动性较低、中长期、无担保、高风险、高回报的投资。风险投资主要用于支持刚刚起步或尚未起步的高科技企业，一方面，这些企业没有固定资产或资金作为贷款抵押和担保，无法从传统融资渠道获得资金，只能另辟渠道；另一方面，这些企业在技术、管理、市场、政策等方面的风险都非常大，投资成功率较低，发达国家高科技企业的成功率也只有 20%～30%。风险投资是中长期投资，投资回收期一般在 4～7 年。但风险投资如若成功，又是高回报的投资。举例来说，业内推算，2004 年谷歌上市后，红杉资本使用 1 250 万美元初始投资获得 50 亿美元以上的回报，而它对 YouTube 的 1 150 万美元的投资也随着谷歌的收购升值为 4.95 亿美元。从整个风险投资行业看，美国自出现风险投资以来，投资基金收益平均为 15.8%，是股票投资的 2 倍，是长期债券的 5 倍。因而可以说风险投资是高风险与高收益的结合。

3. 风险投资是一种组合投资。为分散风险，风险投资通常投资于一个项目群（通常包含 10 个以上项目），利用成功项目所取得的高回报来弥补失败项目的损失并获得收益。

4. 风险投资是一种金融与科技、资金与管理相结合的专业性投资。

15.5.2　风险投资的产生与发展

第二次世界大战结束以来，美国新兴的高科技中小企业迅速发展，中小企业融资困难是普遍的问题，高科技中小企业融资的困难更加突出，这是风险投资产生的根本原因。1946 年，世界上第一个风险投资公司——美国研究与开发公司（ARD）的建立标志着风险投资的诞生，直到 1958 年在美国政府的直接参与下，风险投资才真正发展成为一个行业，经过 20 世纪 60 年代的成长、70 年代的衰退、80 年代的复苏，到 90 年代中期才开始显示其强大的威力，成为推进美国高技术产业发展的发动机。数据显示，1995 年、1996 年及 1997 年风险投资的回报率分别高达 48%、40%和 36%。但是，风险投资的高收益率和高增长在 2000 年之后明显回落，根据美国风险投资协会（National Venture Capital Association）的数据，1995—2000年，美国风险投资额以年均68%的速度高速增长，并在2000年达到峰值1 000亿美元左右。但2011年美国风险投资额最多仅相当于2000年的1/4。此外，2001—2011年，扣除各种费用后，风险投资给投资者创造的回报率并不理想，风险投资基金给投资者创造的平均回报率仅为1.3%，低于同期道琼斯工业平均指数（4.2%）、纳斯达克指数（2.5%）和标普500指数（2.7%）的涨幅。根据硅谷银行数据，全球风险投资募资额在2015—2020年已经回到2000年的峰值水平，2018年全球风险投资交易额达3 110亿美元。近年来欧美权益市场的繁荣也拉升了风险投资的长期收益率。根据康桥汇世在2019年的报告，美国风险投资基金15年、20年、25年维度的总体年化回报分别为11%、11%、34.4%，均高于同期美国主要指数涨幅。

尽管投资额和收益率的波动较大，但风险投资对企业发展壮大起到的作用毋庸置疑。现在作为美国经济支柱的高科技企业，大约有80%是风险投资扶植发展起来的。风险投资在现代经济的发展中发挥着举足轻重的作用，促进了经济增长，增强了国家竞争力，创造了大量的就业机会。

进入21世纪，全球风险投资迎来了新一轮的快速发展周期，除了欧美等成熟投资热点，中国、印度、巴西、俄罗斯等新兴市场的发展快速升温。

我国风险投资业起步较晚，其探索始于20世纪80年代中期。国家星火计划以及“863”计划具备了风险投资的某些特征。1985年，《中共中央关于科学技术体制改革的决定》指出，对于变化迅速、风险较大的高技术开发工作，可以通过创业投资给予支持。

1991年《国务院关于批准国家高新技术产业开发区和有关政策规定的通知》中指出，可以在高新技术开发区设立风险投资基金或创办风险投资公司。1995年、1996年，国务院再次强调要发展风险投资。1998年3月，全国政协九届一次会议上，民建中央提交的《关于尽快发展我国风险投资事业的提案》被称作政协“一号提案”，该提案在全国引起广泛关注并掀起一股发展风险投资的热潮。进入21世纪，风险投资在中国加速发展，并获得了巨大的商业成功，扶持了一大批具有国际竞争力的高科技和新兴企业。截至2021年底，中国创业投资机构达到3 568家，资产规模达到约1.3万亿元人民币。随着社会主义经济发展进入新阶段，创业投资行业的热点也在不断迁移，适应新形势和新要求，“硬科技”成为行业投资新热点。2021年，受国内外形势影响，以半导体芯片为代表的计算机硬件、通信等电子设备制造业投资金额占比22.05%，位居首位。

随着行业发展，创投资本来源日益多元化，但国有资本仍是主要资金来源。统计显示，2021年募资主要来源于国有独资投资机构（24.41%）、政府引导基金（18.33%）、其他政府财政资金（5.56%），合计占比48.3%。此外，高净值个人投资占比8.51%，外资企业投资占比2.19%，非营利机构投资占比0.04%。创业投资对于高新技术企业的投资为我国解决供应链安全等“卡脖子”问题提供了重要的资本支持，也通过创业板等二级市场匹配的机制解决了退出问题，逐步实现多层次资本市场的良性循环，在党中央提出的金融服务实体经济大方向下促进了产业结构优化和生产要素配置市场化的目标。

15.5.3　风险投资的要素

1. 风险投资机构。风险投资机构是指运作管理风险投资基金的组织。其职责主要是：（1）筹集资金；（2）评估选择投资项目；（3）参与投资企业的经营管理；（4）盈利退出。

2. 风险资金的提供者。依国情的不同，各国风险资金的来源有所不同，主要有以下渠道：（1）个人；（2）机构投资者；（3）大公司资本；（4）私募证券投资基金；（5）共同基金。

3. 风险企业。在美国，风险企业是指由风险投资资助的企业，通常是一些具有发展潜力的新兴高科技中小企业。

日本通产省的风险企业增值中心认为：风险企业是指以新技术（高科技和专有技术）为手段，并以自己的力量开拓新市场而历史尚短的中小企业。它们所指的高科技标准更多地强调研究与开发支出和科学家、工程师及技术专家所占的比重。

4. 政府。政府一般不直接参与风险投资，但通过相关产业政策，可以形成风险企业生存和发展的强有力的支撑系统，使风险企业得到迅速发展。

政府扶植措施可分为直接和间接两种。直接措施主要是提供直接经费补贴；间接措施包括税收激励、信息服务、信用担保、建立“第二市场”、预签购货合同、行政管理限制等。

15.5.4　风险投资的运营程序

1. 融资项目的收集与筛选。风险投资公司经常会接到创业者的商业计划书。这一阶段主要是收集和筛选项目，风险投资公司通常要花大部分时间去寻找投资机会，其他时间用来管理和监督已实施的投资。

2. 初审。初审阶段的一般标准是：（1）科技水平和市场潜力；（2）投资规模；（3）发展阶段；（4）商业模式；（5）地理位置。风险企业的地理位置相对集中是风险投资组合的一个显著特征，这有利于投资后参与风险企业的后期管理。

3. 面谈。如果投资人对提出的项目有兴趣，可与企业家进行会晤，了解其背景、管理队伍和企业情况。如果会晤成功，风险投资人会了解更多有关投资项目的信息，提出进一步的问题，重点仍集中于管理、项目独特性、投资回报以及退出方式等，同时还可以当面考核企业家的素质。创业公司由于固定资产少，未来创造投资回报的重要来源是团队的能力，因此企业家素质在投资人的评估中极为重要。

4. 责任审查或专业评估。评估内容主要有：（1）创业者和管理队伍的素质；（2）产品差异性，包括特性、价格和分销渠道等；（3）技术水平和竞争力；（4）市场潜力；（5）退出渠道和退出方式。

5. 谈判和签订协议。

6. 投资生效后的监管。

7. 退出阶段。风险投资公司最终将运营状况良好、财务结构健全，以及具有成长潜力的风险企业出让给愿意接手的其他投资人，并因此获得高额报酬。退出方式和时机的选择，取决于风险投资公司整个投资组合收益的最大化。退出的方式主要有四种：(1) 公开上市。公开上市是风险投资退出的最佳渠道，可以获得相当高的回报。(2) 出售。由另一家公司（企业或风险投资机构）收购风险投资公司在风险企业的股份，即通过被其他企业收购的途径完成退出。(3) 回购。对于大多数风险投资公司来说，回购是一种可选退出方式。风险企业发展到一定阶段，创业者按与风险投资公司协商的价格购回风险投资公司所持的股份，从而完全拥有和控制企业。普通股的卖方期权要提前约定估价的方法，这是对投资收益的一个重要保证措施。(4) 清算退出。一旦确认风险企业失去发展的可能或成长低于预期，就要果断地宣布企业破产或解散，对其资产进行清理，将资金投资于其他项目。

美国的 Venture Economics 公司曾对 433 个新创企业进行分析，风险投资的收益分布见表15-1。

表 15-1 风险投资的收益分布

退出方式	平均周期（年）	平均收益率（%）
公开上市	4.2	610
出售	3.7	70
回购	4.7	110
清算退出	3.7	−100

风险投资是高风险、高回报的行业，因此，风险投资公司在每一次投资之前都会做严密的分析，对所有有风险的机会进行剖析，了解风险之所在，加强风险管理，保证风险投资的成功。

小 结

国际投资是国际货币资本及国际产业资本跨国流动的一种形式，是一个国家或地区的投资主体将资财投向另一个国家或地区的经济活动。国际直接投资和国际间接投资是国际投资的两种基本形式。

根据投资者参与对外投资方式的不同，国际直接投资包括：(1) 独资经营；(2) 合资经营；(3) 合作经营；(4) BOT 投资方式等。

关于国际投资对东道国经济的影响，学术界公认的一点是，国际投资是企业重组、资本和专有技术流动的重要方式。外国资本的进入有助于提升东道国的总投资率，提高经济活动的总体水平。

根据外国学者对国际投资的最新研究成果，国际投资流入对东道国经济发展的影响主要表现在以下几个方面：(1) 资本形成效应；(2) 技术和管理外溢效应；(3) 国际贸易与国际收支效果；(4) 竞争与反竞争效果；(5) 社会经济福利。国际投资从以下两个方面影响东道国产业国际竞争力：一是国际投资的技术转移效应；二是国际投资的竞争效应。

国际投资应关注外汇风险，外汇风险主要表现为交易风险、折算风险和经济风险三种类型。防范外汇风险的前提是准确预测汇率的变化趋势，并采取有针对性的防范措施。

第 15 章　即测即评

思考题

1. 比较国际投资的各种理论。
2. 国际直接投资进入东道国有哪些具体形式？不同形式对东道国经济的影响有哪些差异？
3. 国际投资会给东道国产业的国际竞争力带来哪些影响？
4. 试论我国开展对外投资的必要性。
5. 试论我国对外投资的比较优势。

综合分析题

1. 请选取一个外汇风险管理案例，分析案例主体所面临的外汇风险，分析其采用的风险管理工具和选择该工具的原因，总结成功或失败的经验教训。

2. 请选择一个风险投资案例，分析该案例成功或失败的原因，以及哪些因素是风险投资决策中最需要考虑的。

参考文献

1. 资本论：第一卷．北京：人民出版社，1975.

2. 邓小平．邓小平文选：第二卷．北京：人民出版社，1994.

3. 高鸿业．西方经济学．北京：中国经济出版社，1996.

4. 伊特韦尔，等．新帕尔格雷夫经济学大辞典．北京：经济科学出版社，1992.

5. 萨缪尔森．经济学（上）．北京：商务印书馆，1988.

6. 张仲敏，钱从龙．投资学．大连：东北财经大学出版社，1993.

7. 郎荣燊，和宏明．企业投资学．北京：中国财政经济出版社，2000.

8. 国家行政学院．中国投资体制改革．北京：改革出版社，1997.

9. 田江海．转轨期的中国投资．北京：经济管理出版社，1998.

10. 张仲敏，任淮秀．投资经济学．北京：中国人民大学出版社，1992.

11. 傅家骥．工业技术经济学．北京：清华大学出版社，1986.

12. 国家计划委员会．建设项目经济评价方法与参数．北京：中国计划出版社，1993.

13. 郎荣燊，马钧．投资项目管理学．北京：中国经济出版社，1997.

14. 中国国际工程咨询公司．中国投资项目社会评价指南．北京：中国计划出版社，2004.

15.《投资项目可行性研究指南》编写组．投资项目可行性研究指南．北京：中国电力出版社，2002.

16. 蒋志华．市场调查与预测．北京：中国统计出版社，2002.

17. 张极井．项目融资．北京：中信出版社，1997.

18. 李怀军．项目融资论．北京：中国人民大学，1998.

19. 曹凤岐．证券投资学．北京：北京大学出版社，2000.

20. 陈共，周升业，吴晓求．证券发行与承销．北京：中国财政经济出版社，2000.

21. 中国证券业协会．证券市场基础知识．上海：上海财经大学出版社，2002.

22. 吴晓求．海外证券市场．北京：中国人民大学出版社，2002.

23. 哈根．现代投资学．北京：中国财政经济出版社，1992.
24. 亚历山大，夏普．证券投资原理．成都：西南财经大学出版社，1992.
25. 王晓峰．现代投资银行论．北京：中国人民大学，1994.
26. 陈云贤．投资银行论．北京：北京大学出版社，1995.
27. 董小君．投资银行与企业并购．北京：中国经济出版社，1998.
28. 李岚清．中国利用外资基础知识．北京：中共中央党校出版社，1995.
29. 国家统计局．中国统计年鉴．北京：中国统计出版社，各年．
30. 国家统计局．中国科技统计年鉴．北京：中国统计出版社，各年．
31. 中国国际竞争力发展报告．北京：中国人民大学出版社，各年．
32. 郎荣燊，裘国根．企业融资运作．北京：企业管理出版社，2001.
33. 洪玫．外国直接投资对东道国产业国际竞争力的影响．北京：中国人民大学，2002.
34. 夏普．投资学：第 5 版．北京：中国人民大学出版社，1998.
35. 联合国贸易与发展会议．世界投资报告．北京：中国财政经济出版社，2002—2006 各年．
36. 刘跃生．国际直接投资与中国利用外资．北京：中国发展出版社，1999.
37. 原信．外汇风险．北京：中国金融出版社，1987.
38. 刘则福．证券投融资机制论．北京：中国财政经济出版社，2003.

图书在版编目（CIP）数据

投资学/郎荣燊，裘国根主编．-- 7 版．-- 北京：中国人民大学出版社，2024.11. --（高等学校经济管理类核心课程教材）. -- ISBN 978-7-300-33151-5

Ⅰ. F830.59

中国国家版本馆 CIP 数据核字第 202428LF05 号

高等学校经济管理类核心课程教材

投资学（第 7 版）

主编　郎荣燊　裘国根

Touzixue

出版发行	中国人民大学出版社		
社　　址	北京中关村大街 31 号	**邮政编码**	100080
电　　话	010－62511242（总编室）		010－62511770（质管部）
	010－82501766（邮购部）		010－62514148（门市部）
	010－62515195（发行公司）		010－62515275（盗版举报）
网　　址	http://www.crup.com.cn		
经　　销	新华书店		
印　　刷	北京七色印务有限公司	**版　　次**	1996 年 4 月第 1 版
开　　本	787 mm×1092 mm　1/16		2024 年 11 月第 7 版
印　　张	21.25 插页 1	**印　　次**	2024 年 12 月第 2 次印刷
字　　数	439 000	**定　　价**	54.00 元

中国人民大学出版社　管理分社

教师教学服务说明

中国人民大学出版社管理分社以出版工商管理和公共管理类精品图书为宗旨。为更好地服务一线教师，我们着力建设了一批数字化、立体化的网络教学资源。教师可以通过以下方式获得免费下载教学资源的权限：

★ 在中国人民大学出版社网站 www.crup.com.cn 进行注册，注册后进入“会员中心”，在左侧点击“我的教师认证”，填写相关信息，提交后等待审核。我们将在一个工作日内为您开通相关资源的下载权限。

★ 如您急需教学资源或需要其他帮助，请加入教师 QQ 群或在工作时间与我们联络。

中国人民大学出版社　管理分社

教师 QQ 群：648333426（工商管理）　114970332（财会）　648117133（公共管理）
教师群仅限教师加入，入群请备注（学校+姓名）

联系电话：010-62515735，62515987，62515782，82501048，62514760

电子邮箱：glcbfs@crup.com.cn

通讯地址：北京市海淀区中关村大街甲 59 号文化大厦 1501 室（100872）

管理书社　　人大社财会　　公共管理与政治学悦读坊